DE VÍTIMA A sobrevivente

Um guia para identificar e enfrentar o Transtorno de Estresse Pós-Traumático

Eduardo Ferreira-Santos Md. Phd.
Marisa Fortes Psyc. Ms.

DE VÍTIMA A sobrevivente

Um guia para identificar e enfrentar o Transtorno de Estresse Pós-Traumático

Casa do Psicólogo®

© 2011 Casapsi Livraria e Editora Ltda.
É proibida a reprodução total ou parcial desta publicação, para qualquer finalidade,
sem autorização por escrito dos editores.

1ª Edição
2011

Editores
Ingo Bernd Güntert e Juliana de Villemor A. Güntert

Assistente Editorial
Luciana Vaz Cameira

Imagem de Capa
Cynthia Maria Ebaid Ferreira-Santos

Capa
Ana Karina Rodrigues Caetano

Projeto Gráfico e Editoração Eletrônica
Sergio Gzeschenik

Produção Gráfica
Fabio Alves Melo

Coordenação de Revisão
Lucas Torrisi Gomediano

Preparação de Original
Tássia Fernanda Alvarenga de Carvalho

Dados Internacionais de Catalogação na Publicação (CIP)
(Câmara Brasileira do Livro, SP, Brasil)

Ferreira-Santos, Eduardo
  De vítima a sobrevivente : um guia para identificar e enfrentar o transtorno de estresse pós-traumático / Eduardo Ferreira-Santos, Marisa Fortes. -- São Paulo : Casa do Psicólogo®, 2011.

  ISBN 978-85-8040-124-0

  1. Neuroses traumáticas 2. Transtornos de estresse pós-traumático 3. Trauma psíquico I. Fortes, Marisa. II. Título.

11-13439   CDD-616.8521

Índices para catálogo sistemático:
1. Transtorno de estresse pós-traumático : Psicologia : Ciências médicas 616.8521

Impresso no Brasil
Printed in Brazil

As opiniões expressas neste livro, bem como seu conteúdo, são de responsabilidade de seus autores, não necessariamente correspondendo ao ponto de vista da editora.

Reservados todos os direitos de publicação em língua portuguesa à

Casapsi Livraria e Editora Ltda.
Rua Simão Álvares, 1020
Pinheiros • CEP 05417-020
São Paulo/SP - Brasil
Tel. Fax: (11) 3034-3600
www.casadopsicologo.com.br

Dedicamos este livro a você, leitor, que, ao procurar ajuda, já deu o primeiro passo para deixar de ser vítima e transformar-se em um sobrevivente.

Sumário

Agradecimentos 11

Prefácio 13

Introdução 15
    A proposta deste livro 17
    Como usar este livro 18

Página de advertência 21
    A jornada começa 22

Mensagem do Autor 23

Mensagem da Autora 27

PARTE I - Entendendo o Transtorno de Estresse Pós-Traumático 31

CAPÍTULO 1 - O que é o Transtorno de Estresse Pós-Traumático? 33
    Depoimento: Em nome do filho 36

CAPÍTULO 2 - Tenho o Transtorno de Estresse Pós-Traumático? 47
    Testes de ocorrência do TEPT 47
    "Acho que eu tenho TEPT... e agora?" 56
    Sintomas 56
    O Transtorno de Estresse Pós-Traumático e outros transtornos ... 61
    Depoimento: Infância no cativeiro 62

CAPÍTULO 3 - O que parece mas não é Transtorno de Estresse Pós-Traumático 73
O Transtorno de Estresse Agudo (TEA) 73
Teste de ocorrência do TEA 75
O Transtorno de Ajustamento (TA) 76
Teste de ocorrência do Transtorno de Ajustamento 78
Exercício: Aprofunde a análise 80
Depoimento: Viva ao amanhecer 81

PARTE II - As Consequências de um Trauma 97

CAPÍTULO 4 - Entendendo seus sentimentos 99
Exercício: Prática para lidar com seus sentimentos 101
Reações comuns após o trauma 107
Sentimentos comuns após traumas e ideias para reagir 119
Exercício 1: Reflexão 126
Exercício 2: Identificando medos 127
Depoimento: Manhã sem fim 131

CAPÍTULO 5 - Traumas específicos do nosso meio 135
Crimes cometidos por desconhecidos 137
Crimes sexuais 140
Assédio moral 142
Violência doméstica 144
Suicídio de familiares ou de amigos 146
Exercício: Trabalhando a perda por suicídio 148
Acidentes envolvendo meios de transporte 153
Incêndios e desabamentos 156
Profissões de risco 158
Doenças e hospitalizações 161
Guerras, guerrilhas e combates 162
Catástrofes naturais 164
Exercício: Reexaminando a experiência e avaliando as suas reações iniciais 165
Depoimento: Sem trégua 170

CAPÍTULO 6 - A evolução de um Transtorno de Estresse Pós-Traumático não resolvido 195
Transtorno do Pânico 195
Depressão 196
Transtorno de Ansiedade Generalizada 197
Uso de drogas e álcool 198
Transtornos psicóticos 199
Somatização: o impacto do trauma no corpo 201
Exercício: Aprendendo a reconhecer as sensações corporais 204
O relacionamento com os outros na fase pós-trauma 205
Exercício: Minhas crenças sobre confiança 207
Exercício: Minhas crenças sobre intimidade 214
Depoimento: Voltando do inferno 217

PARTE III - Dicas para lidar com o Transtorno de Estresse Pós-Traumático 233

CAPÍTULO 7 - O Transtorno de Estresse Pós-Traumático tem cura? 235
Por que desenvolvi o Transtorno de Estresse Pós-Traumático? 236
Os estágios do processo de recuperação 240
De vítima a sobrevivente 245
Exercício: De vítima a sobrevivente 249
Exercício: "O mito de Sísifo" 250
Exercício: O diagrama de trabalho da memória traumática 251
Depoimento: Mergulho para a morte 253

CAPÍTULO 8 - Buscando ajuda profissional 273
Abordagem Psicológica 276
Abordagem Psiquiátrica 295
Tratamentos Alternativos 301
Hábitos saudáveis 302
Exercício: Identificando e mensurando a realização de atividades prazerosas 307
Exercício: Revendo seus valores e descobrindo a sua missão na vida 315
Exercício: Identificando as bênçãos em sua vida 316
Depoimento: A onda do terror 316

CAPÍTULO 9 - A resiliência: por que algumas pessoas não desenvolvem Transtorno de Estresse Pós-Traumático 325
    Cicatrizes do trauma: o que fazer? 326
    Exercício: Identificando cicatrizes 328
    Exercício: Tornando-se resiliente 329
    Depoimento: Infância roubada 331

Considerações Finais 357

Sobre os Autores 361

Epílogo 363

ANEXOS

ANEXO 1 - Quadro de sentimentos — capítulo 4 367
    Quadro de sentimentos 367

ANEXO 2 - Lista de fobias – capítulo 4 369

ANEXO 3 - Exercício de relaxamento – capítulo 6 373
    Vivência Cósmica 373

ANEXO 4 - Capítulo 8 – Exercícios para ajudar a lidar com o Transtorno de Estresse Pós-Traumático 375
    Relaxamento Muscular Progressivo (RMP) 375
    Instruções para a aplicação 376
    Respiração diafragmática: técnica de controle da respiração 377
    Reestruturação cognitiva 378
    Parada de pensamento 382

ANEXO 5 - Exercício: Sono – capítulo 8 387
    Sono 387

Agradecimentos

Esta é uma ótima oportunidade para agradecer aos que estiveram conosco pelo longo caminho da redação deste livro ou, mesmo, por uma parte dele, ainda que o medo de cometer injustiças, de esquecer ou de deixar de mencionar alguém seja enorme. Portanto, antes de especificar qualquer pessoa, gostaríamos de agradecer imensamente a todos os que, de forma direta ou indireta, contribuíram para que este livro virasse realidade. Ainda assim, o nosso agradecimento especial para:

- as pessoas que deram depoimentos, revivendo suas dores com o intuito de ajudar seu semelhante;
- os membros do Grupo Operativo de Resgate à Integridade Psíquica (GORIP), especialmente Sivoneide Cunha, Maria Emília Marinho de Camargo, Maria Cristina Faria Fernandes e Helena Finatto;
- todos os pacientes do GORIP que, ao longo de quase dez anos de profundo trabalho em busca do resgate de sua integridade psíquica, contribuíram para consolidar não apenas a nossa experiência profissional, mas, principalmente, a nossa compreensão da aflição humana;
- Ingo Bernd Güntert e Juliana de Villemor Amaral Güntert, pela acolhida e pelo trabalho impecável na edição deste livro.
- os nossos filhos Guilherme e Flávia Ebaid Ferreira-Santos; Manuela, Veridiana e Victor Homburger Lacerda, Catharina e Bernardo Fortes Homburger Lacerda, que souberam respeitar e apoiar nossas longas ausências;
- especialmente os nossos cônjuges Cynthia Ebaid Ferreira-Santos e Luis Marcelo Homburger Lacerda, por tudo, com tudo e em tudo;

Prefácio

Não há pessoas que não tenham sido vítimas diretas ou indiretas de sofrimentos provocados pelos mais diversos motivos: assaltos, sequestros, roubos, ameaças à segurança e sobrevivência das mais variadas origens; perdas de pessoas amadas; manifestações da natureza como enchentes, secas, deslizamentos, incêndios, envenenamentos, acidentes de trânsito; doenças graves, cirurgias, câncer; desavenças, brigas e confrontos sérios com pessoas amadas ou estranhas, etc.

A tais sofrimentos os humanos reagem produzindo o cortisol nas suas glândulas suprarrenais que promovem uma série de modificações corporais preparando-os para o enfrentamento: aumento dos batimentos cardíacos e pressão arterial, aumento na produção de insulina que provoca maior queima do açúcar para liberar mais energia corporal e mental, colocando todo o organismo em estado de alerta e de ataque ou defesa.

Pesquisas comprovam o que já é bastante conhecido pelo saber popular: 90% dos nossos sofrimentos dependem da maneira como reagimos e somente 10% são realmente da responsabilidade do fato causador. É por isso que algumas pessoas se reconstroem após um acidente ou incidente de percurso, enquanto outras perpetuam-nos e acabam gerando mais sofrimentos e por um tempo muitíssimo maior do que o provocado pelo acontecimento em si. Assim, há pessoas que ficam felizes ao ter meio copo de água e outras que sofrem pela outra metade que falta nele. Uma separação conjugal pode ser traumática para um enquanto oportuniza a re-invenção para o outro.

Uma das razões que trazem tantos problemas e sofrimentos por olhar para o que não se tem é a falta do conhecimento de como resolver este tipo de atitude perante a vida. É a falta de resiliência, que é a capacidade da pessoa de voltar a ser como era antes do trauma. Assim a pessoa eterniza o trauma não só pela constante lembrança dele como também pelo medo de que possa acontecer de novo. Estes dois recursos provocam a produção de mais cortisol que, por não ser usado adequadamente, acaba atacando o próprio organismo da vítima. Assim vão se formando novos problemas e mais sofrimentos gerando o Estresse Pós-Traumático. Já não é mais somente o trauma inicial que judia da pessoa, mas sim todas as outras decorrências problemáticas. Além de vítima do trauma, a pessoa torna-se prisioneira dos mecanismos de defesa, cuja primeira função seria para defendê-la e não para piorar as amarras dos sofrimentos.

É quando surge este livro escrito em conjunto por dois dos maiores especialistas no tratamento clínico do Estresse Pós-Traumático: Dr. Eduardo Ferreira-Santos, psiquiatra, psicodramatista, criador e coordenador da Equipe especializada no atendimento das vítimas da violência urbana (GORIP) no Instituto de Psiquiatria do Hospital das Clínicas e Marisa Fortes, jornalista especializada em transtornos de ansiedade, transtornos de estresse pós-traumático, professora convidada do Núcleo de Estudos de Criminologia (NECRIM) da Academia de Polícia Civil, também membro do GORIP e psicóloga clínica

Este livro *De Vítima a Sobrevivente* está escrito numa linguagem clara, simples até, porém muito precisa, não lhe faltando os sólidos conhecimentos científicos que colocam o leitor na intimidade diária dos sofrimentos pelo Transtorno de Estresse Pós-Traumático, citando depoimentos de vítimas que trazem informações extremamente úteis para que ninguém mais sofra do TEPT. Este guia está escrito de maneira a compreender este transtorno, identificar os seus sintomas e as consequências do trauma e a superá-lo, não só para si mesmo, mas também para poder ajudar as pessoas ao seu entorno de forma que todos possam ter melhor qualidade de vida.

Ninguém sente falta do que não conhece, mas paga caro esta ignorância específica. Quem não conhece o TEPT, não tem como saber se livrar dele... e fica sofrendo o que ele não desejaria nem ao seu pior inimigo.

Recomendo a leitura deste livro, pois nada como primeiro se informar com quem sabe para depois ampliar seus próprios conhecimentos, e assima saber lidar e tratar de dar a si mesmo a melhor condição para ser mais feliz.

Içami Tiba

Introdução

No início, tudo era escuridão. Aquela sensação esquisita de quando abrimos os olhos e ainda assim não vemos nada, absolutamente nada. A escuridão persistia. Depois, aos poucos, feixes de luz entravam pela tábua corrida do chão, logo acima de minha cabeça. Foi aí que percebi que estava em uma espécie de buraco gelado e úmido. Passos lá em cima faziam com que as luzes dançassem. Soube, então, que era dia. Aquela substância quente e viscosa ainda me escorria pelo pescoço. Um cheiro acre. Minha camisa empapada daquilo. Pingava de onde doía, do buraco que ficou onde até pouco tempo estava a minha orelha. Latejava e pulsava. Não tão fortemente quanto o medo que agora eu sentia. Ele estava entranhado em mim; ia e vinha por entre minhas vísceras, provocava náuseas e pânico. Um pânico curiosamente inerte.

Soube, então, que fiquei inconsciente por muito tempo; a escuridão tinha uma razão de ser. Havia sido arrancado de forma violenta de meu dia a dia seguro e previsível. Há quanto tempo? Perdi a noção dele juntamente com a coragem de perguntar. Quando percebi, havia feito uma retrospectiva de tudo o que passara até ali, um balanço da vida. Queria ficar quietinho, imóvel e quase invisível. Quem sabe assim os meus carrascos se esquecessem de mim ou, pelo menos, não me notassem tanto. Na verdade, o que eu queria mesmo era acordar aliviado do pesadelo. Mas eu nunca acordei. Nem mesmo quando, apavorado, corri, na certeza de que levaria um tiro pelas costas.

Fiquei no cativeiro por 48 dias. A partir disso, minha vida mudou; sou agora outra pessoa. Lembranças assaltam-me à noite e impedem-me o sono. Aliás, que sono? Não sei o que é dormir em paz desde o ocorrido. A palavra de ordem é medo. Tenho medo do trânsito, das ruas. Causa-me pânico a simples ideia de que posso estar sendo vigiado, seguido. Minhas mãos tremem, meu coração acelera, sinto um eterno nó no estômago aparentemente sem motivo. Sem motivo? Nem sei mais. Não tenho vontade de sair, de olhar o sol, de conversar com ninguém. Aqui só sobrou um trapo, um fiapo de homem que agora representa nada mais do que um grito de socorro no imenso vazio que me tornei. Um apelo à beira do abismo sem fim. O angustiante clamor de um refém do medo!

(Carta de um sequestrado)

Essa história é mais uma das que ouvíamos sistematicamente quando atendíamos às vítimas de violência urbana, em especial de sequestro, no Hospital das Clínicas, em São Paulo. Acabou se transformando em um discurso padrão, movido pelo desespero de quem não sabe mais quem é ou o que está fazendo neste mundo após viver uma experiência impactante e com um enorme potencial traumático. A carta em questão foi selecionada para ilustrar o início da nossa mensagem não apenas porque representa o auge do sofrimento de alguém que vivencia o Transtorno de Estresse Pós-Traumático, mas também por expressar com perfeição toda a angústia de se perceber doente e sem esperanças. A boa notícia é que, assim como o autor desse relato, você ou seu familiar também podem descobrir que é possível encontrar alento e retomar a vida, redescobrindo-a como fonte de alegria e de prazer. Essa é a mensagem inicial deste livro.

Infelizmente, ninguém está ao todo protegido de situações que ameaçam a vida. Mas, ao depararmos com esses eventos, cada um de nós reage de forma diferente. Algumas pessoas sofrem muito por um determinado período e depois se recuperam do baque; outras sofrem de forma menos intensa e continuam a levar suas vidas normalmente. Para muitas, no entanto, esses acontecimentos se transformam em verdadeiros traumas e parecem ser uma ferida aberta que nunca cicatriza.

O Transtorno de Estresse Pós Traumático (TEPT) é um distúrbio que pode acometer as mais diferentes pessoas – inclusive aquelas que levam vidas perfeitamente normais – depois que elas vivenciam situações de risco, violência ou estresse extremo. Quem desenvolve o TEPT passa por um sofrimento profundo e pode ter a qualidade de vida, as relações pessoais e os estados psicológico e emocional gravemente afetados, caso o transtorno não seja tratado de forma adequada.

Se você suspeita de que pode estar sofrendo do TEPT, ou se conhece alguém que pode estar com esse transtorno, não se desespere, pois esse é um problema já considerado corriqueiro e, desde que começou a ser estudado, há cerca de trinta anos, mais e mais respostas vêm sendo encontradas acerca de sua dinâmica de funcionamento. Os métodos de tratamento também vêm se tornando cada vez mais eficazes e, hoje, é perfeitamente possível falar em superação do TEPT.

Agora, mesmo que pareça impossível colocar um pouco de ordem no caos de pensamentos, sentimentos e emoções que você pode estar experimentando, saiba que não está sozinho nem é o único a ter passado por um grande trauma. Como especialistas em estresse pós-traumático, com anos de experiência em clínica e em pesquisas, vamos orientá-lo a entender suas emoções, as consequências de um trauma e os passos para uma vida melhor.

A proposta deste livro

A proposta deste livro é esclarecer o que é o TEPT, quais os sinais de que as coisas não vão bem, quais os efeitos do TEPT na vida das pessoas e quais são as formas de tratamento e recuperação possíveis. O maior objetivo é ajudar a pessoa que passou por um trauma – você ou mesmo um parente ou conhecido seu – a desenvolver a consciência sobre as consequências dessa experiência e a superar o que lhe aconteceu.

Este livro, portanto, é voltado para o público leigo mais do que para profissionais. Porém, desde já, é fundamental deixar claro que ele não substitui os dois principais recursos para o tratamento do TEPT: a psicoterapia e a medicação. Para que o processo de recuperação do TEPT ocorra, é imprescindível a ajuda de um profissional da saúde. Não há nenhum problema nisso. Felizmente, há muito tempo se desfez a crença de que apenas loucos procuram um psiquiatra ou um psicólogo. Quem é assertivo busca ajuda. E é o que você está fazendo agora. Parabéns! Esse já é um grande passo.

Nossa motivação para escrever este livro veio da constatação de que conflitos de toda ordem têm tomado uma dimensão extraordinária em nosso cotidiano, além de provocar consequências nocivas nas pessoas.

A morte, a destruição, as guerras, os ataques terroristas, as catástrofes naturais de grandes proporções, as populações inteiras em países devastados pela miséria e pela desordem político-social, as epidemias assustadoras, os ambientes competitivos, enfim, tudo isso já constitui um estado de alerta na maioria das pessoas. O que dizer então da violência do dia a dia, que engloba desde os acidentes automobilísticos até todos os crimes contra a vida e a integridade, matando mais do que uma guerra? Todos esses fatores, quando vividos indiretamente, já fazem com que as pessoas se sintam ameaçadas e desenvolvam uma série de mecanismos de defesa, reais e psicológicos. Quando, então, as pessoas são vítimas diretas desses episódios, os efeitos dessas agressões só podem ser muito maiores.

A todo momento, profissionais da saúde como nós recebem inúmeros pacientes que apresentam os sintomas de um TEPT e se encontram num estado de sofrimento profundo, gerado pelos mais diversos tipos de situação, e, no Brasil, especialmente pela violência urbana.

Contudo, nem todas as pessoas que passam por traumas têm consciência de que podem estar vivenciando um TEPT, enquanto outras não têm acesso fácil a serviços de saúde. Este livro, portanto, pretende ser uma fonte de informações sobre o assunto e um primeiro passo para quem busca a recuperação.

Como usar este livro

Este livro não vai prometer a você uma recuperação completa por meio da sua leitura e dos exercícios propostos. Não há uma fórmula mágica e indolor para lidar com o TEPT, nem receitas prontas. O que faremos aqui é explicar o que é o TEPT, quais são suas causas, buscando entender os sentimentos gerados pelo trauma e aprender a lidar com eles. Também vamos mostrar os caminhos possíveis da recuperação, de acordo com os tipos de terapia e tratamento existentes, além dos hábitos e das atividades saudáveis que melhoram a qualidade de vida.

Optamos por apresentar, ao longo de todo o livro, depoimentos de pessoas que passaram por uma situação traumática e, tendo ou não desenvolvido TEPT, aprenderam a conviver com o que lhes aconteceu. Esses relatos o ajudarão a entender processos psicológicos que, à primeira vista, podem parecer complicados. Também propomos diversos exercícios que, embora não sejam obrigatórios, servem para complementar o entendimento sobre o tema.

O livro está dividido em três partes: Entenda o Transtorno de Estresse Pós-Traumático; As consequências de um trauma; Como posso me tratar do TEPT?

Na primeira parte, que compreende os três primeiros capítulos, esclarecemos o que é o TEPT, quais são os sintomas e como identificar sua ocorrência. Oferecemos também alguns questionários que devem ser respondidos para identificar se você sofre ou não de TEPT, e mostramos que existem outros tipos de reações ao trauma, que não são caracterizadas como TEPT, mas requerem atenção.

Na segunda parte do livro, que engloba os capítulos 4 e 5, esclarecemos quais são as consequências de um trauma na vida de uma pessoa, que tipo de efeitos ele gera no estado psicológico e na relação com outras pessoas, quais os traumas típicos do nosso meio, quais são as reações comuns após determinados acontecimentos e as ideias para reagir a elas.

Na última parte, nos capítulos 6, 7 e 8, falamos sobre os estágios de recuperação do TEPT e de como usufruir a ajuda profissional da melhor forma. Por fim, abordamos o conceito de resiliência, que basicamente é a capacidade que algumas pessoas têm de transformar algo negativo em uma experiência fortalecedora.

Importante

Sugerimos que você, além de usar o livro para fazer os exercícios, mantenha também um caderno ou um bloco de anotações para acompanhá-lo nessa jornada. Esse "diário" será seu confidente e conterá o registro de toda a sua evolução. Você pode preencher esse material com seus sentimentos, seus pensamentos, suas emoções e, principalmente, seus *insights* – ou seja, aquela lâmpada que acende na mente e que representa algo que você nunca havia percebido e acaba de se dar conta. O ideal é datar cada anotação, como em um diário, para ter uma visão mais clara de seu processo de superação. Suas ideias e seus sentimentos descritos ali podem ser compartilhados com os mais próximos até porque, muitas vezes, nos expressamos melhor por meio da escrita do que da fala. Acredite: depois de algum tempo, é recompensador voltar às páginas e ver como você pensava e se sentia naquela ocasião e, mais ainda, o quanto já conseguiu trilhar de seu caminho de recuperação.

Pedimos também que *leia* a página de advertência que se encontra a seguir antes de iniciar a leitura do livro. Se você estiver se sentindo muito fragilizado e perceber que fica ainda mais ansioso ou deprimido ao ler determinadas páginas, pule-as. Espere até um outro momento para fazer a leitura.

Página de advertência

Se você passou por alguma situação-limite em sua vida, é possível que, durante a leitura deste livro, sinta algum tipo de desconforto. Portanto, é fundamental que leia as observações a seguir.

O desconforto durante a leitura pode ser psicológico e aparecer como angústia, ansiedade, medo e irritabilidade, ou mesmo físico, na forma de tremores, palpitação, sudorese, tonturas e diarreia. Todas as pessoas que passaram por situações com potencial traumático estão sujeitas a experimentar essas reações.

O fato de você senti-las requer atenção. O desconforto não significa, necessariamente, que você esteja com TEPT. Por outro lado, se as sensações forem muito intensas e aparentemente incontroláveis, pode ser que você esteja no ápice de um processo de TEPT, o que exige a ajuda personalizada de um profissional da saúde mental (como um psicólogo ou um psiquiatra).

Por isso, é muito importante que você avalie a intensidade do desconforto. Se as sensações forem muito fortes ou mesmo moderadas, faça uma pausa na leitura e tente aliviar seu estado com uma das seguintes sugestões:

a) Respire fundo e procure relaxar.
b) Converse com alguém próximo, ainda que por telefone.
c) Evite métodos de alienação, como álcool ou drogas.
d) Expresse sua raiva de forma segura, socando um travesseiro ou atirando algum objeto na parede.
e) Faça coisas que lhe deem prazer e sensação de relaxamento, como tomar um banho quente, fazer uma longa caminhada, ouvir sua música favorita etc.

A jornada começa

Agora, você pode estar se perguntando: por que ficar repisando o passado? Isso que sinto agora não vai passar naturalmente? Não seria mais saudável apenas tentar esquecer e deixar o tempo apagar as feridas?

A resposta é até bem simples: quando reprimimos alguns sentimentos, ainda que tentando ignorá-los, eles podem se tornar uma verdadeira bola de neve. Se você comprou este livro é porque de alguma forma o que lhe aconteceu incomoda ou, no mínimo, o faz pensar. Se alguém lhe deu este livro de presente, essa pessoa provavelmente imagina que você esteja sofrendo ou, ainda, pode ser que seu comportamento esteja refletindo esse mal-estar. Então, você tem duas opções:

1ª – Inicie devagar a leitura e se habitue a reservar um horário para trabalhar as questões que o livro levanta, até o momento em que se sentir forte o bastante para encarar de frente sua experiência no que tem de mais traumática de acordo com a sua percepção. Quando isso acontecer, você se surpreenderá com a capacidade que tem, e que todos nós temos, de recuperação e superação. Esse gatilho está escondido dentro de nós e pronto para ser acionado. É preciso dizer que o caminho da recuperação não é fácil. Trata-se de trabalho árduo e eventualmente doloroso, mas o resultado final é compensador. Você se transformará de vítima em sobrevivente e, então, poderá de fato seguir adiante pela vida com muito mais experiência, maturidade e força.

2ª – Feche o livro, coloque-o na estante e deixe-o lá guardado até o momento em que suas emoções ligadas ao evento traumático fiquem insuportáveis. Pode ser que isso nunca ocorra ou, ainda, que você não perceba que um fato ocorrido lá no passado possa estar desgovernando sua vida atual.

Nosso objetivo é que você, leitor, possa lidar melhor com isso tudo, não apenas por si mesmo, mas, também, por familiares e amigos que acabam convivendo com suas marcas.

Consideramos aqui que cada indivíduo é um ser único, digno de atenção, carinho e, sobretudo, respeito. Você precisa saber, antes de tudo, que sentimos um profundo respeito pela sua dor. Estamos aqui para tentar auxiliá-lo. E isso é possível, acredite!

Finalmente, também nos interessamos muito pela sua experiência nesta jornada pessoal de combate ao transtorno de estresse derivado do trauma. Portanto, lembre-se de que pode escrever-nos contando a sua história e como este livro fez parte dela. Se quiser, envie seu relato por meio do site **www.casadopsicologo.com.br/sobrevivente**.

Mensagem do Autor

Estava ali, na minha frente, um homem com a face crispada de dor e amargura pelo filho morto. Seu rosto expressava o mais profundo sofrimento que um ser humano pode sentir. Suas mãos tensas, nervosas, esfregavam-se continuamente, como a esquentar-se de um frio que lhe corria na alma. E aquele homem, maduro, pai de família, experiente e ativo, não conseguia conter as lágrimas que o impediam de falar.

Aquele homem chorava a morte do filho, há cinco anos, brutalmente assassinado com oito tiros por homens que queriam bens materiais e, sabe-se lá porque, também se divertiam vendo um jovem morrer esvaindo-se de sangue à sua frente... O filho daquele homem, criado com todo amor, carinho e esforço, esperanças e expectativas, havia se transformado, em questão de minutos, em apenas mais uma das 400 mil mortes por homicídio nos últimos dez anos no Brasil, enriquecendo estatísticas frias e vazias como o coração daquele pai.

Como médico, psiquiatra e cidadão, não posso calar-me sobre um assunto que parece um "tabu" em nosso meio: a verdadeira vítima da violência urbana. Aquela que, se não pertence ao numeroso grupo dos "pobres e oprimidos", também não é tão rica nem opressora assim.

Na minha memória, aquele pai continua a chorar, relatando pormenorizadamente como o filho, ensanguentado, agonizou em seus braços, deixando toda uma família atordoada e eternamente traumatizada. Aquele homem, ali, à minha frente, repetia uma história que tenho ouvido de outros pais, mães, sequestrados, estupradas e outras vítimas de toda uma série de barbáries.

E eu, médico como o dr. Dráuzio Varella, percebo que estou do outro lado do *front* da guerra suja e sem regras travada nas ruas de São Paulo e de tantas outras cidades do Brasil. Não desço na Estação Carandiru do Metrô, mas sim na Estação Clínicas-IML, a outra ponta de uma linha cruel, marcada por dores e por sofrimentos de gente baleada, esfaqueada, machucada, violentada, amortecida em vida, que busca algum tipo de socorro para suas dores físicas e psicológicas, que vaga, quase sonâmbula, pelo imenso Complexo do Hospital das Clínicas de São Paulo, ou que vai parar nos corredores do Instituto Médico Legal. São pessoas que simplesmente estavam vivendo suas vidas, também às voltas com dificuldades e sofrimentos, e que se viram, de um momento para outro, mergulhadas na tortura de um trauma que lhes parece insuperável.

Como médico psiquiatra, trato ou procuro tratar a dor da alma dessas pessoas. Como ser humano, compartilho por empatia suas dores indescritíveis. Como cidadão, sinto-me obrigado a gritar em voz bem alta, para que alguém possa ouvir, o tamanho do sofrimento de homens e mulheres que passaram um trauma psicológico tão grande que pode incapacitá-los para a vida. Infelizmente, às vítimas desta violência toda resta apenas o papel de vítimas. Ao defendê-las, muitas vezes, sinto-me na contramão do pensamento progressista, o que pude perceber claramente, ainda há pouco, quando, em um Congresso de Psicologia Social, tentei apresentar a vítima como o que realmente ela é, descrevendo a intensidade dos sinais e dos sintomas do Transtorno de Estresse Pós-Traumático. Cheguei a ouvir dos presentes à mesa redonda da qual participava que minha apresentação causou, de início, bastante desconforto, principalmente quando aproveitei a fala de quem me precedeu no debate, defendendo a vitimização do Champinha, assassino e estuprador, menor de idade, e rebati suas declarações, mostrando toda a dor e todo o sofrimento da família do jovem casal barbaramente assassinado.

Na realidade, assumindo meu papel de psicoterapeuta, posso compreender, embora não aceite, por que há tanta omissão e tanto descaso por esse tipo de dor. É que, na verdade, ela está tão perto de nós, tão cruelmente assustadora à nossa frente, que inconscientemente optamos pelos mecanismos de defesa da negação e da racionalização, afastando-nos do problema para algo frio e impessoal como uma notícia de jornal, para não nos contaminarmos com ele. Insisto, portanto, na posição de quem defende a imperiosa necessidade de treinarmos, contínua e exaustivamente, a nossa capacidade de observar todos os vértices de um problema tão grave como a insegurança pública que estamos vivendo, para podermos exercer com efetividade nosso papel de "cuidador" de seres humanos em seus mais diversos males e sofrimentos psicológicos.

Reflito sobre tudo isso e sinto-me triste, tanto quanto aquele homem sentado e chorando à minha frente, e pergunto, imitando Fernando Pessoa:

"Arre! [...] Onde é que há gente neste mundo?"[1]

---

[1] Álvaro de Campos, "Poema em linha reta".

Mensagem da Autora

Um dos fatores mais angustiantes da sociedade moderna é o autêntico barril de pólvora que representa a escalada da violência urbana. A impressão que tenho é a de que ninguém sabe exatamente o que fazer. Observamos as autoridades perdidas diante da enormidade do problema que têm nas mãos, e a (pouca) ordem que resiste, aquela que a corrupção ainda não conseguiu destruir, não basta para que os cidadãos tenham paz. Repare como todos andam com os vidros fechados, com expressões de desconfiança diante da aproximação de quem quer que seja. O temor impera e, em uma visão mais ampla, arrasa também as relações sociais. Ninguém confia em ninguém, há um processo paranoico no ar, invadindo a coletividade e causando danos emocionais a grande parte da população. É possível viver (e conviver) diariamente com o medo?

E a escalada da violência continua. As mazelas sociais são incluídas na lista de causas possíveis para o fenômeno, porém as respostas para o problema que grassa os grandes centros urbanos estão ainda distantes. Observando o assunto a partir de dois olhares diferentes e complementares – o de jornalista e o de psicóloga –, escolhi o tema como mote de pesquisa, a fim de analisar os efeitos dessa violência sobre o indivíduo vitimizado por ela. O caminho desta pesquisa me levou ao Grupo Operativo de Resgate à Integridade Psíquica (GORIP), um grupo de atendimento a vítimas da violência urbana que funcionava no Hospital da Clínicas de São Paulo. O trabalho desse grupo, capitaneado pelo prof. dr. Eduardo Ferreira-Santos, começou com o apoio às vítimas de um dos crimes que têm ganhado as manchetes em uma curva ascendente: o sequestro. Os requintes de crueldade envolvidos nesse autêntico pesadelo impressionam e despertam mais questões do que esclarecimentos.

De qualquer forma, a chamada classe média é hoje o alvo perfeito e tem sido massacrada, porque possui os recursos que conquista com seu trabalho, mas, infelizmente, não pode dispor de segurança privada para se proteger, pois – ao contrário dos milionários – não poderia arcar com os custos. O próprio fato de se morar em um grande centro urbano é hoje um fator de risco para as pessoas. No caso do sequestro, por exemplo, o mundo mudou, e as estratégias desse tipo de crime também; o que antes era uma atividade de grupos criminosos de elite passou a atingir o cidadão comum e a ser realizado por bandidos chamados "pés de chinelo", o que torna a situação potencialmente ainda mais perigosa. Isso sem falar no chamado sequestro-relâmpago, um dos maiores temores da população nos dias de hoje, e, infelizmente, muito próximo de nós.

Ao colher os depoimentos que apresentamos ao longo deste livro, muitas vezes foi impossível evitar que as lágrimas viessem à tona. São relatos de pessoas que foram atingidas no que há de mais profundo, no que há de mais sagrado: sua integridade pessoal e a de seus familiares. Como encarar os olhos de alguém que conta aos prantos as memórias do terror? Pergunta difícil de responder. Assim, cabe deixar também um agradecimento especial a todos os personagens deste livro que, generosa e doloridamente, compartilharam suas terríveis experiências comigo.

Mas, arriscando-me a parecer um pouco otimista demais, há sim algo de bom que pode ser tirado de tudo isso e que observei em muitos dos casos que atendi. Alguns pacientes perceberam que haviam se perdido de si mesmos e entrado em uma rotina alucinante de vida e trabalho que os distanciou de seus sentimentos e de suas emoções. Eles foram reencontrados da pior forma possível: a partir de seu confronto com a possibilidade de morrer. A partir desse ponto, muitos deles fizeram um balanço de vida e modificaram o que os incomodava sem que se dessem conta disso. Muitos, após obterem o reequilíbrio proporcionado pelo atendimento psiquiátrico e psicológico, reavaliaram suas metas, passaram a criar momentos de verdadeiro prazer em seu cotidiano, aprimoraram as relações familiares e passaram a dar menos importância para as picuinhas do dia a dia, as quais, de repente, lhes pareceram insignificantes diante da magnitude da vida.

Se há algo de bom a ser tirado do horror, que seja isso: a possibilidade de crescer, se aperfeiçoar e, finalmente, tornar-se uma pessoa melhor e mais fortalecida. Eu, com certeza, aprendo e aprendi muito com essas verdadeiras lições de vida com as quais convivo diariamente em minha prática clínica. Sei que nesse momento é difícil acreditar, mas você poderá voltar a se sentir bem, a ter momentos felizes e prazerosos com sua família e com seus amigos, a curtir os momentos especiais que a vida irá lhe proporcionar. Coragem! Esse dia vai chegar, e você voltará a sorrir. É uma questão de tempo, de disponibilidade e de trabalho. Quanto a nós, continuaremos por aqui, fazendo o que pudermos para levar ao maior número possível de pessoas esta mensagem de esperança em dias melhores. Vamos lá, um passo de cada vez, um dia após o outro.

Carpe Diem!

PARTE I
Entendendo o Transtorno de Estresse Pós-Traumático

Capítulo 1

O que é o Transtorno de Estresse Pós-Traumático?

Como já dissemos rapidamente, o Transtorno de Estresse Pós-Traumático (TEPT) é o nome que a medicina dá a um conjunto de reações psicológicas e físicas que podem surgir após um evento traumático – em geral, um evento em que houve risco de morte para si, para entes queridos ou mesmo para desconhecidos, e que gerou sentimentos de pânico, impotência e horror, entre outros.

O diagnóstico do TEPT é relativamente recente, mas o problema é muito antigo. afinal, em toda a história da humanidade, não faltam eventos traumáticos – catástrofes, guerras, repressão e abusos de várias formas – que impactaram fortemente as pessoas. As consequências em suas vidas, ao longo do tempo, ganharam diferentes nomes. Só em 1980, nos Estados Unidos, é que o TEPT foi caracterizado. O diagnóstico surgiu depois que a Associação dos Veteranos da Guerra do Vietnã e a Associação Psiquiátrica Americana (APA) fizeram um longo estudo comparando os sintomas apresentados por pessoas que haviam sofrido ou presenciado situações traumáticas, ou que tiveram parentes e amigos envolvidos em tais situações. O diagnóstico do TEPT definido pela APA ficou restrito a pessoas que apresentam os sintomas não imediatamente após o trauma, mas sim entre dois meses e cinco anos depois do ocorrido. No Brasil, contudo, nossa experiência mostra que esse prazo é bem mais elástico, pois já houve casos em que notamos o desenvolvimento do TEPT uma década após a ocorrência do fato traumático.

Para as pessoas que apresentam os sintomas de ansiedade e medo imediatamente após a vivência traumática, cunhou-se ainda o diagnóstico de "Transtorno de Estresse Agudo" (TEA). Nesses casos, os sintomas tendem a desaparecer em pouco mais de um mês e poderiam ser encarados quase como uma resposta natural à agressão sofrida.

Dependendo da intensidade dos sintomas, porém, é possível que o TEA prejudique as atividades normais do cotidiano e se transforme num TEPT. Falaremos mais desse transtorno no capítulo 2.

Antes de mais nada, vamos apenas esclarecer o que é o conceito de estresse e de trauma relativos ao Transtorno de Estresse Pós-Traumático, com o objetivo de diferenciar o significado que essas palavras têm na linguagem médica do sentido que elas têm na linguagem comum, do cotidiano.

Estresse é uma palavra que todos usamos com frequência, mas aqui tem um significado específico que é fundamental entender. No dia a dia, dizemos que uma pessoa está *estressada* quando ela está ansiosa, temerosa ou pressionada por situações aflitivas – pode ser uma dificuldade na criação dos filhos ou no relacionamento conjugal, o enfrentamento do trânsito, a quantidade de exigências no trabalho etc. Porém, a palavra tem um sentido mais preciso quando falamos de Transtorno de Estresse Pós-Traumático. *Estresse*, nesse caso, é o conjunto de reações do organismo que ocorre em resposta a diferentes tipos de agressão – física, psíquica, infecciosa – e que perturba o equilíbrio desse mesmo organismo.

E o que é um trauma? Trauma é, na verdade, o incidente com características violentas que pode ou não, dependendo da vítima, gerar um transtorno de ansiedade, caracterizado como estresse.

O TEPT pode ocorrer em pessoas que vivenciaram um trauma tanto direta quanto indiretamente. Um exemplo disso são os ataques terroristas contra os Estados Unidos em 11 de setembro de 2001, que ocasionaram a morte de cerca de 3 mil pessoas. Sabe-se que muitas vítimas que presenciaram os ataques e sobreviveram a eles desenvolveram o Transtorno de Estresse Pós-Traumático. Mas também houve diversos casos de pessoas que não presenciaram ao vivo as cenas de terror – algumas apenas ouviram as explosões das Torres Gêmeas e outras tiveram conhecimento dos fatos somente através da imprensa – e mesmo assim desenvolveram o Transtorno de Estresse Pós-Traumático ou, por exemplo, fobias em relação a voar.

A pessoa envolvida diretamente no evento é chamada de **vítima primária,** e aquelas que participam indiretamente (amigos, familiares, testemunhas) e que podem também desenvolver o transtorno são chamadas de **vítimas secundárias.** Nos casos de sequestro, particularmente aqueles em que a vítima primária permanece em cativeiro e seus familiares são obrigados a negociar o resgate exigido pelos sequestradores, é muito comum o aparecimento dos sintomas do TEPT nessas pessoas próximas, sendo que já há um movimento para considerá-las, também, vítimas primárias do acontecimento traumático.

Portanto, para se caracterizar o chamado Transtorno de Estresse Pós-Traumático, necessariamente a pessoa deve ter vivido, testemunhado ou de alguma forma ter sido influenciada por um episódio de séria ameaça à sua integridade física ou à de outro (com morte ou não) e que, por conta disso, tenha apresentado um conjunto de sintomas que afetaram seu estado psicológico.

A psiquiatria definiu alguns critérios que devem ser seguidos para caracterizar a existência do TEPT, os quais constam do compêndio DSM-IV[1], o principal manual de referência para psiquiatras do mundo todo, editado pela APA. De forma resumida, é necessário que a pessoa esteja envolvida em um evento (seja como testemunha ou vítima) que implique morte ou ferimentos graves (seja de forma real ou pressuposta) com séria ameaça à sua integridade física ou à de outros. É também necessário que a reação da pessoa ao fato tenha envolvido horror, medo intenso ou a sensação de impotência.

Agora que já falamos sobre a parte "formal" do TEPT, gostaríamos de salientar que, por mais forte que uma pessoa seja, ela está sujeita a ser atingida pelo trauma. Isso porque, dependendo da magnitude e da violência do evento traumático, este pode, sim, derrubar as barreiras psicológicas e emocionais que funcionam como uma defesa. Em outras palavras, parafraseando a dra. Aphrodite Matsakis, autora do livro *I can't get over it*, uma faca pode provocar desde um arranhão até decepar um dedo, dependendo mais de quanto ela foi afiada do que da grossura da pele.

Não há, no Brasil, estudos realizados que apontem a porcentagem de vítimas de crimes que desenvolvem o Transtorno de Estresse Pós-Traumático, fobias ou problemas psicossomáticos. Por outro lado, alguns estudos sugerem que a ocorrência de Transtorno de Estresse Pós-Traumático independe de idade, gênero, raça, religião ou classe social. Também não foi encontrada nesses estudos uma relação entre o aparecimento do TEPT e a presença de algum distúrbio mental anterior, como depressão ou transtorno do pânico. O que talvez esteja mais ligado à intensidade dos sintomas

---

[1]. O DSM (Diagnostic Statistical Manual of Mental Disorders ou, em português, Manual Diagnóstico e Estatístico dos Transtornos Mentais) é um compêndio criado e periodicamente atualizado pela Associação Psiquiátrica Americana, sendo revisto de tempos em tempos. Os números romanos que aparecem após o hífen correspondem a cada nova versão lançada. O diagnóstico de TEPT apareceu pela primeira vez no DSM-III e a mais atual, ainda em fase de elaboração final, é a 5ª.

do TEPT é justamente a extensão ou a gravidade do fato em si. Da mesma forma, quanto mais violento o evento com potencial traumático, mais agudas podem ser as reações da vítima ou dos que a cercam (parentes, amigos, vizinho).

Depoimento: Em nome do filho

Jorge Damús Filho, administrador de empresas, teve o filho – Rodrigo – assassinado em São Paulo, em 1999.

A Teresinha, minha mulher, acha que eu tive mais força do que ela para caminhar depois do ocorrido e diz que, **quando mataram nosso menino, tiraram nosso chão, nossa vida. Ele fazia faculdade de Comunicação Social na FIAM, queria ser jornalista esportivo; na missa de sétimo dia, tinha umas quinhentas pessoas; a solidariedade que recebemos foi muito grande, inesquecível. Ele nasceu em 19 de janeiro 1979 e foi morto em 27 de setembro de 1999. Tinha só vinte anos!** As lembranças de quando o Rodrigo nasceu... Nós queríamos tanto o Rodrigo que nem ligamos para os percalços; a Teresinha teve que ficar seis meses deitada, pois a placenta descolou. Ela queria tanto o Rodrigo que, quando deu o primeiro sinal e nós fomos para a maternidade, o desejo dela era só segurar o nosso bebê nos braços. Estamos casados há trinta anos e naquela época, a do nascimento do Rodrigo, jamais poderíamos imaginar a dor que iríamos compartilhar anos depois.

Mesmo sendo uma gravidez de risco, a gente não tinha os recursos que temos hoje, não tinha assistência médica, ele nasceu em hospital público... Naquela época, o pai não podia entrar no centro cirúrgico. Mas ela queria tanto ser mãe que nada disso importou muito. Quando Rodrigo nasceu, foi uma explosão de felicidade, ele foi muito bem-vindo. E parece que ele percebeu isso porque sempre foi uma criança muito meiga, amorosa com os pais e muito próxima dos idosos.

A Teresinha escreveu um livro sobre isso tudo para ajudá-la a lidar com o acontecido e para preencher os momentos de solidão e desespero. **Ele entrou com dezoito anos na faculdade, e nessa época conseguimos**

comprar um carrinho para ele; colocamos a chave na árvore de Natal, em uma caixa. Tiramos bem devagar da garagem da minha sogra para não fazer barulho e deixamos ele na rua. Era um gol vermelho, lindo. Quando ele abriu a caixa, não acreditou! Achou que estávamos tirando sarro dele. **Eu tinha feito um consórcio quando ele completou catorze anos e fiquei pagando religiosamente e com muito esforço. Mal sabia eu que, por causa do carro, ele ia ser assassinado.** Quando tudo aconteceu, morávamos em uma casa, e foi imprescindível que nos mudássemos porque não suportávamos sair do nosso quarto e ver o dele logo ali ao lado, vazio. Isso judiava muito da gente. Mas não é fácil vender um imóvel rápido, é um processo demorado, e sofremos diariamente até conseguirmos sair de lá, em 2000.

Na época em que entrou na faculdade, achei tão bom que ele foi para a área do jornalismo; ele queria narrar jogo, corrida de Fórmula 1; era engajado. Além disso, era muito companheiro, jogávamos bola juntos; quando ele ficou na fossa por causa da primeira namorada, fui eu quem o consolou. Temos uma casa no interior e íamos muito para lá, ele sempre junto, companheiro mesmo, sempre participou muito de tudo o que era familiar. Eu e a Teresinha, preciso dizer, criamos frutos doces. Diferente desses que fizeram isso com ele, nós tivemos a responsabilidade de saber que podíamos ter só a quantidade de filhos que conseguiríamos criar e educar. O grande problema é este, as pessoas têm filhos e não conseguem formar, dar educação, criar pessoas boas.

Quando ele entrou na faculdade, em 1997, foi uma alegria só. Pintaram-no, ele ia pedir esmola no farol. Os colegas gostavam muito dele, depois ouvimos comentários de pessoas que estudavam com ele e pudemos até mesmo descobrir um Rodrigo que não conhecíamos. O colega de classe popular e atento às necessidades do seu semelhante, o cara querido que ele foi. Nós orientávamos, e realmente nos esforçamos para criar pessoas de bem. E eles entendiam a mensagem, nunca nos deram preocupação com bebida, drogas, essas coisas. Eu acho que formação pesa, mas as companhias são fundamentais. Além disso, há um estímulo consumista, um apelo muito grande. As pessoas querem ter, ter, ter. Existe, sim, a questão da índole, mas também o meio influencia. Há também a questão dos limites, que, hoje em dia, não existem mais, e isso estraga uma pessoa.

O Rodrigo era um jovem esforçado, trabalhava muito, estudava à noite, era auxiliar de escritório. Ele trabalhava em Santana do Parnaíba, ganhava seiscentos reais por mês, saía de casa às seis horas da manhã para chegar lá às sete e meia ou oito horas. Saía do trabalho às seis horas da tarde e vinha voando para casa jantar e ir para a faculdade. A irmã dele, Michelle, dois anos mais nova, fazia o jantar e despachava ele para a faculdade. Ele não era filhinho de papai, trabalhava, não bebia. Uma outra coisa que marcou muito é que pelo menos uma refeição a gente fazia juntos. Eu trazia exemplos do meu trabalho para casa, contava os acontecimentos, discutia questões sociais com eles. Quando eu era criança, meu pai morreu, e minha mãe foi ser doméstica. Não tínhamos vergonha e nos virávamos também. Mas, como o caçula, eu fui poupado, os irmãos mais velhos trabalhavam, e eu estudava. Ficava o dia inteiro sozinho na rua e via colegas indo fumar maconha, começando a roubar para comprar droga. E eu pensava: não posso decepcionar minha mãe! Aí ia estudar.

No nosso último Natal com Rodrigo, em dezembro de 1998, ele havia completado o segundo ano de faculdade, tinha a cabeça cheia de sonhos e projetos. Em janeiro de 1999, seu aniversário, nós fomos viajar, e foi muito bom, inesquecível. Naquela época, a namorada mudou-se de Perdizes para o bairro do Morumbi, onde ele foi assassinado. Aquele ano foi muito marcante, porque, em julho, ele viajou com uma turma enorme para passar um feriado em Campos do Jordão, e ele diz, em um vídeo que gravaram: "Quero agradecer a meus pais que nos proporcionaram tudo isso, que nos fazem viver um momento lindo desses". Ele estava tão feliz! Falar do Rodrigo pra nós é um prazer, as pessoas acham que isso nos deixa mal, mas nós choramos de alegria, porque foi uma honra ter um filho tão bom, tão humano.

Por outro lado, quando eu falo do Rodrigo, não sei se você percebeu, é como se eu saísse de mim. Crio um distanciamento, porque, se eu me emocionar, se eu derramar uma lágrima... Esse tipo de demonstração é depreciada, as pessoas dizem que se trata de um pai emocionalmente abalado. Mas a verdade é que não tem como não chorar. No dia do assassinato do Rodrigo, ele ligou à tarde do trabalho dizendo que não ia jantar, que ia direto para a faculdade. Naquele dia de manhã, ele não queria levantar, queria ficar na cama... Ele levava a irmã, naquela época com dezoito anos, à escola e ia trabalhar.

E, então, naquele dia ele foi direto para a faculdade e resolveu sair às nove horas da noite para passar na casa da namorada; eles estavam juntos há dois anos e meio. Ele foi lá para terminar o namoro. Escreveu uma carta para ela, simplesmente terminando tudo. Até hoje a gente não sabe exatamente o porquê; não deu tempo. Mas tem coisas inexplicáveis. Por exemplo, depois do assassinato, a Marina, namorada do Rodrigo, me deu a carta que ele havia lhe entregado naquela noite. Ela falava de um grande amor e de um grande nó que não conseguia desatar; falava que ele não sabia bem o motivo, mas que queria se separar dela, liberá-la para outras experiências. Ele se despede na carta e pede a ela que cuide de si, diz que não há explicação, mas que sentia que precisava se despedir. Relembrou acontecimentos felizes e pediu que ela não ficasse sofrendo, mas que tomasse aquilo como uma lição. Parece até que ele estava sentindo que alguma coisa ia acontecer justamente naquele dia; ele entregou a carta e morreu logo em seguida, meia hora depois.

Naquela noite, eram umas onze horas, e nós estávamos nos preparando para ir deitar quando recebemos uma ligação do celular do Rodrigo. Era um policial.

– É o pai do Rodrigo?

– Sim, é o pai do Rodrigo, o que houve com ele?

– O senhor precisa se dirigir ao Pronto-Socorro do Campo Limpo.

Eu ainda insisti para saber o que tinha acontecido, mas o policial só dizia isso. Eu entendo um pouco do procedimento, da linguagem deles, e já imaginava o que tinha acontecido. A Teresinha entrou em desespero, a Michele também... **Logo em seguida, eu recebi a ligação do Estêvão dizendo que ele tinha sido baleado. O meu cunhado veio, e fomos para lá. Naquela hora, a Teresinha gritou tão forte no telefone que a vizinhança toda veio acudir, ela gritava que queria saber onde a bala**

tinha entrado, se ele estava bem, ela queria muito ouvir que a bala só tinha entrado no ombro, ou passado de raspão no braço.

E eu, por mais que já soubesse, não queria acreditar. Mas eu já sabia porque, se fosse isso, o policial teria dito que ele havia sido baleado e socorrido, levado para o PS. A voz do policial, o jeito dele no telefone não deixou dúvidas. Mas, ainda assim, eu torcia para estar errado sobre o que estava pensando. No caminho, o meu cunhado dirigia loucamente, nem sabíamos direito onde era esse hospital; esse bairro ficava na estrada de Itapecerica. Eu pedia a ele calma, precisávamos chegar inteiros para ver o que tinha acontecido com o Rodrigo. Ele no volante, e eu, do lado, a Teresinha tinha ficado com a Michelle em casa. Durante o trajeto, eu não tinha um pingo de saliva, minha língua colava no céu da boca. Eu já estava esperando o pior, cheguei ao PS e fui entrando. Vi o médico e disse que era o pai do Rodrigo; o médico disse que infelizmente ele não tinha resistido, e que havia chegado lá já sem vida. Aquilo para mim foi...

Consta no inquérito que, ao sair de lá da casa da Marina, já na avenida Giovanni Gronchi, ele parou em um farol no cruzamento próximo ao Shopping Jardim Sul. Quatro elementos o abordaram, um deles estava armado e atrás da coluna, ele não o viu. Eles gritavam "Sai do carro, sai do carro". **Ele abaixou para tirar o cinto, para poder descer, e o cara atirou. O tiro entrou pela axila, transpassou a caixa torácica e acertou o que o Rodrigo tinha de melhor, o coração.** Mas, naquele momento, o da notícia, o chão sumiu. Eu nem sei o que eu dizia, chamava por Deus e gritava: **"Que Deus é esse? Que Deus é esse?"** Eu demorei ainda um pouco para ligar para a Teresinha, porque eu precisava... respirar! Finalmente, eu liguei e disse: "Teresinha, seja forte porque levaram o nosso menino". Nessa hora acontece uma revolta espiritual muito grande. Você pensa: poxa, eu sou um cara honesto, sou um cara que trabalha, eu não faço mal para ninguém... O médico que deu a notícia nem conseguia olhar para mim, eu estava transtornado. Se naquela hora eu tivesse o assassino na minha frente, eu o teria matado com minhas próprias mãos. Aí eu fui desmoronando em um canto, encolhido, chorando. Liguei para a Teresinha, contei...

Naquela hora, eu perdi o controle, meu cunhado me apoiou, mas eu não conseguia mais nada. Aí me tiraram dali, eu achava que estava vivendo um pesadelo. Meu cunhado foi fazer o reconhecimento, e eu quis ir lá olhar para o meu filho, eu queria sacudir ele, fazer ele voltar, talvez ir no lugar dele. Se eu pudesse, teria feito isso sem hesitar. E aí eu saí dali, passei no local do crime, o carro estava lá, a perícia... Não tinha uma mancha de sangue, a bala não saiu, se alojou no coração. Aí fui pra casa, não atinava mais nada. Queriam me dar remédio, eu não queria tomar, a casa cheia, todo mundo desesperado. **Sabe qual o pior momento? É imaginar a sensação que ele teve quando aconteceu. Me falaram que ele não sofreu. Eu sinto uma frustração enorme de não ter podido estar com ele ali, naquela hora, para segurar na mão dele e ajudar, assim como eu estava quando ele nasceu. Mas, se eu estivesse lá, eu teria me atirado na frente da bala, eu teria feito qualquer coisa.** Isso me atrapalha um pouco, até hoje eu penso nisso.

Daí para frente, começou aquilo tudo, não é? Funeral, missa... Um professor mandou um texto falando do Rodrigo, e a gente ficou sabendo que ele era uma espécie de intermediador lá deles. Sempre que alguém se desentendia, ele ia lá resolver. E o professor leu isso lá na frente no dia da missa de sétimo dia. Nós chegamos a ir à faculdade agradecer pelo carinho deles; todos foram nos prestar solidariedade...

A gente sabia que, quanto mais divulgasse, maiores as chances de prender, de pegar quem tinha feito isso com ele. Naquela madrugada, ninguém dormiu. Nem naquela e nem nas seguintes. Olha, para lhe dar uma ideia: você já ficou sem tomar banho uma semana? Eu fiquei. Eu não comia, eu não bebia, eu não tomava banho, e algumas vezes foram me buscar na Marginal, eu saía andando de pijama e ia parar na Marginal! Virei andarilho. Dá vontade sabe de quê? De largar tudo e sair andando pelas ruas, sem destino... A Teresinha conta que só não fez isso porque, depois de uma semana, a minha filha pegou na mão dela, apertou bem, e disse: "Mãe, você só ama o Rodrigo?" Aí caiu a ficha. Ela tinha ficado e precisava mais do que nunca de nós. Esses irmãos eram grudados, eles se davam muito bem, saíam, viajavam juntos... Ela cuidava dele, e ele, dela. Eram muito amigos!

Uma vez, eu cheguei em casa e me contive para não rir: a Teresinha tinha amarrado os dois com um lençol porque haviam brigado. E os dois pequenos, ali, amarrados... Eu louco para rir, e eles lá. O Rodrigo sempre cedia mais para ela, nós ficamos muito perdidos. A partir daquele telefonema, foi o pior dia da minha vida. Eu costumo dizer para a Teresinha que nós tivemos duas vidas dentro de uma só. Nós nunca mais seremos as mesmas pessoas, nunca mais. As pessoas dizem que o tempo cura tudo, não é? Eu acho que o tempo não cura tudo, aliás, o tempo não cura nada, o tempo só tira de evidência um buraco, uma ferida incurável que ficou no nosso coração e que vai com a gente para o túmulo.

Nós viramos meio ETs, sabe, os amigos sumiram. Ninguém aguenta olhar muito tempo para uma tragédia. A gente fala aqui do Rodrigo com amor, é até bom para nós falar dele, mas as pessoas acham que machuca, acaba virando um tabu. Como vão nos encontrar e agir com naturalidade, sem saber se falam ou não nele? Nós tínhamos amigos de trinta anos de amizade. Depois da missa do Rodrigo, eles nunca mais apareceram. Acho que a nossa tragédia ameaça o mundo perfeito deles, enfim, de todo mundo.

No dia seguinte, tivemos que esperar, foi preciso liberar o corpo. Aí fizemos o velório, do meio-dia até as quatro horas da tarde. A quantidade de jovens que tinha lá... Foram até ex-professores, muita gente ficou sabendo, porque saiu a notícia em todos os jornais... Todos os que ficaram sabendo apareceram, uma multidão. É... nós acabamos, só estamos de pé por amor a ele. Porque nós acreditamos que ele não ia querer que ficássemos mal... Olha, nessa hora a gente briga com Deus. Nós sempre fomos católicos, mas... o que confortou muito a Teresinha foi a leitura espírita. Ela conta que, no primeiro Dia das Mães depois da tragédia, o nosso quarto cheirava a rosas... Temos algumas mensagens que dizem ser dele, mas não acreditamos muito. Realmente isso é muito bom, muito forte, mas não tem cura. Temos uma dívida de gratidão com muitas pessoas, entre elas com Luiza Paulus, mãe do menino Fábio, que também foi assassinado por bandidos; ela levou a Teresinha até o grupo de senhoras carismáticas, que ajudaram muito...

No velório, a Teresinha pensava em tirar ele do caixão, e dizia assim: "Rodrigo, para com essa brincadeira que não tem graça, levanta daí, vai?" E ela ficava ali fazendo isso, em meio àquela multidão de gente chorando, até perceber que ele não ia levantar... Nunca mais. Eu tenho razões para me trancar em um quarto escuro e ficar chorando pelo resto da vida. Mas aí eu comecei a pensar no que o Rodrigo faria se estivesse no meu lugar. Com certeza não seria isso. Isso foi cerca de quinze dias após o acontecido. Isso ocorreu também porque as pessoas estavam me chamando para dar entrevistas; fui pela primeira vez a um programa de TV, e não estava falando coisa com coisa, tamanha era a minha dor. Aí pensei que tinha que dar um jeito de aprender a conviver com essa dor e me fazer sereno para poder fazer alguma coisa produtiva com isso. Nada vai trazer meu filho de volta, mas eu posso lutar. O meu interesse é lutar por justiça, por um país melhor, por leis mais eficazes, para que outros pais não passem pelo que eu estou passando.

No funeral do Rodrigo, no cemitério do Araçá, havia umas duzentas pessoas, e, na missa, umas quinhentas. Quando eles fecham o caixão, é o pior momento, aí você sente que realmente acabou. A Teresinha não se lembra direito de nada, estava sob o efeito de sedativos. **Aliás, nós estávamos meio zumbis, medicados para poder aguentar, não estávamos atinando muita coisa, dói demais. Tanto que não tem nome essa dor de perder filho. Você já percebeu isso? Quando a gente perde o pai, vira órfão, quando perde a mulher, é viúvo... E quando perde o filho, é o quê?** As reações de nós dois foram diferentes, eu me debrucei muito no trabalho, e a Teresinha não conseguiu mais trabalhar. Ela, professora, foi até o final do ano letivo para não largar tudo assim, mas depois... Não conseguiu mais. Os alunos diziam que estavam felizes que tinha voltado, e que queriam que ela continuasse, que tivesse fé.

Veja bem, essa dor, esse trauma, os danos morais, psíquicos, até de produtividade... Isso não tem o que pague. Hoje eu tomo um Lexotan às dez da noite para conseguir dormir, e mais metade às dez da manhã para poder levar a vida. A Teresinha está sempre acompanhada por médicos desde o ocorrido. Em 2009, completou dez anos, e eu sinto que ela quer melhorar, mas é muito difícil. A gente, como parente da vítima, acha que não tem mais o direito de sorrir, é como se eu não pudesse aproveitar mais nada sob a pena de acharem que não amamos mais nosso filho. Na verdade, até mesmo a gente chega a colocar isso em dúvida...

Os assassinos... Três dias depois do crime, o bandido que atirou no Rodrigo completou dezoito anos. Mas, como ele ainda era menor no dia do crime, cumpriu um ano e oito meses de FEBEM e foi solto. Ou seja, esse ser está nas ruas, e vocês nem sabem quem é, porque o nome e o rosto dele estão protegidos pela "justiça", pelo Estatuto da Criança e do Adolescente (ECA). Uma semana depois, prenderam eles. Aconteceu o seguinte, o caso teve uma repercussão muito grande, até porque, como o Rodrigo estudava jornalismo, a classe toda se mobilizou. Os professores são profissionais do meio, os colegas, que na época eram futuros jornalistas, hoje atuam também na área. São inúmeros profissionais que não deixam a história morrer, e até hoje me ligam de vez em quando para lembrar às pessoas o que aconteceu e não deixar isso cair no esquecimento.

Bom, três dias depois do crime, fizeram uma denúncia anônima sobre dois dos bandidos. Aí a delegada foi lá, prendeu os dois e depois soltou por falta de provas. Poucos dias depois, veio uma outra denúncia; eu estava acompanhando tudo... Eu e um amigo, pai de um menino que foi assassinado na própria casa, durante um assalto, e morreu nos braços da mãe dele. A cada ano, no aniversário da morte do Rodrigo, eu vou para o local do crime, distribuo 10 mil panfletos e coloco uma faixa dizendo: "Foi o Rodrigo, mas poderia ter sido o seu filho". **No nosso país, os valores estão invertidos. Aqui reina a hipocrisia, aqui há a pena de morte invertida: o bandido lhe condena à morte sem júri, sem tribunal, sem nada...** E o Estado não tem esse direito. E ainda vem a Constituição de 1988 e diz que pena de morte só em caso de guerra. E isso que a gente vive aqui não é guerra? Três décadas produziram mais de 1 milhão de pessoas assassinadas neste país.

Quando eu soube que a delegada tinha soltado eles, briguei com ela e contatei um outro delegado, conhecido meu, implorando ajuda para pegar aqueles caras. Nem que passassem mil anos eu conseguiria agradecer o que ele fez. Imagine que ele se vestiu de mendigo, conseguiu uma carrocinha e foi para a comunidade, um local humilde ali próximo, e ficou por ali só ouvindo os comentários das pessoas. Ele se misturou à paisagem, dormia em uma kombi velha e ficava esperando. Aí, um belo dia, ele ouviu, em um botequinho, um rapaz se vangloriando: "É isso aí mesmo, quando eu vou para uma lança, ou eu mato ou eu morro!" Só que, ao contrário do que as pessoas pensam, tem gente muito boa lá na comunidade. E essas pessoas são aprisionadas por uma minoria que é bandida. Aí o delegado pegou esse que estava contando vantagem e levou para a delegacia.

Ele disse que os amigos estavam presos e disseram que ele tinha atirado, e que a coisa ia ficar feia, que ia sobrar para ele, e que a pena ia ser enorme. Aí ele se apavorou e disse que quem tinha atirado era o outro, o menor de idade. Aí, pronto, deram a busca e apreensão na casa dele e encontraram a arma do crime. Pegaram também os outros dois, e um deles, inclusive, alugava a arma para esse tipo de crime, acredita? E aí rodou todo mundo, o depoimento deles foi gravado em vídeo para demonstrar que não houve coação, que eles não apanharam, aquelas coisas que atrapalham o trabalho da polícia. Aí os três maiores de idade pegaram 22 anos cada um e recorreram, conseguindo baixar a pena para dezenove anos. Eles estão presos e vão cumprir dois terços da pena em regime fechado. O menor está por aí, provavelmente colocando em risco a vida de outras pessoas. Se ele estiver vivo, tem hoje 29 anos. Ele ficou apenas um ano e oito meses detido... Normalmente, em crimes graves como esses, os menores têm que ficar três anos institucionalizados, mas lá dentro todo mundo vira bonzinho. Ele saiu antes e foi para uma liberdade assistida... Assistida não sei por quem. E ele está por aí. Nem sei se está vivo ou morto.

A mãe dele, em depoimento, disse que não entendia como isso foi acontecer. Eles são evangélicos... Bom, é inacreditável! Os quatro têm casa própria, humilde, mas casa própria. Dois deles tinham carro e moto e, dos quatro, três estavam trabalhando. **O menor, empacotador de supermercado, estava desempregado há três meses e queria dinheiro para fazer a sua festa de aniversário de dezoito anos dali a três dias, como ele mesmo disse, "com muita mulher e cerveja". Então, ele ia** vender o carro por quinhentos reais para fazer uma festa! A vida do meu filho vale só quinhentos reais? Eu teria dado a minha própria vida, eu teria trabalhado para este infeliz pelo resto da minha vida se isso tivesse impedido ele de matar o meu filho! Eu teria dado a ele tudo, tudo o que eu tenho! Eu teria ficado só com a roupa do corpo pela vida do meu filho.

Ele poderia ter levado tudo, o carro, o celular, a carteira... Mas levar a vida do meu filho? E, como consequência, o que ninguém hoje pensa, acabar com a vida da minha família? Porque o tempo apaga o fato da memória de todo mundo, mas só Deus sabe como é que eu me levanto a cada dia para uma vida que, sem o meu filho, não tem sentido! Levaram nossos sonhos, nossa alegria de viver, levaram tudo isso embora por quinhentos reais! Tem uma frase da Denise, mãe do Felipe, um garoto também assassinado por um menor, que é emblemática e serve para ilustrar esse caso: "Quando você enterra o seu pai, você enterra o passado. Quando você enterra um filho, você está enterrando o futuro". Pode parecer melodramático, mas nós não esperamos mais nada da vida, o nosso futuro se foi com o Rodrigo pelas mãos de um cara que queria fazer uma festa de aniversário com muita mulher e cerveja. E que não pagou por isso.

Hoje eu luto pela redução da maioridade penal porque eu acredito firmemente que o mundo mudou. A sociedade mudou e atualmente a idade de dezoito anos já não é critério para isentar alguém de um crime. O amor que a gente tem transcende a morte, mas não poder mais abraçar meu filho, apertá-lo nos meus braços, dilacera meu coração diariamente. A saudade me sufoca. Me sufoca, mas não impede meu grito por justiça.

Para saber mais sobre a luta de Jorge Damus Filho, pai do Rodrigo, pela redução da maioridade penal, acesse o site www.atequando.com.br.

Capítulo 2

Tenho o Transtorno de Estresse Pós-Traumático?

Após essa breve explicação sobre o TEPT e sobre os critérios para seu diagnóstico, apresentamos três questionários nas páginas seguintes. Responder a eles é importante, pois isso permitirá identificar se você – ou alguém próximo a você – desenvolveu o TEPT. As perguntas também vão ajudá-lo a adquirir mais consciência sobre seus próprios sentimentos.

O primeiro questionário, elaborado por nós, é uma preparação para saber se e como o fato traumático pode ter afetado a sua vida. Já o segundo é o questionário baseado em um modelo criado pela Associação Psiquiátrica Americana, conhecido como *Structured Clinical Interview for DSM-IV (SCID)* – Entrevista Clínica Estruturada para o Manual Diagnóstico e Estatístico de Transtornos Mentais, 4ª. Edição[1] –, que vai confirmar se você tem ou não o TEPT. E, por último, o terceiro questionário é o *Post-Traumatic Checklist – Civilian Version (PCL-C)*[2], que vai identificar a gravidade do transtorno.

Testes de ocorrência do TEPT

Agora, pegue um lápis ou uma caneta, concentre-se e responda de forma sincera às questões a seguir.

---

[1] SCID (*Structured Clinical Interview for DSM-IV*) – Entrevista Clínica Estruturada para o Manual Diagnóstico e Estatístico de Transtornos Mentais – 4ª. Edição. Transtornos do Eixo I. Edição para pacientes. Autores: Michael B. First, *et al*. American Psychiatric Press, 1997.

[2] PCL-C (*Post-Traumatic Checklist – Civilian Version*) – Equivalência semântica da versão em português da pos-traumatic stress disorder checklist: civilian version. Berger, W.; Mendiowics, M. V.; Souza, W. F.; Figueira, I. Publicado na Revista de Psiquiatria do Rio Grande do Sul, 2004.

Questionário 1

Às vezes, algumas coisas que acontecem conosco causam um grande transtorno – estar em uma situação de risco de vida, um grande desastre, um incêndio ou um acidente muito sério; ser fisicamente violentado(a) ou estuprado(a); ser assaltado ou sequestrado; ver outra pessoa morta ou sendo morta, ou gravemente ferida, ou ouvir algo terrível que aconteceu a alguém próximo a você.

Em qualquer momento da sua vida, alguma dessas coisas aconteceu com você?

Se sua resposta é positiva, faça uma lista dos eventos traumáticos que você viveu, com as seguintes informações:

Breve Descrição	Data Aproximada	Sua idade quando ocorreu

Agora, responda às questões abaixo:

- Algumas vezes, esses acontecimentos continuam voltando em pesadelos, ou você os revive ou tem pensamentos dos quais você não consegue se livrar?

    ( ) SIM   ( ) NÃO   ( ) Não sei dizer, mas outras pessoas falam que notam isso em mim.

- Você fica transtornado quando está em uma situação que lhe lembra qualquer um desses acontecimentos terríveis?

    ( ) SIM   ( ) NÃO   ( ) Não sei dizer, mas outras pessoas falam que notam isso em mim.

- Se a sua resposta for **NÃO** para as duas perguntas acima, provavelmente você não sofre de TEPT. Mesmo tendo vivido situações terríveis, sua capacidade para lidar com as dificuldades o ajudou a enfrentá-las e pode ser até que tenham contribuído para melhorar e ampliar a estrutura da sua personalidade (veja o capítulo sobre resiliência).

- Se a sua resposta for **SIM** ou **Não sei dizer...**, pode ser que você tenha desenvolvido algum grau do Transtorno do Estresse Pós-Traumático. Vamos verificar isso respondendo às perguntas a seguir.

Para as questões seguintes, focalize no(s) evento(s) traumático(s) mencionado(s) na primeira tabela que você preencheu. Se você relatou mais de um trauma, escreva abaixo qual dessas situações você acha que o afetou mais.

Questionário 2

Para se ter um diagnóstico mais preciso, responda com clareza e verdade às perguntas a seguir.

- Você vivenciou, testemunhou ou foi confrontado com um ou mais eventos que envolveram morte ou grave ferimento reais ou ameaçados, ou uma ameaça à integridade física, própria ou de outras pessoas?

    ( ) SIM   ( ) NÃO

- Se você respondeu SIM, vamos então observar como reagiu desde que o trauma descrito por você aconteceu.

- Você sentiu intenso medo, impotência ou horror?

    ( ) SIM   ( ) NÃO   ( ) Não sei dizer, mas outras pessoas falam que notam isso em mim.

- Você pensa sobre o TRAUMA quando você não quer? Em outras palavras, pensamentos sobre o trauma vêm à sua mente de repente?

    ( ) SIM   ( ) NÃO   ( ) Não sei dizer, mas outras pessoas falam que notam isso em mim.

- Você tem sonhos aflitivos e recorrentes sobre o evento em questão?

    ( ) SIM   ( ) NÃO   ( ) Não sei dizer, mas outras pessoas falam que notam isso em mim.

- E quanto a se ver agindo ou sentindo como se estivesse de volta à situação? Ou seja, você algumas vezes age ou sente como se o evento traumático estivesse ocorrendo novamente?

    ( ) SIM   ( ) NÃO   ( ) Não sei dizer, mas outras pessoas falam que notam isso em mim.

- Você fica transtornado(a) quando alguma coisa o(a) faz lembrar o fato traumático? Em outras palavras, você sente sofrimento psicológico intenso quando se vê confrontado com algo interno (pensamento, imagem, emoção, sonho, etc.) ou externo (barulho, cheiro, acontecimentos) que simboliza ou lembra algum aspecto do evento traumático?

    ( ) SIM   ( ) NÃO   ( ) Não sei dizer, mas outras pessoas falam que notam isso em mim.

- Você tem sintomas físicos, como suor exagerado, respiração ofegante/irregular ou coração batendo forte/acelerado?

    ( ) SIM   ( ) NÃO   ( ) Não sei dizer, mas outras pessoas falam que notam isso em mim.

- Você tem feito algum esforço especial para evitar pensar ou falar sobre o que aconteceu?

    ( ) SIM   ( ) NÃO   ( ) Não sei dizer, mas outras pessoas falam que notam isso em mim.

- Você tem se mantido afastado(a) de coisas, pessoas ou locais que possam relembrar o que aconteceu?

    ( ) SIM   ( ) NÃO   ( ) Não sei dizer, mas outras pessoas falam que notam isso em mim.

- Há alguma parte importante do que aconteceu da qual você não consegue se lembrar?

    ( ) SIM ( ) NÃO ( ) Não sei dizer, mas outras pessoas falam que notam isso em mim.

- Você tem estado bem menos interessado(a) em fazer coisas que costumavam ser importantes para você, como namorar, ver os amigos, ler livros ou assistir à televisão?

    ( ) SIM ( ) NÃO ( ) Não sei dizer, mas outras pessoas falam que notam isso em mim.

- Você tem se sentido distante ou isolado(a) das pessoas?

    ( ) SIM ( ) NÃO ( ) Não sei dizer, mas outras pessoas falam que notam isso em mim.

- Você tem se sentido anestesiado(a), como se não fosse mais ter sentimentos fortes em relação a qualquer coisa, ou sentimentos amorosos em relação a alguém?

    ( ) SIM ( ) NÃO ( ) Não sei dizer, mas outras pessoas falam que notam isso em mim.

- Você já notou alguma mudança na sua forma de pensar ou de planejar o futuro? Algo como um sentimento de um futuro abreviado, por exemplo não esperar ter uma carreira profissional, casamento, filhos, etc.

    ( ) SIM ( ) NÃO ( ) Não sei dizer, mas outras pessoas falam que notam isso em mim.

- Você tem tido dificuldades para dormir (dificuldade em começar ou manter o sono)?

    ( ) SIM ( ) NÃO ( ) Não sei dizer, mas outras pessoas falam que notam isso em mim.

- Você tem estado irritado(a)?

    ( ) SIM   ( ) NÃO   ( ) Não sei dizer, mas outras pessoas falam que notam isso em mim.

- Você tem tido explosões de raiva?

    ( ) SIM   ( ) NÃO   ( ) Não sei dizer, mas outras pessoas falam que notam isso em mim.

- Você tem tido dificuldades para se concentrar?

    ( ) SIM   ( ) NÃO   ( ) Não sei dizer, mas outras pessoas falam que notam isso em mim.

- Você tem estado muito vigilante (hipervigilância) ou em guarda, mesmo quando não há razão para isso?

    ( ) SIM   ( ) NÃO   ( ) Não sei dizer, mas outras pessoas falam que notam isso em mim.

- Você tem estado sobressaltado(a) ou tem ficado facilmente assustado(a) com, por exemplo, barulhos repentinos?

    ( ) SIM   ( ) NÃO   ( ) Não sei dizer, mas outras pessoas falam que notam isso em mim.

TOTAL DE "SIM": _____   TOTAL DE "NÃO": _____
TOTAL DE "Não sei dizer...": _____

A duração da perturbação (sintomas) é superior a 2 meses?

( ) SIM   ( ) NÃO

→ Se você respondeu NÃO a essa última pergunta, isto é, se a duração é inferior a dois meses após o trauma, há um questionário específico para você na página

75. Você pode estar sofrendo de um Transtorno de Estresse Agudo (TEA), que vamos explicar no capítulo 3.

→ Se você respondeu SIM, isto é, se a duração dos sintomas é superior a um ou dois meses após o trauma, verifique a contagem do número de respostas "SIM" ao questionário proposto e anote novamente o resultado abaixo:

PONTUAÇÃO: _____

Se você respondeu SIM a pelo menos oito das perguntas anteriores, realmente você pode estar sofrendo do Transtorno de Estresse Pós-Traumático (TEPT).

> **Obs.:** O número de respostas *Não sei dizer, mas as pessoas falam que notam isso em mim* equivale à resposta SIM, pois, embora não tenha ciência de que algo está ocorrendo com você (provavelmente devido a mecanismos de defesa que o impedem de entrar em contato consigo), de fato há indícios – apontados pelo mundo externo – de que esteja potencialmente com sinais de TEPT.

Questionário 3

Vamos agora, utilizando um questionário chamado PCL-C (*Pos-Traumatic Checklist – Civilian Version*), responder a um conjunto de questões que indicará o **grau de severidade** do transtorno.

Este questionário foi desenvolvido em 1993, nos EUA, e possui duas versões: uma, que não usaremos aqui, é usada especificamente para avaliação das consequências de experiências militares. A outra foi desenvolvida para a população civil, com a finalidade de definir o grau do transtorno apresentado. Essa segunda versão foi validada para a população brasileira.

Instruções:

- Abaixo, há uma lista de problemas e de queixas que as pessoas, às vezes, apresentam como uma reação estressante a situações traumáticas.

- Por favor, indique o quanto você foi incomodado por esses problemas **durante o último mês.**
- Por favor, pegue uma caneta e circule os números: 1 para "**nada**", 2 para "**um pouco**", 3 para "**médio**", 4 para "**bastante**" e 5 para "**demasiado**".
- Quando terminar, some todos os números assinalados

	QUESTÕES	Nada	Um pouco	Médio	Bastante	Demasiado
01	Experimenta *memória, pensamentos e imagens* repetitivos e perturbadores referentes a uma experiência estressante do passado?	1	2	3	4	5
02	Tem *sonhos* repetitivos e perturbadores referentes a uma experiência estressante do passado?	1	2	3	4	5
03	Acontece, de repente, de você *agir* ou *sentir* como se uma experiência estressante do passado estivesse acontecendo de novo (como se você a estivesse revivendo)?	1	2	3	4	5
04	Sente-se *muito chateado* ou *preocupado* quando alguma coisa o faz lembrar uma experiência estressante do passado?	1	2	3	4	5
05	Sente *sintomas físicos* (por exemplo, coração batendo forte, dificuldade de respirar, suores) quando alguma coisa o faz lembrar uma experiência estressante do passado?	1	2	3	4	5
06	Evita *pensar* ou *falar sobre* uma experiência estressante do passado ou evita *ter sentimentos* relacionados a essa experiência?	1	2	3	4	5

07	Evita *atividades* ou *situações* porque *elas lembram* uma experiência estressante do passado?	1	2	3	4	5
08	Tem dificuldade para *lembrar-se de partes importantes* de uma experiência estressante do passado?	1	2	3	4	5
09	Ocorreu uma *perda de interesse* nas atividades de que você antes costumava gostar?	1	2	3	4	5
10	*Sente-se distante* ou *afastado* das outras pessoas?	1	2	3	4	5
11	Sente-se *emocionalmente entorpecido* ou *incapaz* de ter sentimentos amorosos pelas pessoas que lhe são próximas?	1	2	3	4	5
12	Sente como se *você não tivesse expectativas para o futuro*?	1	2	3	4	5
13	Tem problemas para *pegar no sono* ou para *continuar dormindo*?	1	2	3	4	5
14	Sente-se *irritável* ou tem *explosões de raiva*?	1	2	3	4	5
15	Tem dificuldades para se concentrar?	1	2	3	4	5
16	Está "*superalerta*", *vigilante* ou "*em guarda*"?	1	2	3	4	5
17	Sente-se *tenso* ou facilmente *sobressaltado*?	1	2	3	4	5

Fonte: Adaptação do texto de Berger, Mendiowics, Souza e Figueira, publicado em 2004, na Revista de Psiquiatria do Rio Grande do Sul.

SOMA DOS PONTOS _____

A partir da soma, você pode verificar qual o grau de severidade do TEPT:

1 – **Leve**: Pontuação entre 1 e 28.

Interpretação: Poucos sintomas (daqueles requeridos para fazer o diagnóstico) que resultam em um leve prejuízo do funcionamento ocupacional (desempenho das atividades diárias, incluindo as profissionais), das atividades sociais habituais ou dos relacionamentos com os outros.

2 – **Moderado**: Pontuação entre 29 e 56.

Interpretação: Sintomas ou prejuízos funcionais entre "leve" e "severo". Significa que há alguma dificuldade de compreensão e entendimento de situações cotidianas que o incapacitariam de levar uma vida normal. Pode não precisar de tratamento imediato, mas é um estado que exige atenção.

3 – **Severo:** Pontuação acima de 57 na tabela.

Interpretação: Claramente, você apresenta um quadro severo de Transtorno de Estresse Pós-Traumático, e os sintomas interferem acentuadamente em seu funcionamento ocupacional, nas atividades sociais habituais ou nos relacionamentos com os outros.

"Acho que eu tenho TEPT... e agora?"

Caso você tenha identificado que tem TEPT, é importante pensar que este é um quadro transitório. Assim, se você souber cuidar adequadamente do problema, terá grandes possibilidades de se recuperar e até mesmo de incorporar essa experiência à sua vida, ampliando o potencial de resolução dos problemas do cotidiano. No entanto, é fundamental ter consciência de que, se o TEPT não for tratado corretamente, ele pode se agravar e prejudicar significativamente o seu estado psicológico e o físico. Assim, desejamos a você forças para lidar com isso, lembrando que a superação só depende de uma pessoa: você.

Sintomas

Agora, vamos falar sobre os principais sinais e sintomas do Transtorno de Estresse Pós-Traumático em detalhes. Entender quais são eles e por que eles se manifestam é fundamental para que você possa ter uma visão mais objetiva de si mesmo e da sua condição. Conhecendo os efeitos do TEPT, você vai poder evitar pensamentos do tipo "será que estou ficando louco?", "será que precisarei ser internado?", "tenho uma doença incurável?".

Nas próximas páginas, você poderá ler sobre os grupos de sintomas. Cada um deles é acompanhado por relatos de casos reais que acompanhamos a partir de nossa experiência clínica, os quais servem para ilustrar e facilitar a explicação sobre os sintomas.

Sintomas de Revivência

> **História de Leopoldo**
>
> Leopoldo nos procurou pouco tempo depois de ter testemunhado o assassinato de seu melhor amigo em um assalto a um restaurante. Contou-nos que a imagem do amigo ensanguentado morrendo em seus braços lhe vinha à mente constantemente, mesmo quando estava entretido em uma outra tarefa que em nada lembrava o fato. O seu sofrimento não era aplacado nem com o sono, pois constantemente tinha pesadelos não só relacionados diretamente ao assalto, mas também a outras cenas de violência e morte. Acabava acordando com o corpo molhado de suor, o coração disparado e uma profunda aflição. Relatou que algumas vezes tentou ir a um restaurante e passou pela estranha e indescritível experiência de estar como se estivesse vivenciando, com características de realidade, a mesma situação traumática vivida antes, embora nada aparentemente justificasse essa sensação.

A partir do caso de Leopoldo, podemos identificar alguns sintomas de revivência. São eles:

- **Sofrimento psicológico** intenso ao relembrar o episódio.
- **Pesadelos** com o evento traumático. Surgem em sonhos recorrentes.
- **Reatividade fisiológica. Ocorre** quando um organismo tem alguma reação diante da lembrança do fato traumático. Há um caso real de uma mulher que

foi estuprada e que sentia o coração disparar cada vez que via qualquer homem usando uma camisa verde como a usada pelo agressor.

- *Flashbacks* **dissociativos.** A vítima **revive** a situação traumática com todas as sensações que experimentou quando sofreu a violência. Há, por exemplo, o caso de um policial que viu o colega morrer em uma operação em uma favela com um helicóptero. Depois disso, ele se jogava no chão sempre que ouvia o barulho de um helicóptero, tentando escapar das balas imaginárias.

- **Lembranças intrusivas.** São aquelas que insistem em invadir a mente, mesmo nos momentos de relaxamento. Pode ser, por exemplo, a imagem do assaltante que invade a mente da vítima a todo o momento, por mais que a pessoa se esforce para não pensar nisso.

Sintomas de Entorpecimento

História de Maria de Fátima

Maria de Fátima procurou o Grupo Operativo de Resgate da Integridade Psíquica (Gorip) três anos após ter passado uma terrível experiência de estupro. Ela relatou que durante todos esses anos manteve em segredo que, certa manhã, ao dirigir-se para o trabalho, foi abordada por dois homens que a obrigaram a entrar em um carro, ameaçando-a com um revólver. Sem dizer uma palavra, levaram-na para um local ermo, onde ela foi submetida a abusos sexuais por parte de ambos. Abandonada no local, pediu socorro dizendo que havia sido sequestrada, sem, contudo, mencionar o estupro. Maria de Fátima tinha um relacionamento afetivo estável e gratificante, mas, depois da agressão, sua vida sexual tornou-se completamente insatisfatória. O ato sexual a enojava e a levava cada vez mais a evitar o contato íntimo. Angústia e uma certa culpa acompanhavam Maria de Fátima por todo esse tempo, e qualquer menção à sexualidade chegava a provocar-lhe náusea e até mesmo crises de vômito. Em função de mecanismos de defesa, ela como que "esqueceu" o trauma sofrido, isto é, reprimiu-o no inconsciente, deixando à mostra simplesmente o sintoma. Seu relacionamento começou a ir mal e, apesar de ter uma data marcada para transformar-se em um casamento feliz, Maria

> de Fátima sempre encontrava obstáculos para adiar o grande dia. Até mesmo o velho sonho de ser mãe esvaneceu-se em seus projetos de vida. O conjunto dessas situações provocou um distanciamento afetivo do noivo, da família e dos amigos, tornando-a ensimesmada, quieta, calada e pensativa, algo bem diferente do que era anteriormente. Foi essa mudança que chamou a atenção das pessoas que conviviam com ela e motivou, após certa relutância, a procura por uma psicoterapia.

Podemos identificar os seguintes sintomas em Maria de Fátima:

- **Esforço para evitar** pensamentos e sentimentos ligados ao trauma.
- **Tentativa de manter distância** de atividades, pessoas ou locais associados ao trauma.
- **Redução de interesse** em atividades cotidianas, como trabalhar ou sair com os amigos.
- **Sentimento de futuro abreviado.** A pessoa que correu risco de morte acha que pode morrer a qualquer momento e, por isso, não faz planos a longo prazo, como viajar, casar ou ter filhos.
- Restrição da capacidade de **sentir afeto**.
- Sensação de **distanciamento** das pessoas em geral.
- **Incapacidade de recordar** toda a cena da violência. Alguns momentos são apagados da memória.

Sintomas de Hiperestimulação

> ### História de Alice
>
> Após ter presenciado o frio assassinato de sua mãe a facadas, durante um assalto à sua residência em um sítio no interior de São Paulo, Alice passou a apresentar um intenso sofrimento psicológico. À noite, ficava horas e horas deitada esperando o sono e só conseguia adormecer após ingerir soníferos. Durante todo o tempo em que permanecia acordada – à noite ou durante o dia –, ficava atenta a qualquer barulho, mesmo os mais

> habituais. Era comum assustar-se quando alguém se aproximava dela, principalmente se fosse tocada. Esse estado de tensão permanente a deixou cada vez mais irritada e intolerante, respondendo com agressividade a qualquer atitude que lhe desagradasse. Chegou ao ponto de agredir um caixa de um supermercado que lhe afirmou não ter as moedas necessárias para o seu troco. Alice acabou perdendo o emprego, pois seu nível de atenção e concentração às atividades profissionais caiu drasticamente, e ela cometia erros com frequência.

No caso de Alice, os sintomas que mais chamam atenção são:

- **Sobressalto exagerado.** Reação exacerbada diante de estímulos como uma porta que bate com um estrondo.
- **Irritabilidade** em várias horas ao dia.
- Dificuldade de **concentração**.
- **Hipervigilância**. Quando a pessoa está alerta mesmo em momentos de relaxamento.
- **Insônia** persistente.

Como foi dito, entender esses sintomas e reconhecê-los quando aparecem é um passo essencial para lidar melhor com o TEPT.

Os estágios do TEPT

- **TRANSTORNO DE ESTRESSE PÓS-TRAUMÁTICO EM DESENVOLVIMENTO**: A maioria dos critérios estão presentes em intensidade variável, porém suficiente para um estado de sobressalto, pensamentos repetitivos, explosões de raiva, desânimo, agressividade.
- **TRANSTORNO DE ESTRESSE PÓS-TRAUMÁTICO EM REMISSÃO PARCIAL**: Muitos dos critérios para o transtorno foram previamente preenchidos, mas atualmente apenas alguns dos sintomas ou dos sinais permanecem.
- **TRANSTORNO DE ESTRESSE PÓS-TRAUMÁTICO EM REMISSÃO COMPLETA**: Não há mais qualquer sintoma ou sinal, mas é ainda clinicamente relevante anotar o transtorno, pois permanece presente um certo grau de alerta.

- **RECUPERAÇÃO COMPLETA:** Há um histórico de os critérios terem sido preenchidos para o transtorno, mas você é considerado como recuperado do TEPT.
- **AMADURECIMENTO DO EU:** Embora você tenha passado por todas as situações descritas e vivenciado intensamente o sofrimento, isso hoje na verdade lhe trouxe uma maior amplitude de vida, isto é, você se sente mais forte, mais capaz para enfrentar os perigos. Essa condição se chama resiliência e será abordada com mais detalhes posteriormente.

O Transtorno de Estresse Pós-Traumático e outros transtornos

Há diversas formas de comorbidade associadas ao TEPT, ou seja, uma parte das pessoas que desenvolve o TEPT pode desenvolver também outros tipos de transtorno. Estudos americanos mostram que os portadores de TEPT têm duas vezes mais chance de apresentar também outras perturbações, como Transtorno Obsessivo-Compulsivo (TOC), Transtorno Bipolar (episódios depressivos/eufóricos), distimia (estado depressivo/melancólico leve e prolongado) e abuso de substâncias psicoativas, como drogas e álcool.

Por que isso acontece e por que saber disso é importante?

Explicamos: o TEPT em si já é a manifestação de uma ruptura do psiquismo e, portanto, torna-o fragilizado e propenso à manifestação de outros transtornos que já poderiam existir em grau leve ou moderado, o que é importante saber para que se estabeleça o tratamento mais adequado para cada tipo de comorbidade[3]; além disso, a presença de uma comorbidade anterior ao TEPT deve ser detectada e encarada como um fator agravante, que dificulta ou até mesmo impede a recuperação do paciente.

Também é importantíssimo ter consciência de que um Transtorno de Estresse Pós-Traumático que não é tratado – ou tratado de forma precária – pode se tornar crônico, isto é, pode se agravar a ponto de fazer parte da vida da pessoa de forma irreversível. Nessa circunstância, a pessoa pode vir a desenvolver quadros como o Transtorno do

---

[3] O termo comorbidade significa a presença de um outro transtorno que pode ser anterior, simultâneo ou posterior ao TEPT.

Pânico (popularmente chamado de Síndrome do Pânico), transtornos depressivos, transtornos persecutórios, problemas psicossomáticos, entre outros. O assunto ainda está em estudo, pois é bastante complexo, e, a cada dia, surgem novas descobertas sobre o TEPT e suas características.

É fundamental, portanto, que você ou a pessoa que sofre de TEPT procure ajuda e busque um tratamento adequado para evitar que o quadro se agrave. Os primeiros passos você já deu, buscando entender o que é o TEPT, e quais são seus sintomas. No próximo capítulo, vamos tratar do Transtorno de Estresse Agudo (TEA) e do Transtorno de Ajustamento, que, de alguma forma, se assemelham ao TEPT, mas têm durações e consequências diferentes. Se você já identificou, por meio dos questionários, que sofre de TEPT, pode, se quiser, pular o capítulo 3 e ir direto à Parte 2 do livro, em que o objetivo é mostrar os sentimentos e as reações comuns após eventos traumáticos. Mas, caso queira mais esclarecimentos sobre TEA e Transtorno de Ajustamento, prossiga normalmente.

Depoimento: Infância no cativeiro

Déborah[4], estudante, 21 anos, foi sequestrada aos doze anos e ficou em cativeiro por dezoito dias.

> Tenho vontade de falar sobre isso porque, quando eu voltei, os meus amigos não falavam, evitavam o assunto, e eu queria, já naquela época, contar tudo. Todo mundo na escola sabia, então a gente chegou lá e tinha até uma carta falando que nós éramos bem-vindas e tal. Dava para sentir nas pessoas, mesmo por meio de um abraço, que elas realmente se importavam e não precisavam falar mais nada... No começo, foi até confortável, mas, depois de um tempo, eu percebi que queria contar, que eu precisava tirar aquilo de dentro de mim.
>
> Quando aconteceu, eu tinha doze anos e minha irmã, catorze. Eu estava praticamente dormindo; eram sete horas da manhã, e o motorista estava nos levando à escola. Foi quando começaram a nos seguir e a

---

[4] Nome trocado para preservar a identidade da participante.

minha irmã do meio, de treze anos na época, estava sentada no banco da frente e começou a olhar assim, meio desconfiada. Eram dois carros e eles ficaram acompanhando a gente; uma hora até parecia que iam ultrapassar, até que nos encurralaram e conseguiram nos parar. No carro, estávamos o motorista, eu e minhas irmãs.

Apareceu um cara que ficou no volante, apontando uma arma para o motorista, aí veio um outro com a arma também e mandou a gente sair do carro, deitar no chão e depois entrar no carro deles. Foi tudo muito rápido; eles falavam que não era pra chorar, que era só obedecer... Eu não sei, não entendia nada, eu tinha só doze anos e nunca tinha ouvido falar em sequestro em toda a minha vida. Ficou tudo pra trás: mochila, celular, casaco...

Ele arrancou com o carro e o motorista ficou lá. Eu me lembro de que olhava no retrovisor para o cara e só via o olho dele, sabe? Lembro também que minhas irmãs choravam, e eu ficava ali, olhando pra fora, tentando ler o nome das ruas, não sei por quê... E eu nem mesmo entendia o que estava acontecendo. Eu estava no banco de trás com as duas e os dois na frente, aí ele começou a entrar para o meio da favela, e as minhas irmãs perguntavam o que estava acontecendo... Depois de um tempo, ele parou o carro e tinha um cara do outro lado da rua, então, ele abriu a porta e foi falar com o cara; a gente escutava eles discutindo: "Por que tem três? Porque era para ter só duas; quem é esta?", meio que falando da minha irmã mais velha.

Depois a gente veio a descobrir que eles não sabiam quem era minha irmã mais velha, porque, como eles vigiavam a escola e nunca a tinham visto por lá, eles só viam chegar as duas menores. Eles mandaram eu e a minha irmã sairmos do carro, botaram a gente no porta-malas de outro carro e nessa hora rolou um estresse porque a minha irmã não queria entrar no porta-malas de jeito nenhum, era uma coisa claustrofóbica, era um Vectra, aquele porta-malas quadrado, então imagina só nós duas ali dentro. Mas acabamos entrando e, depois de um tempo rodando, o cara ficou bravo porque se perdeu e teve que parar em um orelhão para ligar.

E ele sempre gritando com a gente: "Cala boca, não chora! Eu vou matar vocês!", umas coisas pesadas assim. Até que uma hora ele

se achou e, quando parou o carro e nós saímos do porta-malas, estávamos em um mar de favela. A nossa preocupação com a minha irmã mais velha era enorme, porque a gente não sabia se era ela que estava em perigo ou se era a gente. Eles a abandonaram no meio do caminho. Depois ela contou que também não sabia, pois ele deixou ela em uma rua e falou para se virar, ligar para nossa mãe. Aí acho que então uma senhora veio acudir, ela ligou, e o motorista foi buscá-la.

Mas então a gente chegou ao cativeiro, que era uma casa meio inacabada, sem banheiro, sem nada, mas isso sem saber o que ia acontecer, a gente não entendia, eles também não falavam. Então, no primeiro dia, a gente ficou ali naquele quarto, sentada em um colchão no chão, escutando um barulho do que parecia ser um parque que tinha ali do lado, e os caras sumiam, sei lá... Deram uma comida para a gente, um marmitex desses prontos e refrigerante. A gente passou três dias ali e não tinha nada, sei lá, um colchão no chão e um cobertor. Aí eles trouxeram um baralho. Os que estavam com a gente não eram de todo maus e, depois de passar dezoito dias, a gente entendeu que eles nem sabiam quem era o chefão da quadrilha, não tinham a menor noção, estavam ali mesmo porque alguém falou: "Toma a grana, cuida disso pra mim e pronto". E aí, com filho passando fome, com a mulher que não tem trabalho, sabe, sei lá, ao mesmo tempo em que você sente raiva, dá também dó da situação deles.

A minha irmã chorava muito, mas tem uma hora que esgota, não tem mais o que sair. Foi muito doido porque geralmente a menor é que fica muito assustada, mas acho que era uma pressão tão grande em cima dela por eu ser a irmã caçula, que a coisa pesou mais ainda e ela não aguentou, então eu meio que tive que segurar as pontas. Mas é muito doido. Eu sinto que depois... Faz nove anos que aconteceu, ela ainda tem um sentimento de proteção em relação a mim.

Nos primeiros dias, os carcereiros não falavam com a gente; eles ficavam em uma sala, nós, em outra, e eles não se mostravam, mas, depois de um tempo, começaram a entrar. Tinha um só que ia, voltava e não mostrava a cara e não falava nada. Mas depois a gente acabou tendo um certo contato, muitos dias ali, juntos... No dia da libertação, eles até deram um abraço na gente, desejaram boa sorte e tudo de bom. Sei lá, não sei como é que pode acontecer isso.

Bom, mas aí nós passamos aquele dia conversando porque a gente tinha acabado de viajar com a escola e colocamos todas as fofocas em dia; não faltava assunto. **Depois de três dias, ele falou que íamos mudar de cativeiro e aí começamos a entender. Ele disse também que tinha falado com a nossa mãe para tentar resolver e tal. Aí, apesar de ainda não termos a palavra "sequestro" em mente para nomear aquilo, nós entendemos que era algo sério e que devíamos nos comportar e esperar pelo desfecho.** Mas essa mudança de cativeiro foi melhor porque essa casa em que estávamos era horrível!

Foi tudo muito rápido; era de noite e eles colocaram a gente em um fusca, com um colchão atrás, em cima. Foi um percurso curto. Esse novo lugar era uma casa normal, com as paredes pintadas, chão com piso, tudo... Eles separaram a sala com um armário, a gente ficava no colchão no chão, e eles trouxeram uma televisão, mas aí, nesse cativeiro, eles cozinhavam para a gente. Era macarrão quase todos os dias, sabe como é que é, mas a minha irmã não comia, não conseguia comer direito, isso era uma preocupação. E a gente não tomava banho, quer dizer, a gente tomava assim, a cada três dias, mas a cabeça a gente não lavou nenhuma vez porque estava frio, era junho, então foi caótico. Bom, eles trocavam toalha, tudo, trocavam calcinha... Eles eram gente boa, assim sabe, cuidavam bem da gente, mas... Eram uns carinhas de uns 23 anos no máximo. O outro era meio esquisito, assim fechadão, só se conseguia ver o olho dele, e era bravo, sabe, quando ele chegava, ficava aquele clima sério, morriam de medo dele; mudava tudo.

Mas era difícil que a gente conseguisse sair dali sozinhas. Por exemplo, o banheiro era a única janela que não ficava fechada, mas eles colocaram uma madeira. A gente olhava para fora e até pensava em fugir, porque às vezes eles dormiam e tal. Mas aí a gente via aquele favelão e pensava: "Como é que eu vou sair desse lugar?" Porque não era só a casa, eram as vielas, o bairro todo. Era uma multidão de favela, a gente achava que não ia saber andar por ali, que iam pegar a gente de novo, eles ou outras pessoas. Um dia, eles compraram uma pizza e identificamos o bairro que estava escrito na caixa, então a gente sabe que ficou meio que por ali.

E a gente passou uma semana nesse cativeiro e depois mudamos de novo, não sei por que, eles nunca falavam o motivo, mas eu acho que tudo era meio perto e esse outro já era um pouco mais legal. E aí chegamos lá e nesse tinha também uma cama, não era colchão de chão. E era época de Copa, então eles entravam lá no quarto para assistir ao jogo com a gente, sabe, era muito doido, porque televisão só tinha ali. Talvez pelo fato de nós sermos crianças eles nos tratassem de uma forma diferenciada, não nos bateram ou judiaram, ficamos ali em relativa paz. Parecia um hotel cinco estrelas se comparado com as histórias que ouvimos depois, com os cativeiros que nos descreveram... Só que a minha família aqui fora não sabia disso, então foi um sofrimento intenso para todos. Isso era minha maior preocupação lá dentro: saber como estaria a minha mãe.

Eu nem lembro se chorei todos os dias, e é óbvio que sofri de saudades da minha mãe, de todos os que ficaram aqui fora, mas o fato é que você acaba se "acostumando". Nós ficávamos o dia todo presas ali dentro, mas pelo menos tinha televisão e isso evitava que a gente ficasse pensando nisso. Como estávamos em duas, nós conversávamos, ríamos, dávamos força uma para a outra, liberávamos a angústia imaginando – e verbalizando – as dúvidas sobre o que ia acontecer, se a gente ia morrer. De alguma forma, isso deve ter ajudado a não pirar. **Mas não é que foi também mole; todos os dias passava pela nossa cabeça se aquele seria o último, se iam matar a gente. A gente acordava e levava um susto: "Nossa, ainda estamos aqui, não foi um sonho". Afinal, você está ali à mercê de um cara que você não conhece, não sabe se de repente ele vai acordar de mau humor e dar um tiro em você, ficar louco, sei lá.**

Eles acabaram ficando meio amigos da gente, e a minha irmã questionava muito por que eles faziam isso, se não sabiam que era errado, essas coisas. Eles primeiro ficavam em silêncio, mas depois diziam que não tinham trabalho, que a família estava passando fome... E a gente ficava com pena deles. Mas a gente sabia que eles tinham feito a escolha errada ao ir para esse lado.

E a rotina era essa. Acordávamos, víamos televisão, jogávamos baralho... Era engraçado porque cada uma de nós queria deixar a outra ganhar, então aquilo se arrastava por horas. Estava frio e a minha irmã não dormia muito bem, o colchão cheirava muito mal. Nós usamos a mesma roupa o tempo todo; eles só nos deram mudas de calcinha. Um dia, ouvimos um cara que chegou dizendo para nos preparar para ir embora, que o pagamento ia ser feito. Mas deu alguma coisa errada e não fomos libertadas. E nós ficamos ali, prontas, com o pouco que a gente tinha. Foi horrível, nós desabamos, pois já estávamos na expectativa de ir pra casa, rever todo mundo. Acho que meio que você fica fantasiando aquilo, imaginando, curtindo o que está por vir... Lá dentro a gente tentava não pensar muito na família para não ficar mal, mas nessa hora a gente liberta os pensamentos e em um segundo tudo isso acaba. É destruidor, eu acho que esse foi de todos o pior momento.

E aí, depois de uma semana, eles vieram de novo falando que a gente ia embora. E no dia seguinte, nada. Aí a gente reclamou: "Chega, parem de brincar com a gente!" Mas aí chegou o dia em que era mesmo, a gente saiu de noite, ainda que não acreditando muito. Foi uma loucura porque eram umas ruas em ziguezague e ele dirigia muito mal, corria com o carro por ali, quase bateu diversas vezes. Nós estávamos com o casaco na cabeça e, em um determinado momento, ele parou o carro e falou que tinha matado um coelho, abriu o porta-malas e jogou alguma coisa ali, muito louco. Aí chegou uma hora em que ele parou em uma subida com uma casinha lá em cima. Nós duas pensamos: "Acabou, vão matar a gente". Não tinha luz acesa, mas do outro lado tinha um barulho de carros, então fomos subindo.

Vimos, então, o letreiro de uma lanchonete, o cara bravo tinha ficado para trás e os dois que cuidaram da gente deram um abraço e nos desejaram sorte. Mandaram a gente ir para lá; era uma estrada e não tinha ninguém, o pedágio tinha fechado. Mas foi tudo muito doido porque a gente entrou na lanchonete e ninguém perguntou nada. Imagine, duas crianças sozinhas naquele ermo, sujas, com a roupa fedida, com cara de assustadas... e ninguém fala nada! Incrível! Aí a gente foi para um canto em que tinha um orelhão e ligamos para casa. Depois pedimos um pão de queijo para o atendente e dissemos que não tínhamos dinheiro; ele deu e também não perguntou nada. Só ficavam nos olhando. **Nenhum adulto veio oferecer ajuda ou querer saber o que estava acontecendo, aliás, ele só me deu o pão de queijo porque eu pedi. Eles viram a gente chorando, ligando para a minha mãe e devem ter entendido o que houve, mas não quiseram se envolver.** É como se estivéssemos em uma terra estranha e ninguém falasse a nossa língua. Enfim, um exemplo de solidariedade.

Aí ficamos esperando sentadas em uma cadeirinha que tinha ali, chorando de alegria e comendo, e, como a estrada estava fechada, eles demoraram para chegar. Aliás, foi uma loucura, eles vieram pela contramão, sirenes ligadas, três carros, um atrás do outro, uma verdadeira operação de guerra. Nessa altura, o pedágio já tinha aberto e começou a lotar, todo mundo olhando a gente. Aí eles chegaram, e eu vi o meu tio primeiro, depois minha mãe, a gente entrou no carro sem acreditar que estávamos salvas. **Eu pensava que era um sonho e que, quando eu acordasse, ainda ia estar naquele lugar, no cativeiro. De novo foi tudo tão rápido, a chegada deles, os policiais, aquele alarde, eles colocando a gente dentro do carro e arrancando, eu revendo a minha mãe... Esse foi o melhor momento da minha vida, rever a minha mãe era tudo o que eu queria.**

O fato de saber que íamos ficar bem, sabe, e que o pesadelo tinha acabado foi muito bom também. E nós pensávamos: "Será que nossos amigos sabem? Como vai ser nossa vida a partir de agora?" E as coisas estavam agitadas, todo mundo falando ao mesmo tempo... Bom, depois que tomamos banho, comemos, atendemos às necessidades mais básicas, tudo ficou mais calmo. Nossos cabelos estavam um nó só, foi um mutirão para desembaraçar, as roupas foram direto para o lixo. Nós nem quisemos ir para casa, pois era muito longe; fomos para um apartamento da família que estava fechado e passamos a noite lá. Apesar de exaustas, conversamos até de madrugada, dormimos todos juntos; foi o máximo.

Queríamos saber tudo o que tinha acontecido aqui fora, e eles o que tinha rolado lá dentro. Enquanto estávamos sequestradas, houve muita confusão na família, todos estressados, brigas e desentendimentos. Mas eu acho que isso é normal, todos apavorados, muita gente confinada no mesmo espaço, à espera de notícias e tentando não pensar no pior, muitas decisões a tomar.

Eu e minha irmã, por termos passado essa experiência juntas, criamos um vínculo muito forte, nos entendemos com o olhar. Soubemos que a solidariedade foi muito grande, muitas pessoas rezaram por nós, a melhor amiga da minha mãe acompanhou tudo, largou a vida pessoal, a família... Um lado bom disso tudo é descobrir que as pessoas são capazes de coisas belas como essa, de ajudar o próximo que está em meio a um turbilhão; simplesmente estar do lado. Isso não tem preço.

Nos dias seguintes, matamos as vontades, fomos aos nossos restaurantes preferidos, falávamos com nossos amigos por telefone. Foi a readaptação à vida aqui fora. A postura da escola foi bárbara! Quando voltamos, nos receberam com carinho, nos levaram a uma sala e perguntaram se queríamos falar sobre o assunto. Eu contei um pouco e depois retomamos as atividades normalmente. Mudamos de casa, saímos à procura de um lugar diferente para tentar fugir das lembranças e ficar mais perto da civilização. É claro que toda a família deu uma desestruturada, e o caminho da reconstrução das relações não foi exatamente fácil. Fui morar um tempo fora, minhas irmãs também, todos ficaram com medo de permanecer aqui, neste país que não proporciona segurança para ninguém. Até cogitaram mudar de vez, mas acabaram desistindo. Fiz terapia até sentir que não precisava mais; todos foram aos poucos se estruturando de novo.

Muito louco pensar que, enquanto nós estávamos lá no cativeiro, o mundo aqui fora continuava girando, as pessoas vivendo, saindo de manhã e voltando à noite para suas casas. Nós estávamos lá em suspenso, com uma sensação de estarmos paralisadas no tempo, e a vida aqui acontecendo, os dias correndo... Nas escolas, as coisas acontecendo, as matérias sendo dadas, a rotina inalterada de nossos colegas. E nós lá.

Um dos sequestradores, um pouco antes de a gente ir embora, falou assim: "Ah, quem sabe a gente não se encontra um dia, andando na avenida tal". E, para ir à escola, eu passava todos os dias naquela avenida e aí ficava pensando: "E se eu encontrasse mesmo?" Então não tinha como não pensar neles e no que aconteceu. Percebi que ia ter que aprender a lidar com aquilo, porque era mais inteligente do que só tentar esquecer. Fui trabalhando isso na terapia e um dia percebi que estava ok, que não precisava mais. Eu me sinto bem.

Pensei muito sobre o assunto, acho que racionalmente a chance de eles voltarem, os mesmo caras, é muito pequena. Já faz nove anos, e eu nem sei se estão vivos, se continuaram nessa vida de crimes; pode até ser que não. Acho que cada pessoa reage de um jeito, até hoje a minha irmã não consegue falar muito sobre isso; nós respeitamos. Cada um deve fazer o que achar melhor para se sentir bem. Dei este depoimento porque me faz bem pensar que posso, com isso, ajudar outras pessoas e talvez mostrar que, por pior que seja a situação, sempre há uma saída. Passamos pela tormenta e estamos aqui, inteiros. Acredito também que me tornei uma pessoa melhor. Quatro anos depois do que aconteceu, fui morar um tempo fora para ver como é porque tenho certeza de que não quero morar nesta cidade para sempre. Tenho isso muito claro. Tanto que vou fazer faculdade no exterior.

Eu ando na rua normal, sem medo, mas tenho sempre aquele sentimento de que não estou segura. Sei que não estarei segura em nenhum lugar, mas aqui a sensação é mais forte. Não sei se isso vai me acompanhar para sempre e, por mais que eu esteja bem, sempre tem alguma imagem, alguma coisa que me faz lembrar. Por exemplo, o Big Brother, que a gente ficava direto vendo naquela televisão... É isso, eu não consigo ver Big Brother na minha frente, nem a chamada para o programa, que me remete àquela época. Carro também, se eu vejo um Vectra, eu me lembro; ainda bem que não tem mais quase esse modelo nas ruas. São coisas que não me afetam, mas que me fazem lembrar. E é claro que incomoda ficar o tempo todo lembrando isso.

Eu acho que não fiquei traumatizada, talvez eu tenha encarado as coisas de outro jeito pelo fato de eu ser criança na época. Eu não conseguia pensar muito além de que estava ali e do que ia acontecer. Não ficava imaginando sistematicamente possíveis desfechos, talvez tenha sido isso. Também tem o aspecto da minha criação, tudo o que passamos tendemos a ver o lado bom, a dar risada. É uma tendência da minha família, e eu cresci com esse modelo. Por exemplo, teve um dia lá que um dos sequestradores soltou um pum e a gente não podia rir, foi muuuuuito engraçado. E a gente acaba rindo dessas coisas porque, sei lá, melhor rir do que chorar.

Mas tem umas coisas... Imagine que, quando voltamos, um dos caras que cuidou da gente ligou para a minha mãe e disse que cuidou muito bem da gente, que queria saber o quanto eles tinham pagado de resgate porque eles não receberam grande coisa, pode? Fomos dar depoimentos, tem toda uma burocracia no pós-sequestro que faz parte. Prenderam um suspeito, depois soltaram por falta de provas. Isso revoltou muita gente da minha família; tinha gente conhecida nossa envolvida. E nada aconteceu. Brasil.

Uma outra consequência foi que acabei amadurecendo mais rápido com a experiência, saí de lá com outra cabeça. Com certeza, passei a encarar a vida de um jeito diferente do que encarava. Tudo tem seu lado positivo e acho que o bom disso tudo foi que eu passei a ver o mundo de outro jeito. Talvez, se isso não tivesse acontecido, eu hoje pudesse ser uma menina mimada e fútil, de olhos fechados para a realidade aqui fora, como há tantas por aí. A gente também passa a dar valor para coisas que pensamos ser simples e óbvias, como ficar mais com a família. Depois daquilo, não deixamos passar um aniversário em branco, Natal...

Quando penso nos sequestradores, teve uma época que eu tinha muito ódio, queria ver eles mortos. Não os que ficaram com a gente, coitados, mas os chefões, os cabeças da ação. Eu não conseguia aceitar como alguém pode fazer uma coisa dessas; sequestrar uma criança é muita covardia! É querer muito o dinheiro, é não ter nenhum tipo de ética, de moral, de valores... Um cara desses nem deve ter família, filhos. Não deve amar ninguém. Quando ele foi solto, tive ódio do Brasil, dessa justiça que não funciona, do governo que não toma providências e deixa o povo nesse sofrimento. Eu posso ir morar em outro lugar, mas e quem não tem essa opção? Dá uma revolta muito grande. Mas com o tempo a gente vai esquecendo, sabe? Muita gente fala que isso não se esquece, mas, se nada vier lembrar, a gente para de pensar nisso todos os dias, aí chega uma hora... Claro que nunca vou esquecer completamente, mas vai se apagando, apagando...

Esse ano, acabo o colegial e devo decidir meu futuro. É uma mudança de fase, despedida da escola, dos meus amigos, vai cada um para um lado... Vai ser difícil reencontrar todo mundo de novo; é um tempo que não volta mais. Quero cursar psicologia, mas nem vou prestar vestibular aqui, vou estudar no exterior, talvez morar com minha irmã lá. Estive viajando com minha família e lá é muito diferente, agora acho uma loucura a gente não poder andar na rua aqui à noite.

Isso é um resquício do que me aconteceu, uma criança que nunca sofreu nada, que sabia pouco dessas coisas, sofre uma violência dessas... Isso estava muito longe da minha realidade, nunca pensei que pudesse acontecer comigo, abriu meus olhos para histórias que temos aqui ao lado, bem pertinho da gente. E que nunca quisemos ou pudemos ver. O que eu diria a alguém que passou por alguma coisa traumática é que não vale a pena tentar fugir do assunto. Infelizmente isso aconteceu e é preciso encarar e seguir em frente. Primeiro a gente fica no chão, é normal, mas a tendência depois tem que ser redescobrir o prazer de viver, das coisas boas que temos, do quão bom é o fato de o pesadelo ter acabado. É um tremendo clichê, mas tudo passa e a gente tem que tentar tirar algo de bom da tragédia.

Capítulo 3

O que parece mas não é Transtorno de Estresse Pós-Traumático

O Transtorno de Estresse Agudo (TEA)

O diagnóstico de **Transtorno de Estresse Agudo** foi recentemente introduzido na psiquiatria para ser aplicado às reações graves, de curta duração (menos de quatro semanas) e imediatas ao trauma. Os critérios que definem a existência do TEA se concentram em dois tipos de sintomas: as reações dissociativas (algo como "não cair a ficha") e as emocionais (raiva, angústia, tristeza etc.), que ocorrem durante ou imediatamente após o evento traumático e cuja duração não excede a um ou dois meses, embora também provoquem intenso sofrimento psicológico.

Mas qual a diferença entre TEA e TEPT? Um TEA vira um TEPT necessariamente? Quem tem o TEA não desenvolve o TEPT? Não há uma resposta definitiva sobre essas questões. Um TEA pode se transformar num TEPT, ou extinguir-se em si mesmo, e os sintomas desses transtornos são os mesmos. Desse modo, a distinção clínica de um e outro é, simplesmente, em quanto tempo depois do evento traumático os sintomas aparecem.

> Maria Paula, ao saber que sua filha havia sido assassinada com crueldade supostamente pelo pai e a atual mulher dele, naturalmente sofreu um choque que a deixou fora do ar. Por algumas semanas, fazendo uso inconsciente do mecanismo de defesa de racionalização, demonstrava uma aparente tranquilidade, alegando que sua filha não iria gostar de vê-la sofrendo e chorando.

Esse é um clássico exemplo em que os mecanismos de negação e racionalização surgem para proteger o psiquismo de um sofrimento maior, mas não deixam de ser sintomas de Transtorno de Estresse Agudo. No caso de Maria Paula, esse estado de "tranquilidade" durou cerca de um mês e meio. Depois disso, finalmente os mecanismos de defesa se romperam, e toda a dor do luto e da saudade – até então represada – pôde aflorar de uma forma intensa.

Portanto, se você passou pela ocorrência traumática há menos de quatro semanas, será que está sofrendo de Transtorno de Estresse Agudo?

Você pode ter desenvolvido o Transtorno de Estresse Agudo (TEA) ou pode, simplesmente, estar experimentando uma onda de liberação de adrenalina natural e bastante normal após situações extremas. Assim como o quadro de TEPT, o diagnóstico do TEA também obedece a alguns critérios:

- A perturbação causa sofrimento significativo ou prejuízo no funcionamento social ou ocupacional ou em outras áreas importantes da sua vida, prejudicando a capacidade de realizar alguma tarefa vital para a recuperação, tal como obter o auxílio ou mobilizar recursos pessoais, contando aos membros da família sobre a experiência traumática.
- A perturbação ocorre no decorrer de quatro semanas após o evento traumático e tem duração mínima de dois dias e máxima de cerca de dois meses.

Para verificar seu estado emocional e se ele é adequado ao diagnóstico do Transtorno de Estresse Agudo, responda aos questionários das páginas a seguir.

ATENÇÃO
O transtorno de estresse agudo só pode ser diagnosticado depois que as questões para transtorno de estresse pós-traumático forem respondidas.

Teste de ocorrência do TEA

Questionário

O que aconteceu com você? Descreva.

_____

_____

Há quanto tempo o fato aconteceu?

_____

Enquanto vivenciava ou após vivenciar o evento aflitivo, você experimentou algum desses sintomas?

- Você se sentiu anestesiado ou distante ou como se não tivesse nenhum sentimento, algo assim como um sentimento subjetivo de anestesia?

    ( ) SIM   ( ) NÃO   ( ) Não sei dizer, mas outras pessoas falam que notam isso em mim.

- Você se sentiu menos atento(a) ao que estava acontecendo à sua volta, ou como se você estivesse atordoado(a) ou tendo um pesadelo?

    ( ) SIM   ( ) NÃO   ( ) Não sei dizer, mas outras pessoas falam que notam isso em mim.

- As coisas à sua volta pareciam irreais ou distantes de partes do seu corpo?

    ( ) SIM   ( ) NÃO   ( ) Não sei dizer, mas outras pessoas falam que notam isso em mim.

- Você percebeu que não conseguia se lembrar de coisas importantes que aconteceram?

    ( ) SIM   ( ) NÃO   ( ) Não sei dizer, mas outras pessoas falam que notam isso em mim.

→ Se você marcou pelo menos três respostas "SIM" ou "Não sei dizer...", significa que possivelmente você esteja experimentando um quadro de Transtorno de Estresse Agudo.

O Transtorno de Ajustamento (TA)

Há um outro conjunto de consequências, chamado de Transtorno de Ajustamento, que pode ocorrer depois de uma pessoa passar por uma situação difícil do cotidiano. Esse diagnóstico é utilizado para situações em que efeitos de estressores comuns do cotidiano – por exemplo, abandono pelo cônjuge, perda de emprego, nascimento de um filho – podem gerar respostas de ansiedade semelhantes às do Transtorno de Estresse Pós-Traumático. A diferença é que, nessas situações, não está presente a percepção da possibilidade de morte ou grave ameaça à integridade física, critério fundamental para caracterizar o Transtorno de Estresse Pós-Traumático.

De qualquer forma, o Transtorno de Ajustamento também prejudica o bem-estar e requer atenção, e os seus sintomas geralmente têm duração de um a seis meses a partir do fato que o provocou, podendo incluir humor deprimido, ansiedade, sentimento de incapacidade de adaptação, dificuldades de planejar o futuro e/ou desempenhar tarefas da rotina diária, comportamento agressivo ou antissocial (especialmente em adolescentes). Veja esse exemplo:

> Mariana era uma jovem criada em um ambiente familiar conturbado, e, a muito custo, conseguiu formar-se em um curso superior. Durante o curso, trabalhou como estagiária em um grande escritório. Porém, ao formar-se, contrariando suas expectativas de ser contratada, foi sumariamente dispensada. A partir de então, passou a apresentar um quadro com características depressivas, irritabilidade, desânimo, perda de esperança e da autoestima, recolhendo-se em casa, no seu quarto, evitando qualquer contato com o mundo exterior, ao qual atribuía enorme perversidade por lhe ter frustrado. Devido a esse estado, recusava-se a voltar ao mercado de trabalho e, contrariando a sua expectativa até mesmo imatura, ninguém ia até a sua porta oferecer-lhe um emprego. Dessa forma, as suas crenças de que não havia mais nenhuma perspectiva de sucesso no futuro eram reforçadas cada vez mais.

Note-se que a frustração faz parte do nosso processo de amadurecimento e que, portanto, ao longo de nossa vida, enfrentamos inúmeras situações em que precisamos lidar com isso, encontrando respostas novas e adequadas para seguir em frente. Há pessoas que "desmoronam" perante essas situações e desenvolvem a reação aguda ao estresse, como o que aconteceu com Mariana. Por outro lado, há pessoas que conseguem "fazer do limão uma limonada" e aprender com as dificuldades da vida. Leia o caso de João Alberto.

> João Alberto, ao descobrir que sua esposa tinha um caso com seu melhor amigo, sofreu um impacto emocional que o deixou profundamente abatido. No entanto, refletiu muito e percebeu a falsa aparência de normalidade de seu casamento, provocada em grande parte pela sua dedicação maior aos filhos e ao trabalho, deixando sua esposa de lado. A ferida aberta por essa situação cicatrizou-se, porém manteve uma mágoa que o fez separar-se e, pouco tempo depois, estabelecer uma nova relação na qual não media esforços para se fazer presente junto à nova esposa. Ou seja, ele pôde avaliar a situação e, ao assumir suas próprias dificuldades, aprender com seu erro e esforçar-se para não repeti-lo.

A essa capacidade de encontrar novas respostas adequadas para novas situações, dá-se o nome de **espontaneidade**, que deve ser distiguida de respostas mal-adaptadas ou negativas frente a eventos adversos. O termo "espontâneo" aqui utilizado é calcado nas teorias de J. L. Moreno, criador do Psicodrama, que recorre à etimologia da palavra, derivada do latim *sponte* (de livre vontade), para explicar seu significado: a capacidade inata a todos os seres humanos de encontrar respostas satisfatórias aos problemas que a vida lhes apresenta. Ocorre que o processo habitual de educação insiste em criar regras bem definidas de como agir, pensar, sentir que, de certa forma, engessam a capacidade criativa das pessoas. É importante ressaltar a diferença desse conceito de espontaneidade do seu uso leigo, que significa "fazer o que lhe der na cabeça". O próprio Moreno alertava para isso, chamando de "idiota espontâneo" aquele que tomava atitudes absolutamente inadequadas, como reagir violentamente a uma fechada no trânsito.

Portanto, o chamado trauma do cotidiano pode, sim, desencadear uma perturbação psicológica significativa e, inclusive, demandar alguma intervenção profissional. Essa distinção entre as reações aos traumas do cotidiano e o Transtorno de Estresse

Pós-Traumático é importante na medida em que há a tendência a se minimizarem as respostas não saudáveis relacionadas às ocorrências do dia a dia por considerá-las banais. Mas essas reações, às vezes, podem ter clinicamente a mesma intensidade de um TEPT, dependendo de características individuais.

Traumas do cotidiano

Há eventos considerados comuns, que fazem parte do dia a dia das pessoas, e que, surpreendentemente, guardam um enorme potencial traumático. Trata-se daquelas situações que contribuem para exacerbar sentimentos negativos, como a baixa autoestima desencadeada por um histórico prolongado de desemprego, ou, ainda, a eventual inatividade e diminuição do padrão de vida decorrentes da aposentadoria.

Teste de ocorrência do Transtorno de Ajustamento

Em 1967, dois especialistas em estresse da Universidade de Washington, Thomas H. Holmes e Richard H. Rahe, criaram uma escala de eventos estressores que vai desde os mais graves, como a morte de cônjuge ou de filho, até situações banais do dia a dia. É claro que essa pesquisa não contemplou eventos de grande potencial traumático, como os decorrentes da violência urbana, guerras, catástrofes naturais, mas apenas aquilo de corriqueiro que pode ocorrer. De qualquer maneira, os pesquisadores descobriram que o estresse desencadeado por importantes "mudanças de vida" é um fator que influencia futuras doenças. Os pesquisadores se preocuparam com a repercussão desses fatos estressores na geração de problemas físicos, particularmente as doenças somáticas, ou seja, aquelas que são desencadeadas por problemas psicológicos/emocionais. Criaram, então, um índice de 43 possíveis agentes estressores, atribuindo a cada um determinado valor relacionado à capacidade de provocar um distúrbio, em uma escala de 1 a 100.

Verifique, a seguir, se você é um alvo potencial dos estressores abaixo, preenchendo a escala e mensurando o seu grau de estresse. Identifique os acontecimentos da lista que você vivenciou no último ano e some os pontos atribuídos a eles.

Acontecimentos	Pontos	Sua pontuação
Morte do cônjuge ou do filho	100	
Divórcio	73	
Ser preso	63	
Morte de pessoa querida da família	63	
Ferimento ou doença pessoal grave	53	
Casamento	50	
Demissão do emprego	47	
Reconciliação com cônjuge	45	
Aposentadoria	45	
Doença grave em pessoa da família	45	
Gravidez	40	
Dificuldades sexuais	39	
Chegada de novo membro à família	39	
Adaptação a novo emprego ou negócio	39	
Alteração da situação financeira	38	
Morte de amigo(a) querido(a)	37	
Mudança para outra área de trabalho	36	
Variação na frequência de discussões com o cônjuge	35	
Dívidas	31	
Mudança de responsabilidade no emprego	29	
Filho(a) saindo de casa	29	
Dificuldades com os sogros	29	
Façanha pessoal incomum	28	
Cônjuge começa a trabalhar ou para de trabalhar	26	
Inicio ou término de estudo escolares	26	
Alteração nas condições de vida	25	
Revisão de hábitos pessoais	24	
Dificuldades com o chefe	23	
Mudança nas condições ou nos horários de trabalho	20	
Mudança de escola	20	
Mudança de tipo de lazer	19	
Mudança de atividades sociais	18	
Alteração nos hábitos de dormir	16	
Alteração nos hábitos de comer	15	
Férias	13	
Natal	12	
Transgressões (não graves) da lei	11	
	Total:	

Resultado

Até 150 pontos – Você tem menos de 50% de chances de desenvolver algum distúrbio relacionado ao estresse.

Superior a 150 – Você tem 50% de probabilidades de ter um problema de saúde em um futuro próximo.

Mais de 300 – As probabilidades referidas acima serão de 90%, a menos que você tome medidas eficazes contra o estresse.

Talvez esses "pequenos" traumas possam funcionar como um gatilho que agrava o estado de quem já vivenciou um trauma maior ou esteja com Transtorno de Estresse Pós-Traumático em desenvolvimento. Por outro lado, para quem vivenciou situações monstruosas que geram o Transtorno de Estresse Pós-Traumático, esses fatores estressores às vezes são até encarados de forma banal.

Exercício: Aprofunde a análise

A fim de ajudá-lo a refletir um pouco sobre a sua condição, pegue uma folha de papel e uma caneta e escreva um pouco sobre as questões abaixo.

- Até que ponto a sua reação ao evento traumático interferiu na sua vida?
- Isso tornou difícil para você trabalhar ou estar com seus amigos?
- Isso impediu você de tentar conseguir ajuda depois de tudo ou de dizer aos seus amigos ou à sua família o que aconteceu?
- Você foi de alguma forma ferido fisicamente durante a ocorrência traumática? Que sentimentos isso despertou em você?
- Quanto tempo durou essa reação? Na sua opinião, foi demasiado?

Tendo respondido às perguntas, releia com calma as suas respostas e pense sobre seu estado atual. Caso você se identifique com os diagnósticos de TEA ou TEPT, apresentaremos no decorrer deste livro alguns exercícios importantes para que você mesmo possa ajudar-se a superar esse transtorno. <u>É importante deixar claro que este livro não substitui avaliações médica e psicológica</u>. Portanto, caso você não consiga lidar adequadamente com seus sintomas, a sugestão é a de que procure ajuda.

Depoimento: Viva ao amanhecer

Marisol Nunes Ortega, 48 anos, agente de segurança penitenciária, ficou como refém por 22 horas em uma rebelião na Penitenciária Feminina da Capital, em São Paulo.

Eu acho que poucas pessoas sabem ao certo muita coisa sobre a nossa profissão. Por exemplo, muitas pessoas acham que todo mundo que trabalha na cadeia é carcereiro, só que carcereiro é aquele que mantém alguém em cárcere. Onde eu trabalho, as presas ficam soltas, só vão para a cela à noite, e eu sou encarregada da ressocialização delas. Prestei concurso público, esperei quase dois anos para ser chamada e acabei entrando. Foi por acaso, tinha umas amigas que iam prestar o concurso e eu fui junto. Isso foi há 21 anos. A função do agente de segurança penitenciário a princípio e no papel é a de ser um reeducador; deveria ser assim: você pega o indivíduo, reeduca e o solta para que ele se reintegre na sociedade.

Só que na prática não é assim que funciona, primeiro porque nós não temos qualificação para tanto e segundo porque o Estado não nos dá condições. Não tem separação de tipos de crimes, de periculosidade; há a superpopulação carcerária e um número reduzido de agentes. **Não tem gente em número suficiente para manter a vigilância e a disciplina e ainda reeducar. Aliás, a encrenca já começa aí porque é nosso dever disciplinar, mas você entra em choque com as presas.**

O grau de periculosidade é muito diferente e são colocadas todas juntas, sem uma avaliação que possa separar o joio do trigo. Às vezes, uma pessoa cometeu um crime, mas não é criminosa, não é tão perversa quanto aquela que só rouba. Não é o crime em si, é a própria pessoa. Mas a minha postura lá dentro, desde quando eu entrei e até pela minha formação religiosa, é a de não julgar. Eu não julgo ninguém. E tem mais, se você começar a julgar, nem vai conseguir trabalhar com elas, pois a pressão é muito grande. Quem julga e condena é a justiça; eu estou ali apenas para realizar o meu trabalho, que é o de fazer elas cumprirem a pena no estabelecimento penal.

Apesar de fazermos um curso introdutório antes de iniciar a carreira, em meu primeiro dia de trabalho, eu sentia um certo receio, afinal, era um ambiente desconhecido e as pessoas aqui fora ouvem muitas bobagens sobre o que acontece dentro daqueles muros. O pessoal aqui fora pinta a coisa como negra, e isso me deu um pouco de medo no primeiro dia. Um exemplo de como há distorções no imaginário popular é o que está agora passando na novela A Favorita, em que uma agente maltrata muito a protagonista que está presa, bate, sacaneia... Mas, naquela ocasião, há 21 anos, eu era como as pessoas aqui fora, imaginava um monte de coisas. E vi que a realidade é bem mais simples de certa forma; não é um inferno todos os dias.

Depois que você entra, com o passar do tempo, vai se acostumando. A única coisa é que, quando eu entrei, os tempos eram outros, as mulheres mudaram muito. Não existia o crime organizado, o grau de periculosidade não era tão grande, eram menos presas, a população carcerária masculina era muito maior. Agora mudou tudo; as mulheres estão tomando um lugar significativo no mundo do crime.

Existem diversas áreas de trabalho na penitenciária, e neste momento eu estou no setor de inclusão, que é quando a presa chega pela primeira vez e precisa ser adaptada ao ambiente carcerário. As que são reincidentes e estão acostumadas não estão nem aí, mas as que foram apanhadas pela primeira vez chegam frágeis, muito assustadas. Sofri muito preconceito porque tive um relacionamento próximo com a Suzane von Richthofen. Então, até aproveito essa oportunidade para dar a minha versão dos fatos, para tentar fazer com que entendam como eu penso e o que realmente aconteceu.

Em 2002, quando a Suzane chegou, eu trabalhava no setor de Saúde. Nesse lugar, havia duas alas, uma de mães com bebês e outra de doentes, em uma espécie de enfermaria. Eu fazia o trabalho de vigilância e disciplina e ainda marcava consultas médicas nos hospitais, uma parte mais burocrática. **Então a Suzane foi presa, e eu, com essa minha postura de não julgar ninguém, tratei-a exatamente como qualquer uma das presas. Só que a coisa estava fervendo, todo mundo queria acabar com ela. Como qualquer outra, ela tinha o** direito de trabalhar para reduzir a pena e, então, ela foi trabalhar comigo.

Eu tive muita misericórdia por ela, que era muito novinha, dezenove anos, e, embora estivesse envolvida nesse crime horrível, a gente percebia que ela não era uma criminosa. Como eu já disse, existe a pessoa que vive do crime e a pessoa que cometeu o crime. Mas as pessoas não entendem que a pessoa ter cometido um crime não a torna um ser "sem conserto", um bandido para o resto da vida. Inclusive a lei diz que você só pode ser julgado uma vez pelo crime que cometeu. Mas eles não recebem outra chance de verdade quando são soltos, pois sofrem todo o tipo de preconceito, o que acaba empurrando eles de novo para a vida do crime.

Eu, como já tenho este princípio cristão de não julgar, não fiz diferença; talvez tenha sido a única a encará-la de forma normal, como mais uma pessoa que errou. E, vamos falar a verdade? Ela não foi a primeira! Estamos cansados de ver casos semelhantes que não saem no jornal porque não aconteceram com pessoas de alta classe social, então, porque não é rico, é de se esperar uma coisa dessas? Aqui mesmo, já vi coisas até piores, mas sem toda uma mídia em cima, divulgando cada vírgula que acontece...

O sentimento generalizado era de que queriam que linchassem ela, que pagasse o que fez sofrendo muito... Aí eu disse: "Olha, eu não vou compactuar com isso. Não vou mudar por causa de ninguém; sou católica, cristã, creio profundamente na presença de Deus em nossas vidas. Me propus a isso e não vou julgar e nem condenar ninguém. Quem sou eu para fazer isso? Perfeito, só Deus; nós estamos aqui para aprender a sermos melhores, mais misericordiosos". Bom, aí até os funcionários começaram a me julgar também, porque, na verdade, eu pus a cara para bater.

Mas eu senti que devia dar a Suzane o tratamento dado a todas, uma menina sem família, sem ninguém sequer para conversar, a mídia toda em cima, completamente vulnerável, à mercê de tudo... Sabe aquela coisa que cada um que chega perto quer dar um beliscão? Machucar? Isso física e verbalmente. O parricídio não é tolerado nas prisões, quem está lá dentro toma como uma ofensa pessoal.

Mas eu acho que só agora que a idade está chegando, que a Suzane está amadurecendo, é que deve estar caindo a ficha. Porque, na época, ela não tinha noção da enormidade da coisa, do alcance de tudo o que foi envolvido na história...

Tomei uma postura de defendê-la nesse sentido que expliquei, no sentido de que ela foi julgada e condenada pela justiça, que está pagando e não precisa mais gente para incrementar o castigo. Aí foi quando bati de frente com as presas e com os funcionários. Fiquei completamente só. Quero deixar claro que fiz isso porque considero injusto atormentar mais ainda um ser humano que já está no chão, pior do que isso, que já está em um verdadeiro inferno em vida. Era covardia, ela já estava completamente entregue, fragilizada... Porque só ela sabe o que sente a cada noite, quando tem que ir dormir e não consegue dar um descanso à mente e nem se esquecer do que aconteceu. Nós não somos ninguém para julgar o próximo.

Nisso se passaram dois anos; ela trabalhava comigo, muito quieta, muito educada, fazia o trabalho dela com muito esmero, caprichado, tudo muito limpo. Ela refletia em suas ações a criação que teve. E eu acabei até mesmo desenvolvendo um carinho por com ela pela misericórdia que sentia. Eu pensava: "Meu Deus do céu, essa menina está sozinha no mundo, por que isso foi cair na minha mão?" **Bom, eu acho que Deus nunca desampara ninguém e eu precisava estar ali para tentar de alguma forma ajudá-la.**

As pessoas não sabem o quanto ela sofreu com tudo isso, nem imaginam quantas vezes ela chorou, ou como, nas datas como o Natal, a coisa pegava ainda mais porque ela estava lá sozinha, sem ninguém... Eu acho que esse lado dela que ninguém conheceu não conta; as pessoas preferem imaginar o pior das que estão lá dentro. Olha, se fizerem um levantamento das razões pelas quais as mulheres são presas, vão se surpreender com quantas estão passando tudo isso por amor, porque resolveram seguir a cabeça dos companheiros, do marido, do namorado... É muito difícil você ver uma mulher ter a ideia sozinha de cometer um crime, assaltar banco, essas coisas... Quase sempre tem homem envolvido. E é tão injusto... Tanto é que, quando o homem vai preso, as esposas e as namoradas vão para a porta da cadeia todo o santo dia de visita; já quando a mulher é presa... você não vê marido na porta da cadeia, é raro, quem vai é o pai ou o irmão para levar os filhos. Mas para o cara que foi o amante apaixonado mesmo, aquilo já passou, já era. É raro ele ir ver a mulher lá dentro.

A Suzane era completamente apaixonada pelo namorado, mas, a partir do que houve, percebeu na hora quem ele era, percebeu que ela foi usada. Na cadeia, só se fazia pensar o pior dela, para todos, ela sempre seria um monstro. Se ela chorava, era fingida, se não chorava, era dissimulada, fria e calculista. De todo jeito, era a pior pessoa do mundo. As pessoas vivem fazendo especulações, mas não no sentido de ajudar; elas querem só entender. Então, ficam me perguntando o que foi que aconteceu, por que ela fez aquilo, o que ela pensava... Eu não sei, eu juro para você que até hoje não entendo, não consigo dar um diagnóstico. Porque eu estava ali disponível para ela ter com quem chorar, desabafar o sofrimento daquele momento, já que nem isso ela podia. Eu não entrava em outros assuntos; não queria invadir o fiapo de privacidade dela que sobrou. Mais do que isso, nunca quis me aproveitar dela. Sabe aquela coisa dos amigos dos famosos que vendem informações para a imprensa? Jamais faria isso; ela já foi usada demais por muita gente. Usada como uma coisa que depois a gente joga fora.

Mas ela acabou, isso é fato. Não tem mãe, pai, família, nem tem mais irmão... Não pode pensar nas coisas básicas da vida de uma pessoa, como casa, amigos, perspectiva profissional, futuro... Ela não tem mais futuro, gente! Tudo o que ela tinha de bom ela deu fim. Tem coisa pior do que a própria pessoa perceber isso? Ela está em situação pior do que as presas normais, porque estas sabem que, quando forem soltas, poderão tentar uma vida nova. Nem isso ela tem. Que vida ela pode esperar quando sair?

De uma coisa eu sei: ela se arrependeu profundamente, embora digam que agora já não adianta mais. Sei que posso até ter problemas declarando isso para publicar, as pessoas vão dizer: "Ah, então ela gosta de um monstro que fez uma coisa dessas?" Podem falar o que quiserem, minha consciência está em paz, tranquila, eu fiz o que ela mandou. Ela e Deus. Eu estendi a mão a um aflito, e, se tiverem que me acusar de algo, que seja disso.

Mas, como estava contando, assim foi nossa rotina por dois anos, até o dia da rebelião. Nos dias anteriores à rebelião, eu não percebi nada, pois ficava nessas de marcar as consultas e praticamente não saía lá da Ala da Saúde, cuidando de tudo; só tinha contato próximo com as parturientes e as doentes. E a Suzane, que estava ali no meio de tudo, muito tonta, não tinha a malícia da carceragem e também não percebeu nada. Ela morava no primeiro pavilhão, e trabalhava no pavilhão de Saúde, saía de manhã, às oito horas, e ficava comigo até meio-dia, aí ia almoçar, voltava à uma hora da tarde e ficava até as cinco. Ela não vivia protegida lá dentro, com uma cela só dela; ela ficava no meio de todo mundo, exposta a tudo e a todos.

As pessoas dizem que a causa da rebelião daquele dia foi que queriam pegar Suzane, mas não foi nada disso. Iam aproveitar para também fazer isso, mas a verdadeira razão foi que transferiram uma presa que era do Primeiro Comando da Capital para a mesma ala em que estava uma mandachuva do Terceiro Comando da Capital, e as duas facções são inimigas mortais. Em três dias, a recém-chegada articulou a rebelião e conseguiu estourar a cadeia toda. Eu não tinha acesso à Ala da Inclusão, onde ficam as recém-chegadas e, portanto, não pude me dar conta do barril de pólvora que estava se armando. É óbvio que a Suzane não foi a causa, uma vez que estava lá há dois anos e em relativa calmaria, apesar dos insultos e das ameaças.

Nunca vou esquecer esse dia, 24 de agosto de 2004. Eu já tinha visto rebeliões antes, mas não com tanta violência, e nem como refém. Em geral, esse é um trabalho estressante; você tem que ficar em constante estado de alerta para garantir a sua integridade e a das demais. Ficamos ali prontas para tudo, atentas a qualquer mudança de "clima", rumores, mudança de humor da coletividade, essas coisas.

Era meio-dia e deu o sinal do almoço, mandei a Suzane ir para o seu pavilhão almoçar e, quando estava me preparando para ir também, ela disse que precisava ficar mais alguns minutos para terminar algo que tinha ficado pendente. Parece que Deus é mesmo o dono do tempo, se não fosse isso ela teria morrido com toda a certeza. O atraso a salvou. E nisso a coisa estourou. Lá de baixo veio uma funcionária dando o aviso de que havia uma rebelião, e eu corri para trancar as mães com os bebês nas celas, a fim de protegê-los. Foi tudo muito rápido. Eu e uma colega enfiamos a Suzane, que a essa altura estava quase transparente de pavor, em um local escondido, lá no fundo do pavilhão, e a trancamos lá. Ela ficou por 22 horas ouvindo tudo sem saber se sairia de lá viva ou morta. Aliás, nenhuma de nós sabia mais nada sobre o que ia acontecer.

Estava trancando a última cela dos bebês, no final de um corredor comprido, e veio para cima de mim um bando de mulheres enormes, com camisetas amarradas no rosto, armadas de pedaços de paus. Foi uma visão do inferno, tão assustadora que até hoje nem sei descrever o que senti. Elas já chegaram batendo e me arrastaram para o Quarto pavilhão, uma área onde ficavam as reféns. Tiraram todas as minhas roupas, queimaram, e me vestiram com as roupas de presas. Aí começou a tortura. Me batiam e ameaçavam o tempo todo; a tortura psicológica foi pior do que a física. Imagine o que é ficar 22 horas ouvindo que você vai morrer e aguardando o fim.

Éramos sete funcionárias que foram feitas de reféns, mas não ficamos juntas todo o tempo; elas ficavam rodando com a gente, levavam para um canto, batiam, mandavam voltar, chutavam, uma loucura. Foram muitas as maldades que elas fizeram em 22 horas, e aquilo para mim não fazia o menor sentido; era uma violência extrema o tempo todo, sem descanso. Elas se revezavam para nos torturar.

Tive muito medo de não escapar e fiquei pensando que, se de fato a minha vida acabasse ali, isso ia ser de uma forma horrível, com muito medo, muito pavor. Eu rezava baixinho o tempo todo; a minha religião foi o que me deixou de pé, senão certamente eu teria enlouquecido de desespero. Parecia que era o último dia da vida delas, e elas queriam fazer tudo junto ao mesmo tempo, uma confusão muito grande. Era muita coisa, unhas quebrando, pele queimando, gente apanhando... Um inferno, um inferno.

Pelo menos os bebês foram liberados por elas; eles e as mães puderam sair. Nisso, como a Suzane tinha sumido e ninguém a encontrava, elas pensaram que ela tinha ido no meio desse grupo, junto com as mães. Graças a essa confusão de informações, a vida dela foi salva, porque, apesar de a rebelião ter eclodido por causa de uma rixa, elas estavam loucas para aproveitar a situação e dar cabo da Suzane. Com toda a certeza iam matá-la; ela era um alvo há muito tempo, e fui muito torturada para denunciar o seu paradeiro. A todo o momento, vinha uma e berrava comigo, perguntando onde ela estava. Eu só respondia que não sabia, que não sabia... Elas não acreditavam muito, sabiam que eu protegia ela, mas, com essa coisa da saída das mães, a história colou.

Elas diziam o tempo todo que iam me matar e jogavam a toalha na minha cabeça. No mundo penitenciário, quando jogam uma toalha na sua cabeça, é porque vão matar. Elas diziam absurdos, que iam cortar quatro dos meus dedos, e também me amarraram no botijão de gás e atearam fogo no colchão em que eu estava sentada. Eu tinha certeza de que tudo ia acabar indo pelos ares comigo ali, amarrada ao botijão.

Não havia um critério definido para a tortura, mas, dentre as minhas colegas de trabalho, sofreram umas mais e outras menos. A chefe penal, por exemplo, foi muito machucada, e eu também, por causa da Suzane. Tinha o fator sorte, de chegar para tomar conta de você um grupo menos violento ou, por outro lado, uma turma daquelas detonadoras, que têm prazer em ver o sofrimento do outro. Passando por essa experiência, pude ter a noção de quanta maldade um ser humano pode guardar dentro de si. Confesso que fiquei impressionada, pois não tinha essa percepção.

O primeiro instante de uma rebelião é o pior, é quando todo mundo está no veneno, cheio de adrenalina. Depois, há uma calmaria, em que elas param e respiram um pouco. Depois volta aquela barbárie; é um processo inconstante, a violência vem em ondas. Mas o primeiro momento é o mais perigoso, o que pode matar mais gente. Eu fiquei as 22 horas sem comer nada; só tomava água. Elas me deixavam ir ao banheiro, e eu ia muito, porque minha garganta secava e eu tomava água, tinha que ir ao banheiro; virou um círculo vicioso. O momento de maior pavor foi quando me amarraram ao botijão, e eu vi aquela fogueira enorme e pensei que ia morrer queimada. Não tinha explicação para aquilo, para aquele jeito de fazer as coisas, era pura e simplesmente maldade. E foi a partir dessa percepção que eu entrei em conflito comigo.

Até me emociono! Porque assim, por eu ser misericordiosa, religiosa, eu não achava que existia tanta maldade, talvez por ingenuidade minha. Eu não via as presas como inimigas, mas, a partir daquele momento, eu mudei, alguma coisa rompeu, e isso foi inevitável. Eu continuo não julgando, mas mudei. Porém antes eu pensava que preso era vítima. Eu pensava: "Nossa, a presa é daquele jeito, coitada, porque não tem família", ou, ainda, porque tinha uma família desestruturada... Mas a maldade daquilo tudo não se justifica. Meu pai do céu! Aí eu pensava: "Coitada da menina, ela foi estuprada pelo pai, jogada na rua...." Então, todos os erros delas eu justificava, todos! Quando aconteceu a rebelião, eu vi que o coração delas é podre, preto, ruim. Aí eu falei: "Não, nada justifica tanta crueldade, o coração delas é sujo mesmo e acabou!"

Tive a misericórdia de algumas presas, pois, se há presas ruins, também há presas boas! Teve presa que rezou por mim, dobrou os joelhos no chão e pediu pela minha vida. Graças a Deus, Ele me deu a sabedoria de saber separar isso após a rebelião, não generalizei. Existe aquele preso ruim de coração e aquele que é bom, que, por uma infeliz circunstância da vida, foi parar lá dentro. Depois da rebelião, eu quase pirei, pensava: "Meu Pai do Céu, dizem que é dando amor que se recebe, eu nunca prejudiquei presa nenhuma, se eu puder ajudar, eu ajudo, mas eu não sei mais nada, como que eu devo agir agora, de hoje em diante?"

Mas, voltando à rebelião, foram 22 horas de suplício e, quando amanheceu, eu estava sem comer e exaurida. Eu não chorei em momento algum, apenas me mantinha em comunhão com Deus. **Eu rezava enquanto me batiam, enquanto me chutavam... Mas o pior é a tortura psicológica. A dor passa, as manchas roxas vão embora, mas a tortura psicológica de ficar ouvindo por horas "você vai morrer" fica.** E elas ficavam fumando maconha, dava medo de ficarem muito loucas e fazer mais barbaridades, na verdade você fica à disposição delas, e isso dá em você um mal-estar muito grande.

Foi pavor a noite inteira. O terror só cedeu quando amanheceu, uma hora antes da libertação e mesmo assim porque eu me entreguei, já não conseguia atinar mais nada. Elas combinaram de nos entregar no dia seguinte pela manhã, poderiam ter nos soltado à noite quando acabou a rebelião, lá pelas dez ou onze horas, mas elas ainda queriam ficar a noite toda fazendo maldades com a gente, torturando mesmo. Elas combinaram que iriam se entregar desde que a turma dos direitos humanos estivesse lá e também a pastoral carcerária, para garantir a integridade delas. Elas seriam transferidas, e os funcionários, libertados.

Então, ficou acertado que elas iam nos entregar às oito horas da manhã; aí o dia clareou, deram oito, deram nove, e nada. Eu vi que elas iam aprontar alguma, e que não me deixariam sair viva dali. Aí eu me entreguei, encomendei a minha alma para Jesus, rezei e disse: "Senhor, faça comigo o que quiser, sou sua!" Durante todo o tempo, fiquei na posição que elas me mandavam ficar, aqui ou ali, deitada, ajoelhada, elas comandavam o show. Aí me chamaram, e eu fui libertada.

Quando eu cruzei aquele portão, parecia que Jesus tinha tomado conta de mim. Eu só sei que cheguei na minha casa, entrei no meu quarto, já sabia que a Suzane tinha se salvado e, quando me dei conta de que eu também estava salva, ainda não acreditava que estava no meu quarto e não lá, naquele inferno. Todas foram libertadas, e eu fui a segunda a ser solta, acho que o critério para quem seria liberada primeiro era a gravidade da situação, porque escolheram a primeira, Sônia, que estava mais machucada, furada de caneta, sangrando, toda roxa. Ela apanhou muito, estava descalça, em um estado lamentável.

Era para eu ser a última, me colocaram lá no fim da fila, e foi quando eu percebi que elas estavam planejando alguma maldade comigo. Por que eu seria a última? E tinham colocado todas em sequência, eu no fim da fila, bem quieta. Nessa hora, eu me anestesiei, me entreguei nas mãos de Jesus. Aí uma presa me chamou: "Quem é a Marisol?", e me mandou lá para a frente. Eu fui a segunda a ser libertada. Mas nessa hora já estava anestesiada, inerte.

Quando aconteceu a sindicância, eu perguntei a uma colega, que também apanhou muito, porque tinham me chamado. Ela estava lá na frente, e talvez tivesse visto o que aconteceu. Ela disse que o negociador exigiu três reféns em troca da transferência de três presas que entravam na hora na viatura para irem direto para outro presídio. Como só tinham liberado duas guardas, ele exigiu mais uma e, então, a chefona delas mandou me chamar. Até hoje não sei bem porque, acho que foi a mão de Jesus!

Eu procurava não ver as torturas que faziam com as outras, não deixava aquilo me penetrar, por isso eu não chorei e me mantive calma. Elas me mandavam, e eu obedecia. Depois vieram as consequências; eles foram apurar em sindicância o que tinha acontecido. Mas naquele dia eu cheguei em casa, tomei um banho, comi e fui dormir. Meus pais, que ficaram muito estressados com tudo isso e acompanhavam pela televisão, ficaram mais calmos ao me ver ao vivo e a cores, machucada, mas bem. Olha, todo mundo sabe que vai morrer um dia, não se escolhe o jeito e nem a hora, eu nem me importo de morrer, mas eu não queria morrer daquele jeito. Seria um desgosto muito grande para a minha família; meus dois irmãos foram para minha casa me ver; foi um alívio para todos.

A decisão de voltar a trabalhar foi minha, eu quis voltar. No dia seguinte, eu me levantei e fui para o presídio, nem quis ficar de licença. Na hora de entrar, eu pensei: "Meu Deus, o que eu vou fazer agora?" Eu estava machucada, com manchas roxas nas pernas devido aos chutes, mas estava muito mais ferida por dentro, experimentando uma grande confusão de sentimentos. Tinha muitas questões difíceis de responder, como "o que eu farei da minha vida? Este trabalho é o meu provedor". Algumas dessas presas não eram o que eu pensava, e estava profundamente decepcionada, inclusive comigo. Como eu pude me enganar desse jeito? Tinha também um profundo conflito religioso: por que eu tinha que perdoar? Como é que eu ia fazer isso? Naquele momento, tinha vontade de matar, de devolver na mesma moeda.

A Suzane já havia sido transferida, ela nunca tentou contato comigo depois, mas acredito que deve ter uma boa lembrança de mim. Eu também nunca tentei contato para não ficarem pensando mal de mim, e para não sobrar nada para ela. Mas acho que Deus plantou nela uma boa semente, só que está florindo no cárcere; ela foi condenada a 39 anos.

Fui trabalhar muito atormentada, mas aquele era meu sustento, e ia ser difícil recomeçar, já tinha 42 anos. Eu entrei em choque! Mas aí resolvi ir, e, se tinha mesmo decidido isso, que fosse rápido. Entretanto, eu ficava completamente atormentada; qualquer barulhinho, eu já ficava estressada. Nos primeiros dias, o meu relacionamento com as presas era o de responder somente o necessário, e elas se deram conta da mudança.

Eu percebi também que o fato de eu ter voltado tão rápido foi uma afronta para as presas; acho que ela queriam ter me destruído emocionalmente, como fizeram com as outras. Dos reféns, cada um foi para o seu lado, e eu ter voltado no dia seguinte foi uma afronta! Como é que eu podia ter sofrido tudo aquilo e estar lá no dia seguinte? Parecia até provocação. Aí foi quando eu aprendi que, quando uma pessoa tenta prejudicar você, você tem que se levantar. Que a melhor vingança é você ficar bem. Qualquer coisa que fizerem a você, você tem que ficar bem! As presas vinham e falavam, irônicas: "Ah, dona Marisol, a senhora teve um livramento, hein? Nossa! Você é a menina nos olhos de Deus!"

Eu as tratava normalmente, humanamente, mas com certa distância. Porque eu acreditava que era isso que Deus queria de mim. Mas é muito difícil você trabalhar o sentimento de vingança, do perdão, dizer não ao ódio. Mas aí veio a cobrança dos colegas: "está vendo? Você sempre foi boazinha! Viu o que deu ser boazinha?" Gente falando muita coisa no meu ouvido, dizendo que eu me preocupava muito com os bebês e perguntando se elas tinham pensado nisso quando fizeram aquilo comigo. Eu mesma, o que eu estava sentindo, ninguém quis saber. Ninguém veio me oferecer apoio ou saber se eu precisava conversar, se eu estava mal. Só sabiam me apontar o dedo e dizer coisas como: "Você trocou a sua vida pela da Suzane? Quanto que você ganhou por isso?" Esse tipo de coisa.

Imagine tudo isso acontecendo ao mesmo tempo. Mas eu pensava que não estava lá para matar ninguém e, se as colegas queriam que eu fosse ruim para as presas por causa do que aconteceu, sinto muito, eu prefiro seguir a minha consciência. Deus me fez assim, me fez com essa essência e acabou, eu não vou mudar. Não sinto ódio das presas e, se puder ajudar, eu ajudo, mas com uma certa reserva, porque hoje eu sei do que algumas delas são capazes. E já disse isso a elas, já as enfrentei assim, olho no olho.

Esses dias eu tive que encontrá-las lá na frente do juiz, na audiência da rebelião. Recebi uma intimação como vítima de cárcere privado e sequestro, só que duas das acusadas já estão em liberdade. Aí eu apontei elas na frente do juiz, estava um pouco nervosa, mas falei: "Essa aí estava com a faca deste tamanho no meu pescoço, e essa outra ficou o tempo todo me guardando para me matar". Mas isso é a consequência do que elas fizeram, eu só disse a verdade, e não posso ter medo de vingança.

O medo é o pior sentimento que pode existir em um ser humano. Viver com medo é tão dolorido que a pessoa não vive, você tem que escolher. Quando acontece algo muito ruim, uma violência, algo que lhe derrubou, você tem que tomar uma decisão: ou você fica no chão ou você se levanta. Não existe outra opção. Levantar é dolorido, o que aconteceu é algo que nunca mais vou esquecer, uma ferida que às vezes abre. Mas aconteceu, ninguém oculta o passado. Então você tem que tomar esta postura de andar e viver, porque senão você fica no chão, morta-viva!

Depois de voltar a trabalhar, eu não procurei ajuda. **A Bárbara, que trabalha comigo, falou que tinha um grupo lá no Hospital das Clínicas fazendo um trabalho com gente sequestrada. Eu falei: "Ah, me deixa em paz", estava muito revoltada com todo mundo. Para mim, tinha acabado o assunto. Enfiei a cara no trabalho, continuei sendo profissional, ninguém acreditava como eu conseguia. Mas só Deus sabe quantas noites eu dormi chorando, e como eu rezava, como eu sofria.** Mas, para os outros, eu dizia: "Olha, psicólogo não, de jeito nenhum, porque eu não sou louca. Não, não e não".

Aí o meu irmão – a gente não percebe o quanto muda, não é? – chegou em mim e disse: "É claro que a decisão é sua, mas, se eu fosse você, eu procurava ajuda de um profissional, você está muito diferente!" Eu estava mudando na minha casa, assistia à televisão com um volume muito alto, tão alto que o sobrado do lado escutava. Tudo tinha que ser muito alto... Eu tinha que dormir com alguma coisa ligada e tinha muitos pesadelos. Eu tomei uma série de medicamentos; não conseguia dormir. A imagem que fica é a de uma violação tão forte que aquilo não sai da sua cabeça. Tudo o que você faz tem a função de lembrar, você vai tomar banho e lembra... Uma frase, uma palavra, um filme, um botijão de gás. Tudo lembra, de tanto que fica gravado. A violência psicológica é a pior que tem, a destruição que ela faz é impressionante, é preferível levar uma surra.

Aí eu comecei a reparar em mim, alguém mais comentou. Acabei indo ao grupo buscar ajuda e até fui grossa, falei que só estava ali porque meu irmão tinha mandado. Mas aí me designaram uma psicóloga, e fomos conversando, ela me deu certos pontos para seguir. Eu descobri que dava muita importância ao que as pessoas achavam de mim. Aí ela perguntava: "O que essas pessoas significam na sua vida?" E eu descobri que nada, absolutamente nada! O importante é que a minha mãe, o meu pai e meus irmãos realmente me amam!

Acham que eu troquei minha vida pela Suzane? Acham que eu recebi dinheiro pra isso? Eu sei que, na verdade, não foi nada disso, e o problema é de quem pensa assim a meu respeito. Eu não vou mudar o meu jeito de ser porque as pessoas pensam assim. Fiquei forte. Eu tomei a medicação por três meses, depois conversei com o psiquiatra, e ele diminuiu a dose. Entrei em férias e queria começar a dormir por mim mesma. Só que até hoje eu durmo com o rádio ligado, uma vez que o meu subconsciente tem que estar ocupado para não dar espaço para as memórias. Então eu não fico mal com isso; eu pego o meu rádio e até hoje coloco CDs do Padre Marcelo, louvores e salmos, programo para repetirem, regulo o volume bem baixinho e durmo.

Após sete anos, hoje eu sou uma pessoa que, graças a Deus, não tem ódio de ninguém, nem delas. Isso pedi muito para Deus, para que o episódio não me deixe esse sentimento de herança. O ódio faz muito mais mal para mim do que para elas; o ódio e a raiva prejudicam muito. Eu encontrei as minhas colegas de infortúnio no dia do julgamento. Nós éramos dez, liberaram três e ficaram sete até o dia seguinte. Uma das que saíram antes, que ficou somente três horas como refém, levou uma paulada bastante violenta na cabeça, e teve que ir com a mãe dela na audiência, pois ela não anda mais sozinha. Quando acontecem essas coisas, nós ficamos ausentes, a gente fica muito parada no tempo e perde a concentração, faz três vezes a mesma coisa, fala repetidamente.

A que mais apanhou é a mais revoltada; ela não cuida da parte espiritual. Eu só tomei essa postura porque eu já tinha uma base religiosa, e acho que, se não fosse isso, eu não sei o que seria de mim. Teve uma colega que não fez tratamento e, apesar de ter apanhado e de terem cortado o cabelo dela, ficou bem. Porém quando viu todas as presas no dia da audiência, ela me falou que começou a ter insônia, um processo que ela não teve na época.

No meu coração, elas estão perdoadas; não tenho a mínima vontade de fazer com elas o que fizeram comigo. Eu trabalho, fico muito em casa com a família, vou à igreja nos finais de semana, curto muito a minha casa.

No ambiente fechado da prisão, é impossível você não pegar o jeito delas; elas têm os códigos próprios, o mundo delas. Não se pode generalizar. Há presas boas, que ajudam, de coração bom, graças a Deus. Algumas cometeram crimes, mas algumas não são criminosas. Por outro lado, há aquelas presas que gostam de fazer maldades, sentem prazer em ter o poder na mão, e isso é uma coisa perigosa, porque, quando elas sentem que têm poder, elas crescem.

Eu não recebi compensação financeira nenhuma por conta do que aconteceu; somente o tratamento psiquiátrico. Falta mais apoio para a categoria, nós até fazemos cursos de reciclagem, mas há pessoas que simplesmente não dá para ressocializar. **Tem gente que gosta de ser criminosa, e isso você, por mais que tente, não vai tirar delas. Tem gente que gosta da vida do crime, e eu antes não acreditava nisso, e entrei em choque. Mas é a pura verdade, tem gente que faz atrocidades porque quer, porque gosta daquilo. Lógico que gosta; a decisão é sempre sua se vai embarcar nessa ou não.**

Nesses 21 anos de trabalho na carceragem, o pior dia foi o da rebelião. Houve muitos dias bons, de mais alegrias do que tristezas. Tem duas ex-detentas com as quais ainda troco emails de vez em quando, e elas conseguiram mudar de vida. Eu aposto muito no ser humano, graças a Deus eu não perdi isso. Quando acontece uma coisa dessas, é muito doloroso, mas eu optei por me levantar e seguir em frente. É como levar um tombo em que você fica toda ralada e machucada porque a queda foi muito forte. Mas ficar ali no chão, chorando, não é uma opção. E nem pode ser.

PARTE II
As Consequências de um Trauma

Capítulo 4

Entendendo seus sentimentos

O lado emocional de uma pessoa compreende desde emoções primárias até a sensibilidade corporal, passando pelas paixões, pelas tendências, pelos desejos. Os aspectos emocionais influenciam todas as demais funções do psiquismo, como pensamento, vontade, ações e memória, determinando inclusive o equilíbrio de nossa personalidade. Por tudo isso, é o componente do psiquismo mais sensível à qualquer alteração psicológica, sendo usado como um sinalizador de que há algo diferente acontecendo na vida de alguém.

Por outro lado, é muito comum confundir-se sentimento, pensamento e sensações, sendo que cada uma dessas expressões tem um significado particular na vivência humana. Sentimentos, por exemplo, caracterizam-se por estados afetivos duráveis que não estão acompanhados de componentes físicos; estes surgem naturalmente em resposta a estímulos internos e externos e representam nosso grau de prazer ou desprazer em relação a esses estímulos. Por exemplo, podemos pensar no caso de Carlos, um jovem arquiteto de trinta anos, que, ao receber a notícia de uma promoção em seu emprego, percebe uma imensa alegria, o oposto de Sérgio, seu colega de trabalho, que sente inveja dessa promoção e gostaria de estar no lugar dele.

É difícil descrever exatamente o que são a alegria e a inveja, a não ser por metáforas ou exemplos mais concretos, pois os sentimentos são absolutamente subjetivos e individuais – ainda que paradoxalmente coletivos. Como dizer que estou alegre? Não há uma conceituação clara e objetiva da alegria, a não ser pela comparação com outras pessoas que tenham sentido a mesma coisa em situações não necessariamente semelhantes. A alegria de Carlos pode ser comparada à de Maria, que demonstra esse mesmo sentimento pelo reencontro com um parente distante. É claro que Maria, nessa situação, pode ter sentido, pelo contrário, um desagrado ao encontrar esse parente, e isso é percebido como um incômodo, portanto, o mais próximo que se pode definir de cada um dos mais variados sentimentos é a expressão de prazer ou de desprazer que o acontecimento provocou. A especificação disso, isto é, se é alegria, inveja, ciúme, saudade, tristeza, amor, depende exclusivamente da descrição individual do que ocorre no interior da pessoa.

O sentimento surge algo assim como do fundo da alma e passa pelo pensamento que o identifica ou não, fazendo algo chamado de crítica, que permite a sua expressão ou não. Este é outro detalhe: é possível sentir sem expressar o que se está sentindo. Por exemplo, em certas culturas, é comum as pessoas aprenderem a reprimir seus sentimentos, deixando-os guardados no inconsciente. Isso não quer dizer que não se sinta, porém não se tem consciência desse sentimento, o que, clinicamente falando, pode ser um grande problema, pois sentimentos reprimidos tendem a procurar formas alternativas de expressão como um sintoma psicossomático ou ainda condutas aparentemente inexplicáveis, como uma simples escolha de profissão. Você já parou para pensar o que o levou a escolher a sua?

Já o pensamento tem uma estrutura mais complexa, que envolve vários conceitos adquiridos ao longo da vida, caracterizando-se por opiniões, críticas, avaliações e julgamento. Outra vez, é comum às pessoas, ao lhes ser perguntado o que sentem sobre determinada situação, responder o que pensam sobre ela. José, por exemplo, vem à consulta queixando-se de muito cansaço. Quando lhe é pedido que descreva esse cansaço, ele começa contando como é o seu dia – o que fez, o que comeu, com quem se encontrou – e não consegue mergulhar no interior de si mesmo e expressar uma possível tristeza ou frustração que esteja presente. Dentro do pensamento, estão as imagens, que são construções mentais que fazemos para representar conceitos, pessoas, fatos e locais apreendidos ao longo de nossa existência. Ideias e imagens, então, compõem o que chamamos de pensamento.

Já as sensações, embora em português o verbo sentir represente ambas as funções, significam respostas sensoriais e fisiológicas, como frio, calor, dor. Nessa miscelânea de conceitos, é comum a pessoa se sentir confusa, atrapalhada, sem saber distinguir o que sente, o que pensa, o que percebe. Para ajudar você na sua jornada da autopercepção, apresentamos um quadro em anexo com uma lista dos principais sentimentos para que você os reconheça em si mesmo.

Como é viver com a dor resultante de um trauma que, em maior ou menor escala, afetou emoções e comportamentos de quem o experimentou? Muitas vezes, acredita-se que tudo foi superado e não se percebe que essas possíveis alterações podem estar presentes, ainda que escondidas no fundo da mente. Ao se manterem represadas, essas emoções tendem a ficar crônicas, alterando o modo de ser, de ver o mundo, de se relacionar com as pessoas e, até mesmo, gerando problemas físicos como as doenças psicossomáticas, sem que seja possível ter domínio sobre isso. Muitas vezes, pessoas que sofreram traumas nem sequer relacionam as alterações em seu comportamento e em sua saúde com o evento que viveram.

Será que você sabe identificar e reconhecer seus sentimentos? Vamos fazer um pequeno exercício.

Exercício: Prática para lidar com seus sentimentos

Este exercício vai ajudá-lo a encontrar uma forma de entrar em contato com seus sentimentos, reconhecê-los e identificá-los.

Criando um lugar seguro

Instruções: Sente-se sozinho e confortavelmente em algum lugar calmo e, se possível, silencioso. Comece a imaginar um local que julgue bonito e que lhe passe a sensação de paz: pode ser uma praia, uma cena no campo ou até mesmo um lugar que já exista, como o seu quarto ou seu canto preferido na casa. Observe os detalhes, as cores, os sons e tudo o que compõe essa cena e procure experimentar a sensação de paz trazida pelo fato de estar nesse lugar.

Experimentando e identificando um sentimento

Agora imagine uma situação que você tenha vivido ao longo da sua vida, por exemplo, uma vez que tenha tirado uma boa nota na escola. Relembre esse momento e procure, mergulhando dentro de si mesmo, identificar o que você está experimentando: alegria? Orgulho? Procure nomear seu sentimento; se necessário, utilize a tabela acima apresentada. Repare que o sentimento pode não ser consistente com a situação; por exemplo, a autora deste livro sentia vergonha ao tirar uma nota alta, pois já era visada pelos colegas de classe como CDF. Por outro lado, o autor deste livro sentia espanto, pois não podia compreender como conseguira tal feito.

Aprofundando o processo de análise

a) Que cena você visualizou? Descreva-a com detalhes.

_____
_____
_____
_____
_____

b) Essa visualização é mental, isto é, é um pensamento, uma imagem. Agora vá adiante, respire fundo, olhe para dentro de si mesmo e deixe que um sentimento aflore em você. Consegue identificá-lo? Escreva abaixo, se necessário com o auxílio da lista apresentada acima.

_____
_____
_____
_____
_____

c) Com base no que já foi citado acima, quando você nomeou seu sentimento, é possível descrever o que você está sentindo? Repare que não há certo ou errado, apenas procure descrever o que se passa com você.

_____
_____
_____
_____
_____

d) Essa lembrança lhe provoca algum tipo de reação (por exemplo, choro, riso)? Escreva abaixo sobre ela.

_____
_____
_____
_____

e) A partir da lembrança dessa situação, alguma outra mais antiga lhe ocorre ou pode ser associada a ela? Se sim, descreva-a.

_____
_____
_____
_____

f) Procure fazer sucessivas associações de cenas de sua vida em que esse sentimento esteve presente. Caso surja algum desconforto, não se assuste. Volte para o seu lugar seguro, criado no início deste exercício, e procure relaxar. Imagine-se lá e fique por alguns momentos, até acalmar-se. É possível voltar agora às situações coerentes com o sentimento ora apresentado? Se for, encare-as de frente e descreva-as.

_____
_____
_____
_____

g) Além do sentimento em si (qualitativo), em uma escala de 0 a 10 – em que 0 é o menor grau e 10 é o grau máximo de intensidade –, qual a nota que você atribui à intensidade desse sentimento?

0 ( ) 1 ( ) 2 ( ) 3 ( ) 4 ( ) 5 ( ) 6 ( ) 7 ( ) 8 ( ) 9 ( ) 10 ( )

Repita quantas vezes for necessário esse procedimento até que lhe fique bem claro o que e em que grau esse sentimento se manifesta em você. Agora que conseguiu identificar e nomear seu sentimento, vamos dar um exemplo de como compreendê-lo e assimilá-lo melhor. Veja o exemplo abaixo.

> Kátia conta que imaginou o seu lugar seguro em uma praia com todos aqueles atributos pertinentes a lugares de intenso prazer (brisa fresca, paisagem deslumbrante, sons relaxantes, um leve perfume no ar e sabor agradável na boca). Ao fazer o exercício, veio-lhe à mente a cena em que soube que havia conquistado o emprego que tanto almejara. Imediatamente uma sensação de prazer tomou conta de seu corpo, um sorriso aflorou em seus lábios. Na escala de 0 a 10, Kátia assinalou que a intensidade daquilo que ela identificou como alegria se aproximava de 8. Deixando-se tomar por essa experiência, subitamente seu pensamento se voltou para uma situação exatamente oposta, em que havia fracassado em uma relação amorosa. Isso lhe trouxe o que identificou como angústia (aperto no peito) e a fez chorar. Imediatamente retornou ao seu lugar seguro, acalmando-se. Voltando à cena angustiante, pôde comparar os dois sentimentos e constatar que a vida é composta de sucessos e fracassos. Além disso, analisando com mais cuidado todo o processo, conseguiu identificar um outro sentimento: o desejo de que tudo fossem flores, ou seja, de que no âmbito amoroso fosse tão bem-sucedida quanto no profissional.

Isso abre um outro questionamento: por que será que Kátia consegue ser feliz no trabalho e, por outro lado, sente-se frustrada no amor? Temos de recorrer a uma outra função, o pensamento, porque a função psíquica do pensamento traz à tona as explicações dos motivos pelos quais enfrentamos ou deixamos de enfrentar determinadas situações na vida. O que teria levado Kátia a essa situação? Vem aí a reflexão. O que ocorre habitualmente com ela? Pensando, Kátia conclui que, na verdade, nunca acreditou em si mesma como uma mulher capaz de ser feliz no amor e, portanto, sem se dar conta de forma consciente, dirigiu toda a sua atenção e seu esforço para o campo profissional. Ora, veja só, tornou-se uma pessoa hábil no trabalho, porém absolutamente despreparada para as questões afetivas. Portanto, a partir desse exercício, Kátia pôde perceber que era preciso investir mais na sua autoestima e rever algumas crenças negativas relacionadas à sua capacidade de conquista amorosa.

Entendendo seus sentimentos

Voltando a você, foi possível vivenciar algo parecido na forma, mas com o seu próprio conteúdo? Pegue o seu caderninho de anotações e descreva detalhadamente a sua própria experiência ou, ainda, utilize o espaço abaixo.

___

Ao terminar, releia, coloque a data e, depois, volte a essa leitura. Você verá que certamente algo deverá ter se modificado. Pode-se imaginar que, se você está lendo este livro, algo de traumático lhe aconteceu ou a alguém próximo. Então, a cena que surge provavelmente será do próprio evento traumático. Como experienciá-la?

> Alfredo se viu subitamente lançado aos porões de um cativeiro em que ficara durante 31 dias sequestrado. Surgiu intenso medo; em um grau 10 da nossa escala, chegou a tremer e suar. Voltou ao lugar seguro, pensou em desistir, mas, ao sentir-se mais tranquilo, resolveu encarar a situação e voltou mentalmente para a pocilga em que havia sido trancafiado pelos marginais. Atentou para todos os detalhes que compunham a cena, incluindo a aparência física do local, os cheiros, os sons, e recorreu ao Exercício do Espelho1, no qual se viu expectador daquela cena. Sentiu a angústia transformar-se em pena por aquela pessoa (que era ele mesmo) que ali padecia e, ao identificar esse novo sentimento, imediatamente se viu trancado no banheiro de sua casa onde, na infância, seu pai o pusera de castigo por alguma traquinagem.

Utilizando esses exercícios, tivemos a oportunidade de entrar em contato com o que há de mais profundo em nós mesmos e, assim, nos tornarmos mais conscientes. Também pudemos aprender a ter mais domínio sobre esses sentimentos naturais, que, se não administrados adequadamente, podem gerar sofrimento e dor.

Lembre-se de, daqui para a frente, sempre ter isso em mente e não deixar que seus sentimentos o dominem, ou, pior, que fiquem encapsulados no fundo da sua mente, podendo gerar, no futuro, problemas maiores.

Ninguém é mais a mesma pessoa depois da vivência de um trauma

Não posso sequer me reconhecer mais; sou outra pessoa depois de tudo – essa é uma frase recorrente em nossa prática clínica. A maioria das vítimas de algum evento traumático sente-se quase que desligada da própria personalidade; muitas sofrem um duro conflito de identidade, uma vez que já não sabem mais o que restou de quem eram antes da violência sofrida. Essa situação pode dificultar a recuperação, uma vez que bases estruturais referentes aos quadros emocional e psicológico da vítima são alteradas, e ela precisa buscar um novo conhecimento de si mesma.

Na verdade, as pessoas começam a se blindar para fugir do sofrimento, e muitas passam a evitar tudo o que lhes possa lembrar o trauma, por conta do medo de exibir marcas e sequelas que ninguém quer correr o risco de apresentar. Há muita gente deixando de praticar certos costumes corriqueiros como sair de casa à noite, pegar um avião e até mesmo se relacionar afetivamente, por não confiar mais nas pessoas. Estamos vivendo uma era de medo generalizado, embora seja bom deixar claro que, para conviver nesta selva de pedra, não é preciso ter medo, mas sim cautela.

O risco não pode ser percebido como uma ameaça, pois de fato os dois não significam o mesmo. Um risco é a probabilidade de algo acontecer, e a ameaça, por sua vez, é a situação real exatamente no momento em que ela ocorre. Em outras palavras, sabemos de todos os riscos, porém isso não significa que eles irão certamente acontecer; daí a necessidade de se ter a cautela que a situação atual exige (você encontrará algumas dicas de segurança no endereço **www.casadopsicologo.com.br/sobrevivente**).

Para muitas pessoas, as consequências não podem ser medidas em números, ainda que tragam um sensível prejuízo nos planos social e econômico, pois, mesmo submetidas a tratamentos e acompanhamento médico, ainda assim poderão levar consigo as cicatrizes do trauma. Afinal, o tratamento pode fechar a ferida, mas deixará uma cicatriz, como em um ferimento físico.

Mesmo aqueles que não se reconhecem portadores do Transtorno de Estresse Pós-Traumático, embora não mantenham viva a ferida dolorosa do acontecimento, guardam marcas profundas em suas almas. Pode ser que esse não seja o seu caso, mas, tendo passado por uma situação traumática, será que alguma das possibilidades descritas a seguir está ocorrendo com você? Leia atentamente, reflita e verifique. Caso se identifique, veja logo a seguir de cada um dos itens as dicas para reagir.

Reações comuns após o trauma

Como já vimos anteriormente, os profissionais da saúde mental chamam de Transtorno de Estresse Agudo (TEA) uma reação violenta ao estresse gerado por um fato traumático. Essa reação engloba alguns sintomas de Transtorno de Estresse Pós-Traumático, como dificuldade de concentração, insônia, pesadelos, raiva e agressividade, mudanças súbitas de humor e, até mesmo, **despersonalização** (ter a impressão de que você não é mais você mesmo). Se esse quadro persistir por mais de dois a três meses, pode ser classificado como Transtorno de Estresse Pós-Traumático.

É possível, de acordo com teorias propostas por diversos pesquisadores[1], dividir as reações ao estresse em vários estágios, conforme os abaixo.apresentados.

1º estágio - Choque

Há uma série de sensações possíveis, provocadas pelo choque em si, durante o crime ou no momento imediatamente posterior: incapacidade de reagir, anestesia, negação, descrença, desorientação, dormência emocional ou física. Apesar de termos consciência de que o crime faz parte da nossa sociedade e que pode acontecer com qualquer um, a qualquer momento, ninguém está realmente preparado para isso. Acostumamo-nos a ver filmes de ação e a acompanhar o noticiário, mas há uma espécie de distanciamento que criamos para nos proteger, e que, na maioria das vezes,

---

[1] Essa divisão específica foi criada por Morton Bard e Dawn Sangrey e publicada no livro *The crime victims book*, 1986.

consegue fazer com que não sintamos plenamente a dor do outro que está na tela, ou mesmo retratado nas colunas de um jornal.

O fato de ser a vítima direta de uma violência tem características peculiares. Chegamos à conclusão, após centenas de atendimentos a vítimas da violência urbana, de que não há preparo possível capaz de neutralizar por completo o trauma de ser atacado ou roubado. Às vezes, quando acontece conosco, leva algum tempo para "cair a ficha", uma vez que não é comum que se aceite imediatamente como real.

> Ana Helena conta que chegava ao emprego em uma rádio e estava com a janela do carro aberta, aguardando a vez de entrar no estacionamento. Um garoto aparentando cerca de doze anos se aproximou com a mão embaixo da camiseta e gritou que queria o relógio. Ana sempre havia sido "catequizada", inclusive pelos repórteres da rádio, que nunca deveria reagir a um assalto, mas, naquele momento, ficou furiosa e gritou de volta que não ia dar nada e que ele saísse de perto ou ela iria pegá-lo. Até hoje, Ana Helena não sabe se ele estava armado ou não, mas o fato é que, ao se sentir acuada, sua reação de defesa foi quase irracional, completamente instintiva. O garoto levou um susto enorme com a reação e saiu correndo. Ela entrou na garagem e estacionou calmamente. Assim que tirou a chave do contato, esta caiu no chão do carro, e suas pernas começaram a tremer violentamente. Os joelhos chacoalhavam e, em poucos segundos, seu corpo inteiro tremia convulsamente e, só então, ela se deu conta do que havia acontecido. O episódio se deu há quase quinze anos e até hoje ela se lembra da sensação de fúria, revolta e medo. É capaz de recordar claramente também o rosto do garoto, sua camiseta listrada de verde e a cor do esmalte de suas unhas ao brandir os punhos contra ele. Depois disso, nunca mais andou com os vidros abertos e manteve-se sempre atenta a tudo que ocorria a seu redor, em um estado permanente de tensão, ainda que em grau mínimo.

Reações possíveis

Há três reações possíveis nesse momento de choque: luta, fuga e congelamento (ou paralisação). Interessante notar que, na reação de luta, como no caso acima descrito, a pessoa reage mesmo se o oponente for mais forte, o que ocorre por causa de uma repentina e violenta descarga de adrenalina na corrente sanguínea, deixando todo o organismo preparado para preservar a vida. Uma outra possibilidade é a paralisação temporária de algumas funções, inclusive da habilidade de reconhecer a realidade ou a dor, levando a um estado de anestesia.

Alguns ataques violentos, especialmente os que atingem a vítima na cabeça, podem ocasionar a chamada "visão de túnel", em que a pessoa se sente dentro de um corredor com uma luz ao fundo. Essa reação seria o equivalente mental da diminuição da visão periférica ou, ainda, a percepção distorcida da realidade física. Pode ocorrer também de a pessoa ficar completamente inerte e impossibilitada de colaborar com o assaltante, gerando possíveis reações violentas por parte dele.

O fato é que é difícil prever uma possível reação de alguém. Por exemplo, uma pessoa normalmente pacata pode vir a ter uma reação espalhafatosa; outra, em geral muito agitada, pode ficar serena e cooperativa. Há também formas de agir surpreendentemente racionais, nas quais a vítima tenta estabelecer diálogo e acalmar seu assaltante. Independente da forma de sua reação, e ainda que você hoje não a aprove, tente não se culpar porque você fez o melhor que podia naquela difícil circunstância.

Feridas secundárias e reações dos outros

Pode ser que a vítima se sinta vulnerável às reações dos outros, pois estará fragilizada em termos psicológicos e emocionais. As defesas também se enfraquecem porque você se dá conta de que é vulnerável aos danos e à morte. Uma defesa comum é a sensação de ser inatingível, mas, em uma situação de crime, aquela crença de que "isso só ocorre com os outros" cai por terra.

Como você acredita que está blindado contra as sensações desagradáveis decorrentes da vivência traumática, a resposta de perplexidade que surge pode levar a um desequilíbrio de todo o seu sistema psicológico. Nesse momento, perguntas como "que absurdo, por que você não tomou cuidado?", ou "mas, sabendo como está a violência, você andou de janelas abertas?" talvez sejam encaradas como ataques pessoais, o que pode dificultar as interações sociais. Isso porque a sua reação a esses comentários também pode ser imprevisível: manter-se calado e fervendo por dentro, sentir raiva ou vergonha, brigar, responder atravessado... Especificamente nesse caso, toda a sua energia talvez tenha sido absorvida pelo choque, deixando-o sem condições de argumentar ou explicar como se sente.

Há também certas atitudes dos que o cercam, influenciadas pelo que lhe aconteceu. Veja: algum parente próximo pode ter dificuldade em canalizar de forma adequada seus sentimentos em relação ao que houve com você. Assim, é possível que haja necessidade de descarregar a raiva que sente do criminoso em alguém ou em alguma coisa, pelo fato de considerar que falhou em não conseguir protegê-lo. O alvo pode ser também, contraditoriamente, a própria vítima.

> Leandro, um garoto de dez anos, estudava em um grupo escolar perto de sua casa, localizada na periferia de uma grande cidade. Ele sempre voltava da escola a pé e, eventualmente, sua mãe ia buscá-lo. Um dia, tendo em vista todos os afazeres domésticos que sempre a ocupavam e baseada na sua própria experiência pessoal, ela disse ao filho que, daquele momento em diante, não iria mais buscá-lo, pois ele já tinha idade para vir sozinho. Depois de uma semana, envolveu-se em uma daquelas brigas com colegas de escola no estilo "te pego lá fora", sofreu uma tocaia no caminho para casa, apanhou muito e ficou bastante machucado. A primeira reação de sua mãe quando o viu chegar sangrando em casa foi a de chamar a polícia, mas, em seguida, foi demovida pelo marido. Como ficaria a situação de Leandro na escola depois disso? Os moleques não o deixariam mais em paz, ele teria que estudar em outro lugar, e as complicações seriam imensas. Ela ficou fora de si, gritando e xingando aqueles moleques que haviam batido em seu filho. Alguns momentos depois, sua fúria voltou-se contra Leandro, e ela avançou sobre ele, chamando-o de covarde e dizendo que devia ter reagido e acabado com eles. Foi contida pelo marido e trancada no quarto até se acalmar. Depois de muito esmurrar a porta, ela acabou se desmanchando em lágrimas, culpando-se por não ter ido buscá-lo na escola e dizendo que, se tivesse feito isso, nada daquilo teria acontecido. E assim seguiu por toda a noite, sem conseguir dormir. No dia seguinte, mais conformada, pôde, então, se concentrar em cuidar das feridas do menino, que teve de ser levado ao pronto-socorro pelo pai, já que ela não estava em condições de ajudar.

Ou seja, como é difícil lidar com essa torrente de emoções, há uma espécie de curto-circuito emocional, fazendo com que as respostas das pessoas em um momento crítico como esse não sejam adequadas, formando redes complexas de pensamentos, sentimentos e comportamentos desconectados da realidade.

2º estágio – impacto e recolhimento

Esse estágio acontece em um segundo momento, quando a vítima começa a absorver a realidade do que houve. Além de tentar dar um significado ao que foi vivido, ela também experimenta eventuais sentimentos associados ao fato traumático (podem ser medo, raiva, sofrimento, ressentimento, dependência, impotência, sentimentos de vingança, vergonha e culpa). Pode haver, ainda, hipersensibilidade ao que a cerca (barulho, outras pessoas) e sinais de confusão mental (por exemplo, dificuldades de expressão verbal e localização espaçotemporal). Alguns sinais físicos podem ser tremores, dores localizadas (de cabeça, nas costas) ou generalizadas (pelo corpo todo), náuseas, problemas gastrointestinais, sensação de fragilidade corporal (fraqueza). Pode ser também que os problemas médicos já diagnosticados anteriormente se acentuem.

Quando o choque e a sensação de dormência começam a ceder e afloram os primeiros sentimentos em relação ao que ocorreu, tem início esse segundo estágio. Aqui você pode sentir desde raiva do seu agressor até um ódio intenso de si mesmo, passando por culpa ou vergonha, além de ficar imaginando possíveis desfechos diferentes para o que ocorreu.

Todo o processo dessa fase, que inclui a possível alternância entre a sensação de incredulidade seguida de uma espécie de sensação de anestesia, é a transição violenta entre o **impacto** (momento de comoção pós-choque) e o **recolhimento** (necessário para "lamber as feridas"). O recolhimento (caracterizado em geral por mudez e uma sensação de anestesia) é necessário para que você se restabeleça do desgaste da fase de intensa agitação emocional. Trata-se de uma verdadeira montanha-russa de emoções porque, logo após essas sensações, pode surgir um sentimento de impotência, que tem chances de fazê-lo cair temporariamente em estado de mudez ou isolamento. Um dos possíveis resultados disso é a confusão, pois fica tudo muito misturado e contraditório. Essa variação de sentimentos abala o seu equilíbrio e pode lhe fazer muito mal, porém isso tudo é comum a essa fase e tende a diminuir.

Não espere, contudo, que as reações e os desfechos sejam como se vê nos filmes de ação, em que nenhum personagem parece sair abalado das experiências. Além de essa "neutralidade" ser praticamente impossível, cada pessoa reage às ameaças de forma muito própria.

Medo e fobias

O medo talvez seja o sentimento mais presente após a vivência de um crime, sendo um dos sentimentos que podem aparecer nesse segundo estágio pós-trauma. No caso dos crimes violentos, pesquisas relatam que dois terços das vítimas tiveram um aumento na sensação de medo, insegurança e ansiedade. Também verificou-se aumento do uso de medicamentos (sobretudo calmantes), a ocorrência de episódios hipocondríacos e fadiga, além de distúrbios do sono como insônia e pesadelos.

Especialmente nessa fase pode ser que essa sensação de medo – minimizada durante a ação em si – volte de forma avassaladora. Isso pode ter como consequência o desenvolvimento de fobias frente a elementos relacionados à experiência traumática (horários, cores, cheiros, locais, vestimentas, etc.).

> Isabel, estudante de 23 anos, viu-se abordada por dois bandidos ao sair da faculdade e obrigada por eles, em meio a tapas e pontapés, a entrar em seu próprio carro. Era um sequestro-relâmpago, e ela ficou mais de quatro horas em poder dos assaltantes, que cometeram toda a sorte de violências e abusos, inclusive sexuais. O que estava no banco de trás com Isabel berrava palavrões e pressionava o cano da arma por entre as pernas dela, prometendo matá-la ao final da ação. Em determinado momento, quando passaram em frente a uma viatura, a polícia desconfiou da velocidade em que o carro trafegava e iniciou uma violenta perseguição. No final, o motorista perdeu a direção e bateu o carro em um poste, destruindo-o completamente. Acabaram em um Pronto-Socorro municipal; o bandido que guiava o carro morreu, e o do banco de trás foi preso. Isabel, apesar de algumas escoriações e muitas dores no corpo, escapou ilesa. Mas apenas fisicamente. Após passado o choque, ela ainda custava a acreditar que aquilo tudo havia acontecido e vagava pela casa, nervosa, por noites a fio. Quando amanhecia, vencida pela exaustão, tomava dois comprimidos para dormir e literalmente apagava para, na noite seguinte, repetir todo o ritual. Após alguns dias, Isabel acalmou-se e pôde, finalmente, tentar retomar a vida. Estava bem diferente, calada e introspectiva, respondendo

> monossilabicamente a tudo o que lhe era perguntado. Na primeira vez em que assistiu às aulas na faculdade, sentiu um certo desconforto ao entrar, mas foi em frente. Porém, ao sair e passar pelo mesmo lugar onde seu carro estava estacionado naquele fatídico dia, Isabel teve uma crise e voltou correndo para casa. Nunca mais conseguiu voltar e acabou abandonando o curso.

É claro que o medo em si já é um sentimento assustador. Imagine, então, quando ele é combinado com alterações bruscas de humor... É comum nesse momento se pensar que tudo está perdido e que não há saída. Porém, se você conseguir encontrar forças e coragem para rever o que aconteceu e enfrentar os sentimentos relacionados, será possível desenvolver uma espécie de "reparador interno", iniciando o seu processo de recuperação.

É importante fazer uma distinção entre os conceitos de medo e fobia[2]. Enquanto o medo é uma resposta natural a algo que nos ameaça, a fobia tem características de um medo intenso e geralmente irracional, muitas vezes de coisas, lugares ou objetos que não oferecem nenhum risco, por vezes acompanhado de sensações físicas como sudorese e tremores. O grande problema das fobias é que elas têm o poder de modificar comportamentos, levando a pessoa a deixar de realizar tarefas necessárias. Nos anexos deste livro, disponibilizamos uma lista das fobias mais comuns. O conhecimento de que esses problemas existem é essencial para a prevenção e para tratamentos dos transtornos.

A sensação de violação

Como já ressaltamos, psicologicamente a ameaça à vida é um fator determinante para a probabilidade de ocorrência do Transtorno de Estresse Pós-Traumático. Porém, crimes contra o patrimônio e mesmo outros que não envolvam morte ou séria ameaça à vida também têm potencial de causar intensa dor psíquica, assim como reações agudas ao estresse, embora não seja bem esse o critério utilizado pela Associação Psiquiátrica Americana (APA). Veja a história de Vilma:

---

[2] A palavra fobia vem do grego *phobia*, derivado de *Phobos*, nome dado a uma divindade grega que, devido à sua face terrivelmente feia, incutia medo, terror e pânico aos guerreiros quando confrontados com inimigos que estampassem essa efígie (imagem) em suas armas.

> Vilma havia perdido o filho adolescente há seis anos e ainda mantinha o quarto do garoto, vitimado pelo câncer, da mesma maneira como ele o havia deixado. Durante uma viagem,, a casa foi assaltada, muitos dos pertences levados e o quarto do jovem completamente vandalizado. A partir da visão do quarto de seu filho morto destruído, ela foi como que arremessada de volta às profundezas do processo doloroso de perda, dor e luto que viveu anteriormente, como se seu filho tivesse morrido novamente. Isso ocorreu porque o valor estimativo dos objetos ali depositados era imensamente significativo para ela e, ao ter sido privada disso, sentiu-se atingida no que havia de mais íntimo e sagrado.

No caso acima descrito, apesar de não ter havido qualquer ameaça à sua vida e nem mesmo contato direto com os bandidos, Vilma teve uma reação aguda ao estresse resultante do sentimento de ter sido violada em sua intimidade. Assim, pode ser que, no futuro, ela não desenvolva o Transtorno de Estresse Pós-Traumático, porém todos os sintomas do estresse agudo se fizeram presentes, obrigando-a a procurar ajuda.

Se você foi vítima de um assalto, seja doméstico ou até mesmo o roubo de sua carteira ou bolsa, pode experimentar essa sensação de violação, que, como normalmente é associada apenas a quadros mais graves, como, por exemplo, tentativa de homicídio, estupro, sequestro e violência doméstica, provoca uma tendência dos outros de minimizar esses fatos, até porque não houve dano maior do que o material. Essa postura, contudo, só faz mal para a vítima, que se sente desvalorizada e desacreditada em seu sofrimento.

Há outras perdas decorrentes de um crime que não os valores materiais e a integridade física. Talvez nem você e nem os outros percebam que uma parte muito íntima sua pode ter sido atingida, e isso tenha um significado bastante sério: a perda da sensação de segurança em estar neste mundo, a diminuição de sua confiança na humanidade, o sentimento de perda de autonomia e controle sobre a sua vida. Esses elementos como confiança e segurança, – ainda que ilusórios dada a impermanência da vida – fazem parte de uma estrutura que nos permite manter um mínimo de equilíbrio mental para proporcionar um bom funcionamento psíquico e, em última instância, garantir alguma qualidade de vida em termos emocionais.

Pode ser que realmente nós não tenhamos certeza de nada nessa vida e que amanhã estejamos mortos, mas a sensação de segurança e de um mínimo de controle sobre nós mesmos e nossas vidas é o que nos move e nos permite encarar um dia após o outro. E que esses dias sejam vividos intensamente, como se cada dia fosse o último.

As críticas dos que o cercam

Ainda nesse segundo estágio, outra reação comum além das fobias pode ser a de isolamento causado pelo temor de críticas alheias a respeito de tudo o que aconteceu, seja sobre suas atitudes durante o evento, ou sobre como você está lidando com isso agora.

Mas vamos pensar um pouco juntos. É claro que a opinião dos outros é muito importante para nós, uma vez que vivemos em sociedade e interagimos socialmente o tempo todo. Quem disser que não liga a mínima para a opinião de ninguém, nem mesmo dos familiares ou do ser amado, pode estar em uma clara atitude de defesa. Essa crença, a de que não precisamos da opinião de ninguém, é equivocada, pois a realidade é que ligamos, sim, e nos importamos com a avaliação dos outros em alguma medida, com mais ou menos intensidade, dependendo da pessoa.

Isso ocorre porque, durante fases precoces do nosso desenvolvimento, passamos pela chamada "Fase do Espelho". Como não se nasce sabendo, é importante o aprendizado que vem de fora, que está baseado, em um primeiro momento de nossa existência, na imitação do que nos é apresentado. Portanto, é por meio de atitudes, palavras, ações e omissões do outro que construímos as características estruturais de quem somos. Informações distorcidas dadas por pessoas de referência (por exemplo, os pais ou outras pessoas muito próximas) podem gerar avaliações também distorcidas acerca de si mesmo. Pessoas nas quais o desenvolvimento psicossocial apresentou falhas significativas, de modo que em geral são muito frágeis em sua autoestima, tendem a ser mais vulneráveis a todo o tipo de opinião alheia.

Tendo compreendido isso, vamos em frente. Independente das particularidades da sua experiência (se o bandido estava armado ou não, se você ficou muito ou pouco machucado etc.), você tem o direito de ter medo. E isso sim não depende da opinião dos que o rodeiam. Não se envergonhe disso, não reprima seus sentimentos por medo de ser tachado de covarde ou coisa do tipo. Quando você é roubado ou atacado, ferimentos e morte são possibilidades reais e, além disso, só você pode ter a clara dimensão do que sentiu. Portanto, pessoas nas quais o desenvolvimento psicossocial apresentou falhas significativas, de modo que hoje em dia são muito frágeis em sua autoestima, acabam vulneráveis a todo o tipo de opinião alheia.

Ações e reações

Apesar de ser voz-corrente que não se deve reagir em um assalto, pode ser que alguém o critique por não ter lutado para se defender. Aliás, só o fato de uma vítima ter aceitado tudo passivamente pode deixar a sensação de que foi covarde. Saiba que, ao contrário do que acontece nos filmes, na vida real os atos heroicos podem ser arriscados e colocar a sua vida em xeque (veja o apêndice de Segurança Pessoal no site **www.casadopsicologo.com.br/sobrevivente**).

Por isso, não reagir pode ser classificado como uma atitude inteligente e estratégica. Estatísticas comprovam que, em situações de estresse e violência, é mais seguro cooperar e manter a calma, a fim de que tudo acabe o mais rápido e pacificamente possível.

Até mesmo os críticos de uma atitude passiva podem, muito provavelmente, reagir da mesma forma frente a situações como essa. Já falamos bastante da imprevisibilidade das reações em um crime e concordamos que só você pode saber o que sentiu, afinal, ninguém mais está dentro de você. Por outro lado, você pode ter sido uma das vítimas que reagiu e talvez esteja sendo aplaudido por isso. Mas, se você se machucou, talvez tenha sofrido muitas críticas.

O fato é que sempre haverá alguém para dar palpites ou fazer observações que nem sempre são agradáveis de se ouvir. Seja como for, tente não levar em consideração críticas alheias porque o seu comportamento durante a experiência não deve ser julgado por ninguém. Simplesmente você fez o melhor que podia diante daquilo e é um sobrevivente.

3º estágio – Atribuição da culpa

Há uma tendência natural no ser humano de raciocinar em termos de causa e efeito. É preciso buscar explicações para tudo. Por exemplo, se pegou uma gripe, é porque teve contato com alguém contaminado ou está com a resistência baixa. Enfim, há uma necessidade inerente de se encontrar a causa para um acontecimento a fim de, quem sabe, poder explicá-lo racionalmente.

Nas situações que descrevemos neste livro, também é muito frequente que a vítima (incluindo familiares e amigos) comece a procurar os motivos que tenham desencadeado a ocorrência traumática. Dentre esses motivos, o principal é a culpabilização, isto é, encontrar alguém ou alguma coisa que possa ser responsabilizado pelo crime.

Desde o padrão econômico da vítima até a chamada injustiça social, todas as possibilidades de causa são aventadas, discutidas e pelo menos uma delas será invariavelmente eleita como a verdadeira culpada pelo que houve.

Pode haver uma clara confusão dos papéis que vítima e criminoso desempenharam na ação, pois há pessoas que se sentem culpadas por ter situações social e econômica privilegiadas. Há até mesmo uma citação bíblica para designar especialmente esse costume, influenciado pela cultura cristã que valoriza a pobreza, de castigar o rico e bem-sucedido simplesmente por sê-lo: "É mais fácil um camelo passar pelo buraco de uma agulha, do que um rico entrar no reino dos céus".

Dependendo de traços de personalidade da pessoa que passou pela experiência traumática, pode ser que esta assuma integralmente a culpa ou, pelo contrário, se exima completamente dela podendo, até mesmo, atribuir o ocorrido à perversidade humana. Há também aqueles que, por convicções políticas, atribuem a responsabilidade à situação de penúria social a que são obrigadas a viver milhares de pessoas em nosso país, devido ao descaso das autoridades (in)competentes.

4º estágio – Recuperação/Solução de conflito

É importante que, após passar por uma situação traumática, a vítima consiga recuperar seu equilíbrio emocional eventualmente abalado. Assim, esse estágio é importantíssimo, uma vez que é quando a pessoa irá começar a elaborar de fato o que viveu e procurar integrá-lo ao seu repertório de vida, tentando transformar essa vivência em apenas mais uma história para contar.

O fato de simplesmente "deixar como está para ver como é que fica", ou seja, ignorar ou reprimir o que se sente, pode levar ao surgimento de uma série de problemas, tanto psíquicos quanto físicos como um quadro de Transtorno do Pânico ou de doença cardiovascular. Pequenos sintomas, aparentemente desprezíveis, podem ser o indício do eventual aparecimento de um Transtorno de Estresse Pós-Traumático que, se for cuidado bem em seu início, será de mais fácil recuperação.

A (des)obrigação de ser forte

Como já pontuamos, é importante que a vítima possa falar sobre o que houve e desabafar com pessoas próximas. No caso de um simples roubo, os outros tendem a minimizar seus sentimentos, uma vez que as consequências foram aparentemente brandas e o prejuízo apenas material.

Algumas vezes, até mesmo em situações mais graves, como sequestros e estupros, ao tentar consolar a vítima, os amigos lhe dizem que poderia ter sido pior e que ela deve estar agradecida por estar viva e tem a obrigação de seguir em frente com força e coragem. Aliás, cá entre nós, não existe frase mais irritante para quem viveu algo aterrorizante do que "poderia ter sido pior".

Essa conduta, apesar de repleta de boa vontade, só faz aumentar a dor e o medo, elevando ao máximo a sua sensação de perda, isolamento, abandono e impotência diante de tudo isso. Por quê? Simplesmente porque, quando alguém lhe declama essa "lição de moral", você percebe que ela está longe, muito longe do que você está experimentando agora. Sua vontade é, muito provavelmente, ficar quieto no seu canto, lambendo as feridas ou, ainda, ter alguém que de fato compartilhe <u>empaticamente</u> ou <u>por identificação</u>[3] de seus sentimentos.

Em outras palavras, as tentativas de ajuda que até mesmo sem querer desvalorizam o seu sofrimento são decodificadas por você como algo assim: "O que passei não foi tão grave para que eu mereça ter o direito de me sentir tão mal com isso". Essa "obrigação de ser forte", principalmente perante os outros, pode fazer com que você negue seus sentimentos e os reprima, afinal, de acordo com a nossa cultura, só têm o direito de se queixar os que se machucaram de forma visível, a ponto de ficar irremediavelmente prejudicados pelo resto da vida.

Portanto, atenção! Se isso estiver ocorrendo com você, pegue uma caneta marca-texto e ressalte o parágrafo aí de cima. Sempre que se sentir agredido pelos comentários incentivadores das pessoas próximas, mostre esse trecho a elas. Lembre-se

---

[3] **Empatia**: é a capacidade que algumas pessoas possuem de, mesmo nunca tendo experimentado um sentimento que o outro expressa, ser perfeitamente capazes de se colocarem em seu lugar. **Identificação**: é um mecanismo pelo qual uma pessoa projeta no outro um sentimento que ela mesma já sentiu e que lhe parece semelhante.

de que muitas vezes elas não têm – e nem poderiam ter – noção do quanto o que aconteceu com você o afetou.

Veja, não queremos dizer que você deve ficar eternamente na cama, debaixo dos seus cobertores, recebendo os mimos dos seus familiares. Isso, em linguagem técnica, se chama "ganho secundário" e se trata de uma situação inconveniente e pouco produtiva. Mas todos precisam de um ombro amigo e de ouvidos empáticos para encontrar apoio, sacudir a poeira e seguir em frente. O tempo de recuperação deve ser respeitado.

Sentimentos comuns após traumas e ideias para reagir

No primeiro capítulo do livro, mencionamos os sentimentos que podem aparecer após a vivência do trauma. Agora, vamos detalhá-los e dar algumas orientações sobre como reagir diante deles.

- **RUMINAÇÃO**: Uma tendência bastante notada em vítimas de trauma é a de ficar pensando ininterruptamente no que lhes aconteceu, ou seja, ficar remoendo o fato traumático. Muitas vezes essa perturbação ocorre sob a forma de pensamentos intrusivos, aqueles que aparecem e ficam rondando a mente da pessoa sem que esta tenha qualquer controle sobre isso. Por exemplo, pode-se estar no meio de uma festa e, mesmo sem estímulo algum, volta à mente alguma lembrança relacionada ao fato traumático, causando um intenso sofrimento psicológico e, muitas vezes, desviando a atenção do que está ocorrendo verdadeiramente naquele momento.
  IDEIAS PARA REAGIR: Não adianta forçar o pensamento a desaparecer, tentando substituí-lo por algum outro, pois ele fatalmente voltará. O caminho é deixar o pensamento fluir, encarando-o de forma crítica, respirar fundo e procurar relaxar, observando-o e, simplesmente, deixando-o ir. Se for possível, comente-o com alguém. Mas não o reprima, pois a energia mental só tenderá a se acumular com a repressão.

- **MEDO**: A partir da vivência do evento traumático, o medo poderá ser um sentimento presente e recorrente, com o qual será necessário aprender a lidar. O medo tem como base a ansiedade, caracterizada como a preocupação de que um evento traumático possa se repetir. É ponto crucial no tratamento das vítimas da violência urbana não ser possível retirar de suas vidas o fator de risco, ou seja, a violência potencial do dia a dia. Ela está lá fora, e é preciso aprender a conviver com esse fato. Há diversos casos em que pacientes decidem mudar de vida e abandonam tudo para, por exemplo, levar uma existência tranquila no interior. Porém, o medo não os deixa em paz, ainda que em um ambiente aparentemente pacífico. A frustração aparece de forma avassaladora, e torna-se ainda mais difícil perceber que toda a mudança foi em vão e que o medo, na verdade, está enraizado.

IDEIAS PARA REAGIR: A questão é encarar de frente esses pensamentos e sentimentos e avaliar por que eles estão presentes em determinado momento. Há realmente do que ter medo? Há uma arma apontada para você? Você está vivendo uma situação real de ameaça? Ao analisar mais claramente, verá que essas ameaças são fruto da sua imaginação (ainda que baseadas em dados de realidade) e devem ser encaradas como são, isto é, fantasias. Lembre-se de que, muitas vezes, essa fantasia é ampliada por outros medos da sua história de vida, como agressões, abusos e abandonos. Essas vivências podem se aproveitar de tais situações para "parasitar" a situação real, amplificando a sua dimensão.

- **LUTO**: O senso comum diz que, geralmente, o luto ocorre quando morre alguém. Mas muitas pessoas talvez não saibam que existem diversas outras formas de luto: uma separação, a aposentadoria, prejuízos financeiros, perda de *status*, etc. Ou seja, o luto é o sentimento natural que se segue a uma perda importante. Pensando na ocorrência de um evento traumático, que pode deixar violentas marcas físicas e emocionais, é possível pensar no luto pela perda da sensação de segurança, ou pelo perda do jeito despreocupado e alegre que a vítima tinha antes do trauma. Esse luto ocorre quando alguém que viveu um fato violento percebe que nunca mais será a mesma pessoa; as feridas se fecharam, mas a cicatriz sempre estará lá, latente, lembrando o que houve. Pode-se dizer que isso é um luto por si mesmo, ou, ainda, um "autoluto".

  IDEIAS PARA REAGIR: Não se trata de negar o que houve, mas sim de aprender com a experiência. Claro que você não será mais o mesmo, mas que tal pensar no que ganhou com o fato? Afinal, você sobreviveu. Passou por momentos de grande dificuldade, pensou que não iria sair daquela, desesperou-se. Mas veja agora: você está aí – machucado é verdade, mas com uma bagagem de vida maior que lhe dá mais instrumentos para enfrentar todas as dificuldades que a vida sempre apresenta. Afinal, ela é um eterno aprendizado, e isso é o que deve ser aproveitado por todos nós.

- **CULPA**: Após um evento traumático, há a tendência de ficar pensando sobre o assunto e tentar destrinchá-lo, a fim de – no fundo – buscar entendê-lo. Nesse processo, podem ser experimentados sentimentos de culpa, como se a vítima tivesse provocado os acontecimentos. Um exemplo: é comum ouvirmos que uma moça foi estuprada porque se vestia de forma provocante e, portanto, estimulou o desejo sexual dos estupradores. Imagine o que deve ser, para uma pessoa que foi violentada dessa maneira, ainda ter de ouvir uma barbaridade dessas. Pois o fato é que a culpa pode se instalar de forma insidiosa na vítima, prejudicando seu processo de recuperação. É como se ela não merecesse viver após ter sido a culpada pelo que lhe aconteceu. Pensar que talvez uma opção errada em algum momento da vida – algo como, exemplificando, escolher o caminho A em vez do B – possa ter acarretado acontecimentos que vão nos trazer arrependimento para sempre é uma reação comum a muitas pessoas. "Ah, se eu tivesse desistido de sair aquela noite, não teria sido assaltado..." – esse tipo de pensamento ocorre com bastante frequência e é preciso refletir um pouco sobre o quão verdadeiro ele é. Isso implica questões filosóficas que envolvem conceitos como destino, fé, crenças, além de produzir pensamentos irracionais do tipo: "Isso estava programado para acontecer comigo e, se não fosse desse jeito, poderia ser até pior"; "Isso foi um castigo de Deus pelos meus muitos pecados, e mereci"; "Eu sabia que isso um dia ia acontecer comigo".
IDEIAS PARA REAGIR: A questão aqui é rever qual é a sua verdadeira responsabilidade (e não culpa) no ato em questão. Lembre-se: culpa é desculpa. Na verdade, admitir a sua responsabilidade leva a uma atitude mais madura, ampliando o seu repertório de respostas aos desafios diários.

Tomar uma atitude na vida, usando o princípio da cautela, é evocar os conhecimentos disponíveis, e evitar expor-se ao perigo. Por exemplo: sabemos que é perigoso andar em uma rua escura, sozinho, em local suspeito, e, portanto, é lógico que esse tipo de situação deverá ser evitado, se possível. Para escapar dos sentimentos de culpa, é importante que as pessoas sejam cautelosas sem exageros, pois, após um fato violento, são comuns os seguintes questionamentos: será que eu me preocupei com essas cautelas, não só nesse episódio, mas em toda a vida? Ou será que negligenciei os cuidados básicos de preservação?

Aqui vai uma ideia para reflexão: algumas pessoas têm uma tendência inconsciente de expor-se ao risco, não apenas para sofrer as suas consequências danosas, mas com um "quê" de desafiar forças e se sentir mais poderosas que o destino. De qualquer forma, seja sincero o suficiente para mergulhar profundamente na sua alma e <u>descobrir se está encarando a vida de forma pouco cautelosa – e, se sim, o que o leva a agir assim.</u> Existem duas formas de encarar o mesmo ditado – "Quem não arrisca não petisca" ou "Quem não arrisca não se estrepa".

- **DESCONFIANÇA**: Novamente aqui falamos sobre a dificuldade de relacionamento, gerada pelo medo de deparar de novo com pessoas ou com situações que possam lhe oferecer algum perigo. Por exemplo, se alguém, na rua, lhe pede uma informação e você, amedrontado, reage afastando-se. Você pode passar a não acreditar nas pessoas, assumindo uma postura reclusa, solitária e blindada, mesmo em relação a amigos e a familiares. Você também se fecha às novas experiências e passa a evitar tudo o que saia da sua rotina, por exemplo, conhecer pessoas novas e lugares diferentes.

    <u>**IDEIAS PARA REAGIR**</u>: É bem verdade que o grau de solidariedade humana tem sofrido um certo abalo nos últimos tempos. Porém, há exceções que devem ser respeitadas. O importante é que você, até mesmo baseado na ampliação da sua experiência em enfrentar a vida, saiba distinguir o joio do trigo. Isso significa estar atento para cada uma das pessoas e para as situações que se apresentem e, antes de qualificá-las como hostis, procurar conhecer seus verdadeiros atributos. Isso nada mais é do que seguir um preceito da filosofia existencialista, que diz que "a existência precede a essência". Ou seja, antes de dar qualificações negativas ou, até mesmo, positivas, é preciso conhecer com mais profundidade aquilo ou aquele que se apresenta.

- <u>**AUTOESTIMA**</u>: Autoestima significa o valor (estima) que você dá a si mesmo (auto), isto é, o que de fato você tem de atributos e adjetivos positivos e negativos que, na sua média, lhe dão um valor como pessoa. A nossa sociedade valoriza muito mais o TER do que o SER, mas o que dá o maior valor às pessoas é aquilo que você é. Valores como bondade, solicitude, compaixão, amizade, capacidade de amar, gratidão, etc. são o que ditam o real valor da pessoa. Há uma grande distorção nessa avaliação, pois, se alguns se atribuem valores elevados quando de fato não os têm (aqueles que "se acham"), outros, por tendências mais depressivas ou até mesmo como consequência do transtorno, tendem a minimizar ou ignorar alguns de seus bons atributos e se qualificam de forma depreciativa (baixa autoestima). Ao experimentar sentimentos tão negativos relacionados ao trauma, particularmente aqueles em que a pessoa se responsabiliza pelo fato, ela vive um déficit na autoestima.

IDEIAS PARA REAGIR: Em primeiro lugar, novamente se volte para si mesmo e faça uma análise criteriosa de seus reais valores. Você pode também encontrar em pessoas de sua absoluta confiança o espelho fidedigno desses seus parâmetros, questionando-as sobre o que pensam realmente de suas características. É necessário que a verdade seja colocada com clareza, sem bajulações ou camuflagens, pois pode haver uma tendência de hipervalorizar ou desvalorizar. Se de fato você constatar que está aquém de uma estima saudável, é importante procurar somar novos valores por meio de aprendizado. Isso vale nos planos cultural, físico, social, psicológico e, até mesmo, espiritual.

- **DESESPERANÇA**: Todo mundo tem projetos para a sua própria vida: casar, comprar uma casa, ter filhos, fazer uma faculdade, mudar de emprego, etc. Após a vivência de uma situação traumática, a pessoa pode perder total ou parcialmente essa crença no futuro e começar a ver a vida de uma forma mais pessimista. Assim, aquela visão esperançosa da existência cai por terra e dá origem a um sentimento de entorpecimento perante a crueza da realidade.
IDEIAS PARA REAGIR: Deve-se ter em conta que essa visão de vida e de mundo aparentemente realista está muito contaminada por um estado de humor depressivo, fazendo com que a pessoa, ao olhar para uma roseira, veja apenas os espinhos, desprezando totalmente as rosas. É bem verdade que a vida apresenta inúmeras dificuldades que podem – e devem – ser superadas. Em primeiro lugar, é importante procurar recobrar o estado de ânimo e, portanto, a força psíquica, para assim começar (ou recomeçar) a distinguir o que há de bom do que há de ruim. Para isso, a pessoa deve iniciar um movimento de superação de si mesma, reconhecendo que os desafios que a vida propõe são úteis para o crescimento

e para o amadurecimento pessoal e que, de fato, nem tudo são flores. Tente estabelecer novas metas, de início simples e fáceis de serem atingidas, e progressivamente vá ampliando o seu horizonte de perspectivas até voltar àqueles projetos que dão o colorido e a esperança da vida.

- **AGRESSIVIDADE**: É comum, até mesmo como um sintoma do Transtorno de Estresse Pós-Traumático, sentir uma grande irritabilidade que se manifesta por um forte desejo de agredir o que lhe apareça pela frente. Isso é resultado da famosa lei da Ação e Reação, ou seja, do processo dinâmico que ocorre na mente em que uma força exercida sobre ela provoca uma outra força de igual intensidade no sentido contrário. A violência sofrida por ocasião do trauma gera uma energia que, em algumas pessoas, pode despertar a exigência de vingança, isto é, "olho por olho, dente por dente". Por exemplo, uma pessoa agressiva, "estourada", pode ter sido criada em um ambiente violento e tê-lo absorvido. Isso ficou guardado no seu inconsciente, com uma força tão monstruosa como a monstruosidade que ela sofreu. Um dia, essa força, somada ao tal sentimento de vingança, irrompe e leva a ações desmedidas de agressividade contra qualquer pessoa que se lhe apresente pela frente e a contrarie.

    IDEIAS PARA REAGIR: Algumas pessoas conseguem transformar a agressividade em assertividade, isto é, tornam-se mais atuantes e engajadas, defendem causas e ideias. Trata-se de um mecanismo de defesa saudável chamado sublimação, por meio do qual uma pessoa transforma um sentimento que, na sua origem, é destrutivo ou socialmente condenável em algo produtivo e útil. Ou seja, o ímpeto de destruir manifesta-se paradoxalmente na energia para construir. Portanto, ao se perceber imotivado e muito agressivo, pode-se tentar canalizar essa energia – que, aliás, é natural – para atitudes positivas. Um bom exemplo é a prática de exercícios físicos que demandam muita energia (boxe, esgrima, artes marciais etc.), que, se a início exaurem, depois fazem a pessoa refletir e agir de forma mais positiva.

- **VERGONHA:** Alguns tipos de trauma, particularmente os resultantes de golpes como o do disque-sequestro ou o do bilhete premiado[4], podem gerar –

---

[4] São dois golpes bastante aplicados: o disque-sequestro é um ato de estelionato, comumente realizado de dentro das prisões pelos sentenciados, por meio do qual a vítima é convencida de que sequestradores estão com um ente

além de todo o corolário próprio do TEPT – um sentimento de vergonha por ter caído em um golpe. Isso ocorre não só pelo fato de que se trata de uma situação amplamente difundida pela mídia, como também porque a vítima se sente profundamente atingida em sua vaidade, abrindo um abismo em seu psiquismo e criando aquilo que psicologicamente é chamado de uma "ferida narcísica", que nada mais é do que um intenso abalo em sua autoestima.

IDEIAS PARA REAGIR: Já foi comprovado que, especialmente no caso desse tipo de golpe, ocorre na vítima uma condição chamada "privação de sentido", que pode ser caracterizada como um momento em que a pessoa literalmente sai de si e fica como robotizada, pronta, inclusive, a acatar uma ordem que lhe possa prejudicar. É um tipo de hipnose, na qual a pessoa não tem nenhum controle sobre si mesma. Portanto, não se trata de apenas desculpar-se, mas, sim, de reconhecer que todos têm vulnerabilidades e podem estar sujeitos a uma situação desse tipo, que, diga-se de passagem, acomete até mesmo gente de altíssimo nível sociocultural e de inteligência privilegiada.

- **REVOLTA**: Frequentemente, a vítima costuma se questionar: "Por que eu?" Isso gera um sentimento de profunda injustiça em relação à vida, especialmente por aprendermos que, se agirmos de forma direita, adequada, estaremos protegidos dos percalços. Porém, a vida é caracterizada pela impermanência, isto é, nada é seguro e estamos todos sujeitos às intempéries inerentes ao viver. Quando acontece conosco, porém, parece que nos pega de surpresa. Por que, dentre tantos milhões de pessoas, isso iria acontecer justamente comigo? Ou seja, ser bonzinho e cumpridor de seus deveres não isenta ninguém de eventualmente enfrentar uma situação difícil. Por outro lado, paradoxalmente, isso gera uma perplexidade que, em algumas pessoas, se manifesta como revolta.

IDEIAS PARA REAGIR: Em primeiro lugar, deve-se tentar aceitar o fato e aprender a conviver com essa impermanência da vida, o que exige uma abertura mental para saber lidar com situações novas, deixando de lado esquemas cristalizados de adaptação e defesa. Em virtude dessa característica da vida, o importante é saber encontrar sempre novas respostas a cada situação que se

---

querido e que precisa pagar determinada quantia para libertá-lo. O outro é o golpe do matuto, em que a típica figura do caipira, que finge ter vindo à cidade grande para buscar seu prêmio da loteria, convence algum desavisado a lhe prestar ajuda e acaba vendendo-lhe um bilhete falso.

lhe ofereça. É fazer uso da chamada espontaneidade, que, como já explicado anteriormente, não se trata de fazer o que vem à cabeça, mas, sim, de agir adequadamente ao estímulo apresentado, sem reagir impulsivamente.

- **IMPOTÊNCIA**: Alguma vez você já sentiu como se não tivesse nenhuma ingerência sobre a sua vida? Pois a sensação de que não podemos fazer absolutamente nada para nos defender durante o evento traumático pode persistir após o fato e, assim, criar o que chamamos de sentimento de impotência. Essa impressão de "fraqueza" ou de vulnerabilidade nos persegue e gera uma espécie de descrença em nossas próprias potencialidades, nos fazendo simplesmente ter vontade de desistir de lutar, uma vez que cremos piamente que não será mesmo possível vencer. Aliás, o fato de alguém depender apenas da vontade de outrem para se manter vivo é extremamente angustiante. Aí está a essência dessa impotência sobre a qual nos referimos e o motivo por que ela atinge a vítima profundamente.

    IDEIAS PARA REAGIR: Podemos começar refletindo que não somos tão onipotentes quanto gostaríamos de ser, assim como não somos tão impotentes como podemos nos sentir. Na verdade, nessa dialética dos opostos *onipotência-impotência*, o que é real na existência humana é a potência, isto é, o quanto de fato somos capazes de ser e de agir. Na situação em questão, cabe à vítima pensar que, embora tenha vivido um real momento de impotência, não se deve transportar essa sensação para todo o resto da sua vida. O importante é saber viver naquilo que o escritor tcheco Milan Kundera brilhantemente chamou de "insustentável leveza do ser".

Exercício 1: Reflexão

Agora que você já leu algumas das possibilidades de reação emocional a um evento traumático, vamos exercitar um pouco a sua capacidade de refletir sobre o assunto e relacioná-lo ao seu estado atual. O objetivo deste exercício é trazer para o seu domínio aquilo que pode estar escondido em seu íntimo.

– Você se identificou com algum dos itens acima descritos? Qual ou quais?

– Pensando em um momento atual de sua vida, de que forma a emoção citada acima se manifestou? Quando foi? O que desencadeou essa manifestação (gatilho)?

– Isso ocasionou alguma reação em seus familiares ou, ainda, em alguma pessoa importante que convive com você? E de que forma alterou o seu relacionamento com ela?

– Enfim, isso influencia em seu modo de viver hoje? Como?

– Refletindo sobre tudo, a que conclusão você chega?

Ao fazer essa reflexão, é possível que você tenha sido capaz de se desembaraçar de um traço negativo da experiência de vida e, com isso, tenha agregado elementos positivos em seu modo de encarar o problema.

Exercício 2: Identificando medos

Lembre-se: ao primeiro sinal de desconforto, interrompa o exercício e retome-o quando se sentir apto a fazê-lo. Agora relaxe, concentre-se e responda às seguintes questões:

1º – Tomando como base relatos de pacientes que vivenciaram um evento traumático, elaboramos uma lista de possíveis temores <u>durante</u> o ocorrido. Assinale abaixo que tipo de medo sentiu durante a experiência traumática.

☐ Estupro

☐ Atentado violento ao pudor[5]

☐ Mutilação

☐ Queimaduras com pontas de cigarro

☐ Espancamento

☐ Tiros

☐ Que alguém que estivesse com você fosse machucado

☐ Privações em geral (higiene, alimentação, água, etc.)

☐ Morte

☐ Sufocamento

☐ Outros _____

---

[5] De acordo com o Direito Penal, diferente do Estupro, em que necessariamente a vítima é uma mulher e há conjunção carnal, no Atentado Violento ao Pudor, o sujeito passivo pode ser homem ou mulher e não é obrigatório que tenha havido penetração.

2º – Descreva em detalhes o que sentiu diante dessa(s) possibilidade(s), utilizando como referência cada um dos itens acima que assinalou.

_____
_____
_____
_____

3º – Continuando o exercício, vamos focar agora o trabalho no que você sentiu <u>após</u> o ocorrido. É comum que as pessoas que passaram por situação de ameaça geralmente temam que isso de alguma forma possa se repetir. Assinale abaixo que tipo de medo sente agora, após a experiência traumática.
- ☐ Que o criminoso descubra como o encontrar e volte para feri-lo ainda mais.
- ☐ Se o criminoso foi preso e condenado, que fuja ou seja solto e volte para se vingar.
- ☐ Que outros membros da sua família possam passar por situação semelhante.
- ☐ Que os sintomas voltem de repente (se desenvolveu o Transtorno de Estresse Agudo ou Transtorno de Estresse Pós-Traumático).
- ☐ Que pequenas indisposições desencadeiem os sintomas (se desenvolveu o Transtorno de Estresse Agudo ou Transtorno de Estresse Pós-Traumático).
- ☐ Passar pela mesma experiência novamente.
- ☐ Outros _____

4º – É comum que vítimas de experiências traumáticas, especialmente de crimes, desenvolvam uma insegurança muito grande em relação à própria vida, imaginando o que poderá ainda lhes acontecer. É a concretização do velho ditado "Gato escaldado tem medo de água fria"; assim, se para alguns a experiência serve de aprendizado (resiliência), para outros serve para criar crenças distorcidas e generalistas que os mantêm em constante alerta. Focando especificamente um dos principais medos relatados, o de que o criminoso retorne, reflita sobre as questões apresentadas abaixo e responda a elas.

a) Pensando na probabilidade de que o criminoso que o agrediu volte e o ataque novamente, quanto você acredita que essa possibilidade seja real?
☐ GRANDE   ☐ MÉDIA   ☐ PEQUENA   ☐ NENHUMA

b) Quanto de dados você acha que ele tem a seu respeito?
☐ TODOS   ☐ ALGUNS   ☐ POUCOS   ☐ NENHUMA

c) Se você assinalou TODOS, ALGUNS ou POUCOS, qual é a chance de que essas informações possam levar o bandido até você?
☐ GRANDE   ☐ MÉDIA   ☐ PEQUENA   ☐ NENHUMA

5º – Se, ao responder às questões acima, você percebeu que de fato acredita que o criminoso possa voltar, responda às questões abaixo:

a) Você acredita que se tornaria o centro das atenções do bandido, a ponto de levá-lo a se preocupar em obter mais informações sobre você?
☐ SIM   ☐ NÃO

b) Se respondeu SIM, quanto realmente você acha que isso é verdade?
☐ MUITO   ☐ POUCO   ☐ MUITO POUCO

c) Quais os dados que você acha que ele pode obter (rotina, horários, etc.)?
_____
_____
_____
_____

d) De que forma (perguntando ao porteiro, vigiando a casa, etc.)?
_____
_____
_____
_____

e) Que medidas você acha que pode tomar para se proteger dessa possibilidade?
_____
_____
_____
_____

f) Você consegue perceber que o seu medo de que eventos desse tipo possam acontecer está mais presente desde que viveu a situação traumática?
☐ SIM   ☐ NÃO

g) Se sua resposta foi SIM, como considera as suas reações de medo?
☐ EXAGERADAS   ☐ CAUTELOSAS   ☐ DISPLICENTES

6º – Para encerrar o exercício, responda à seguinte questão:

Você conhece alguém que, de fato, tenha sido vítima de um mesmo criminoso (desconhecido, é bom frisar) mais de uma vez?
☐ SIM   ☐ NÃO

Os dados estatísticos obtidos junto aos departamentos de segurança mostram que, com a exceção de crimes passionais ou domésticos (cometidos por pessoas conhecidas da vítima), a possibilidade de que isso ocorra é praticamente nula. Ou seja, na maioria das vezes, o criminoso irá "deixar para lá" e partir em busca de outras vítimas, sequer se importando com uma ação que já tenha terminado.

> Luís Rogério sofreu um sequestro em que ficou cativo por 43 dias. Durante esse período, os sequestradores negociavam com a sua família um valor alto para o seu resgate. O refém sabia que seria possível conseguir o dinheiro e revoltava-se com a relutância dos familiares em pagar logo o que pediam. Seguindo as orientações da polícia especializada, o negociador realmente não aceitou de imediato as imposições dos bandidos para evitar o repique. Sem saber disso, Luís Rogério desenvolveu no cativeiro a crença, reafirmada como tortura constantemente pelos bandidos, de que ele não valia nada e que podia morrer que não faria falta a ninguém. Desgastado por ser mantido durante tanto tempo em condições adversas, Luís resolveu ele mesmo assumir a negociação e propôs aos bandidos que, se o libertassem, ele próprio efetuaria o pagamento da quantia exigida. Como a coisa estava se arrastando muito e uma parte pequena do resgate já havia sido acertada, os criminosos concordaram. Durante mais de três meses, até que os sequestradores fossem identificados e presos, Luís carregou uma maleta com a quantia exigida em dólares no porta-malas de seu carro esperando, a qualquer momento, ser abordado por eles para, enfim,

> pagar a sua "dívida". Mesmo assim, por ser pai de uma família numerosa, Luís passou a temer pela segurança de seus filhos e tomou providências drásticas, como a blindagem de todos os carros e a contratação de seguranças armados permanentemente a postos para protegê-los. Só assim pôde conquistar um pouco de tranquilidade.

Depoimento: Manhã sem fim

Edineuza Fontes[6], 28 anos, vítima de estupro.

Eu trabalhava em um local muito bom, era querida por todos, e o salário era ótimo. Minha única preocupação era que todas as manhãs eu tinha que caminhar um longo trecho a pé, desde o ponto do ônibus até o meu trabalho. No caminho, havia um prédio em construção, e o vigia – que era sempre o mesmo – me olhava de uma forma estranha. Confesso que sentia medo, porém não tinha outra alternativa de caminho até o trabalho. Descia do ônibus muito cedo, muitas vezes ainda escuro, especialmente no inverno. Eu ia de cabeça baixa, rezando, pedindo a Deus que nada me acontecesse.

Um dia, percorria o mesmo caminho quando notei de longe que, na porta da tal construção, estava parado um fusca velho, quase sem cor de tão mal-cuidado. Senti um arrepio na espinha, mas respirei fundo e continuei minha caminhada. Ao passar em frente daquele guarda, ele me agarrou e aos berros me empurrou para dentro do carro. Lá dentro, na direção, tinha um outro sujeito. Ele gritava: "Entra aí, sua vagabunda!" O carro começou a rodar em alta velocidade, enquanto eu suplicava explicando que não tinha nada de valor para lhes entregar. Ele ia atrás comigo, e seu olhar penetrante já dizia tudo; eu tremia por dentro.

Foi uma viagem interminável; ele no banco de trás do fusquinha, passando as mãos entre as minhas pernas e nos meus seios. Eu pedia,

---

[6] Nome trocado para preservar a identidade da participante.

implorava para ele parar com aquilo. **Ele dizia que há muito tempo me observava e que sabia que eu o provocava de propósito, com aquele meu jeito tímido. Ele enfiava a língua na minha orelha e molhava meu pescoço com lambidas. Nunca me senti tão enojada. Acabei vomitando no piso do carro, e ele esfregou meu rosto naquilo, dizendo que eu ia acabar gostando depois, que ia me mostrar o que é tesão de verdade. O motorista ria e reclamava do cheiro do vômito, abrindo os vidros do carro.**

Naquele momento, percebi que não sairia dessa com facilidade. O medo tomou conta de mim. Dito e feito! Eles estacionaram o carro em uma viela, me levaram para dentro de uma favela e fui obrigada, aos solavancos, a entrar em um barraco construído com tijolos e tábuas. Fui arrastada pelos cabelos para um cômodo ao lado, me jogaram no chão de cimento e me mandaram tirar a roupa. Fiquei com os cotovelos sangrando, ralados pelo piso rústico, mas na hora nem senti a dor. **Acabei fazendo xixi nas calças de tanto pavor. Desesperada, pedia pelo amor de Deus que não fizessem isso comigo, que eu era moça, estava noiva e que meu casamento estava próximo. O tal do vigia, que babava como um animal, arrancou a minha blusa e mordeu meu seio com toda a força. Sangrou. Arrancou as minhas calças e a calcinha; eu queria morrer de medo e vergonha. O motorista do carro assistia a tudo.** Nessa hora, o vigia pegou o cachecol que eu usava e que estava jogado em um canto e enrolou no meu pescoço, apertando com força. Senti que estava desmaiando e, com isso, involuntariamente relaxei todo o meu corpo. Nessa hora, ele aproveitou para afastar as minhas pernas e me estuprar violentamente.

A tensão foi tão grande que acabei por desmaiar de fato e, quando dei por mim, já era noite; havia passado muito tempo. A princípio, pensei que estava morta porque não sentia nenhuma parte do meu corpo, estava tudo adormecido. Os sons eram abafados e a minha visão, turva. Me levantei e percebi que havia sangue escorrendo por entre as minhas pernas. Fui caminhando sem destino, com a certeza de que estava mesmo morta, até que caí do alto de um barranco, me esfolando inteira. Ainda naquele momento, não sentia nada. De acordo com a minha convicção religiosa, acreditei ser apenas um espírito e saí vagando sem rumo, apática e muito confusa. Só me dei conta de que estava viva quando fui abordada por algumas pessoas que se apressaram a me cobrir, pois eu estava nua. Elas me acolheram em um outro barraco, tentaram me acalmar, me deram água com açúcar. Eu só sabia pedir para procurarem minhas roupas e, quando as encontraram, me vesti rapidamente. Não sei dizer claramente o que eu sentia e nem sabia o que dizer para os outros, pois nada de material haviam levado, a não ser a minha honra. Mais tarde, descobri que naquele episódio haviam roubado também a minha alma.

Tudo o que houve depois é confuso para mim, só sei dizer que escondi o fato dos policiais, da minha família e até mesmo do meu noivo. Apenas disse ter sido vítima de um sequestro-relâmpago, afinal precisava explicar o que estava fazendo em uma favela na Zona Sul; disse também que levaram meu celular e uns trocados que eu carregava na bolsa. Aliás, estes eu havia jogado em um córrego imundo que corria por detrás do barraco dos meus salvadores. Acho que já naquela hora pensava que ninguém podia saber de nada.

Passados dois meses, continuo me sentindo estranha, assustada, amedrontada e sem saber o que fazer da minha vida. Só choro, choro, choro... Nem trabalhar mais eu consigo; falei para o meu noivo que não quero mais me casar sem lhe dar nenhuma explicação e ninguém, nem mesmo eu, consegue entender o que se passa comigo. Nas poucas horas em que consigo dormir, tenho pesadelos horríveis em que me vejo sendo destroçada por lobos famintos. Acordo aos berros, banhada de suor. Não consigo sair na rua, pois qualquer pessoa me faz lembrar aquele vigia. Não posso falar para ninguém, tenho medo de que descubram, e até mesmo do emprego eu pedi demissão. A vergonha que sinto é absurda, o medo me paralisa, não sou mais a mesma pessoa.

Provavelmente, você vai me perguntar por que não denunciei o vigia; seria fácil encontrá-lo. A vergonha e o medo são muito maiores do que isso e, na verdade, não consigo deixar de me sentir culpada por não ter evitado isso tudo. A cada dia, a coisa piora pois, se não contei na época para ninguém o que aconteceu de verdade, como é que vou fazê-lo agora? Quem vai acreditar em mim? Devido ao estado deplorável em que me encontro, resolvi procurar ajuda, pois para mim parece que a vida acabou. Tudo desmoronou muito rápido, e eu não sei nem explicar como deixei isso acontecer. As cenas se repetem na minha cabeça sem controle; revivo aquele momento terrível várias e várias vezes por dia. Às vezes, acho que vou ficar louca. Tenho vontade de acabar com tudo, só queria um pouco de paz. Vou começar o tratamento e espero reagir logo; hoje essa me parece ser a única salvação, uma espécie de luz no fim do túnel, isso se o trem não me pegar antes.

Capítulo 5

Traumas específicos do nosso meio

Agora, vamos abordar características e as consequências de traumas específicos. Da mesma forma que é importante considerar as mudanças causadas nas vidas das vítimas pelos sintomas do Transtorno de Estresse Pós-Traumático à luz da psicologia, é igualmente necessário levar em conta os eventuais efeitos secundários, marcas que podem vir a ser diferentes dependendo do fato traumático. É preciso também analisar a capacidade de a pessoa lidar com o tipo específico de trauma que sofreu.

Afinal, dependendo do tipo de trauma sofrido, o Transtorno de Estresse Pós-Traumático pode ocorrer ou não, e, em ocorrendo, com maior ou menor intensidade. Por exemplo, uma pessoa que passou por um assalto à mão armada em um semáforo pode ser que venha a desenvolver, além dos sintomas já enunciados do Transtorno de Estresse Pós-Traumático, também um sentimento de culpa por ter se descuidado e involuntariamente "facilitado" o acontecimento ao deixar a janela do veículo aberta. Por outro lado, o parente muito próximo de uma vítima de acidente aéreo pode, como vítima secundária, também desenvolver o Transtorno de Estresse Pós-Traumático e ter o sentimento oposto ao de culpa, que é a raiva dirigida aos prováveis causadores do acidente.

Acidentes, com vítimas ou não, podem ser fonte de trauma e, especialmente no caso dos automobilísticos, há um diferencial, que é o fato de envolverem condutores. Trata-se de um aspecto importante porque, ao contrário de outros tipos de catástrofes consideradas naturais ou fatalidades, há a quem culpar. Nas catástrofes naturais, a "culpa" poderia ser da natureza e, desta forma, não há um objeto específico em quem as vítimas possam projetar toda sua raiva e sua indignação.

Vamos, então, explorar com detalhes os tipos de traumas específicos do nosso dia a dia, com maiores ou menores probabilidades de ocorrência[1]. São eles:

– Crimes cometidos por desconhecidos

– Crimes sexuais

– Assédio moral

– Violência doméstica

– Suicídio na família ou de amigos

– Acidentes envolvendo meios de transporte

– Incêndios e desabamentos

– Profissões de risco

– Doenças e hospitalizações

– Guerras, guerrilhas e combates

– Catástrofes naturais

Esses tipos de ocorrência foram escolhidos de acordo com a realidade brasileira. Em alguns países, é muito comum que se citem as situações de guerra ou de combate – até por conta de a origem do estudo do Transtorno de Estresse Pós-Traumático ter sido baseada nos traumas de guerra. Como isso (ainda) não é muito comum em nossa sociedade, vamos dar destaque aos que julgamos mais úteis e frequentes em nossa cultura. No caso do tópico *Guerrilhas ou combates*, fazemos uma relação com a verdadeira guerrilha urbana que se instalou em alguns estados brasileiros, principalmente no Rio de Janeiro, pois, ainda que oficialmente negada, ela é representativa de uma situação bélica. Se nada for feito, infelizmente, muito em breve precisaremos estar preparados para isso.

É muito comum que o leitor, ao abrir este livro, se dirija diretamente ao trauma de seu interesse, pulando as páginas de preparação (introdução e página de advertência) e os primeiros capítulos. Não há problema em agir assim; apenas tenha em mente que o processo de recuperação exige que você fique atento a todos os aspectos abordados. Mesmo que algum assunto não lhe seja particularmente perturbador agora, poderá vir a ser importante no futuro. Ou seja, a informação é uma das melhores armas para se combater o Transtorno de Estresse Pós-Traumático.

---

[1] Baseado no excelente trabalho da especialista em TEPT doutora Aphrodite Matsakis, coordenadora clínica do *Vietnam Veteran's Outreach Center*, em seu livro *I can't get over it*.

Crimes cometidos por desconhecidos

Há uma diferença na forma como a vítima encara o que lhe aconteceu, baseada no simples fato de conhecer ou não o seu agressor. É bem pior quando se conhece o agressor porque, de fato, talvez houvesse possibilidade de prever uma possível agressão; por exemplo, a mulher casada com um sujeito reconhecidamente agressivo e violento está mais sujeita a ser, ela mesma, vítima dessa agressividade. Isso aumenta seu sentimento de culpa e de arrependimento, especialmente porque há laços – afetivos e de parentesco ou não – entre eles, o que rompe a crença de que um relacionamento impede uma ação violenta com um cunho de traição entre as partes.

Por outro lado, quando não se conhece o agressor, de alguma forma não existe a sensação de que aquilo foi direcionado objetivamente contra a vítima, ou seja, não foi pessoal. Há também o questionamento: "Por que justo eu?" Não haverá resposta, o que causará angústia e incerteza, pois não há uma explicação plausível que ajude a elaborar o fato. Esse agressor anônimo poderá ganhar um simbolismo fantasioso, ou seja, passar a representar figuras eventualmente temidas – reais ou fictícias – existentes na vida da pessoa, trazendo à tona as conhecidas fantasias típicas da infância, como o 'bicho-papão", o "homem do saco", a "cuca", por exemplo, o que amplificará o estresse. Por quê? Simplesmente porque o trauma atual, ao abrir uma brecha no psiquismo, permite o afloramento dos pequenos traumas do cotidiano infantil, os quais se somam a um conjunto confuso de ameaças à sua integridade.

Ainda que o sentimento de culpa possa ser totalmente incongruente, é preciso analisar que tipo de pensamento você pode associar – correta ou incorretamente – à sua responsabilidade e à sua participação no evento.

É muito comum, caso o criminoso não tenha sido preso, e, portanto, que você não tenha visto a justiça ser feita, que a raiva sentida possa se deslocar do criminoso para tudo o que cerca você, desde o sistema judiciário, um familiar ou, ainda, você mesmo. Muitas vezes, essa raiva de si mesmo pode se manifestar sob a forma de depressão. Culpa e raiva, embora bastante diferentes, não são absolutamente excludentes, isto é, podem se alternar enquanto o fato traumático não for completamente elaborado.

Como já apontamos anteriormente, é muito produtivo que se cumpra a difícil tarefa de relembrar o que aconteceu e reviver os detalhes de antes, durante e depois, contemplando, por exemplo, o seu estado emocional antes, os pensamentos durante a ação, o que você estava vestindo, os cheiros associados àquilo, etc.

Mudanças na natureza dos crimes

Interessante analisar que, hoje em dia, os crimes são cada vez mais violentos, impessoais e impiedosos do que antigamente. Há, inclusive, mais selvageria no ataque às minorias, como no caso do índio barbaramente queimado por jovens de classe média alta em Brasília. Algumas ações ainda espantam pela gratuidade, por exemplo, o ataque indiscriminado a negros, travestis e jovens moradores da periferia, muitas vezes nos fazendo pensar se há prazer na violência pela violência em si.

Com isso, a sociedade fica cada vez mais exposta ao aumento em seu nível de despersonalização, desconfiança e alienação. O ato criminoso faz com que a vítima se sinta como um objeto disponível ao bel prazer de seu algoz, divorciada de sua personalidade, afinal, ela é tratada naquele ato como uma "coisa" sem valor. Essa sensação de ser um lixo ou, ainda, ninguém digno de se levar em conta pelo criminoso, é avassaladora.

Quando se é vítima de um crime, é difícil aceitar as razões do outro para cometê-lo, ainda que elas existam. Especialmente se a violência da ação é gratuita e reflete requintes de crueldade, os sentimentos de exploração e humilhação que a vítima experimenta podem ser excepcionalmente intensos. O resultado talvez seja a sensação de total desesperança que culmina na perda de fé na humanidade e, por consequência, em si mesmo.

> Miguel era um rapaz alegre e extrovertido, muito amigo de todos e sempre pronto a ajudar a quem quer que fosse. Em uma dessas noites, após um dia de trabalho exaustivo no escritório, foi abordado na porta de sua casa por dois indivíduos armados e encapuzados. Anunciaram que era um assalto e o obrigaram a entrar com eles. Completamente rendido, Miguel não ofereceu qualquer resistência e cooperou em tudo o que lhe foi solicitado. Os ladrões ficaram em sua casa por cinco horas, beberam destilados, quebraram tudo e o submeteram a todo o tipo de ameaças e de torturas físicas e psicológicas. Ele teve as suas roupas arrancadas do corpo, foi agredido e seviciado, sendo obrigado a manter silêncio durante todo o tempo em que sofreu diversos tipos de abusos e maus-tratos. Ao final, levaram muitos dos seus pertences em seu próprio carro e prometeram, rindo, voltar para repetir a "festinha". A partir desse episódio, a vida de Miguel mudou completamente. Ele entrou em depressão profunda e

> passou a odiar cada minuto de sua existência, abandonando o emprego e as amizades e voltando a residir na casa dos pais. Ninguém conseguia compreender a gravidade de seu estado, uma vez que ele havia saído aparentemente ileso daquele pesadelo. Chegaram, inclusive, a dizer que ele estava exagerando. Miguel sequer teve forças para procurar ajuda psicológica, e a família acreditava piamente que, em algum momento, ele melhoraria por si só. O impacto dessa experiência foi tão violento que Miguel, em pouco tempo, adoeceu e foi internado devido a um quadro de pneumonia, que deixou sequelas em suas capacidades física e produtiva.

Infelizmente, a nossa sociedade compreende melhor ossos quebrados do que espíritos devastados pelo trauma e, com frequência, dá mais importância ao que se possui do que ao que se é. Quem nunca passou por algo assim tem muita dificuldade em compreender todo o sofrimento psicológico que uma experiência violenta pode causar e, muitas vezes, tende a minimizar suas consequências. Chegam a dizer que é "frescura" os sentimentos demonstrados pelas vítimas desses traumas, pois acreditam no famoso "o que passou passou" e tendem a virar as costas para aquelas feridas que não conseguem ver.

Portanto, dado esse bombardeio cotidiano de informações sobre tragédias e violência, a sociedade aprendeu a desprezar a magnitude da dor individual. Abre-se uma página da Internet e lá está: *duzentos mortos em um tufão na Birmânia; 35 mortos em um atentado terrorista no Iraque; Criança morre em chacina na favela; Achada a cabeça da menina inglesa esquartejada* e outras tantas manchetes que, em si, são horripilantes, mas acabam caindo na banalidade da repetição.

Pode ser que realmente nós não tenhamos certeza de nada nessa vida e que amanhã estejamos mortos, mas a sensação de segurança e de um mínimo de controle sobre nós mesmos e nossas vidas é o que nos move e nos permite encarar um dia após o outro. E que esses dias sejam vividos intensamente, como se cada dia fosse o último.

Crimes sexuais

Nesta seção, destacamos duas categorias importantes que merecem atenção quando o assunto é Transtorno de Estresse Pós-Traumático. São elas pedofilia e estupro. DadaCom a importância que se dá à sexualidade e às suas expressões, especialmente nos países latinos, tudo aquilo que diz respeito a esse tema é cercado de tabus, medos e mitos. Assim, quando ocorre uma violência no âmbito sexual, além do trauma físico em si, as consequências psicológicas podem ser devastadoras; isso porque encontram eco em toda essa gama de conceitos e preconceitos sobre a sexualidade.

Dado o caráter muito íntimo desse tipo específico de crime, sua vítima tem de lidar com um sentimento de profunda vergonha e exposição. O desenvolvimento do Transtorno de Estresse Pós-Traumático é bastante frequente nesse tipo de vítima. É a invasão, além do seu corpo, também de sua alma; é um ato de extrema violência, que desrespeita o princípio básico do comportamento sexual humano: a escolha do parceiro.

Pedofilia

A pedofilia é um desvio de comportamento, considerada uma perversão, em que há atração sexual de um indivíduo adulto por crianças ou adolescentes. Segundo a Organização Mundial de Saúde (OMS), há a possibilidade de se classificarem adolescentes como pedófilos se houver uma preferência sexual persistente ou predominante por crianças pré-púberes pelo menos cinco anos mais novas do que eles. O grande problema desse tipo de crime sexual é que a criança tende a estruturar conceitos disfuncionais em relação à sexualidade e, mais tarde, já na vida adulta, isso pode vir a se manifestar de forma bastante grave. Essas consequências são a possibilidade de que a própria vítima se torne uma abusadora ou, ainda, desenvolva distúrbios em seu desenvolvimento sexual como insegurança, culpa, depressão, impotência, frigidez, vaginismo e toda a sorte de disfunções ligadas à vida sexual.

No limite, uma consequência pode ser o desenvolvimento de graves psicopatias que, inclusive, talvez resultem em ações criminosas. Há inúmeros casos de criminosos sexuais que relataram ter sido vítimas de abuso durante a infância. Um exemplo é o do motoboy Francisco de Assis Pereira, que ficou conhecido como o Maníaco do

Parque após ter torturado, estuprado e matado pelo menos seis mulheres em São Paulo, na década de 1990. Ele justificou suas ações criminosas por ter sido abusado sexualmente quando criança por uma tia e, assim, teria desenvolvido um transtorno de personalidade.

No universo infantil, em que a descoberta do prazer é uma constante, as vivências eróticas precoces podem gerar uma confusão de sensações e sentimentos contraditórios como satisfação, culpa, curiosidade, medo e vergonha. Outro aspecto a salientar é que a criança pode se sentir desamparada, como se a negligência dos pais tivesse provocado toda essa situação. Além disso, a intimidação que o abusador pode exercer sobre a criança, especialmente se for um familiar, é uma espécie de tortura capaz de deixar marcas.

Nesse contexto, o medo e a vergonha que a criança sente fazem com que ela evite denunciar o que está ocorrendo, tornando-a de fato absolutamente só em seu sofrimento e favorecendo enormemente a ocorrência do Transtorno de Estresse Pós-Traumático, dada a ausência de amparo da rede social para com o seu trauma.

Cabe salientar que pedofilia não implica necessariamente o exercício do ato sexual, mas engloba uma gama ampla e complexa de comportamentos, que varia desde a simples observação de fotos de crianças nuas ou em situações sexualizadas, até o ato sexual em si, passando por episódios de bolinação. O pedófilo sente prazer exclusivamente em crianças, o que é considerado uma anormalidade (em linguagem técnica, uma parafilia). O limite desse distúrbio é o ato sexual forçado com crianças, que caracteriza o estupro infantil. Por outro lado, o praticante de um estupro de crianças não é necessariamente um pedófilo, pois pode praticar o mesmo ato com adultos.

Estupro

De acordo com o Código Penal Brasileiro, o termo estupro sigifica "constranger mulher à conjunção carnal, mediante violência ou grave ameaça". Esse delito pode ser cometido de várias maneiras, desde o uso da força física com a vítima consciente até o famoso golpe "Boa Noite Cinderela"[2], passando pelo quase estrangulamento.

---

[2] Os crimonosos dissimuladamente colocam drogas na bebida da vítima, usualmente em boates, e esta entra em um estado de torpor em que, embora possa executar vários atos, não tem nenhum controle sobre eles. É, então, levada a um local onde é submetida a abusos sexuais. Acorda horas depois com o corpo dolorido e geralmente,

Nessa técnica, é passado um cachecol ou um lenço em volta do pescoço da vítima, provocando um semidesfalecimento no qual ela, incapaz de reagir, assiste a tudo impotente. O estupro é considerado um dos crimes mais violentos que existem, sendo considerado crime hediondo[3].

As implicações psicológicas de um estupro são devastadoras, na medida em que colidem diretamente com conceitos morais ligados à sexualidade. Da mesma forma que no assédio sexual praticado contra crianças, a vivência de um estupro pode gerar transtornos irreparáveis, não só por conta de um possível Transtorno de Estresse Pós-Traumático – desenvolvido após o episódio – como também por modificações na sexualidade da vítima.

Há ainda outros aspectos perturbadores a se considerar como a possibilidade de uma gravidez e a contaminação por doenças sexualmente transmissível – inclusive AIDS. Ou seja, mesmo após o episódio, a mulher pode ainda ter de lidar com as consequências funestas do que lhe ocorreu.

Assédio moral

O chamado assédio moral caracteriza-se por um padrão de comportamento que, em linhas gerais, é marcado por atos da pessoa hierarquicamente superior, nos quais ela constantemente emite informações que geram total insegurança e instabilidade em quem lhe está subordinado. Basta que, o tempo todo, diga-se ao outro que ele não existe, que não presta ou que é incompetente, fazendo afirmações que refutem seus pensamentos, suas percepções, seus sentimentos. Isso pode acontecer tanto no ambiente familiar (por exemplo pais que menosprezam ou agridem verbalmente seus filhos), no escolar (como diversos tipos de agressão entre alunos, ou por parte de professores em relação aos estudantes), ou no profissional (chefes que exigem favores sexuais de subordinados ou usam uma linguagem agressiva para se referir a eles). E as coisas se complicam bastante se levarmos em consideração que a comunicação não se dá apenas no plano verbal, mas inclui gestos e atitudes.

---

após exame físico, é constatado estupro por mais de um agressor. Além disso, faz parte também desse golpe uma possível chantagem posterior utilizando fotografias tiradas na ocasião.

[3] Os crimes hediondos, tipificados em lei, são considerados extremamente graves, ou, ainda, os mais repugnantes e aversivos, inclusive gerando revolta na sociedade pelo seu caráter asqueroso. Nesse caso, as penas e os benefícios concedidos ao criminoso são diferenciados, aplicando-se maior rigor.

Quanto mais dissimuladas forem essas ações, quanto mais revestidas de cinismo e hipocrisia, mais a vítima se vê enroscado em uma verdadeira teia de aranha, com a sensação de que não há saída alguma que não seja a própria "loucura" ou a depressão.

Não é nada incomum ouvirmos queixas de pacientes de psicoterapia sobre essa verdadeira "tortura psicológica" a que são submetidos por seus parceiros ou por seus chefes de trabalho. Quando tentam reagir por conta própria, angustiados e no limite ultrapassado da tolerância, acabam por fazê-lo de forma pouco hábil, o que reforça a convicção dos outros ao redor de que, de fato, são elas mesmas as pessoas "desequilibradas".

Segundo a psicóloga Maria Cristina Faria Fernandes, especialista em psicologia institucional, o assédio moral no trabalho caracteriza-se como um importante fator de risco, capaz de desencadear sérias consequências para a saúde. Trata-se de uma forma sutil de violência que, em geral, aparece de forma insidiosa e invisível nas relações de trabalho e pode abarcar uma série de comportamentos típicos como pressões psicológicas, coações, humilhações, intimidações, ameaças, atitudes rudes e agressivas, comportamentos hostis, violações de direitos e assédio emocional.

Bullying

A escola é outro ambiente favorável a essa situação de assédio, pois não é incomum que professores extrapolem seu papel de educadores e exibam um comportamento de agressividade verbal e desvalorização contra os alunos, especialmente os mais tímidos. Há também a possibilidade, na relação entre os alunos, de ocorrência do que é definido pela Associação Brasileira Multiprofissional de Proteção à Infância e Adolescência (ABRAPIA) como *Bullying*, palavra de origem inglesa, sem tradução para a língua portuguesa, que significa ameaça ou intimidação.

> "O termo BULLYING compreende todas as formas de atitudes agressivas, intencionais e repetidas, que ocorrem sem motivação evidente, adotadas por um ou mais estudantes contra outro(s), causando dor e angústia, e executadas dentro de uma relação desigual de poder. Portanto, os atos repetidos entre iguais (estudantes) e o desequilíbrio de poder são as características essenciais, que tornam possível a intimidação da vítima."
> ....ABRAPIA......

O autor dessas ações perversas não faz assim por pura maldade, mas sim porque ele mesmo foi vítima desse comportamento e aprendeu a se relacionar defendendo--se inconscientemente com agressividade; assim, está convicto de que age de forma certa e coerente. A "vítima", por seu lado, pode vir de uma formação em que esse tipo de relação era o habitual e pode deixar-se envolver com facilidade, pois foi assim que aprendeu a se relacionar. Ainda em se tratando da "vítima", por ser uma relação desigual de poder – em geral vários contra um – esta pode ter a percepção (real, diga--se de passagem) de que reagir pode ser um perigo ainda maior.

Em uma relação conjugal, por exemplo, agressor e vítima formam um par complementar neurótico, simbiótico, no qual ambos sustentam sua relação nessa verdadeira *folie a deux* (loucura a dois). Isso não termina nem mesmo com a separação do casal, pois, principalmente se há filhos, essa perversidade será exercida por meio deles, dando início a um novo ciclo que será repetido por essas crianças e por seus descendentes.

Violência doméstica

A violência doméstica é caracterizada por agressões explícitas ou veladas, físicas ou morais, praticada no âmbito familiar, ocorrendo, geralmente, contra os mais vulneráveis, como crianças e idosos. Mas homens e mulheres também são vítimas, desde que exista uma relação de dominação por outro membro da família, que pode ser de natureza econômica ou psicológica.

Esse tipo de violência certamente pode ocasionar um conflito enorme, uma vez que há uma confusão de sentimentos que pode fazer a vítima desenvolver crenças distorcidas como a de que merece apanhar do marido por ter feito algo errado.

Por ser uma ocorrência cotidiana e sistemática, a violência doméstica pode não gerar um quadro clínico claro de Transtorno de Estresse Pós-Traumático, mas pode, sim, desencadear outros distúrbios igualmente danosos, como depressão, abuso progressivo de álcool e drogas, ansiedade generalizada, transtornos alimentares, medos despropositados, distúrbios do sono, entre outros.

É claro que, quando, por exemplo, um cônjuge esfaqueia o outro, essa ação bastante particular pode gerar o Transtorno de Estresse Pós-Traumático, pelo ato violento em si e por sua relação com morte ou ferimento grave, agravado pelo fato de este ter sido praticado por alguém conhecido e com o qual se mantém um relacionamento pelo menos de aparente intimidade.

A decisão de denunciar alguém tão próximo gera ainda mais conflito, pois pode exacerbar as respostas violentas da parte denunciada, o que propicia um clima ainda mais hostil no ambiente doméstico. Deve-se levar em conta também a questão da dependência econômica, particularmente da mulher em relação ao homem, o que pode impedir que haja uma denúncia. Vale a pena lembrar que o Brasil tornou a punição do agressor doméstico mais grave por meio da Lei Maria da Penha[4].

> Sílvio lembra-se claramente das intensas brigas que ocorriam entre seus pais quando ele era criança. Em uma dessas brigas, ficou marcada em sua mente a cena em que seu pai, altamente alcoolizado, ameaçava matar sua mãe com um machado que ele empunhava e brandia contra ela. Mesmo horrorizado com aquela cena, o menino encontrou forças, dada a fragilidade alcoólica do pai, para lhe tirar o machado das mãos e levá-lo ao bar em frente à sua casa, pedindo que o guardassem. Essa cena gerou em Sílvio um terrível medo de que sua mãe pudesse mesmo ser assassinada a machadadas pelo próprio pai, carregando esse pavor pela vida afora, como manifestação de Transtorno de Estresse Pós-Traumático. Anos mais tarde, revendo essa imagem em processo psicoterapêutico, Sílvio Roberto pôde reconstruir a cena e se deu conta do que de fato havia acontecido: na verdade, o pai ameaçava não a mãe, mas, sim, destruir uma televisão que competia com ele pela atenção da esposa. A revelação desta forma apresentada diminuiu em muito a angústia vivida por Sílvio, pois, embora houvesse violência, o fator "morte" não estava presente.

Essa história mostra que, por ter gerado muito sofrimento, o fato desencadeou um Transtorno de Estresse Pós-Traumático pois, embora não houvesse realidade na cena traumática, esta foi interpretada como tendo de fato uma ameaça de morte em seu desenrolar. Ao contrário do adulto, para a criança não há distinção entre realidade e

---

[4] A Lei Maria da Penha (n. 11.340/06) recebeu esse nome em homenagem à biofarmacêutica Maria da Penha Maia, que lutou durante vinte anos para conseguir a condenação de seu marido, o professor universitário Marco Antonio Herredia, que tentou matá-la duas vezes, deixou-a paraplégica com um tiro e ainda posteriormente tentou eletrocutá-la. Essa lei alterou o Código Penal em favor das mulheres vítimas de violências doméstica e sexual já que, desde que entrou em vigor, propiciou a prisão em flagrante ou preventivamente do agressor, tendo o tempo de permanência na cadeia aumentado de um para três anos.

fantasia – por exemplo, a Cuca ou o Papai Noel são interpretados como realidade. É importante frisar com isso que, muitas vezes, a nossa mente pode criar situações irreais, distorcidas ou, ainda, baseadas no material absorvido por meio de fontes externas (noticiário, novelas, livros, jornais, cinema, televisão, etc.), que passam a integrar esse rol de experiências vividas, traumáticas ou não, como se fossem verdadeiras. A observação também é um alerta para que os pais evitem gerar nas crianças determinados terrores que podem repercutir negativamente no futuro.

Suicídio de familiares ou de amigos

Em nossa cultura, o suicídio (do latim *sui* = si mesmo; *caedes* = ação de matar) ainda é tabu. É raro ouvir alguém contando que um indivíduo da sua família se matou, especialmente se for uma pessoa muito próxima, como os pais ou os filhos. O fato também é cercado de vergonha, como se a pessoa que se foi não tivesse sido forte o suficiente para lutar e superar as causas de seu desespero. Os parentes acabam estigmatizados pela sociedade, muitas vezes até por uma influência de religiões que condenam o suicídio – vale lembrar, por exemplo, que, por muito tempo, foi negado aos católicos suicidas um enterro em determinados cemitérios por "não merecerem" estar ali. Os judeus que se suicidam até hoje são enterrados na periferia do cemitério como forma de condená-los por ter atentado contra a própria vida.

No caso dos parentes e doa amigos do suicida, emoções contraditórias e dolorosas podem trazer à tona um turbilhão de pensamentos que poluem a mente e impedem que se forme uma linha clara de raciocínio. Assim, eles podem acabar desenvolvendo um Transtorno de Estresse Pós-Traumático. Um dos agravantes desse processo de confusão mental é o fato de que, por parte de parentes e amigos, sobram muitas dúvidas e essas questões já não podem ser respondidas por quem se suicidou. O sentimento de abandono e revolta é uma constante e também eclode a culpa: "O que foi que eu fiz para que ele decidisse se matar?" ou "Por que não consegui salvá-la?" Também é muito comum que se tirem algumas conclusões nada fáceis de encarar: "Se ela se matou e me privou do seu convívio é porque não me amava o suficiente" ou "Não mereço ser amada, senão ele não teria optado por morrer a ficar comigo". Veja abaixo um exemplo trazido por meio da história de Wagner.

Wagner, um jovem médico psiquiatra, viveu uma experiência que o marcou profundamente. Logo no início de sua carreira, montou seu consultório com mais três amigos de faculdade. Um deles, Alexandre, era o que demonstrava maior capacidade e disponibilidade para atender os casos mais desafiadores, tanto que era frequentemente chamado por professores para socorrer situações das mais desafiadoras. Era por isso tudo muito respeitado e querido por seus colegas. Aparentemente, a vida familiar de Alexandre também transcorria na mais perfeita harmonia e ele parecia estar curtindo sua filha recém-nascida. Certo dia, no entanto, após coordenarem uma sessão de psicoterapia de grupo em que Alexandre foi brilhante na contenção de um distúrbio psicótico de um dos pacientes, ele confessou a Wagner que não andava feliz. Chegou a mencionar que, no passado, já havia pensado em suicídio, mas que essa ideia hoje lhe parecia inconcebível. Aquela semana foi muito tumultuada, particularmente para Wagner, que estava lançando o seu primeiro livro e não teve oportunidade de aprofundar essa conversa com seu colega. Na noite de autógrafos, Alexandre passou pela livraria para parabenizar o amigo e saiu rapidamente alegando ter que assumir um plantão no hospital em que trabalhava. Soube-se depois que, durante quase todas as 24 horas deste plantão, Alexandre ligara várias vezes para sua esposa comentando o quanto angustiado estava se sentindo e que não sabia explicar os motivos para tanto. Ao final do plantão, entrou em contato novamente com sua mulher dizendo que estava bem melhor, mas que demoraria um pouco para chegar em casa, pois decidira ir comprar ingredientes para o almoço de domingo. Alexandre, porém, não voltou para casa. Passadas várias horas após a última ligação, sua esposa entrou em contato com todos os seus amigos, que se mobilizaram na busca. Wagner chegou a imaginar que ele havia fugido de casa e vasculhou os estacionamentos dos aeroportos de São Paulo tentando achar o carro do amigo. Por outro lado, tendo em mente as palavras de Alexandre ditas após aquela sessão de grupo, pediu a um parente que checasse, por meio da lista telefônica, todos os hotéis da cidade para saber se ele estaria hospedado em algum deles. Passaram-se quase 48 horas e nenhuma notícia. Após esse período, receberam atônitos um telefonema avisando que o corpo de Alexandre fora encontrado em um dos poucos hotéis não pesquisados e que o motivo de sua morte havia sido a ingestão de um conjunto de drogas brilhantemente elaborado (como só um psiquiatra competente como ele poderia fazer). Wagner e um outro colega de consultório foram ao hotel reconhecer o corpo do amigo, e a imagem de Alexandre morto, placidamente deitado sobre a cama, ficou marcada em sua mente. Isso gerou um tumulto grande entre colegas próximos, familiares, amigos e, principalmente, pacientes do médico. Para Wagner, o que se seguiu foi um tanto quanto nebuloso, mas algumas cenas nunca mais lhe saíram mais da cabeça, mesmo passados mais de 25 anos do ocorrido. Recorda-se com clareza do rosto da viúva colado no vidro do carro, crispado e com as lágrimas escorrendo lentamente. Discutiu-se muito sobre as motivações de Alexandre. Embora ele tivesse deixado uma carta em que dizia ser incapaz de enfrentar todas as dificuldades que a vida oferece, a única resposta possível foi que ele fora vencido pela sua onipotência. Ou seja, ao perceber que não podia cumprir todas as expectativas dos outros para com as quais se comprometia, decretara sua "falência existencial".

Se você teve alguém querido que se suicidou e se você sente que sofre com isso, sugerimos que faça o exercício a seguir. O objetivo é ajudar a esclarecer possíveis aspectos nebulosos em relação à história desse suicídio, o que permitirá elaborar melhor a questão.

Exercício: Trabalhando a perda por suicídio

ATENÇÃO
Se sentir algum desconforto ao fazer qualquer parte do exercício, pare imediatamente e retome mais tarde, em uma outra ocasião.

1) Você vivenciou uma situação como essa, ou seja, perdeu um parente ou um amigo em um caso de suicídio?
☐ SIM ☐ NÃO

Se respondeu SIM, descreva a situação do suicídio minuciosamente abaixo.
_____
_____
_____
_____
_____

2) Agora, faça nas linhas seguintes um apanhado da vida dessa pessoa, com os momentos mais significativos (se for preciso, converse com outros parentes ou amigos para esclarecer este ou aquele ponto).
_____
_____
_____
_____
_____

3) Ficaram esclarecidas as causas do suicídio (bilhete, diagnóstico de depressão, etc.)?
☐ SIM ☐ NÃO

Se respondeu SIM, quais foram?
_____
_____
_____
_____
_____

4) Releia a história de vida da pessoa que se suicidou escrita por você. Você consegue identificar momentos em que fiquem claros mais motivos (ou mesmo as causas descritas acima) que a pessoa tenha tido para cometer o suicídio?
☐ SIM   ☐ NÃO

Se respondeu SIM, quais foram esses momentos?

_____
_____
_____
_____

5) O que significava para você a pessoa que cometeu suicídio? E o que passou a significar?

_____
_____
_____
_____

6) Qual o momento mais divertido ou agradável que você passou com essa pessoa?

_____
_____
_____
_____

7) Qual o momento mais difícil que você passou com essa pessoa?

_____
_____
_____
_____

8) Você se sente responsável pelo suicídio dessa pessoa?
   ☐ SIM   ☐ NÃO

   Se respondeu SIM, o que acha que contribuiu com o suicídio?

   _____
   _____
   _____
   _____
   _____

9) Você acha que poderia ter evitado o suicídio dessa pessoa?
   ☐ SIM   ☐ NÃO

   Se respondeu SIM, de que forma acha que poderia tê-lo evitado?

   _____
   _____
   _____
   _____
   _____

O objetivo do exercício acima foi fazê-lo se situar na história desse suicídio e tomar consciência de aspectos obscuros em relação a ele, com a possibilidade de torná-los mais claros.

Agora, após ter respondido essas questões – o que certamente não foi fácil –, é importante que você saiba de alguns fatos sobre casos de suicídio e procure incorporar essas informações, a fim de trazê-las para a sua realidade.

→ Quando alguém decide realmente morrer, é muito difícil que isso possa ser evitado por quem quer que seja.

→ Ninguém tem o poder, por si só, de fazer com que outra pessoa se mate. Trata-se de uma fantasia achar que possa ter contribuído, de maneira determinante, para o que aconteceu. Na verdade, o suicídio é uma ação solitária que exclui totalmente outras pessoas do seu desenrolar. Talvez a sua vontade de participar da vida do seu ente querido nesse momento extremo da vida dele faça você pensar que ajudou a causar o suicídio.

→ Geralmente, o suicídio não tem uma causa só e é ocasionado por diversos fatores que, juntos, transformam-se em um campo fértil para que isso aconteça.

→ Algumas vezes, principalmente nos casos em que há elementos clínicos psiquiátricos envolvidos (depressão, transtornos de ansiedade, psicopatias em geral), o suicídio pode configurar um acidente, ou seja, uma tentativa frustrada de chamar a atenção dos que rodeiam o suicida, em um claro pedido de socorro que, infelizmente, acabou mal.

→ No momento em que se resolve cometer o suicídio, em geral o objetivo é fugir do sofrimento que parece incontornável, seja ele por uma doença terminal, pela perda de um amor ou, ainda, por razões que nem sempre são claras ao suicida; ele apenas sente que aquela dor é irremediável e que não poderá conviver com ela. Isso não significa que ele ame menos os que o rodeiam, mas, sim, que o amor pelos outros não faz diferença naquele momento.

→ Talvez a pessoa que cometeu suicídio não tenha tido escolha, ou seja, talvez naquele momento específico tudo tenha parecido irremediável demais e ela não tenha aguentado a pressão.

→ É comum que amigos próximos ou familiares sintam raiva do suicida, uma vez que este não conseguiu superar seus problemas e resolveu "abandoná-los" ou, ainda, privá-los de sua companhia.

→ Frequentemente, o suicida é taxado de egoísta, pois não pensou nas pessoas que o amavam no momento em que desistiu de viver. Porém, muitas vezes, o tormento de quem se suicidou era tão grande que nem houve espaço ou condições para que ele refletisse sobre as consequências que seu ato causaria nos outros.

→ Algumas pessoas que tiveram suas tentativas de suicídio frustradas contam que só se deram conta do que haviam feito no exato momento em que pensaram que já era tarde demais e, então, se arrependeram.

→ Há uma necessidade muito grande de os parentes e os amigos encontrarem uma explicação para o suicídio de seu ente querido. Porém, dificilmente se encontra uma razão forte o bastante para justificar o fato e conseguir mitigar toda a dor que se sente.

Deve-se considerar ainda um outro aspecto: A vida pertence à própria pessoa e, portanto, cabe a ela resolver se continua vivendo ou não. Isso quer dizer que ela tem o direito legítimo de decidir o seu destino. Um ótimo exemplo é mostrado no filme *De quem é a vida afinal?*[5], em que um arquiteto de sucesso sofre um terrível acidente automobilístico que o deixa tetraplégico e com insuficiência renal, obrigando-o a permanecer internado no hospital e dependente do aparelho de diálise. Ele, então, decide pedir alta e morrer sozinho, pois viver assim era para ele tão inconcebível quanto era a decisão de suicídio para o médico que cuidava do arquiteto. No filme, para concretizar o seu desejo, o personagem recorre à justiça, que lhe concede um *habeas corpus* para que pudesse deixar o hospital. O fato é que há algumas feridas na alma que, embora nem sempre tão aparentes, doem tanto quanto as feridas físicas e podem acabar por nos vencer.

Acidentes envolvendo meios de transporte

Aqui é necessário diferenciar os envolvidos nesse tipo de situação. Há, por um lado, a vítima que não teve uma participação ativa no acidente. Do outro lado, há a pessoa responsável por ele, que, por sua vez, não deixa de ser uma vítima das circunstâncias. Há potencial traumático em ambos os casos, mas as consequências podem ser, em um caso outro, diferentes.

Para a pessoa que causou o acidente e sobreviveu, pode haver muita culpa envolvida. A situação mais comum é aquela em que, em um acidente com vítimas fatais, o motorista sobreviva e passe a se culpar pela morte do outro, mesmo que não haja nenhuma responsabilidade legal. Outra possibilidade é que o sobrevivente sinta culpa pela sensação de alívio por ter escapado da morte, enquanto outros morreram.

Já para a pessoa que não teve participação direta no acidente, além da própria fatalidade que a acompanha, ou a seus familiares, talvez ela não sinta culpa, mas terá de lidar com sentimentos como raiva (do causador do acidente, do destino, de Deus, etc.), medo, impotência, entre outros.

De qualquer forma, em ambas as situações, um acidente pode gerar limitações físicas e psicológicas significativas. Por exemplo, a vítima pode recusar-se a entrar num

---

[5] *Whose life is it anyway?*, EUA, 1981.

carro pelo medo de acidentar-se novamente. No caso de ter ficado com sequelas físicas permanentes, pode ter muita dificuldade em assumir a sua nova condição e buscar novas formas de fazer suas atividades.

Como se não bastasse o intenso grau de angústia e ansiedade que experimentamos devido à violência urbana, temos que lidar também com a violência no trânsito, que vem crescendo consideravelmente. Isso se dá não só pelo aumento de veículos em circulação, mas também pela quantidade de motoristas inexperientes e, ainda, por um fator psicológico curioso: você já reparou que, no trânsito, tendemos a ficar mais agressivos? Como explicar essa reação principalmente naquelas pessoas em que o comportamento habitual é o de docilidade e submissão?

Bem, talvez uma explicação viável seja a sensação de poder que um automóvel pode transmitir, uma vez que deixa vir à tona todo um impulso agressivo comumente reprimido. O carro, por exemplo, pode ser uma arma nas mãos de alguém pouco consciente de sua responsabilidade ao dirigir.

Um exemplo interessante e famoso é o desenho da Disney, conhecido como *Pateta no trânsito*, de 1950, que mostra esse perfil, já naquela época apresentado pelo cidadão americano, de tornar-se quase um facínora quando ao volante de um automóvel.

Deixando de lado o caráter humorístico do desenho animado, de fato a vivência de um acidente de carro, moto, ônibus, avião, trem ou barco pode mudar a vida tanto das vítimas quanto de seus familiares. Incluímos aqui também os atropelamentos em que, em geral, a culpa é atribuída ao condutor e, no entanto, nem sempre é assim. O uso do álcool ao dirigir é um fato ainda mais agravante nessa já caótica situação, sendo que milhares de reais já foram gastos em campanhas inicialmente preventivas e atualmente coercitivas, na tentativa de diminuir a brutal incidência de acidentes envolvendo pessoas alcoolizadas.

Cada vez mais pessoas sentem-se inseguras com a violência no trânsito e, sobretudo, com as consequências que essa violência traz para suas vidas. Na verdade, para aqueles que já passaram por alguma dessas situações ou tiveram familiares e amigos envolvidos em algum acidente, o medo e a insegurança apresentados podem ser apenas um resquício de um Transtorno de Estresse Pós-Traumático leve. Por outro lado, há pessoas que nunca mais conseguem se livrar dos traumas de uma experiência como essa.

> José Eduardo, um jovem de dezenove anos, dirigia sua caminhonete transportando vários amigos na caçamba. Em um gesto impensado, fez uma manobra conhecida como cavalo de pau, em que o carro, freado bruscamente, gira em uma volta de 360º. Desafortunadamente, um de seus amigos apoiado na borda da caçamba bateu com cabeça em um poste e morreu na hora. A partir desse fato, a vida José Eduardo mudou completamente. Além de enfrentar a própria culpa por sua imprudência, teve ainda de encarar a censura de todos aqueles que conviviam com ele, especialmente os pais do amigo morto que ostensivamente acusavam-no de assassinato. Desde o acidente, José Eduardo recolheu-se em um profundo silêncio e isolamento, negando-se a manter qualquer tipo de contato com outras pessoas. Evitava a própria família, que também via-se dividida entre o afeto pelo rapaz e a crença na sua culpa, sentindo-se confusa com sentimentos conflitantes de tristeza, angústia e raiva. José Eduardo passou a ter pesadelos em que se via praticando atos criminosos, com cenas de muito sangue que lhe manchava as mãos e do qual não conseguia se limpar. Acordava várias vezes por noite suado e assustadíssimo e caía em pranto convulso. Apenas após um trabalho psicoterapêutico, José Eduardo pôde entrar em contato consigo mesmo e fazer um autojulgamento, assumindo simultaneamente as figuras de promotor, juiz, advogado de defesa e réu. Nessas cenas, era inevitável a sua condenação e, como consequência, deveria haver uma pena a ser cumprida. A sua própria dor e as restrições que se impôs na vida valeram-lhe como essa penalidade, dando o conteúdo simbólico de um verdadeiro julgamento em que o criminoso, sendo julgado, condenado e tendo cumprido sua pena, pode, então, voltar à sua vida normal sem ter nada a dever a si mesmo e à sociedade. Passados muitos anos, conseguiu transformar o trauma em aprendizado e tornou-se muito mais cauteloso em todos os aspectos de sua vida.

No caso de acidentes de avião, a peculiaridade é que a vida dos passageiros depende de uma série de fatores externos, como a perícia do piloto e o bom estado da aeronave. A tragédia ocorrida em uma situação de dependência do outro pode fazer com que o sobrevivente tenha dificuldades em confiar nos outros depois disso. Essa absoluta falta de controle por parte do passageiro, junto com o fato de estar em um local hermeticamente fechado (claustrofobia), a falta de uma rota de fuga se for necessário, o próprio medo de altura e eventuais turbulências durante o voo, explicam porque o avião é, dentre os meios de transporte, campeão no que se refere ao medo de utilização.

Incêndios e desabamentos

Em situações normalmente chamadas de "fatalidade", como os incêndios e os desabamentos, é comum que as consequências extrapolem o âmbito da vítima primária e acabem afetando também os que assistem a tudo, seja *in loco*, seja pelo noticiário.

Um maior agravante é quando a tragédia se dá na residência das vítimas e destrói a sua história. Com isso queremos dizer que, para o homem, tudo o que documenta a sua trajetória ganha uma importância sem limites, e perder essas referências é especialmente traumático.

Um exemplo disso foi a tragédia do edifício Palace II, na Barra da Tijuca no Rio de Janeiro, que desabou em fevereiro de 1998, matando oito pessoas e deixando 150 famílias desabrigadas. Ninguém podia imaginar que o prédio de 22 andares viria a ruir, e a história impressionou a cidade toda e mesmo pessoas que não foram vítimas diretas. Isso fica claro no depoimento dado pelo comerciário Ítalo Padilha, inquilino de um apartamento em um condomínio situado em frente ao Palace II, ao Jornal do Comércio de Recife:

> Mais do que o medo de um novo desabamento, passei a me sentir mal naquele apartamento por causa da carga negativa que ficou no ar. Da minha janela, tinha uma visão privilegiada dos escombros, onde moradores morreram; era como morar de frente para um cemitério. Minha mulher não conseguia mais dormir direito. Viver naquele lugar virou um sofrimento (JC Online, Ex-morador cobra indenização a Naya, 15 de março de 1998).

Ítalo e mais dez moradores desse condomínio deixaram o prédio por se sentirem sem condições psicológicas de permanecer no imóvel, afirmando terem medo de uma nova tragédia.

Já um caso de incêndio que ainda permanece fresco na memória de muitos brasileiros, particularmente de paulistanos, foi o do Edifício Joelma, ocorrido há mais de trinta anos (veja o depoimento de um dos bombeiros que trabalhou na tragédia na página 217). Em uma manhã de 6ª feira, 1º de fevereiro de 1974, a cidade parou para assistir atônita ao que seria um dos maiores incêndios da história, vitimando mais de 170 pessoas, deixando cerca de trezentos feridos. Embora o do Joelma tenha sido de maiores proporções, São Paulo já havia vivido uma experiência semelhante dois anos antes com um outro grande incêndio, o do Edifício Andraus.

A sensação de claustrofobia gerada por situações como essas, de incêndios e desabamentos, ocorre em função da necessidade de sair do local em que se está confinado o mais rápido possível. Isso gera uma angústia que pode se perpetuar para muito além do fato traumático em si, gerando sequelas posteriores. Medo, desamparo, incerteza, desesperança, impotência e, principalmente, desespero por encontrar familiares ou amigos desaparecidos são os sentimentos que as vítimas desse tipo de evento experimentam. A possibilidade de morte lenta e dolorosa é também um agravante, atingindo não só quem sofre com isso diretamente, mas também quem imagina o que a vítima primária passou.

Em ambos os casos, o do Joelma e, décadas mais tarde, o do Palace II, teria sido possível evitar a tragédia, pois havia medidas preventivas que poderiam ter sido tomadas, uma vez que nesses casos especificamente já havia indícios anteriores de que algo poderia acontecer, os quais foram ignorados, resultando em morte e destruição. A sensação de que tudo poderia ter sido evitado pode funcionar como um componente importante no desencadeamento do Transtorno, uma vez que o sentimento de desamparo e negligência com a vida humana pode se fazer presente.

Tragédias urbanas, devido à sua magnitude e à ampla repercussão midiática, acabam por mobilizar a opinião pública e gerar, mesmo em pessoas não envolvidas diretamente no evento, quadros que vão de pequenos medos até mesmo um Transtorno de Estresse Pós-Traumático. Um triste exemplo foi o incêndio da danceteria *República de Cromagnon*, em Buenos Aires, ocorrido em uma festa de formatura de várias escolas em 30 de dezembro de 2004. A tragédia traumatizou não só toda a cidade, mas o país, e transpôs as fronteiras da Argentina, uma vez que morreram mais de 185 adolescentes em um tipo de comemoração comum a quase todos os povos do mundo. Seis mil pessoas lotavam o estabelecimento quando, por volta de onze da noite, resolveram soltar fogos de artifício dentro do ambiente. As saídas de emergência estavam, não se sabe por que, lacradas com cadeados, o que tornou a fuga de muitas pessoas impossível. Foram mais de oitocentos feridos em uma tragédia sem precedentes, e, nem que fosse por identificação, quase todas as famílias choravam pelos que pereceram e por seus familiares. O impacto foi tão avassalador que, por muito tempo, por ordem das autoridades, as danceterias de Buenos Aires permaneceram fechadas ao público com o objetivo de que se fosse feita uma vistoria completa para evitar novas tragédias.

Em agosto daquele ano, já havia acontecido uma tragédia em Assunção, Paraguai, caracterizada pelo incêndio em um supermercado, matando 430 pessoas. O dono do estabelecimento, com medo das perdas financeiras, mandou fechar as portas em meio ao incêndio, dificultando a fuga dos clientes; assim, foi acusado de homicídio. Ele tinha medo de que saíssem sem pagar as compras ou, ainda, queria evitar saques.

Novamente, a previsibilidade desse tipo de evento é um dos fatores de revolta, uma vez que revela não apenas o descuido, a ganância e a negligência de certas pessoas, mas também um flagrante descaso para com a vida humana.

Profissões de risco

Alguns tipos de trabalho expõem mais o profissional ao risco e, justamente por isso, são passíveis de provocar um estado de ansiedade elevado. A pessoa vive em constante alerta, esperando pelo chamado que a levará certamente a algo nada agradável, exigindo dela um esforço enorme para o bom desempenho de sua função. Embora treinados para esse tipo de situação, há sempre o imponderável.

Estamos referindo-nos aqui aos bombeiros, aos paramédicos, aos controladores de voo, aos policiais, aos agentes penitenciários, entre outros, uma vez que são diversas as dificuldades enfrentadas por esses profissionais. As situações que os trabalhadores de emergência enfrentam envolvem, na maioria das vezes, intenso sofrimento humano, visão de corpos mutilados ou queimados e ameaça iminente à sua própria integridade física.

Há alguns dos fatores que podem complementar 'esse universo em situações que mobilizam a população: a pressão do público para encontrar e ter notícias dos desaparecidos, o assédio insistente de jornalistas, trabalho em condições adversas (chuvas, ameaça de desabamento, falta de equipamento suficiente) e longas horas de trabalho. Há também o entrave da insistência de participação, ainda que muito bem intencionada, porém absolutamente despreparada, de cidadãos comuns que se oferecem como voluntários para o trabalho direto no resgate, gerando mais problemas do que soluções. Além disso, a intromissão de autoridades, o conflito de interesses, os conflitos entre organismos diferentes participando de um mesmo evento e a falta de um gerenciamento de crise são elementos que vêm engrossar o caldo das dificuldades a que esses profissionais estão submetidos. Lembremos do sequestro do ônibus 174, em 12 de junho de 2000, no Rio de Janeiro, em que um ônibus da linha 174 ficou retido por quase cinco horas pelo sobrevivente da chacina da Candelária, Sandro Barbosa do Nascimento, que, armado, pretendia cometer um assalto. Devido à ausência de um gerenciamento adequado de crise, a situação se complicou com a presença de repórteres, populares, policiais e curiosos e o ambiente ficou tão tenso e confuso que o incidente culminou com a morte da professora Geísa Gonçalves e do próprio Sandro.

Como se não bastassem os percalços das missões desses profissionais em si, há entraves burocráticos que também podem prejudicar o andamento do trabalho e amplificar o rol de preocupações a que esses profissionais estão submetidos. Aqui, referimo-nos à falta de um plano de carreira, à capacitação insuficiente, a salários baixos, a pouco pessoal de apoio, à comunicação inadequada, entre outros.

Existem também as profissões de risco aparentemente menor, mas que guardam em seu escopo um potencial estressante importante. São eles: bancários, professores, tesoureiros, funcionários de joalherias, etc.

Em relação aos professores, ao contrário de outrora, quando a figura do mestre era muito respeitada, e os alunos punidos por suas insubordinações, o mundo assiste atônito a uma completa inversão de valores. No Brasil, especialmente, não são poucos os relatos de professores espancados até mesmo dentro de salas de aula por alunos possivelmente drogados, ou de profissionais que sofreram vinganças praticadas por parentes de alunos que se sentiram prejudicados.

Os profissionais que atuam em instituições bancárias têm sido um alvo frequente de ações criminosas, particularmente aquelas em que a família é mantida refém, e esses profissionais são obrigados a abrirem cofres de instituições e a entregarem o dinheiro aos bandidos. Isso tem ocorrido também com tesoureiros e funcionários de joalherias e muitos daqueles que trabalham com valores altos, em espécie ou não. Pode-se incluir nessa categoria os caminhoneiros que, ao terem suas cargas roubadas nas estradas, são sequestrados e abandonados em matagais, vivos ou mortos.

A psicóloga especializada no atendimento de vítimas de violência no ambiente bancário, Maria Cristina Farias Fernandes, contribuiu conosco enviando este caso clínico, emblemático do pouco apoio que esses profissionais recebem quando acontece um assalto ou sequestro na agência:

> F., bancário de 45 anos, trabalhava há 24 anos em uma instituição financeira e exercia o cargo de gerente geral de uma agência de médio porte há dez anos. Em 2006, F. foi sequestrado com a sua família, que foi mantida por 48 horas em cativeiro. Num caso como esse, o banco deveria ter emitido um formulário de Comunicação de Acidente de Trabalho (CAT), mas não o fez. Contudo, a empresa ofereceu ao bancário e à sua família atendimentos de emergência clínicos e psicológicos. Por sugestão do banco, F. saiu de férias, porém, no retorno, foi demitido por justa causa. Passou a receber o auxílio-doença, mas ele e sua família perderam direito ao convênio médico. Na avaliação psiquiátrica, decidiu-se por manter a medicação indefinidamente, em razão do quadro emocional e dos sintomas: sentimentos de baixa autoestima, apatia, insônia, pensamentos recorrentes, labilidade emocional, agressividade, insegurança, medo de dirigir ou ir a lugares desacompanhado. F. nunca mais retomou nenhuma das suas atividades anteriores e, sentindo-se prejudicado pela forma como o banco conduziu sua demissão, abriu um processo judicial contra a empresa, que ainda está em andamento. Hoje, F. sobrevive com o auxílio do INSS e com a ajuda de familiares para complementar sua renda.

Há ainda alguns dados[6] bastante significativos em torno do tema: em pesquisa exploratória, não conclusiva, com a população de funcionários de um banco brasileiro, foi constatado um aumento de **800%** no número de dias de afastamento por licença saúde durante o ano seguinte a assalto ou sequestro. A pesquisa cita também algumas das consequências da violência no ambiente bancário em que a corda, infelizmente, sempre arrebenta do lado mais fraco – o do funcionário. São elas:

→ grande demanda por transferência/demissão;
→ sintomas de evitação, que provocam mudança dos locais de trabalho, gerando custos e piorando a qualidade das relações pessoais e familiares;

---

[6] Dados do professor Othon Vieira Neto, do Núcleo de Psicologia Aplicada de São Paulo Federação dos Trabalhadores em Empresas de Crédito do Centro-Norte (Fetec/CN), em parceria com o Sindicato dos Bancários Brasília, para discutir saúde e segurança na categoria bancária – 23.07.08.

- aumento da hipervigilância e reação de susto. Com isso, a qualidade do trabalho prestado aos clientes (vistos como possíveis bandidos) fica comprometida, prejudicando o atendimento na agência por parte dos bancários que viveram situação de violência;
- dificuldades de concentração e memória, comuns após um trauma, e elevação dos erros operacionais;
- comprometimento do clima organizacional: a vivência de uma situação de violência produz uma mudança negativa no ambiente de trabalho, e indivíduos que passam por situações de violência podem dirigir seu ressentimento contra a pessoa ou a instituição que deixou de protegê-las. A revolta torna-as mais propensas a faltas e infrações éticas/penais.

Seja qual for a categoria e o nível de periculosidade do trabalho dos profissionais que lidam com riscos, fica claro que o apoio psicológico, infelizmente muitas vezes negligenciado, deve não apenas acompanhar o treinamento técnico desses profissionais, mas também ser alvo de mais investimentos, a fim de evitar que muitos deles sejam afastados de suas atividades temporária ou definitivamente por uma incapacitação mental.

Em um projeto ideal, o atendimento psicológico se daria antes (profilaxia) e depois (atendimento imediato do impacto emocional) dos momentos de crise, com o intuito de fortalecer emocionalmente os que trabalham em situação de risco e debelar possíveis sequelas após um evento profissional especialmente traumático.

Doenças e hospitalizações

Pode a vivência de uma longa e incapacitante doença ocasionar Transtorno de Estresse Pós-Traumático? E uma hospitalização, até que ponto mexe emocionalmente com alguém? Por muito tempo, essas questões ficaram relegadas a um segundo plano, dada a urgência do tratamento físico que essas situações de enfermidade demandam. Porém, com a ampliação dos estudos da Psicologia Hospitalar, numerosos efeitos colaterais da hospitalização começaram a ser investigados, demonstrando a importância dos fatores psíquicos do paciente não só durante a internação, como na sua recuperação e na sua convalescença.

Um fantasma foi criado a partir do que a UTI representava há alguns anos, antes da implantação de projetos de humanização hospitalar: um lugar isolado, a antecâmara da morte, o símbolo do fim. Lá o paciente encontra-se afastado da família, inseguro quanto ao seu destino, tendo seu corpo manipulado a todo o momento, os sinais vitais monitorados, a presença de barulhos constantes, alarmes que disparam e correrias da equipe médica. Uma série de sentimentos pode ser despertada por toda essa vivência, e o paciente pode experimentar desamparo, fragilidade, vulnerabilidade e irritação. Todos esses são fatores próprios de trauma e mais do que propícios para gerar um transtorno de ansiedade como o Transtorno de Estresse Pós-Traumático.

Não se deve esquecer da equipe médica que atua na UTI e vive em tensão constante no exercício de seu trabalho e na pressão psicológica ao lidar com o seu maior inimigo: a morte. O próprio ambiente da UTI torna-se estressor para os profissionais da área, dada a quantidade enorme de estímulos simultâneos e contínuos como os alertas sonoros e luminosos da aparelhagem, a correria em situações emergenciais e a angústia da tomada de decisões em caráter de urgência entre esta ou aquela conduta médica, que pode significar a diferença entre a vida e a morte de alguém. Sob esse ponto de vista, pode também ser considerada uma profissão de risco, como as citadas anteriormente.

Também nessa área é possível estabelecer um programa de tratamento psicológico. A prescrição de medicamentos psicotrópicos até o acompanhamento psicológico (que pode ser feito *in loco* em caso de impossibilidade de locomoção do paciente) são formas bastante eficazes de poupar o paciente do estresse e de suas consequências.

Guerras, guerrilhas e combates

Oficialmente, a última vez em que o Brasil pegou em armas foi na Guerra do Paraguai, que se estendeu de 1864 a 1870. Mas não podemos nos furtar de mencionar os movimentos armados de motivação política ocorridos durante o período do regime militar, particularmente, a Guerrilha do Araguaia nos anos 1970. Então, por que falar sobre guerrilhas e combates se o nosso país, ao menos teoricamente, é hoje um lugar livre de situações de guerra?

Porque, na verdade, não é bem assim. Não é preciso nem circular nas ruas para se dar conta de que estamos vivendo efetivamente uma verdadeira guerra civil; basta assistir ao noticiário. O crime tornou-se um elemento de desorganização social tão poderoso, que provoca reações de pânico na população e, por outro lado, a busca de soluções por parte das autoridades, além de discussões por parte de diversos segmentos da sociedade.

Além disso, percebe-se o crescimento e o fortalecimento de organizações criminosas aos moldes da antiga máfia que se instalou nos anos 1930 nos EUA e que, até mesmo tendo seus líderes detidos, continua comandando de dentro dos presídios diversas ações criminosas. O Rio de Janeiro é emblemático dessa situação em que há um nítido enfrentamento entre facções das mais diversas origens, entre milícias e comandos das mais variadas nomenclaturas combatendo entre si e contra as forças policiais. E o que é isso senão uma guerra urbana?

Segundo dados do Centro de Estudos de Segurança e Cidadania da Universidade Cândido Mendes (RJ), publicados no livro *As vítimas ocultas da violência*[7], sabe-se que, ao longo de duzentos anos, morreram em combate 627 mil soldados americanos, desde a Guerra da Independência (1775-1781) até a Guerra do Vietnã (1964-1975). Em outras guerras contemporâneas, de 1956 a 1999, o número de mortos chegou a cerca de 140 mil. Já no período de 1979 a 2001 em todo o Brasil, foram registrados quase dois milhões de mortes violentas, portanto mais que o dobro em apenas vinte anos.

Se aqui já temos problemas terríveis suficientes, cada dia ocorre um atentado em alguma parte do mundo, o que nos soa como uma banalidade. Será que as chacinas ocorridas principalmente no Rio e em São Paulo também não acabam por nos parecer tão normais quanto o número de medalhas ganhas pelo Estados Unidos nas últimas Olimpíadas? Repare que números alarmantes já não mais nos impressionam; para nós, se transformam em apenas uma estatística, a não ser que um ente querido esteja incluído nesse triste rol.

Mesmo que aparentemente estejamos "anestesiados", de alguma forma essas informações penetram sorrateiramente em nosso inconsciente e ficam lá, pulsando e gerando um clima de instabilidade. Isso é um sinal de como essa configuração social geradora de medo nos afeta e pode, também, desencadear um estado permanente de tensão.

---

[7] De autoria de Gláucio Ary Dillon Soares, Dayse Miranda e Doriam Borges; Editora Civilização Brasileira (2006).

Catástrofes naturais

Podemos dizer que o Brasil é privilegiado nesse quesito, uma vez que é relativamente rara a ocorrência de abalos sísmicos, tornados ou tsunamis no País. Aqui, contudo, vivenciamos catástrofes em grande parte potencializadas pela mão humana, como no caso das grandes enchentes e dos desabamentos, muitas vezes fruto do descuido em obras de saneamento e implementação urbana.

Dentre alguns casos que fizeram história no Brasil de tragédias ocasionadas pelo meio ambiente está o deslizamento no bairro de Santa Teresa em 2010, no Rio de Janeiro, ocasionando a morte de quase duzentas pessoas. Um exemplo de situação que inevitavelmente deixará marcas profundas nos que sobreviveram – não só familiares e amigos mas, também, os socorristas que presenciaram a cena – é o relato da morte de Marcus Vinícius, um menino de apenas oito anos que se pereceu soterrado, descrita no trecho abaixo:

> "Me tira daqui. Eu tô aqui, pai. Me tira daqui logo". O apelo desesperado de Marcus Vinícius Vieira França da Mata, oito anos, insiste em ecoar na cabeça dos parentes e dos bombeiros que tentaram resgatá-lo dos escombros no Morro dos Prazeres, em Santa Tereza, no Rio. Ele foi localizado com vida, na terça-feira, 6, mas as tentativas de salvamento tiveram que ser interrompidas às seis e meia da noite, devido a um novo deslizamento. Quando o trabalho recomeçou, no dia seguinte, Marcus já estava morto. A reação do pai, Vilmar França da Mata, ao vê-lo inerte e todo enlameado emocionou o país todo. Ele arrancou o frágil corpo dos braços do bombeiro e abraçou o filho, desesperado. E chorou. Chorou muito e convulsivamente. "Meu filho, eu te amo", gritava. (Revista Isto É, 09/04/2010, Edição n. 2109).

Pessoas sofrem danos inimagináveis nesse tipo de ocorrência, pois, como se não bastasse a dor física de escoriações e ferimentos, ainda têm de lidar com um pesadelo: a perda de algum ente querido, de seu teto, de seus objetos pessoais, de sua história. Isso mexe com estruturas emocionais importantes, capazes de levar alguém a um grave estado de estresse. Algumas vezes, é possível responsabilizar alguém: o governo, a cidade, as instituições. A culpabilização é psicologicamente um fator importante porque, ao termos a quem culpar, surge um sentimento de raiva dirigido para fora, o que, de certa forma, projeta a angústia externamente. Esse mecanismo minimiza o sofrimento, pois, se não fosse isso, essa angústia ficaria a atormentar a pessoa.

Porém, existem casos em que não há a quem culpar, e isso gera ainda mais desconforto, pois a angústia não é canalizada para lugar algum. Afinal, como culpar a natureza? Estamos nos referindo às catástrofes verdadeiramente naturais que, embora não sejam de grandes dimensões, causam prejuízos significativos. São as chuvas torrenciais que causam enchentes, geadas que causam perdas de produção agrícola e a ocorrência de terremotos.

Todos esses casos têm em comum um aspecto: remetem à vulnerabilidade do ser humano, causando medo, desolação, incerteza, impotência e angústia. Há algumas reações que são transitórias e normais do período adaptativo após a vivência de uma situação assim: tristeza, impotência, ansiedade, lembranças do evento, insegurança, medos, irritabilidade, alterações do sono, susceptibilidade a ruídos, pequenos problemas somáticos.

Se esses mesmos sentimentos deixarem de ser transitórios e tomarem uma amplitude maior, de forma a causar transtornos na vida da pessoa, o quadro poderia ser caracterizado como um Transtorno de Estresse Agudo ou um Transtorno de Estresse Pós-Traumático. Por outro lado, pode ser que o período de adaptação seja bem-sucedido, e a pessoa não apresente alterações psicológicas.

Exercício: Reexaminando a experiência e avaliando as suas reações iniciais

Pegue o seu diário ou seu caderno de anotações e releia a descrição que você provavelmente já deve ter feito de sua experiência (caso não tenha feito, faça agora essa tarefa, procurando colocar o maior número de detalhes de que conseguir se lembrar). Após reler, verifique se há algum outro detalhe que talvez tenha vindo à sua cabeça e que você gostaria de acrescentar. Repasse tudo e analise os seguintes pontos.

1º – Antes do ocorrido você alguma vez já pensou que poderia ser vítima de algo parecido?
☐ SIM ☐ NÃO

Pesquisas mostram que pessoas que ao menos já consideraram essa possibilidade tendem a ter menos dificuldade para lidar com o resultado emocional de ser uma vítima do que aquelas que não admitem a ideia de passar por isso. Além disso, há claras evidências de que pessoas treinadas para o enfrentamento de situações de violência (soldados, policiais etc.) desenvolvem uma capacidade maior para fazer frente à ocorrência crítica.

2º – Se a resposta acima for SIM, como você imaginou que reagiria se de repente ocorresse?

_____
_____
_____
_____
_____

3º – Como o seu comportamento na situação pode ser comparado à sua expectativa anterior?

_____
_____
_____
_____
_____

4º – Houve discrepância entre o que você fez e o que você imaginava que faria?
☐ SIM ☐ NÃO

5º – Se a resposta anterior foi SIM, como você se sente com isso?

_____
_____
_____
_____
_____

6º – Quanto de sua ideia anterior sobre a sua possível reação a um ataque foi influenciada por livros, filmes ou televisão?
☐ MUITO ☐ UM POUCO ☐ NADA

7º – E agora que você viveu isso, até que ponto acredita ser real o que acontece nos filmes?

_____
_____
_____
_____

8º – Até que ponto o que você viu o ajudou a lidar com o fato quando este realmente ocorreu? Você acha que isso pode ter lhe prejudicado de alguma forma?

_____
_____
_____
_____

9º – Ao analisar a sua reação ao evento, você poderia identificar o momento em que a descarga de adrenalina influenciou seu comportamento ou, ainda, se isso aconteceu?

_____
_____
_____
_____

10º – E se, ao contrário, percebeu-se paralisado ou letárgico? Em suma, foi possível se dar conta das suas reações fisiológicas frente ao fato e de como elas influenciaram seu comportamento?

_____
_____
_____
_____
_____

11º – Por acaso alguém criticou ou fez algum comentário negativo sobre a forma como você reagiu ao crime? Alguém tentou minimizar seus sentimentos em relação a isso?

_____
_____
_____
_____
_____

12º – Se houve críticas, alguma parte de você concordou com elas?
☐ SIM   ☐ NÃO

13º – Se SIM, onde está a prova de que a opinião dessa pessoa está correta? Mesmo se eles fossem especialistas em criminologia, o que poderiam saber sobre o que você sentiu se não estão dentro de você?

_____
_____
_____
_____
_____

14º – Se você foi criticado, como respondeu?

15º – Como se sente a respeito de sua forma de reagir às críticas?

16º – Por que você acha que reagiu assim?

17º – Se alguém que você ama muito fosse vítima do crime em seu lugar, como você sentiria se ela fosse criticada desse jeito?

Depoimento: Sem trégua

Flavio Lapa Claro, 52 anos, investigador de polícia, que por ocasião do depoimento trabalhava na DAS (Divisão Antissequestro)

Eu gosto do que eu faço. Eu fui para a Antissequestro porque eu acho que, dentro das opções que existem na polícia, é o que me traz maior satisfação pessoal. **Eu acho que não existe no mundo sensação melhor, pelo menos até hoje eu não experimentei, do que a de tirar um refém do cativeiro e devolver para a família. Isso é fantástico. Eu já trabalhei em distritos de bairro, depois fui para a Homicídios...**

Sabe, é menos chocante do que a Antissequestro, porque, no caso, a vítima já está morta, a gente tem que pegar quem fez e enviar para receber a punição. Lá onde eu estou, não, o objetivo principal é fazer com que a pessoa volte para casa. **E essa pessoa não está morta, então é preciso tomar todo o cuidado, nós vivemos pisando em ovos, cada palavra tem que ser pensada, avaliada.** Para se ter ideia, uma palavra na hora errada, até uma passada em determinado lugar em hora errada pode trazer consequências ruins para quem está lá, no cativeiro. Sob esse ponto de vista, lá na Antissequestro é mais estressante, porque na Homicídios não tem mais jeito de salvar ninguém, já foi.

Outro aspecto é que, no meu trabalho, a responsabilidade é enorme. Existe uma vida que depende de você, da sua habilidade, não só técnica, mas também a de lidar com os familiares da vítima que vão ser o contato com o sequestrador. Digo isso porque não somos nós quem pegamos o telefone e negociamos o resgate, é alguém que não tem essa experiência, a gente tem que orientar. E isso é uma barra, porque às vezes a pessoa está insegura, nervosa, e não queria estar nesse papel, mas não tem jeito, tem que fazer.

Estou lá na divisão desde que ela foi fundada, em 2001, mas o primeiro sequestro no qual eu trabalhei foi anterior. Foi na antiga delegacia especializada antissequestro, no caso do publicitário Luis Salles. Depois eu saí da DEAS e trabalhei no GARRA, trabalhei no DEIC... Aí quando o Mário Covas acabou com o DEIC e transformou em DEPATRI eu fui para a delegacia de extorsões. Lá o serviço era praticamente o mesmo do que na antissequestro, porque existem os crimes de Extorsão e Extorsão Mediante Sequestro, com a diferença de que nesse último há vítima em cativeiro. Aí eu, que inaugurei essa delegacia, fiquei lá até ela acabar. Em seguida fui para a DAS e estou lá até hoje.

A DAS é composta de três delegacias, das quais duas são efetivamente antissequestro, e a outra é a Polinter. Quando foi fundada a divisão, eram 10 equipes, cinco em cada delegacia. Depois, por conta dessas mágicas administrativas que a gente nunca entende muito bem, foram diminuindo essas equipes, e hoje são quatro equipes na 1ª delegacia e três na 2ª. Há um rodízio de turmas, e elas vão pegando os casos na ordem em que eles aparecem. Agora, por exemplo, nós somos a bola da vez há três meses. Isso significa que estamos há quase três meses sem sequestros na cidade de São Paulo e isso é fruto de muito trabalho. Mas isso é uma coisa ingrata porque assim que a vigilância cede, mais e mais casos voltam a ocorrer, e há todo um trabalho de bastidores feito mesmo quando não há sequestros em andamento. Nós temos todo um arsenal de investigações que vão sendo conduzidas com o intuito de evitar mais casos e desvendar os que já ocorreram. Sempre que pensam: "ah, então não tem mais sequestro, vamos acabar com a divisão", o crime sente que há brecha e volta com força total. Aí é preciso montar equipes de novo, fazer treinamentos que são importantes, sim, mas que não podem substituir anos de prática que foi conseguida em campo. Isso não é tão simples assim. Essa falta de reconhecimento acaba deixando um profissional triste, porque representa uma punição pelo trabalho bem-feito. É difícil. Mas é uma questão política, nós não temos nenhuma influência sobre isso.

Momentos perigosos da minha carreira foram muitos, principalmente quando eu trabalhava no GARRA. Na Antissequestro é mais estratégico, é um trabalho que tem uma coordenação mais precisa. A gente só se encontra frente a frente com o bandido quando vamos estourar um cativeiro ou prender alguém. Já aconteceu, por exemplo, de a gente ir acompanhar um pagamento, e lá, no alto do barranco, estarem os bandidos armados até os dentes com fuzis. Se tivéssemos interferido, estaríamos mortos. Mas já passamos por alguns tiroteios, e temos que ter atenção constante, é bem arriscado.

Uma vez eu fui baleado, mas não foi em ocorrência. Eu estava indo trabalhar, e fui assaltado. Isso foi em 1996, até hoje me lembro exatamente do dia, da hora, de tudo... Eu estava saindo de moto e estava chuviscando, em uma avenida vieram dois caras de moto e me fecharam. **Um deles já encostou e arma em mim e me mandou parar. E eu, naquela mentalidade meio louca, fui para a calçada já pensando que uma hora ele ia ter que largar a arma para pilotar a moto, e que aí eu poderia atirar. Aí, quando ele estava guardando a arma, o outro gritou para ele atirar em mim. Ele me deu um tiro, eu caí no chão sem nenhuma reação, ele veio para perto e deu outro tiro. A impressão que eu sempre tive é a de que era um teste para ver se o cara tinha coragem de atirar mesmo, porque esse segundo tiro foi gratuito, eu estava no chão, sem a menor condição de reagir.** Um dos tiros me pegou na virilha, o outro foi no peito, atingiu pulmão, diafragma, explodiu o baço, a bala veio rasgando tudo, e está até hoje alojada na coluna, entre a L2 e a L3, ou seja, eu podia também ter ficado paralítico.

Mas o que mais me travou não foi o dano físico, mas sim a sensação de incapacidade de reação, de impotência total ali, na hora em que a coisa estava acontecendo... Isso é o que me travou muito, até hoje quando eu lembro e vem aquela sensação é muito ruim, eu fico muito chateado. Bom, aí me socorreram, eu fui operado, fiquei um mês internado, depois mais quatro meses em recuperação, fazendo fisioterapia e andando de muletas. Minha vida mudou bastante depois disso. A minha forma de encarar a vida, algumas coisas às quais eu antes dava muita importância deixaram de me incomodar, algumas que eu nem ligava passaram a ter valor. O trauma que fica é sob a forma de uma vigilância maior; por exemplo, hoje o trânsito me estressa não pelo fato de ficar parado, mas pela possibilidade de ser assaltado.

Hoje eu dou muito mais importância a sentimentos do que pensamentos, não sei se dá para explicar bem, mas o fato é que hoje eu dou muito mais importância para o que eu sinto do que para o que eu acho certo. Não que eu vá deixar de cumprir a lei ou algo do gênero, mas que às vezes dá vontade, isso dá...

Nos casos de sequestro, tudo depende da família. De como você vai abordá-la... Em qualquer caso de sequestro é fundamental o papel do policial que vai orientar a negociação. Se ele conseguir captar quem da família realmente representa o que todos estão sentindo, se ele identificar quem desempenha qual papel naquele grupo e estabelecer uma boa comunicação, aí o caso pode ter um bom andamento. É curioso, porque às vezes não é positivo colocar o líder da família para negociar, mas sim outra pessoa... Porque você precisa que a pessoa demonstre um certo sentimento ao telefone e, ao mesmo tempo, você precisa que ela se atenha àquilo que foi combinado. E isso às vezes é muito difícil, porque tem que ligar racional, aquilo mistura com o sentimental, e aí tem muita gente que não consegue. Então é muito importante você saber realmente o que aquela família está achando da coisa toda. A partir do momento em que você tem essa informação, aí você consegue, por assim dizer, manipular o quadro todo para que aquela pessoa que vai conversar com o sequestrador fale do jeito que você necessita naquele momento.

Alguns casos me deixaram bem emocionado, a ponto de chorar. Teve uma universitária que foi sequestrada, e foi até interessante, porque eu tinha programado tudo para passar quatro dias no Interior com a família, era um feriado prolongado. Esse sequestro estava em andamento, mas meio parado, aí deixei meu chefe encarregado de atender a qualquer novidade e fui. Aí eu cheguei, nem fazia uma hora, tocou o telefone. Era o pessoal dizendo que não conseguia falar com o meu chefe, eu tentei, e não consegui, aí imediatamente peguei o carro e voltei para lá. Fiquei 12 dias direto na casa deles, acompanhando tudo. E aí a negociação foi muito bem conduzida, deu tudo certo e fizeram o pagamento. Só que no dia seguinte, quando ela foi libertada, soubemos que ela havia sido estuprada no cativeiro. Isso me detonou de um jeito... Tanto que em vez de eu chegar para o pai e dizer que estava tudo bem, que não era tão grave assim, foi ao contrário, ele veio me consolar. De tão chocado que eu fiquei. Eu já tinha passado por outras situações até piores, mas essa família era tão bacana, tão querida... E a gente vivendo tantas coisas difíceis juntos, chega uma hora em que rompe a barreira do profissional, às vezes é inevitável. Você segura, segura, segura e aí chega uma hora que não dá mais.

No caso da polícia, especificamente na orientação de uma negociação, você precisa se concentrar no objetivo, então é muito necessário manter o racional atuando, a cabeça fria. O envolvimento emocional atrapalha, é preciso tomar decisões pautadas exclusivamente pela racionalidade. Se você puser qualquer sentimento na coisa, aí você pode deixar de fazer algo que deve ser feito ou, ainda, fazer alguma coisa que não deveria ser feita. E, lembre-se, isso pode custar uma vida. Então não é uma situação que a gente possa se permitir.

Há algumas coisas que nós temos que elaborar, então apesar de meu contato ser com a família, uma vez que a vítima está no cativeiro, a gente acaba pesquisando o maior número de informações sobre ela. A vida de quem está sequestrado é muito investigada por nós, isso pode ajudar na negociação. Os hábitos, relacionamentos, gostos... Se você não souber disso, pode perder oportunidades na negociação que podem atravancar a coisa.

O caso mais comovente que eu atendi foi um bem famoso, de um empresário que foi sequestrado perto do final de 2003. No início de 2004 foi feito o pagamento sem a prova de vida, apesar de nós termos recomendado que não fosse feito desse jeito, a decisão foi da família. Eu dizia para eles terem calma, irem devagar com o andor, porque o caso não me parecia resolvido. Muito pelo contrário, havia uma chance alta de repique – quando os sequestradores pedem mais dinheiro para libertar o refém –, ou mesmo de que ele estivesse morto. Tive que falar, eles estavam com muita expectativa, eu tentei ir preparando a família para o pior. Mas não teve jeito, assim que saiu a pessoa para fazer o pagamento eles colocaram um samba no som, começaram a dançar, a comemorar... Foi dito e feito, cinco minutos depois que quem fez o pagamento ligou para dizer que estava tudo certo, que um cara em uma moto havia pegado o dinheiro e ido embora, eles ligaram exigindo mais dinheiro. **Aí foi aquela ducha de água fria, mas quando ouvimos essa ligação já sabíamos que ele estava morto. Repiques acontecem, mas eles nunca negam a prova de vida quando eles têm...** Dois anos e meio depois a equipe em que eu estava na época prendeu os caras, e eles levaram onde estava a ossada. A história foi que no segundo dia de cativeiro ele tentou pegar a arma de um dos caras, não conseguiu e bateram muito nele. Ele morreu de hemorragia interna de tanta porrada que levou. Aí pegaram o cadáver, cortaram a cabeça não sei para quê, fizeram uma fogueira em um terreno baldio com pneus e jogaram ele lá. O crânio nunca foi localizado. Esse foi o que mais me chocou, eu já estava mais ou menos preparado para que ele estivesse morto, pois os caras insistiam que não iam dar prova de vida. Mas de qualquer forma eu fico chocado com o fato de a família não ter certeza de que ele estava morto por mais de dois anos... Isso é um absurdo.

Os bandidos... Imagina você fazer um gol, jogando na seleção brasileira na Copa do Mundo, fazer o único gol da partida aos 45 minutos do 2º tempo. É assim que eu me sinto quando eu pego um cara desses. Foi assim que nos sentimos recentemente, quando os dois maiores chefes de quadrilhas de sequestro foram presos. É a sensação de que esse não vai dar trabalho por algum tempo, não vai fazer mal aos outros, magoar as pessoas, não vai arrasar mais vidas...

As pessoas acham que nós, policiais, não temos medo... Nós temos sim! Uma vez eu estava em uma favela e tinha muitos policiais, era um domingo à tarde, e nós chegamos lá, mas o cara não sabia exatamente em qual casa era o cativeiro, então **nós fechamos a rua e fomos de casa em casa à procura do refém.** Nós levamos uns 20 minutos até conseguir achar o local. Era uma casa embaixo, escadas e a parte de cima, onde estava a vítima. A gente nem sabia se era embaixo ou em cima, o pessoal cercou a parte de baixo e entrou e eu fui com dois colegas para o andar superior. Só que só cabia um naquela escada, e eu estava na frente. Eu arrombei a porta, entrei, dei uma olhada, e não tinha ninguém, quando entrei no corredor tinha uma janela aberta, e aí uma porta. **Eu fui olhar a porta, abri, vi a vítima algemada no pé da cama e fui socorrê-la. Foi quando eu ouvi tiros, um atrás do outro... Era o sequestrador atirando em mim e meu colega, do corredor, atirando nele.** Eu de costas, não podia atirar, pois o colega estava na frente e tinha que proteger a vítima, estava praticamente deitado em cima dela e ainda por cima sem colete, não tinha dado tempo de colocar.

Recentemente dois colegas foram baleados, isso também é a pior coisa. Não foi estourando cativeiro, foi quando fomos prender um sequestrador. Os dois estavam posicionados... Era um sobrado, e acima dele havia uma varanda, e eles estavam ali. O cara começou a atirar lá de dentro, e eu estava embaixo fazendo a segurança, mas não podia atirar, os colegas estavam na frente, e ninguém nem sabia quem estava atirando ou não. Uma confusão! A pior situação é essa, quando você nem sabe de onde vem os tiros e nem sabe para onde ir, já que tem tiro para todos os lados. No fim eles foram presos, fizeram alguns telefonemas e acabaram libertando a vítima sem pagamento.

Isso de dizer que não tem medo de nada não existe, o medo é o que nos mantêm vivos. O cara que não tem medo nessa profissão morre muito rápido. O medo é útil, o segredo é saber controlá-lo o que também muitas vezes a gente não consegue. Também às vezes é difícil controlar a raiva... **Têm umas ironias do destino. Por exemplo, o sargento que matou aquele menino, o Yves Ota, teve o filho sequestrado. O menino estava morando com um tio que era cheio da grana, e acabou sendo sequestrado. E eu estourei o cativeiro, libertei o filho dele e entreguei, são e salvo. É uma ironia do destino porque o filho do sequestrador e assassino de uma criança teve melhor sorte do que a vítima do pai dele.** Então, independentemente de quem seja, se uma pessoa é vítima de sequestro, será tratada lá exatamente como é tratada qualquer família que passa por um momento terrível como esse. Seja milionário, seja ambulante, seja filho de bandido, o tratamento é igual.

A mídia? Se alguns delegados soubessem usar, ajudaria muito. Só que, em vez de aproveitar os benefícios que a mídia poderia trazer, eles, sei lá por quais motivos, conseguem atrapalhar todo o nosso serviço. Por exemplo, quando ninguém sabia que nós conseguíamos grampear telefones celulares era maravilhoso, muito útil mesmo. O suspeito não imaginava que estava grampeado e dava todo o serviço. Resolvemos muitos casos assim. Só que um delegado foi a um desses programas de televisão e contou direitinho como é que nós localizamos o cativeiro. Ele nem tinha participado desse caso! Ele quis saber como foi, leu o relatório e soltou isso no ar. Acabou a festa.

Outro problema são as operadoras de telefonia, inclusive as de celular. Os juízes, quando é caso de sequestro com cativeiro, liberam muito rápido a autorização para interceptar a linha. Só que as operadoras não cumprem o mandado na hora em que chega, isso é um serviço que não tem nenhuma remuneração para eles, então... Por exemplo, você tenta conseguir naquela maior operadora de telefonia fixa o histórico de chamadas de determinada linha. O juiz dá um prazo de 12 horas para cumprir, e 12 horas depois o mandado ainda está sendo analisado pelo departamento jurídico, aí vão ver se existe possibilidade técnica, inventam um milhão de desculpas... Isso é uma frustração violentíssima, você está com a investigação bombando, com possibilidade de salvar o refém, de prender a quadrilha e essa burocracia coloca tudo a perder. Ou seja, você depende dos outros e, por uma questão de dinheiro, você não poder fazer aquilo que poderia ser feito. Isso é muito frustrante.

Por outro lado parte da culpa disso também é de alguns policiais que usavam indevidamente esses recursos para situações pessoais, por exemplo, o ciumento verificar no histórico de chamadas com quem a mulher falou durante o dia. Houve abuso, e aí tiveram que cortar, hoje é só o delegado quem pode solicitar. Só que esse controle foi muito radical. Em vez de ver quem estava fazendo e punir, eles resolveram cortar, ou seja, decidiram curar uma unha encravada cortando o pé. Mas, independente de qualquer coisa, o fato é que você ficar esperando pela boa vontade dos outros é mesmo muito frustrante. Às vezes eu fico esperando um e-mail com dados decisivos para um caso e, quando eu ligo, a pessoa me fala que tem uma fila de mais dez na minha frente. Tem uma pessoa só para fazer o serviço para a Polícia Federal, Ministério Público, Poder Judiciário, Polícia Civil, Polícia Militar... A operadora disponibiliza um funcionário, às vezes dois para fazer tudo isso.

Graças a Deus nunca perdi uma vítima ali na hora do cativeiro, de estourarmos e acabar morrendo o refém. E eu não me lembro de nenhum caso na Divisão Antisequestro em que tenha acontecido isso. Já quase vi o sequestrador agarrar a vítima e ameaçar com a arma, mas no final acabou tudo bem.

Teve um caso de uma estudante da USP que me deixou muito abalado, o próprio caso daquele empresário que já estava morto também... Eu me senti... Eu acho que poderia ter preparado melhor a família e não consegui, porque na hora em que a pessoa saiu para fazer o pagamento e já começaram a comemorar eu percebi que o meu trabalho não foi bom, eles não se deram conta de que a coisa era mais grave. Talvez eu devesse ter sido mais claro e objetivo, por exemplo, dizendo que era provável que ele estivesse morto... Mas eu não consegui.

Teve um outro caso que para mim foi complicado, o de uma japonesinha que cortaram a orelha. Ela trabalhou bem isso e depois ficou bem, mas ali na hora do resgate, quando eu fui buscar ela em uma rodoviária em outra cidade, ela estava muito apavorada. Ela não tinha certeza de quem eu era, ela só teve uma reação mais favorável quando eu liguei para o irmão e ela conversou com ele. Mas mesmo assim ela ficou bem ressabiada, enquanto a família não chegou, ela não se abriu comigo, isso foi bem chato porque eu estava ali para salvar ela. Mesmo porque houve uma série de erros na condução da investigação. Esse foi um dos últimos casos que fiz nos equipe J, inclusive eu tinha acabado de convalescer de uma cirurgia cardíaca, tinha ficado três meses afastado e, quando voltei ao trabalho, tive que operar a apendicite. Esse foi o primeiro caso que peguei depois disso, sendo que o último antes das cirurgias foi aquele que me abalou, então acho que estava mais sensível. Nesse último pegamos alguns dos sequestradores, mas o cabeça conseguiu fugir por uma questão de minutos... Ele saiu de casa adiantado naquele dia e quando chegamos já não tinha mais ninguém.

Eu já conversei algumas vezes com sequestradores, assim, numa boa, para tentar entender o que eles pensam. Vou dar um exemplo, vou contar uma conversa que um sequestrador teve pelo telefone com uma vítima, que é o que eu acho mais próximo da maneira como eles raciocinam. Isso juntando o que ele falou com a convicção com a qual ele se expressou, isso só ouvindo dá pra sentir. Eram dois senhores, um de 72 anos e o outro de 69, e o parente mais próximo era uma sobrinha, mas eles tinham muito dinheiro. Os caras abordaram os dois, pegaram o mais velho e levaram para o cativeiro e liberaram o mais novo para correr atrás do dinheiro. No 14º dia do sequestro o cara ligou e disse: "já que você não vai arrumar o dinheiro é o seguinte, eu vou colocar o seu irmão em um buraco, vou colocar 10 pãezinhos um pouco de água e ele que se vire". O homem, que estava batalhando para libertar o irmão, não aguentou e perguntou, chorando: "mas, meu filho, porque você está fazendo isso conosco?" E entra a frase: "olha meu senhor, Deus pôs o dinheiro no mundo para todos nós, e vocês estão com a nossa parte, eu só estou pegando o que é meu por um direito divino". Na hora eu fiquei passado, a convicção com que ele falou isso me deixa arrepiado toda vez que eu lembro disso... Mas isso me marcou muito e toda a vez que vou conversar com alguém que foi preso, assim, depois de ter feito tudo, estourou o cativeiro, prendeu, e aí vamos bater um papo. Toda vez que entra nesse assunto, o espírito da coisa é mais ou menos esse: "estou sendo injustiçado por eles, eles trabalharam a vida toda para conseguir esse dinheiro, mas eu não tive oportunidade de trabalho". Aí a gente pergunta se isso justifica eles fazerem tudo isso e eles respondem que não sabem se justifica, mas que é a maneira como eles sabem fazer as coisas, resolver os problemas.

Só vi bandidos arrependidos de serem pegos, ou seja, naquele momento ele se arrependeu de ter cometido aquele sequestro, mas só porque ele foi preso. Para eles não existe sentimento, é um negócio. Pode chorar à vontade no telefone, implorar, se acabar que eles não se importam. O processo de um crime como esse é mais ou menos um jogo de quem finge mais, por exemplo, todo sequestrador ordena que a família da vítima não envolva a polícia, e eles fingem que acreditam que isso vai acontecer. Mas eles sabem muito bem que não é isso o que vai acontecer, e tudo bem. A família, por sua vez, tem que fingir que não sabe que os bandidos estão fingindo acreditar que a polícia não será envolvida. Enfim, a coisa toda é como um acordo implícito de negar a realidade, é como um jogo de fingimentos, só que na vida real. Nós já ouvimos todos os tipos de apelo, como, por exemplo: "pelo amor de Deus, você também deve ser pai, e vai entender o que eu estou sentindo..." Entende nada. Eles sabem exatamente o que estão fazendo, o que querem, o que vão fazer para conseguir e as consequências se forem pegos. Simples assim. E o pavor aumenta porque se eles não colocam o terror na coisa eles não atingem o objetivo: dinheiro. Agora, como eles vão aterrorizar alguém se eles têm pena? Não dá.

Sobre essa coisa da solidariedade, já vi casos em que o carcereiro se envolveu emocionalmente com a vítima, já vi mandarem depois cartinhas de agradecimentos por ensinar a jogar paciência no cativeiro, essas coisas... **O carcereiro é sempre mais sujeito a se envolver emocionalmente, seja da forma que for, do que os outros, como, por exemplo, o que negocia. Até porque tem um contato direto com o sequestrado, cuida dele, enfim, pode desenvolver um vínculo. Mas isso não vai impedi-lo de matar se for preciso. Mesmo que esteja envolvido, é capaz de tudo porque ele sabe que aquilo lá é o negócio dele, é assim que ele consegue o dinheiro.**

As estatísticas comprovam que o número de reféns mortos em cativeiro é muito baixo, cerca de 99% das vítimas saem com vida se as orientações da DAS são seguidas. Dos casos que a gente tem conhecimento, geralmente a morte do refém acontece por dois motivos: ou ele reconhece algum dos bandidos e deixa eles perceberem isso, ou tenta alguma forma de reação, como fugir ou dar trabalho no cativeiro, gritar, brigar, essas coisas. Nesses casos eles acham melhor não correr o risco. Mas isso é raro. O objetivo deles não é matar, machucar ou maltratar ninguém fisicamente, objetivo deles é ganhar. Eles sabem que qualquer coisa que aconteça no cativeiro com aquela vítima, com raríssimas exceções como no caso daquele empresário que foi morto, eles não vão receber o dinheiro. É muito difícil uma família pagar sem prova de vida, faz parte do jogo que a vítima esteja viva. Inclusive, eles evitam ao máximo machucar a vítima, mesmo porque dá muito mais trabalho cuidar de uma pessoa machucada no cativeiro, uma vez que ela fica gemendo, gritando, e talvez alguém passe por ali e ouça... Dá muito mais trabalho cuidar de alguém com fome, com frio, com sede.

O pessoal fala que é muito diferente o trato com quadrilhas pé-de-chinelo e profissionais, então deixa eu falar uma coisa: não existe ladrão profissional. Simplesmente porque ser ladrão não é ter uma profissão, roubar não é profissão. Existem os mais experientes, e os que têm menos experiência. Nem todos que sabem fazer sequestro. Tem uma infraestrutura boa e nem todos os que têm uma boa infra sabem fazer o sequestro. As vítimas correm muito risco a partir do momento em que elas são sequestradas, não interessa quem seja o sequestrador. Por exemplo, as nossas últimas duas grandes prisões, o Chacrinha e o Sombra, esses dois sabiam exatamente como fazer um sequestro. E, no entanto, o Sombra era um louco, ele cortava a orelha da vítima com faca de pão sem ter necessidade nenhuma, estuprou algumas meninas... E eram sujeitos muito experientes, eles não tinham feito um ou dois, eles fizeram vários sequestros. O Chacrinha era um velhinho de cabelos branquinhos, parecia frágil, muito meigo, aplicando insulina porque era diabético... Só que era outro monstro com as vítimas.

Ser policial no Brasil, ou pelo menos em São Paulo, é como ser a ovelha negra da família, é uma coisa que não dá dinheiro, e que infelizmente é socialmente condenável. Fatalmente quando você disser que é policial, a pessoa já vai relacionar com corrupção, brutalidade, tortura, com isso e aquilo, sendo que não é o que acontece na maioria dos casos. Só que o que vende o jornal é quando o policial está errado, e nós ainda somos vítimas de uma discriminação muito grande. Minha família hoje, depois de 24 anos de profissão, já está mais acostumada, mas se eu disser que eles encaram isso numa boa, estarei mentindo. Apesar de me conhecerem, eles sabem que eu não sou corrupto ou corrompido, mas não gostam que eu seja policial. Eles têm medo que eu tome um tiro... Nada me tira da cabeça que meu casamento de 16 anos terminou por causa do tiro que eu levei, e que não tinha nada a ver com a minha atividade policial. Nada me tira isso da cabeça. A pressão que eu sofri para sair da polícia, para ir trabalhar em alguma profissão que desse mais dinheiro, foi tremenda e acabou indo cada um para o seu lado. Eu queria ficar onde estava.

A única grande da frustração da minha vida foi não ter tido filhos. Eu sou completamente apaixonado pela minha mulher, ela já tem três filhos e não pode mais ter mais. O medo que eu saia de manhã e não volte talvez fique mais para as crianças, para a minha mulher não. Ela tem também uma profissão bem estranha, é enfermeira do SAMU (Serviço de Atendimento Móvel de Urgência) e precisa entrar em algumas bocadas também nada fáceis, então se ela se sente assim não demonstra. Assim como eu também não demonstro, quando ela sai pra trabalhar, que eu fico ali meio cabreiro pensando "puxa vida, vai dar tudo certo".

A primeira faculdade que eu fiz na minha vida foi Engenharia Mecânica, fiz três anos e abandonei porque não tinha absolutamente nada a ver comigo. E assim foi também com as outras... Fui para Comunicação na USP por dois semestres, aí Comércio Exterior por dois semestres, mais quatro semestres de Letras, e aí abandonei. Agora só me resta praticar a área de biológicas, aí pensei primeiro no que não queria ser... Quando me informei sobre a enfermagem, parece até que eu me achei. Acabo a faculdade este ano, já prestei o concurso para o SAMU, passei e estou esperando ver se serei chamado. Eu acho que vou me sentir tão bem quando eu conseguir salvar alguém como eu atualmente me sinto quando tiro alguém de um cativeiro. Quero continuar tendo essa sensação, é muito boa!

A atividade de policial é bastante estressante, não pela atividade em si, mas por todas as circunstâncias que a gente passa para conseguir exercer a atividade. A falta de estrutura, falta de vontade, falta de conhecimento, não reconhecimento, mas conhecimento do que é a polícia por parte de quem manda na gente. Falta total de discernimento do que é a polícia e do que é a política, para que serve uma coisa e a outra, de desvios de função muito chocantes, somos obrigados a fazer coisas que não tem nada a ver com a função que deveríamos exercer diariamente.

Um exemplo é a Polícia Civil, a polícia judiciária tem que prover o poder judiciário de provas que possam levar um sujeito a julgamento. A Polícia Militar faz o patrulhamento ostensivo e preventivo fardado, ou seja, ela tem que impedir que o crime aconteça. No entanto, por uma briga de poder que acontece aqui em São Paulo, eu não tenho o conhecimento de outros estados, então me refiro a este, a Polícia Civil brinca de Polícia Militar, e vice-versa, uma atrapalhando a outra. Nós temos, por exemplo, na Polícia Civil, grupos como o GARRA e o GOE, que não têm absolutamente nada a ver com investigação. São grupos para o patrulhamento ostensivo preventivo. É que eles tentam disfarçar chamando de patrulhamento preventivo especializado, e que não tem nada de especializado na verdade. O patrulhamento preventivo especializado deve ser feito por alguém que conheça muito bem determinado tipo de crime, que vai fazer o patrulhamento em uma área determinada, em que aquele crime tem grande incidência, que conhece os caras que praticam este tipo de crime e que vai prevenir a ocorrência deste crime específico.

Então vou dar um exemplo prático. Meu chefe me chamou na quinta-feira e disse "olha, vai ter uma operação do DEIC neste fim de semana, entre hoje e a madrugada de sábado para domingo, não sabemos a hora exata, não sabemos nada. Posso escalar você?" Eu falei que podia, claro. Aí ele disse "então vou escalar você, mas tem que ir com roupa preta! Esse negócio de usar farda não é da Polícia Civil". Seria uma operação com todo mundo uniformizado, para fazer não sei o que e não sei onde, com viaturas caracterizadas. Você já viu alguém investigar alguma coisa com uma viatura estampada Polícia Civil, departamento tal e ainda por cima fardado? Quer dizer, não tem nada a ver com a função da Policia Civil. **Aí chega um cara do DENARC que demora sete, oito, dez meses para se infiltrar em uma quadrilha, e, quando ele consegue chegar no cara que está distribuindo três quilos de pó por mês para conseguir alcançar o chefão do tráfico e cortar o mal pela raiz, vem alguém da PM que recebeu a informação básica, dos três quilinhos por mês, vai lá e prende o cara... Quer dizer, todo aquele serviço de investigação, que foi feito com todo o cuidado e paciência, que demorou 10 meses, foi tudo por água abaixo. Tempo, recursos, tudo perdido porque alguém resolveu fazer um serviço que não era o dele.**

O mais estressante da ação no nosso departamento, na minha opinião, é você invadir um cativeiro, ter algum tipo de reação dos sequestradores, e que essa reação possa causar algum tipo de risco para a vítima. Isso estressa bastante, correr o risco de acertar a vítima ao invés do bandido. Nunca aconteceu comigo ou com as equipes que eu trabalhei, mas é um fator estressante e, por mais que tenhamos decorado o rosto ou porte físico da vítima através de vídeos e fotografias, nunca sabemos exatamente o que vai acontecer lá dentro. Muitas vezes não tem iluminação nenhuma, e as desvantagens são muito grandes. É, sem dúvida, o pior momento, porque, enquanto a vítima não estiver segura, a coisa ainda não está resolvida.

Quando nós estouramos um cativeiro e conseguimos achar o refém, o que vemos nos olhos dele é o pavor, porque ele não sabe exatamente o que está acontecendo. Quando a situação está segura, depois que a gente se identifica, a primeira coisa que tentamos fazer quando dá é pegar o telefone e ligar para família, porque, ao ouvir alguma voz conhecida, essa pessoa se sente mais confiante e aliviada. Não é que você entra, fala que é da polícia e eles creditam de cara, eles ficam muito assustados, muitas vítimas já me relataram que na hora que entramos no cativeiro elas acham que era uma pegadinha dos sequestradores para ver qual a reação delas... E mesmo nós estando com os coletes elas não acreditam que somos da polícia.

Em um segundo momento vêm os beijos, abraços e até risadas de nervoso... E se aliviam quando veem que não estão mais naquela situação de perigo, só que o que elas não se dão conta – ainda bem – é que nem sempre estamos seguros, muitas vezes estamos em uma favela e tem todo um procedimento para tirar todo mundo a salvo de lá de dentro, uma vez que pode haver alguma reação de algum remanescente da quadrilha quando estivermos saindo ou qualquer coisa assim. Mas geralmente as vítimas, quando estão em uma situação mais confortável e menos arriscada, choram ou riem sem parar, e somente ficam um pouco mais centradas quando veem alguém da família, só aí talvez elas tenham uma sensação de alívio efetivo, completo.

Na hora em que eu vejo a vítima ali no chão, muitas vezes algemada e machucada, não sinto nada. Porque naquela hora só consigo focar em saber se ela corre risco de ser morta, então não dá muito tempo de ficar impressionado com a cena porque a situação está ainda muito tensa. Para nós, existe a necessidade de tirar a vítima do cativeiro o mais rápido possível e em segurança. A urgência é porque precisamos, com o menor dano possível, cumprir o que temos que cumprir e acabar com a sensação de risco para ela e para nós. Até cortar a corrente e enquanto não sairmos com ela daquela região, todos nós estamos em risco. Uma vez fui abordado quando estava com uma vítima que tinha sido libertada para fazer o reconhecimento de um cativeiro. Foi complicado, o cara chegou perto, e eu tive que fugir, pedir apoio pelo rádio... Isso tudo apesar de estar em carro descaracterizado, só com a sirene, e mesmo assim eles vieram me abordar. Então a situação é arriscada enquanto você está ali, no território deles.

O pior caso que eu vi foi um em que eu fui para dar apoio na invasão do cativeiro. **Era um senhor que quando foi localizado já estava há mais de 40 dias amarrado em um cubículo e apanhava todos os dias. Ele tinha que urinar e defecar naquele lugar, ficou o tempo todo em cima da cama sem poder sair, quase sem água e comendo só uns biscoitinhos muito de vez em quando. Você pode imaginar o estado daquele local, tudo sujo, podre, um cheiro pavoroso e ele tendo que ficar ali, amarrado. Essa foi a vítima que eu vi em piores condições, ele parecia ter saído de um campo de concentração desses que a gente vê em filmes de tão magro que estava.** A minha sensação quando vi isso... Bom, eu fiquei no veneno para pegar os caras. Não para matar ou qualquer coisa assim, mas para fazer eles verem o que fizeram com um ser humano, porque isso não se faz com ninguém, não é lógico, natural ou normal. Isso é uma aberração. Quem fez aquilo não pode ser considerado um ser humano, eles não têm os requisitos mínimos necessários para serem considerados gente. Alguns falam que os chefes da quadrilha não dão dinheiro para comprar comida para o refém, mas isso não exime a culpa do carcereiro, ele assumiu a bronca de fazer uma coisa dessas, manter alguém lá até ficar nesse estado.

O estresse maior recai em cima do negociador, que fica no lugar que escolhem como central até resolver o caso. E eles têm muito medo de errar, de não conseguir seguir as orientações. Eles sentem necessidade de decorar um texto, por mais que eu diga que não há uma frase pronta para isso. Então é muito comum ver enormes quadros improvisados com vários lembretes escritos ou pendurados, orientando sobre o que fazer em cada uma das ligações recebidas. Isso me enche de medo, porque o cara do outro lado não decorou o mesmo texto e se ele perceber isso é perigoso, ele tem que acreditar que o negociador do lado de cá está agindo dessa forma seguindo a ideia dele mesmo. É um momento de muita frustração e impotência, não há nada a ser feito, quem dá as cartas são os bandidos. Eles ligam quando bem entenderem, xingam, pressionam e desligam o telefone abruptamente, isso deixa a família em frangalhos.

Teve um caso meio bizarro, era um rapaz que foi sequestrado no início de 2002, em uma época de muitos sequestros em São Paulo. O moço foi sequestrado na Av. Paulista, e a família era do outro lado do país, muito longe, lá para os lados de Mato Grosso. Ele tinha um irmão que morava em uma outra cidade no interior e que assumiu as negociações. Eles eram fazendeiros e tinham muito dinheiro, mas o pai não conseguia passagem para vir, então o irmão atendia às ligações. Eu sei que cada pessoa reage de uma maneira diferente, mas o sequestrador pensou que aquele não era o irmão do refém, que com certeza deveria ser um policial, porque ele não ficava nervoso, não chorava... Tive que aconselhar ele a demonstrar alguma emoção, mas ele não conseguia, dizia que não tinha jeito, que só pensava no que tinha que falar. Eu falava "pelo amor de Deus, esquece o que tem que falar, comece a chorar e a implorar" e os caras ficaram ligando sem parar até as quatro horas da manhã. E ele não conseguia, estava travado.

Aí, no dia seguinte, o pai dele chegou, e queria saber como estava a situação. Nós contamos e falamos que foi muito bom ele chegar, porque alguém que demonstrasse sentimento, emoção, ia ter que assumir a negociação, a coisa estava ficando perigosa. Aí de repente o telefone tocou e o irmão atendeu. Eu fiquei impressionado, e não entendi nada, ele chorava com as lágrimas escorrendo, gritava e berrava... Ele demonstrou tudo que tinha que demonstrar, e ainda falou tudo que devia e como devia. Ele fez do jeito que eu sempre quis que uma vítima fizesse, foi uma coisa perfeita! Aí acabou a ligação, ele parou imediatamente e perguntou "e aí, fui bem?" Foi feito um pagamento de R$ 12 mil na época, o que até que foi muito bom porque no começo eles pediram R$ 70 mil. Chegaram no cativeiro só R$ 2 mil, porque no meio do caminho os sequestradores já passaram na boca de cocaína para pagar o que deviam, até no açougue eles pagaram dívida! Eu fiz todo o caminho deles depois. No cativeiro repartiram o dinheiro, e no dia seguinte libertaram a vítima. No dia seguinte mesmo começamos a prender todos os envolvidos. Foram 15 pessoas no total.

Esta quadrilha tinha 14 sequestros e todos no mesmo esquema. Era curioso, porque eles sequestravam a pessoa a pé na Av. Paulista, pegavam o ônibus com a vítima, iam até a Estação da Luz, pegavam o trem e iam para Ferraz de Vasconcelos e lá havia um taxista da quadrilha os levava ate o cativeiro. Pena que não deu pra libertar ele antes do pagamento, mas aquele cativeiro seria muito complicado para achar. Se não prendêssemos alguém, não iríamos chegar lá.

Mas é muito importante a empatia entre o policial e as pessoas que estão responsáveis pela negociação, sem isso fica mais difícil trabalhar. Já tive um caso em que a família fazia tudo exatamente o contrário do que nós falávamos. Aí chegou a uma certa altura do campeonato em que eu disse "olha, eu não estou entendendo por que vocês estão agindo dessa forma". Era a tia da vítima que não estava acatando as orientações. Aí ela falou: "tudo que eu quero fazer você não deixa, e tudo que eu não quero fazer você fala que eu tenho que fazer!" Aí eu já estava nervoso e temendo pela vítima, a situação estava ficando muito complicada, e eu disse "ah, então o problema sou eu, está bem". Chamei o meu delegado, disse que estava saindo da casa, para mandarem alguém para lá. Aí eu fui para a delegacia, porque não é possível que eu possa, por conta de ela ter algum tipo de problema comigo que eu até hoje não descobri qual foi, colocar em risco a vida da vítima. Inclusive o delegado já tinha conhecimento dos fatos, pois o telefone dela estava grampeado, só que ela não sabia.

Mas era demais, por exemplo, falei para ela ir na casa da sobrinha porque lá havia o identificador de chamadas, e que anotasse em um papel todos os números que fizeram ligações para lá. Era para ela anotar e levar para mim, uma vez que eu não podia passar na casa da vítima, porque alguém da quadrilha poderia estar vigiando, poderiam desconfiar, então pedi a ela para ir. Se contar ninguém acredita, ela chegou na casa da sobrinha, e fez 100 ligações para os 100 números que estavam no identificador, perguntando porque tinham ligado para a sobrinha dela que estava sequestrada! Ela fazia coisas do gênero. Então, sabe, isso foi um exemplo para ilustrar que eu não posso, por causa deste tipo de comportamento, correr o risco de aumentar o risco que a vítima está correndo. Melhor sair fora e deixar outra pessoa tentar, quem sabe bate o santo, sei lá. Aí o delegado foi lá, e então, aos poucos, ela começou a entrar no esquema. Mas foi difícil.

Uma das coisas que aprendi quando fui baleado é não pensar muito no futuro ou fazer muitos planos, não no sentido de ser pessimista, nada disso. Assim, quero dizer que é preciso viver muito o presente e planejar só o necessário, não colocar muita energia em um futuro distante. Mas o que eu quero para mim é ficar tranquilo, com essa mulher que eu adoro, ficar bem velhinho e dizer "amor, acha os meus óculos! Amor, você não está com a minha bengala?", essas coisas... E em termos profissionais assim que eu me formar vou ver se consigo conciliar a polícia com a enfermagem e, se não der para dar conta dos dois juntos, eu acho que eu vou partir para a enfermagem. Sinto que o meu tempo nessa área da polícia está acabando, já dei a minha contribuição para a sociedade, quero fazer isso agora de outro jeito.

A pior coisa nessa profissão é de longe quando você precisa matar alguém. É preciso ter muita coragem para falar sobre isso, é um tabu. Eu nunca consegui me livrar da minha consciência e, apesar de saber que não havia alternativa, que era eu ou ele, é uma coisa absolutamente horrorosa que eu preferia nunca mais ter que repetir. Mas infelizmente as circunstâncias não deixam, eu tenho que optar e se tiver que escolher entre o bandido e eu ou meus colegas, a escolha já está feita. Mas são marcas que nunca vão sair e, ao contrário dos assassinos que fazem isso à toa, para roubar por exemplo, as pessoas de bem sentem muito quando isso acontece. Eu aprendi a lidar com isso, mas não acho que tenha capacidade de lidar tão bem a ponto de esquecer. Eu me lembro de cada uma dessas ocorrências, tem coisas que a gente nunca esquece. É um dilema ético e filosófico porque eu sinto que tudo o que eu condeno em uma pessoa, isso de matar o seu semelhante, eu mesmo fiz e talvez tenha que fazer de novo. E não importa muito o quão justo tenha sido o motivo, isso não aplaca a dor, é algo ruim, uma sensação horrível sempre, é pior do que uma cicatriz, porque a cicatriz a gente pode ignorar. Isso não. A cada ação sempre nos perguntamos "será que teremos que passar por isso de novo?!". E isso influencia a nossa decisão de participar ou não de uma ação, quando temos o poder de decidir, o que nem sempre acontece. Mas às vezes tem que ir e não tem jeito. Sei lá, é difícil falar sobre isso, não é bom, é algo muito íntimo, difícil de fazer os outros entenderem.

O tabu em torno desse assunto não é pelo fato em si, temos que voltar para a época do militarismo para entender que essa censura foi criada porque existiram diversas ocorrências de mortes que foram reportadas como resistências à prisão e que na realidade não eram. Então não se fala nesse assunto, evita-se a todo o custo porque seria catastrófico se forem cavar e descobrirem que na verdade não havia necessidade disso, que o cara fez porque quis fazer e pronto. Esse é o tabu, não pelo que se sente, mas um resquício criado pela necessidade na época de encobrir um fato. Já o meu problema em falar sobre isso é que a coisa – pode até chamar de trauma se quiser – aflora ainda mais, não tem nada a ver com a corregedoria, até porque as investigações sobre o que aconteceu exatamente são rigorosas cada vez que rola uma baixa. E se houver qualquer dúvida... pode significar o fim da carreira do policial ou pior.

Quando eu imagino o que poderia ser mais traumatizante na minha profissão eu tenho certeza de que seria entrar em um cativeiro e errar o alvo. Graças a Deus isso nunca aconteceu comigo, mas sei que seria o caos. Para mim, matar um bandido é quase um caos, imagine uma vítima... E ela já passou por tanta coisa, imagine ainda correr risco na hora da invasão do cativeiro, é bem estressante também. **E eu já vi vítimas com os dedos cortados e só um lencinho pra segurar o ferimento, com fita isolante grudada há dias nos olhos, correndo o risco de uma infecção. Sinceramente eu consigo entender e até aceitar o cara que sequestrou ligar para a família apavorando, mas estando com a vítima no cativeiro para que maltratar? Para que deixar sem banho, sem água... isso eu não entendo!**

Eu penso muito também no lado da vítima, quando ela está lá dentro e não pode fazer nada. Sei disso porque o que mais me marcou quando fui baleado foi a sensação de impotência, de ver o cara me encostando a arma aqui na altura da cintura e não poder reagir, fazer nada a não ser obedecer, é muito ruim isso! E depois eu ali no chão, sem poder fazer absolutamente nada, incapaz. Me senti como uma folha ao vento, que o cara sopra para onde ele quiser e ela vai... Eu vi na minha carreira famílias que depois de uma ocorrência dessas se reestruraram de uma forma muito legal e, ao contrário, grupos que antes eram muito estruturados e se desmancharam totalmente. Depende muito de como cada um vai lidar com a coisa. Eu acho que todo mundo, depois de passar por isso, devia ser obrigado a passar por uma terapia porque não existem pessoas, seja o sequestrado ou os que ficaram de fora, que não mudem a maneira de agir. Uns mudam para melhor, outros para pior, eu acho que a terapia ajudaria todos a mudarem para melhor.

A pessoa que sai do cativeiro e a família ficam com muito medo de isso acontecer de novo com eles. Mas as estatísticas comprovam que a chance de reincidência é muito pequena. Que eu me lembre, nós só tivemos um caso em que a mesma pessoa foi sequestrada pela mesma quadrilha e, mesmo assim, foi um caso sui generis. Eu estava cuidando de um caso em que a vítima, uma moça, disse que enquanto estava lá presa viu chegar uma outra vítima, uma senhora que não falava muito bem o português. Nós localizamos esse cativeiro com a ajuda dela e quando invadimos essa senhora estava lá, ela tinha sido sequestrada em janeiro e não avisaram a polícia porque o marido tinha seguro contra sequestro e, como pagaram bem e rápido, a libertaram. Só que os bandidos perceberam que tinha sido muito fácil e a sequestraram de novo em outubro, aí ela deu sorte de a gente ir averiguar a dica da outra vítima. Esse foi um caso de uma mesma pessoa pela mesma quadrilha, mas foi só uma nesses anos todos de DAS. Da mesma família pela mesma quadrilha vi uns três ou quatro casos, assim como da mesma família por quadrilhas diferentes, também uns três ou quatro.

As pessoas fantasiam que os bandidos ficam com raiva, especialmente se não ganham o que querem e que vão voltar. Os sequestradores não ficam com raiva, isso não existe, é um conceito errado que se forma. Eles pensam que é um jogo e topam entrar nessa só pelo dinheiro que essa pessoa possa trazer, não é uma coisa pessoal. Eles pensam assim: "se eu não conseguir este dinheiro eu vou conseguir outra fonte", normalmente eles sabem muito pouco dos hábitos da família ou da pessoa que vão sequestrar. A grande

parte do que ficam sabendo são informações dadas pela própria pessoa que está lá no cativeiro, ameaçando matá-la. Antigamente eles sabiam tudo da família, quanto dinheiro tinham em casa, imóveis. Atualmente não, eles sabem muito pouco sobre a rotina da pessoa, apenas o indispensável para poder abordar ou, por exemplo, interceptar no caminho do trabalho ou da escola. Sabem que existe a possibilidade de arrumar algum dinheiro pelo tipo de trabalho ou tipo de emprego que a pessoa possui, mas não têm muita certeza disso, vão descobrir no decorrer do sequestro. Hoje em dia um negociador do lado de lá é terceirizado, ele não faz parte da quadrilha, é contratado para fazer aquela negociação e ponto, leva um valor combinado à parte. Mas eles, os sequestradores, até querem que a vítima tenha medo de acontecer de novo, se divertem com isso.

As quadrilhas são diferentes e agem de formas diferentes, é muito difícil a "venda da vítima" para outra quadrilha. Após todo o risco de pegar a pessoa na rua, o perigo de manter ela no cativeiro por um determinando tempo, todo o trabalho de negociar e pegar algum dinheiro que é um dos momentos mais perigosos para eles... Depois de tudo isso você daria o prêmio que é a vítima de mão beijada para alguém que não fez nada ganhar mais dinheiro ou, se for mesmo o caso de mantê-la presa, continuaria com essa vítima para fazer um repique e ganhar mais dinheiro?

Várias vezes pegamos os bandidos na hora do pagamento, mas é muito arriscado em todos os sentidos, tanto para os policias envolvidos, para a pessoa que vai fazer o pagamento, para a pessoa que vai receber o pagamento e para a pessoa que está no cativeiro. Quando se toma a decisão de pegar o sequestrador no pagamento é porque ou a oportunidade é boa, com chances de dar certo, ou porque a coisa não está muito bem encaminhada e são grades as chances de que matem a vítima com ou sem resgate. É muito arriscado para todo mundo! E o que eu digo para todas as famílias de vítimas de sequestro do mundo é o seguinte: o dinheiro é seu, quanto vale a vida de uma pessoa? A vida de uma pessoa não tem valor, por mais que se queira não dá para estipular um valor! O que se negocia ali não é o dinheiro em si, é o convencimento. Partindo deste princípio, o que eu puder fazer para diminuir o risco que a vítima em cativeiro está correndo, eu vou fazer.

Se é arriscado demais eu pegar o cara no pagamento eu desisto, porque tudo o que a gente faz naquela hora pode ter repercussões sérias lá no cativeiro. A gente tem que avaliar muito bem qual o tipo de consequência isso pode gerar e com que rapidez nós vamos conseguir descobrir o cativeiro, porque pegou o cara no pagamento tem que dali já partir para o cativeiro para não dar tempo de matarem a vítima. Não podemos correr esse risco porque pode acontecer de dar alguma coisa errada nessa ação e, por exemplo, nós tivermos que matar o cara se ele tentar reagir e aí ele não conseguir falar onde é o cativeiro... Enfim, a decisão tem que ser tomada com muito cuidado e com a cabeça fria, sem envolvimento emocional, existe a real necessidade de separar as coisas.

Tem algumas coisas que eu não entendo bem, por mais que eu tente. Você chega na favela e conhece um casal, o pai e a mãe trabalham feito loucos para sustentar os três filhos. Esses filhos trabalham desde molequinhos, estudam, fazem o serviço doméstico e ajudam no que é possível. E eles moram no mesmo lugar, frequentam os mesmos lugares, vivem no mesmo ambiente e vão para a mesma escola. Aí um deles que se transforma em um desses que a gente precisa pegar, em um monstro que vai cometer todo o tipo de atrocidades com seu semelhante: amarrar, bater, xingar, manter em cativeiro, arrancar as unhas, amputar membros...

A minha mensagem final para os que lerem esse depoimento é a de que, em primeiro lugar, as pessoas precisam perder o preconceito que tem contra a polícia. A policia é uma coisa boa, necessária. O que eu posso garantir é que a grande maioria dos policiais são pessoas decentes, vocacionadas, que gostam do que fazem e que não usam a carreira para roubar como a maioria das pessoas pensa. Tem também a crença de que policiais são pessoas burras, de baixa escolaridade, mas 70% hoje dos investigadores de polícia têm diploma universitário e estão preparados para lidar com muitas situações. Uns mais e outros menos, dependendo da especialização de cada um.

Em segundo lugar, não deixem de procurar a polícia cada vez que forem vítimas de um crime, nao interessa qual seja este crime. Se você deixou de procurar a polícia porque vai demorar para fazer o B.O. na delegacia ou porque o relógio que te levaram não vale nada, tenha em mente que pela falta deste dado nós não conseguimos programar uma ação eficiente para combater quem está praticando este tipo de crime.

Em terceiro lugar, tem alguém vítima de sequestro na família? A melhor forma de ajudar nessa situação específica é procurar a DAS aqui de São Paulo. Não adianta chegar o político fulano de tal, o Presidente da República, o Papa e falar para fazer dessa ou daquela forma... Gente, não adianta ser amigo de coronel, de delegado, de nao sei quem, porque se não for da DAS, que é a delegacia especializada nesse tipo de crime, com centenas de casos resolvidos, há um risco muito grande de não dar certo. Quem sabe trabalhar com sequestro é a DAS! E quero deixar claro que nós trabalharemos igualmente para todos, não interessa se o cara é faxineiro ou magnata, vítima de sequestro não tem padrão, é vítima de sequestro e ponto. E a gente trabalha com todo mundo igual. Entenda que não falta boa-vontade, mas que em uma situação como essa a ação tem que ser muito específica e há um risco real de morte e quanto mais demorar para entrarmos em ação, pior fica. Procure a DAS imediatamente ao ter em sua família uma vítima de sequestro, o pessoal vai estar lá a postos, lhe dará o acompanhamento necessário e sabe exatamente o que fazer.

Capítulo 6

A evolução de um Transtorno de Estresse Pós-Traumático não resolvido

Para muitas pessoas, o fato de desenvolver um quadro psicológico resultante de um acontecimento aparentemente corriqueiro nos dias de hoje como um assalto a mão armada em um farol de trânsito é de certa forma constrangedor, pois isso pode ser erroneamente interpretado – por familiares, por amigos ou até mesmo pela própria pessoa – como um sinal de fraqueza. Portanto, a pessoa pode vir a tentar esconder até de si mesma o sofrimento psicológico e o eventual desconforto físico gerados por essas sensações.

Como esses sintomas tendem a se agravar e cronificar ao longo do tempo, essa "camuflagem" vai perdendo força para a intensidade do quadro. Finalmente, por acabar interferindo basicamente nas atividades profissionais, a pessoa se vê sem outra saída a não ser a de procurar ajuda. Saliente-se que, nesse momento, o quadro pode ter se agravado a tal ponto que não se trata mais apenas de um TEPT, mas sim da sua cronificação em outras patologias psiquiátricas. A seguir, fornecemos uma explicação básica das mais comuns.

Transtorno do Pânico

A mais comum delas é o chamado Transtorno do Pânico, diagnóstico muito comum e até facilmente confundido com o Transtorno de Estresse Pós-Traumático, no qual a pessoa costuma ter esporadicamente crises agudas de ansiedade e angústia com sensações físicas intensas de aperto no peito, falta de ar, taquicardia e tonturas, chegando a pensar que está tendo um ataque cardíaco e até comumente recorrendo ao pronto-socorro.

> Rosemeire chegou ao consultório e relatou ter passado a apresentar subitamente crises agudas de mal-estar físico, que a faziam pensar estar sofrendo um ataque cardíaco. Já havia procurado vários médicos, fez inúmeros exames e nada de concreto foi constatado. Só depois de uma verdadeira via crucis médica, ela foi diagnosticada com o Transtorno do Pânico. Chegou ao consultório tomando diversas medicações e aflita com a possibilidade de ficar louca. Durante a entrevista, relatou que nunca sentira algo parecido e não conseguiu estabelecer um motivo para tal quadro. Questionada sobre a história de sua vida, Rosemeire disse ter sempre levado uma vida alegre e feliz, sem sobressaltos. A palavra "sobressalto", no entanto, fez com que ela parasse e ficasse pensativa, como se estivesse em outro lugar. Ao ser perguntada sobre o que passava pela sua cabeça, ela respondeu que havia se lembrado de um episódio aparentemente tolo, enterrado em sua mente, que fora um assalto à mão armada em uma esquina da cidade de São Paulo. Conta que ficou muito nervosa ao ver o revólver apontado para a sua cabeça e, trêmula, entregou ao assaltante todos os seus pertences. Chegou em casa, ainda ofegante, com náuseas e taquicardia, mas tranquilizou-se com o famoso ditado: "Vão os anéis, mas ficam os dedos". Como isso é um fato bastante comum, Rosemeire não deu maior atenção e guardou a lembrança traumática no fundo da sua mente. Continuando a entrevista, ela pôde associar claramente seus sintomas de pânico ao terror que sentira naquele momento.

Depressão

Um outro quadro é a chamada Depressão, em que reside no indivíduo um certo grau de desânimo e descrédito na vida e nas pessoas, levando-o, muitas vezes, a isolar-se.

> Joaquim veio ao consultório trazido por sua filha porque, já há algum tempo, os familiares haviam notado que seu desempenho à frente da indústria que comandava não apresentava o mesmo vigor de antigamente. Além disso, ele também não demonstrava interesse por atividades de lazer e esquivava-se de comparecer a compromissos sociais

> com frequência. Na entrevista, Joaquim revelou que sua vida havia perdido o sentido, não demonstrando nenhum interesse sexual, afetivo ou familiar. Ao ser inquirido sobre a origem desses sintomas, a princípio ele não sabia responder. Ao longo da conversa dirigida, ele conseguiu estabelecer o início insidioso desses sintomas há cerca de dois anos, sem que nada aparentemente justificasse. Insistindo no questionamento, ao lhe ser perguntado se algo o havia abalado emocionalmente nos últimos tempos, ele relatou, um tanto quanto constrangido e procurando minimizar o fato, que há quase quatro anos sua filha sofreu uma tentativa de abuso sexual. Contou que, apesar de ficar bastante chocado quando soube, lidou com isso como se fosse uma das contingências da vida, embora durante algum tempo o pensamento voltasse repetidamente à sua cabeça. Diz que isso passou e, a princípio, não via relação entre um fato e outro. Numa segunda entrevista, Joaquim contou que pensara bastante sobre o que havia sido conversado e que chegara à conclusão de que o fato ocorrido com sua filha associado a outros pequenos "desgostos com a humanidade" poderia, sim, estar influenciando seu estado.

Transtorno de Ansiedade Generalizada

Outra manifestação possível é o chamado Transtorno de Ansiedade Generalizada (TAG), que consiste em uma preocupação excessiva (expectativa apreensiva) que ocorre cotidianamente com algum fato não identificado. Inclui inquietação, fatigabilidade, irritabilidade, tensão muscular e perturbações do sono.

> Maria do Socorro, uma dona de casa de cinquenta anos residente em um bairro distante de periferia, buscou ajuda profissional porque começou a notar que seu estado de espírito estava progressivamente se tornando inquieto e irritado, mas não sabia precisar quando essa mudança havia começado. Percebeu que situações antes perfeitamente toleráveis agora geravam reações de irritabilidade e raiva. O ponto alto que a fez procurar ajuda foi quando, em uma discussão banal com o marido, arremesou-lhe uma panela na cabeça. Esse fato, que nunca antes havia ocorrido, mostrou que algo estava errado. Durante a entrevista, Maria do Socorro insistia

> que não havia motivos para esse estado, pois sua vida pessoal, a conjugal e a familiar sempre transcorreram na mais perfeita tranquilidade. Ao lhe ser solicitado que fizesse uma reflexão retrospectiva sobre incidentes que pudessem ter lhe ocorrido em toda a sua vida, em um determinando momento, sua face crispou-se e um leve choro denunciou que havia algo importante a ser pesquisado. Questionada sobre isso, ela relatou que há muitos anos ajudara uma vizinha a socorrer o filho. O garoto havia sido esmagado por um tanque de lavar roupas que, por não estar fixo à parede, lhe caíra em cima quando ele tentou escalá-lo. Lembrou-se de que a criança apresentava convulsões e sangue escorrendo pela boca. Apavorada, saiu correndo em busca de socorro pelas ruas do bairro até deparar com um vizinho que, estando de carro, levou o menino ao pronto-socorro. A criança infelizmente não resistiu e faleceu. Logo após o episódio, Maria do Socorro passou um período apreensiva em relação a acidentes que podem correr em casa, como quedas, queimaduras e ingestão de medicamentos. Com o passar do tempo, deixou de ter essas preocupações. Recentemente, porém, lembrou-se de que uma neta sua havia caído da escada e quebrado o braço, e, a partir daí, Maria do Socorro passou a apresentar ansiedade e preocupação exacerbadas. A princípio, o incidente lhe pareceu corriqueiro e sem maiores consequências, porém agora a correlação dos fatos lhe parecia clara. A queda da neta lhe evocara inconscientemente o episódio do menino há tempos guardado em sua mente, provocando os sintomas e dando origem a esse quadro de ansiedade.

Uso de drogas e álcool

O estado de ansiedade permanente e não relacionado a um episódio específico (por exemplo, uma prova, uma cirurgia, etc.) pode levar uma pessoa por caminhos às vezes tortuosos. Em pacientes com Transtorno de Estresse Pós-Traumático, é bastante comum o abuso e a dependência de substâncias, principalmente o álcool. O consumo de substâncias psicoativas pode ocorrer diante da necessidade de aplacar o sofrimento causado pela ansiedade. Nesse processo, o álcool e as chamadas "drogas de rua" são a fuga mais comum, podendo levar ao vício.

> Fábio, um jovem executivo do mercado financeiro, de pouco mais de trinta anos, começou a beber socialmente, mas passou a ingerir quantidades cada vez maiores até ver-se embriagado diariamente. Ao perceber que isso estava prejudicando sua vida como um todo e, particularmente, sua atividade profissional, resolveu procurar ajuda. Como de praxe, a entrevista inicial revelou traços fortes de ansiedade. Fábio associava esse estado ao seu trabalho que, de fato, continha um forte potencial estressor. Porém, ele sempre soubera lidar bem com as situações de risco, comuns à sua atividade. Contou ainda que, embora não visse relação imediata, seu estado de ansiedade havia aumentado em muito após receber a notícia de que um grande amigo falecera em um desastre de avião. Tanto que, a partir de então, passou a evitar viajar, seja a negócios, seja a passeio. Revelou que, quando era necessário viajar, aplacava sua ansiedade e seu medo tomando uma dose de whisky com calmantes naturais fitoterápicos. Esse hábito foi se revelando cada vez mais constante e se "descolou" da situação de viagem de avião, vindo a tornar-se um hábito frequente. Ficou claro que Fábio era uma vítima secundária de um trauma causado pelo acidente aéreo. A perda do amigo em circunstâncias tão trágicas desencadeou o quadro de alcoolismo.

Transtornos psicóticos

Em casos extremos e dependendo de determinadas predisposições (por exemplo, fatores hereditários), até mesmo quadros de psicose, como a paranoia, podem se desenvolver. A psicose ocorre quando há perda da capacidade de juízo e crítica, ou seja, a incapacidade de avaliar a realidade como ela, proporcionando aos fatos uma interpretação absolutamente pessoal. Por exemplo, o policial conduzindo o trânsito sendo interpretado pelo psicótico como alguém colocado lá para vigiá-lo.

O exemplo mais claro de uma psicose é a paranoia, ou, na linguagem popular, a "mania de perseguição", em que a pessoa se sente perseguida e desconfia de todo mundo ou de figuras específicas – por exemplo, policiais, agentes de segurança e agentes de trânsito – acreditando que elas a perseguem e vigiam seus atos o tempo todo. Esse tipo de quadro tem como característica marcante não ser esclarecido pela lógica, pois a pessoa paranoica sempre encontra um argumento que justifique a sensação de perseguição.

Em geral, é imprescindível o uso de medicamentos para tratar transtornos psicóticos, tendo a psicoterapia como coadjuvante.

> Ana Paula foi levada ao consultório à sua revelia pela família, pois não estava conseguindo sair de casa. Ela acreditava que era vigiada em todos os seus passos por câmeras escondidas nos prédios das ruas em que passava e que havia pessoas querendo investigar a sua vida. Ao ser perguntada sobre por que essas pessoas possuíam todo esse interesse nela, Ana Paula não sabia explicar, mas sentia-se profundamente incomodada. E desde quando isso vinha ocorrendo? Ana Paula relatou que se deu conta dessa vigilância a que era submetida em um dia em que fora a um shopping e percebera uma câmera de segurança voltada diretamente para ela. A partir daí, passou a notar a enorme quantidade de câmeras que havia em seu caminho e que, em seu modo de ver, era claro que aquilo não era por acaso. Deveria haver, segundo ela, alguém querendo descobrir algum segredo sobre sua vida guardado a sete chaves. Ao ser questionada se havia mesmo algum grande segredo, ela calou-se, baixou a cabeça e começou a chorar. Contou, então, que havia sim algo de muito íntimo que ela não poderia revelar. Foi-lhe sugerido que pensasse sobre isso e que, em um próximo encontro, pudesse conversar mais abertamente sobre o fato. Algumas consultas depois, Ana Paula finalmente revelou que no fim de sua adolescência havia ficado grávida de um namorado, tendo sido obrigada por ele e por seus familiares a provocar um aborto. Aparentemente, ela esquecera desse fato, mas nunca conseguira superá-lo completamente.

Nos momentos de cronificação do Transtorno de Estresse Pós-Traumático, cabe à família de quem está acometido pelo problema procurar ajudá-lo independentemente de sua recusa que, aliás, é comum. Em primeiro lugar, é necessário um esclarecimento sobre esse estado alterado, afinal, não é normal estar deprimido, ansioso, bebendo, usando drogas ou se achando perseguido. A partir dessa constatação, a procura por um serviço especializado é primordial e deve ser adotada.

Somatização: o impacto do trauma no corpo

Muito se fala atualmente em psicossomática e somatização, mas, na verdade, pouco se sabe sobre o verdadeiro significado disso. O que usualmente é chamado de somatização é quando os sentimentos reprimidos vencem os mecanismos de defesa e se manifestam sob a forma de sintomas físicos como taquicardia, suores abundantes, tremores, etc. Isso é chamado ainda por alguns de DNV (Distúrbio Neurovegetativo), ou de corporizações. Já o termo doença psicossomática é aplicado quando surgem verdadeiras doenças no plano físico geradas ou desencadeadas pelos mesmos sentimentos reprimidos como infarto do miocárdio, úlceras digestivas, doenças autoimunes e certos tipos de câncer. Em se falando de TEPT, sabe-se que pessoas que passam por um evento traumático podem desenvolver problemas cardiovasculares, dores crônicas, ter o sistema digestivo afetado, bem como disfunções sexuais.

Em termos de Transtorno de Estresse Pós-Traumático, podemos entender a somatização como o impacto do trauma no corpo. Como vimos na escala da Holmes e Rahe (p. 78), até mesmo pequenas modificações na vida podem provocar alterações físicas.

Trabalha-se há muitos anos no esclarecimento da influência do estresse, seja ele pós-traumático ou não, em numerosas doenças. João, por exemplo, após sofrer uma queda e quebrar o braço direito, passou a exibir um comportamento de intensa irritabilidade e inquietação. Esse estado tornou difícil e longa a recuperação e resultou em períodos compridos de incapacitação, demandando mais fisioterapia e cuidados especiais. Dizemos que, nesse caso, o estresse emocional está simplesmente acompanhando um processo físico.

Já Paulo, que é uma pessoa nervosa e irritadiça, sofreu um infarto após uma intensa briga conjugal. É claro que a simples explosão de adrenalina não foi sozinha a causadora do quadro, mas encontrou um ambiente já propício para que se instalasse. Por outro lado, Maria Angélica, que sempre viveu uma relação conjugal de submissão, desprazer e angústia, sufocada por um marido tirano que lhe impunha todos os seus desejos, inclusive os sexuais, viveu triste e amargurada por longos anos até que subitamente, a partir de uma dor abdominal, descobriu-se portadora de um câncer.

Os especialistas em TEPT, Mary Beth Williams e Soili Poijula, descrevem em seu livro, *The PTSD workbook*, o conceito de Lembrança Corporal Traumática, que pode ser definida como a possibilidade de uma pessoa que viveu um fato traumático desenvolver algum problema físico, especialmente se o trauma deixou sequelas corporais. Isso significa que o corpo pode guardar uma memória própria, mas que não necessariamente é consciente, ou seja, pode ser que o trauma em si nem tenha ficado registrado em sua "memória cerebral", porém ele pode se fazer sentir por meio de uma reação desencadeada por sua "memória física". Há, inclusive, duas denominação específicas para esses tipos de lembrança, a Memória Implícita (corporal) e a Memória Explícita (mental).

O sobrevivente do trauma fica com as suas sensações corporais aguçadas e pode ser mais impactado por eventos posteriores do que alguém que nunca passou por isso. Embora o trauma tenha provocado essa vulnerabilidade, qualquer fato posterior, mesmo que não relacionado ao trauma, poderá atingir a pessoa com mais intensidade do que o normal. As imagens, as sensações e a impulsividade são ligadas ao contexto, ao conceito e ao entendimento do trauma.

Pesquisas médicas sobre o estresse estudaram várias alterações orgânicas produzidas no organismo diante de situações de agressões físicas. Conforme aumenta o conhecimento sobre a implicação de fatores emocionais no desencadeamento e/ou agravamento de muitas enfermidades orgânicas e quanto mais avançam os meios de investigação da patologia, mais se evidencia a relevância dos fatores psicológicos na causa e no desenvolvimento de um grande número de doenças.

A relação entre emoções e transtornos orgânicos tem sido o ponto de partida de muitas hipóteses e teorias explicativas de muitas doenças. Dentre tantas emoções com respostas fisiológicas, a ansiedade parece ser a mais importante. Para que se desenvolva e se mantenha uma doença psicossomática, são necessários dois fatores: a predisposição individual, que é como a pessoa tende a experimentar maior reação fisiológica diante das vivências, e o fator circunstancial, que representa os estímulos ambientais e existenciais suficientes para que essa reação fisiológica seja intensa e crônica, como os estímulos necessários para manter níveis altos de ansiedade, raiva, mágoa, medo, etc.

As emoções negativas podem se apresentar de forma diferente entre as pessoas, de acordo com a capacidade de controle e dissimulação de cada um. A maioria das pessoas com traço de personalidade mais retraído e repressivo costuma ter dificuldades em demonstrar suas emoções, e isso é o grande fator de vulnerabilidade para o desenvolvimento do transtorno psicossomático. Essas pessoas naturalmente retraídas, quando deprimidas, manifestam mutismo e quietude preocupantes, isolamento e extrema dificuldade em expor seus sentimentos. Assim, muitas vezes "preferem" a manifestação somática dessas emoções, socialmente mais aceita. Segundo pesquisas, pessoas com maiores tendências para dissimular e ocultar suas emoções, quando submetidas a tarefas estressantes em laboratório, apresentam maior reação cardiovascular e aumento da pressão arterial.

Esse modo repressivo de enfrentamento das emoções, que não permite manifestar livremente as emoções negativas, pode produzir um certo grau de imunodepressão. Assim, pacientes com câncer que apresentam um modo repressivo de enfrentamento das emoções, por exemplo, têm uma menor expectativa de vida. As emoções são reações naturais e com finalidade adaptativa, mas sendo demasiadamente intensas e/ou frequentes; além disso, quando se mantêm por muito tempo, essas mesmas emoções podem provocar mudanças na conduta da pessoa, gerando danos à sua saúde.

Existe uma diferença entre somatizações e doenças psicossomáticas. As doenças psicossomáticas diferem das somatizações pelo fato de comportarem alguma alteração orgânica constatável pelos exames clínicos ou de laboratório, o que não ocorre nas somatizações. Dessa maneira, havendo confirmação de alterações orgânicas, como hipertensão arterial, broncoespasmo, etc., e sendo a doença em pauta determinada ou agravada por razões emocionais, os diagnósticos serão de doenças psicossomáticas.

O transtorno de somatização se caracteriza pela predominância de queixas relacionadas aos órgãos e aos sistemas (cardiovascular, digestivo, respiratório, etc.). A somatização aparece na medicina em geral e na psiquiatria, em particular, muito mais como um sintoma, encontrado em muitos estados emocionais, do que como uma doença específica, e somatizar acaba sendo uma forma de sofrimento emocional que se manifesta sob a forma de queixas físicas. Esses pacientes sentem-se inconformados com os resultados negativos dos muitos exames aos quais se submetem, pelo fato de eles não mostrarem nenhuma alteração orgânica, e continuam se queixando persistentemente. Os somatizados são pacientes poliqueixosos, com sintomas sugestivos de enfermidades, mas que não se confirmam pelos exames médicos habituais.

No caso dos transtornos somatoformes, em que não há lesão no sentido anatomopatológico, a pessoa se comporta como se as enfermidades de fato existissem. Essas pessoas têm uma predominância de queixas físicas sem nenhuma correspondência orgânica justificável.

A psicossomática está ligada à visão ideológica sobre a relação corpo-mente, sobre vulnerabilidades pessoais e sobre os mecanismos de produção de doenças, principalmente sobre os fenômenos relacionados ao estresse. Recursos representados por técnicas cognitivas e comportamentais, além do âmbito farmacológico têm se mostrado uma boa alternativa para ajudar as pessoas a diminuir o mal-estar psicológico e a facilitar uma expressão emocional mais sadia, diminuindo, assim, a chance de desenvolver doenças ocasionadas pelas demandas emocionais.

Para saber mais sobre as reações químicas que provocam essas reações, veja o apêndice.

Exercício: Aprendendo a reconhecer as sensações corporais

Para que você possa entrar em contato com as suas emoções, você precisa descobrir e identificar as sensações que os sentimentos provocam em seu corpo. Este, aliás, lhe transmite mensagens de saciedade e descanso ou, por outro lado, de fome e cansaço. Essas sensações são suas conhecidas de longa data e, portanto, mais fáceis de serem percebidas, mas e as sensações associadas ao trauma? Você sabe quais são? Você consegue dizer quais as que se manifestam por meio da lembrança do trauma? Mais ainda, você identifica em que parte do corpo elas se fazem sentir?

Vamos fazer então um exercício bastante simples, adaptado do livro *The PTSD workbook*, dos especialistas em TEPT, Mary Beth Williams e Soili Poijula, a fim de lhe propiciar o conhecimento de onde especificamente seu corpo reage às emoções. Pegue, então, lápis de cor ou giz de cera colorido e pinte o boneco abaixo de acordo com as cores relacionadas, preenchendo o local de seu corpo em que essas sensações se manifestam:

- ➔ Raiva = vermelho
- ➔ Tristeza = azul
- ➔ Medo = preto
- ➔ Calma = verde
- ➔ Dor = laranja
- ➔ Felicidade ou alegria = rosa
- ➔ Angústia = amarelo
- ➔ Culpa = marrom

Após terminar a pintura, o que descobriu sobre seu corpo? Escreva abaixo onde você carrega cada uma das suas emoções:

- Raiva =
- Tristeza =
- Medo =
- Calma =
- Dor =
- Felicidade ou alegria =
- Angústia =
- Culpa =

O relacionamento com os outros na fase pós-trauma

De alguma forma, o relacionamento que o sobrevivente de um trauma estabelece e mantém com as pessoas que o cercam pode tornar-se permeado de conflitos. Se esse não é o seu caso, ótimo, você tem motivos para se alegrar. Mas, caso essa seja uma questão premente para você, vale a pena ler as páginas seguintes.

Há, segundo os especialistas em TEPT, Mary Beth Williams e Soili Poijula, os três principais aspectos contemplados quando acontece a alteração da relação de uma vítima de trauma com as pessoas que a cercam. Esses são: incapacidade de confiar, "revitimização" de si mesmo e vitimização do outro. Vamos examinar com mais cuidado cada um deles.

- **Incapacidade de confiar:** é muito difícil que uma pessoa que tenha sofrido uma violência ou, ainda, tenha vivido um trauma de qualquer tipo volte a confiar em tudo e em todos que a cercam. Isso se dá porque, até mesmo de uma forma não consciente, fica latente a ideia de que o mundo não é um local seguro e/ou de que o ser humano é capaz de fazer coisas atrozes. Há uma generalização involuntária e natural, diretamente contrária à ideia anterior de que "isso nunca vai acontecer comigo", o que gera uma desconfiança quase que automática direcionada a tudo e a todos, como se fosse apenas uma questão de tempo para que lhe façam mal novamente.

→ **Revitimização de si mesmo:** o sobrevivente passa a reforçar o seu personagem de vítima perante os outros, contando de forma não consciente com os benefícios do que chamamos de "ganho secundário". Isso significa que ele passa a depender da atenção exagerada dos seus pares para se sentir bem e fica se "*re*"vitimizando sistematicamente, a fim de manter essa situação confortável para ele. É preciso que fique claro que ele não tem culpa disso, pois trata-se de um processo psicológico não consciente.

→ **Vitimização do outro:** nesse caso, há a tendência de a vítima do trauma colocar as pessoas à sua volta no papel de vítimas também, como se elas tivessem a "obrigação" de sofrer tanto quanto ela. Sendo assim, pode surgir um sentimento de culpa por "todo o transtorno" que causa a seus parentes e amigos, que precisam "aturar" as consequências do seu trauma.

Agora que já entendemos o significado de cada um desses três elementos, vamos tentar compreender qual o potencial prejudicial deles associado à dinâmica de relacionamentos. O vínculo e a intimidade que existiam entre a pessoa que sofreu um trauma e seus pares podem ser prejudicados, gerando uma série de consequências. Assinale, entre as que estão listadas abaixo, com quais você se identifica.

☐ Sensação de alienação.
☐ Distanciamento, fuga, isolamento.
☐ Desconfiança, autoproteção.
☐ Perda da capacidade de sentir alegria ou prazer em viver.
☐ Sentimento de abandono e perda.
☐ Problemas em comunicar o que você quer, do que precisa e o que sente.
☐ Incapacidade em receber carinho e apoio.
☐ Problemas para estabelecer e manter limites.
☐ Desinteresse pelo seu próprio bem-estar.
☐ Estabelecimento sistemático de relacionamentos destrutivos.
☐ Incapacidade de suportar contato físico (abraços, carinhos).
☐ Perda da capacidade de se sentir sensual e capaz de atrair alguém sexualmente.
☐ Dificuldade de estabelecer uma conexão saudável com os outros.
☐ Pouca disposição para o sexo.
☐ Dificuldade em aprofundar relações e em confiar nos outros.

Se você se identificou com algum desses sentimentos, o exercício a seguir pode ajudá-lo a reconstruir a confiança perdida e, mais tarde, estabelecer o nível adequado de intimidade em seus relacionamentos. Mas, antes, vamos tecer algumas considerações sobre o assunto.

Por que é importante procurar manter a intimidade que já existia antes do trauma em seus relacionamentos? Porque depois de experienciar uma situação terrível como a que você passou pode ser que, sem que você se dê conta, comece a sentir que já não pode confiar no mundo, nas pessoas e mesmo na própria vida. E, também, seria muito desejável continuar construindo ligações profundas com pessoas importantes (ou mesmo que venham a se tornar importantes), sem deixar que essa capacidade seja afetada pelo trauma.

Além disso, é muito difícil quando também começamos a desconfiar do nosso próprio poder de julgamento, baseado em nossa percepção e intuição. Dessa forma, há o medo de cometer injustiças e "culpar alguém inocente" por causa dessa incapacidade de julgar. O fato de não confiar mais em si mesmo pode fazer com que você passe a precisar de outras pessoas para lhe apontar o que é certo e o que é errado, criando uma sensação ainda maior de incompetência e incapacidade. Também esse "passar a depender do outro" pode gerar um comportamento subserviente de querer agradar a todo mundo, muitas vezes fazendo coisas contra a vontade e se violentando ainda mais em seus desejos e em suas aspirações.

Então, por todos esses aspectos, você precisa refletir sobre suas crenças acerca do conceito de CONFIANÇA (nos outros, na sua capacidade de julgamento, em sua intuição etc.), um dos mais abalados com a ocorrência das situações traumáticas, e tentar perceber como e quando deve confiar em você e nos outros, além de estabelecer limites claros sobre o que você pode ou não fazer sem se prejudicar.

Exercício: Minhas crenças sobre confiança

Parte I – Entendendo melhor minhas crenças sobre confiança

Complete os espaços em branco da melhor forma que puder.

1 – O que significa ser capaz de confiar? Dê exemplos.

- É quando alguém

- Uma vez eu

2 – Em quais situações alguém pode confiar em seus próprios pensamentos? Dê exemplos.
- É quando alguém

- Uma vez eu

3 – Em quais situações alguém poderia confiar em seu julgamento ou em suas conclusões sobre determinada pessoa? Dê exemplos.
- É quando alguém

- Uma vez eu

4 – Em quais situações alguém poderia confiar em seu julgamento ou em suas conclusões sobre determinado acontecimento? Dê exemplos.
- É quando alguém
_____
_____
_____

- Uma vez eu
_____
_____
_____

5 – Como você definiria a intuição? Dê exemplos.
- É quando alguém
_____
_____
_____

- Uma vez eu
_____
_____
_____

6 – Em que situação você sentiu que a intuição se manifestou? Dê exemplos.
- É quando alguém
_____
_____
_____

- Uma vez eu
_____
_____
_____

7 – Em que situação você percebe a existência da intuição? Dê exemplos.
- É quando alguém _____
_____
_____

- Uma vez eu _____
_____
_____

8 – O que mais, além da intuição, pode lhe dar pistas sobre os sentimentos, as impressões e as ideias que você tem das pessoas que o rodeiam e das situações que ocorrem?
_____
_____

9 – O que é ser uma pessoa confiável?
_____
_____

10 – Você se julga confiável?
☐ SIM   ☐ NÃO

11 – Se respondeu SIM, dê um exemplo de situação em que essa premissa se confirmou, ou seja, em que foi confiável.
_____
_____
_____

12 – Quando cumpro minhas promessas e quando não?
Cumpro quando _____
Não cumpro quando _____

13 – Confio nas pessoas...
  ☐ AOS POUCOS   ☐ IMEDIATAMENTE

14 – Em quem eu confio? (pessoas ou grupos)
_____
_____
_____

15 – Em quem eu não confio? (pessoas ou grupos)
_____
_____
_____

16 – Descreva como alguém se sente quando depende de outra pessoa para tudo.
_____
_____
_____

17 – Complete as seguintes frases.
- Eu peço ajuda para certas tarefas quando
_____
_____
_____

- Eu peço ajuda aos outros para minhas necessidades emocionais quando
_____
_____
_____

Parte II – Identificando e enfrentando suas crenças sobre confiança

Escolha UMA das respostas da Parte I para trabalharmos, utilizando como critério a que tenha lhe parecido mais interessante ou a que mais lhe tenha feito refletir (caso necessário, o procedimento poderá ser depois repetido em seu caderno com alguma outra resposta que você deseje analisar com mais profundidade). Escreva a resposta escolhida abaixo.

RESPOSTA: _____

Agora, tendo essa sua contribuição em mente, responda ao que se segue, mesmo que seja necessário ser repetitivo.

a) O que essa resposta diz sobre mim?

_____

b) O que essa resposta reflete sobre mim?

_____

c) O que essa resposta revela sobre mim?

_____

→ A resposta à 3ª questão lhe apresenta sua principal crença sobre você mesmo. Qual é ela?

CRENÇA: _____

Para lhe ajudar a refletir sobre essa crença e ter consciência da presença e da atuação dela em sua vida, você pode se fazer as seguintes perguntas.

a) De quem é essa ideia?
   ☐ MINHA   ☐ DE OUTRA PESSOA   Quem? _____

b) Essa crença irá ajudar-me a conquistar minhas prioridades e meus objetivos de vida?
   ☐ SIM   ☐ NÃO

c) Essa crença combina com meus valores (forma como vê o mundo) e meus julgamentos (em que se baseia para tomar decisões)?
☐ SIM   ☐ NÃO

d) Essa crença me faz sentir melhor ou pior em relação a mim mesmo e aos outros?
☐ MELHOR   ☐ PIOR

e) Essa crença é dolorosa para mim de alguma forma?
☐ SIM   ☐ NÃO

f) Essa crença faz com que eu me comporte de forma inadequada em casa, no trabalho ou em situações sociais?
☐ SIM   ☐ NÃO

Se respondeu SIM, descreva o comportamento inadequado: _____
_____
_____

g) Escreva abaixo três providências que você poderia tomar para modificar o comportamento inadequado acima descrito.
1ª) _____
2ª) _____
3ª) _____

Fechamento

Releia o exercício desde a <u>Parte I</u> e reflita sobre as suas respostas, procurando identificar possibilidades de, se for o caso, modificar as suas crenças sobre confiar nos outros. Você poderá também buscar um equilíbrio nelas, tentando diferenciar o que é um comportamento de risco (confiar logo de cara em qualquer um que apareça na sua vida) e o que é um comportamento de demasiada suspeita e isolamento (não se abrir ou se relacionar com absolutamente ninguém, nem amigos ou familiares). Nenhum dos extremos é positivo.

Exercício: Minhas crenças sobre intimidade

Como dito no início desta seção, a capacidade de se sentir conectado aos outros pode ser prejudicada por um trauma. Essa conexão se dá através da construção de relacionamentos ricos, repletos de trocas de ideias e de emoções e que, sobretudo, não lhe provoquem a sensação de vulnerabilidade. Isso quer dizer que o ideal é livrar-se não de pessoas, mas de formas de se relacionar que lhe façam mal, reconstruindo essas relações em outras bases – mais benéficas para você nesse momento – ou, em caso de impossibilidade, realmente afastar-se a fim de se preservar.

Algumas crenças, incluindo as de fortalecimento e autoaceitação, precisam ser reforçadas e/ou incorporadas ao seu sistema. Há outras que são negativas e podem atrapalhá-lo sendo que, muitas vezes, são crenças falsas e irracionais. Identifique a seguir quais as crenças que você gostaria de "desafiar", ou seja, testar a sua veracidade e superá-las.

1 – Responda à pergunta abaixo e, em seguida, complete os pensamentos subsequentes.

   a) Eu me sinto conectado a alguém?
   ☐ SIM   ☐ NÃO

   Se respondeu SIM, escreva aqui o nome dessa pessoa.
   _____
   _____
   _____

   b) Para mim um exemplo de intimidade com alguém é poder falar sobre
   _____
   _____
   _____

   c) No momento, tenho um relacionamento íntimo com
   _____
   _____
   _____

d) Eu acho que a palavra amor significa

e) Eu consigo me sentir confortável expressando o amor quando

f) Consigo apoio em (onde)

ou de (alguém)

g) Eu me senti mais afastado dos outros

(logo após o trauma OU nesse momento, em que estou lidando com isso).

h) Eu expresso meu cuidado e meu amor para com os outros quando eu

i) Eu expresso meu cuidado e amor para comigo quando eu

Releia as suas respostas e analise como (e se) elas expressam a sua forma de se relacionar com os que o cercam e a medida de intimidade que você consegue estabelecer com amigos, familiares, conhecidos, colegas de trabalho, etc.

2 – Quais das seguintes afirmativas descrevem você melhor? Assinale quantas quiser.

☐ Fico longe dos outros.
☐ Evito certas atividades sociais (Quais? _____)
☐ Prefiro passar o tempo sozinho.
☐ Tenho medo de falar com os outros.
☐ Tenho medo de estar fisicamente com alguém.
☐ Tento forçar os outros a ter contato físico comigo.
☐ Eu digo não a qualquer sugestão de contato sexual com alguém que eu ame ou tenha amado.
☐ Eu exagero na minha preocupação com os outros.
☐ Eu não tenho ninguém que se preocupe comigo.
☐ Em geral sou hostil com os outros.
☐ Eu tenho medo de depender dos outros.
☐ Eu acho que os outros vão sempre me decepcionar.
☐ Eu receio contato físico de qualquer natureza.
☐ Sou incapaz de qualquer brincadeira.
☐ Sou incapaz de fazer amigos.
☐ Sou incapaz de manter amigos.
☐ Eu não tenho amigos.
☐ Sou incapaz de revelar a minha intimidade para os outros.
☐ Sou incapaz de sair para encontrar outras pessoas.
☐ Não acredito que eu esteja bem.
☐ Não acho que possam gostar de mim.
☐ Não mereço ser amado.
☐ Não acredito quando alguém me elogia.
☐ Não sei tomar decisões.
☐ Continuo envolvendo-me em relacionamentos desastrosos.

Avaliação: quanto mais alternativas você assinalou, maior a sua necessidade de procurar formas de enfrentá-las e modificá-las. Leve em conta em sua análise se cada uma dessas crenças é real e mantenha o foco na sua forma de confiar e se comunicar com os outros, além de estabelecer limites. A comunicação é muito importante, pois tendemos a procurar nos outros o que nos falta (ajuda, apoi, etc.) e é muito bom quando conseguimos solicitar e obter amparo externo.

Tenha em mente que a rede social de apoio é muito importante nesse momento de recuperação, uma vez que a busca pelo isolamento pode ser uma tendência. Talvez seja cansativo para quem passou por uma experiência traumática tentar lutar contra essa tendência de se manter só, mas o resultado pode ser muito compensador.

Depoimento: Voltando do inferno

Marcílio Machado Filho, ex-integrante do Companhia de Operações Especiais (COE) da Polícia Militar, trabalhou no resgate das vítimas do incêndio do Edifício Joelma, em 1974, em São Paulo.

Faz mais de trinta anos, foi em 1974. Hoje, fica um quadro mais esmaecido na memória, mas tem coisas de que nunca mais vou esquecer, nunca mais. Eu era o mais novo integrante do Companhia de Operações Especiais (COE), criado em 1970, porque não havia nenhum grupo de Polícia Militar especializado em combate em selva em todo o Brasil. Então, com a guerrilha do Araguaia, aquela do Carlos Lamarca, foi necessário criar um tipo de profissional especializado... Esse comando existe até hoje, e possui cerca de oitenta policiais, mas, naquela época, éramos apenas vinte. O meu padrasto era oficial, ele foi guarda civil e, em seguida, PM, e eu sempre tive em casa o exemplo dele e de tios que eram quase todos militares; eu fui crescendo nesse meio... Sempre gostei da polícia, sempre tive isso comigo.

Para ser um integrante do COE e estar lá no resgate do Joelma aos vinte anos, eu tive que passar por um exame admissional para a PM, eram 45 concorrentes e apenas dois foram aprovados para ir para a academia. Eu fui um deles. Naquela época, como o terrorismo estava muito em voga, creio que a seleção era muito mais criteriosa do que é hoje. Aí fui para a escola policial do Quinto batalhão em Taubaté; foram seis meses de academia, e aprendi todas as técnicas da polícia em si. Daí vim para São Paulo fazer parte da Unidade de Segurança Integrada da Zona Sul,

Quarto batalhão do Corpo de Bombeiros e 19º batalhão da PM juntos. Aí fiz um pouco de ostensivo, a pé, e depois fui para a rádio patrulha, em seguida para o tático móvel e, finalmente, para o COE. Então, eu passei por vários estágios até chegar lá.

Estava no COE há quase um ano e havia, apesar da pouca idade, passado por muitas coisas. Quando estava na rádio-patrulha, houve um episódio que me marcou muito. Havia uma senhora que estava alcoolizada, ela devia ter uns setenta e poucos anos. Nós a recolhemos e levamos para a delegacia, o delegado a deixou sentada em um banco e nós voltamos ao trabalho. Horas depois, bateu no rádio uma solicitação de atendimento da ocorrência do atropelamento de uma pessoa na Vila Nova Conceição. **Quando chegamos lá, o corpo já estava coberto com jornal, eu me aproximei dele e, quando eu fui ver, levantei o jornal e era aquela senhora que nós havíamos recolhido. Ela tinha sido atropelada por um ônibus e arrastada por uns dez metros. Aquilo me chocou bastante, porque horas antes nós estávamos com ela, alegre, conversando, brincando, ainda fizemos algumas piadas, e tal, não é?**

Eu vivi uma vida de risco, na hora da perseguição, do confronto, a gente não pensa muito, mas depois você para e pensa que arriscou a vida... Minha maior preocupação, até devido à minha religião, eu sou kardecista, era a de que talvez eu estivesse cometendo um suicídio ao me arriscar tanto. Isso me deixava um pouco em conflito, mas, naquela época, a polícia tinha muito idealismo, aquela coisa de fazer o melhor pelos outros, de defender a sociedade.

Naquele dia, 1º de fevereiro de 1974, eu estava em casa e ia entrar em serviço às oito horas da manhã quando ouvi pelo rádio que havia fogo e que a coisa era grande. Aí peguei o carro e corri para o batalhão Tobias Aguair; quando cheguei lá, todos estavam se preparando para ir lá para o incêndio. Eu, como era motorista da viatura, já preparei tudo e posicionei o carro lá na beira da escada que dá acesso para a descida da companhia e nós já pegamos todos os equipamentos, cordas, etc. Uma viatura já havia saído e nós fomos a segunda. Naquele momento, só havíamos escutado o noticiário, mas não imaginávamos a proporção da tragédia.

Quando entrei na avenida Tiradentes, estava tudo uma confusão; ela, estava toda bloqueada, e eu tive que descer na contramão. Muitos curiosos, muita gente querendo ver tudo. A mídia alimenta esse comportamento; não tinha necessidade de juntar tanta gente para ver a desgraça alheia. **Quando chegamos no prédio, a primeira visão que tive foi do edifício em chamas. Eu quis encostar na frente, mas nessa hora caiu um corpo de cima bem ao lado e quase nos atingiu. Fui para a marquise e deixei a viatura embaixo, pois já tinha muita gente se atirando lá de cima. Com a fumaça e o calor, as pessoas se desesperavam e não conseguiam esperar pelo socorro.**

Havia muita gente lá embaixo com cartazes pedindo calma, gritando que tentassem esperar ajuda, mas, para quem estava lá em cima, isso era muito difícil. Na hora, eu não pensei em nada, apenas peguei o material e fiquei pronto para o que quer que tivesse que fazer. A escada magiros encostou e o piso da rua, muito fraco, afundou. Mesmo assim, ergueram o braço mecânico da escada e eu comecei a subida por ela. Os bombeiros cederam a passagem, pois éramos uma tropa de elite e tínhamos treinamento de escalada e rapel, adquirido na selva, além de um preparo físico diferenciado. A tecnologia era precária, não tinha material; o que contava para o resgate era mesmo o esforço físico. Essa escada tinha quarenta metros e nós conseguimos resgatar primeiramente um pessoal que estava em uma janela, já do lado de fora. Conseguimos ainda posicionar uma escadinha menor para alcançar pessoas que estavam na janela logo acima; isso era na linha da parte fria dos banheiros.

A primeira pessoa que eu vi foi um rapaz e, na hora em que o pegamos, consegui sentir o alívio dele. Em um posto um pouco acima, eu não vi, mas tinha um vizinho meu que foi resgatado pelo COE; até hoje quando a gente se encontra ele comenta. Mas nós íamos apoiando o pessoal nessa descida e conseguimos tirar todos os que estavam na lateral. Subi e desci incontáveis vezes, mas não senti absolutamente nada, nenhuma dor muscular ou coisa parecida, só tinha cabeça para a ação, nem deu tempo de pensar muito.

Até que acabou o trabalho naquele lado e conseguimos entrar no prédio, estava muito quente, parecia uma fornalha. Os bombeiros montaram duas linhas de combate ao incêndio e começaram a jogar água, não havia muito mais o que fazer. Nós íamos lá dentro, um pouco além das linhas, procurando as pessoas e indicávamos o caminho às que estavam em melhores condições. Mas a maioria estava muito mal por causa da fumaça que, inclusive, era muito tóxica por causa dos vários materiais em combustão e exalava gases perigosos. As pessoas estavam intoxicadas, muitas já caídas, e tínhamos que carregar mais de uma de cada vez. Corríamos contra o tempo.

Hoje falando pode parecer absurdo, mas não tinha máscara contra gases para todos nós, o material de combate ao fogo era precário. Então, entramos mesmo na raça. Tanto é que eu caí desmaiado por três vezes, intoxicado, e fui levado para o Hospital das Clínicas. Mas, a cada vez, eu fugia de lá e voltava para o trabalho de resgate, eu só pensava em meus companheiros lá, precisando de ajuda. Depois de medicado, eu fugia e pegava uma carona de volta com as ambulâncias que traziam as vítimas.

Tem umas coisas interessantes, por exemplo, nós montamos um tipo de pronto-socorro de emergência no prédio da garagem, colocamos um equipamento que as ambulâncias traziam e ficávamos prestando o primeiro atendimento às vítimas. Mas a maioria que chegava era de corpos já carbonizados que eram jogados na parte traseira das ambulâncias... Quando enchia uma, ela ia e outra chegava. É muito duro porque, às vezes, a gente ia levantar um corpo e ele se decompunha na nossa mão... A diferença entre o edifício Andrauss e o Joelma – trabalhei nos dois – era que, no primeiro, as portas corta-fogo protegiam muito as pessoas que estavam lá no heliponto. No Joelma, não havia nada disso, sequer portas corta-fogo. Trabalhamos lá até a noite porque, mesmo tendo o fogo sido extinto à tarde, era preciso ficar no rescaldo. Eu não almocei, não jantei, não tinha nenhum foco a não ser o de resgate às vítimas.

Um dos fatos mais marcantes foi o momento em que estávamos amarrando a escada Magirus, porque, com o vento, ela balançava muito. O sargento Rufino, dos bombeiros, foi amarrar a ponta da escada. **Uma mulher saltou lá do vigésimo andar tentando agarrar a ponta da escada. Ela errou o alvo e ele ainda conseguiu agarrá-la pelos cabelos, mas ficou só uma grande mecha na mão dele, ela se espatifou lá** embaixo, na lateral da escada. **Esse tipo de trabalho dá pra relacionar um pouco ao de salvar pessoas de afogamento, porque, se a gente não toma cuidado, acaba afogado também.** O desespero é tão grande que as vítimas não conseguem raciocinar, apenas querem se salvar a qualquer custo. Então, aquela situação da escada foi de fato perigosa porque muita gente se atirava tentando agarrá-la e, por diversas vezes, quase caímos junto.

Quando perguntam como a gente lida com o nervosismo em uma hora dessas, a resposta é simples: a gente não lida. Na verdade, não dá tempo de pensar em nada, a mente fica vazia e é só ação. É uma espécie de calma estranha... A calma e a serenidade necessárias para agir. Um ponto crucial também foi quando estávamos de helicóptero para fazer o comando crowl, que consiste em colocar uma corda unindo dois prédios paralelos. O nosso sargento tinha saltado pela porta do helicóptero e a gente estava tentando descer, mas o ar estava muito rarefeito e o piloto temia a queda da aeronave. Na hora em que ele fez o movimento de decolagem, a quatro metros de altura, o sargento Cassanica saltou para a marquise porque não queria abandonar as vítimas. Ele caiu em cima das telhas de Brasilite e afundou até a altura da cintura. Aí ele levantou, sinalizou que estava tudo ok, e começou a apertar a bota porque tinha quebrado o calcanhar.

Tinha muita gente desmaiada lá em cima e ele queria prestar esses socorros de emergência, massagem cardíaca, respiração boca a boca... **O ar formou um bolsão entre a laje e o telhado, então todos os que subiam para tentar atingir o terraço desmaiavam e morriam naquele canto.** O Joelma não tinha heliponto, e as pessoas que ficavam naquele bolsão já começavam a morrer ali mesmo.

Nossa preocupação era chegar nesse ponto para salvar o maior número de pessoas. Então, fizemos o comando crowl, o cabo Santos entrou no helicóptero com essa corda, amarramos no prédio ao lado e jogamos para o Cassanica esticar a corda. O pessoal do COE conseguiu atravessar para lá e chegar ao local... O vão era de mais de trinta metros, as vítimas não conseguiriam atravessar, a gente que ia até eles prestar os primeiros socorros. **Quando nós chegamos lá em cima, foi assustador,**

veio um monte de gente correndo para cima da gente e nós gritávamos: "Vocês estão salvos! Salvos! Calma!" Todo mundo apavorado, e a gente tentando acalmar o pessoal. Aí chegou um outro helicóptero que veio de Santos; era maior e tinha sido usado na guerra do Vietnã, ele tinha as pás maiores, e por isso conseguia atravessar o ar rarefeito e pousar lá em cima.

Depois vinha a parte crítica, quando ele pousava, pois a gente tinha que selecionar quem ia entrar primeiro, ou seja, os que estavam em piores condições. Aqueles melhorzinhos poderiam aguentar esperar mais uma viagem; o critério era esse. Cabiam só umas quatro ou cinco pessoas por vez, a gente fazia respiração artificial, massagem cardíaca e ia embarcando um por um. Dava briga... Foi difícil estabelecer uma ordem ali, tivemos que ser firmes. Fomos obrigados, inclusive, a bater em uma pessoa lá em cima com o cantil cheio de água porque ele estava colocando as vidas de todos em risco, gritando e agarrando tudo pela frente. Ele só queria pular lá dentro do helicóptero, foi horrível.

Mas foram feitas várias viagens; em uma dessas, um rapaz se apavorou e saltou para agarrar o helicóptero, foi grudado no esqui e se salvou. Quem subiu antes para o telhado e conseguiu escapar desse bolsão de ar rarefeito se salvou. Mas as condições lá em cima eram muito ruins, para você ter uma ideia, o Sargento Cassanica quase morreu, ele ficou desfalecido três minutos e um médico da PM teve que dar adrenalina direto no coração para ressucitá-lo. Por ironia do destino, esse médico caiu desacordado, falecendo no incêndio, e o sargento sobreviveu.

Mas, por causa desse salvamento, muitos colegas tiveram sequelas, como problemas no pulmão. Um deles faleceu após um ano da tragédia, porque não conseguiu se recuperar. **Mas nós vimos muita gente morta lá, nós não podíamos jogar água direto nos corpos porque eles se desintegravam, e tínhamos que preservar o máximo possível para posterior identificação. Pior do que ver um corpo carbonizado é ver alguém ainda vivo, mas com boa parte queimada, porque as dores são horríveis, e os gritos, difíceis de esquecer.** Uma coisa que ainda me choca quando eu me lembro é a visão que tive dos banheiros... As pessoas iam atrás de água para resfriar o corpo, o pessoal tirava toda a roupa devido ao calor, e eles achavam que as consequências seriam menos graves sem as roupas. Mas é engano, em uma situação assim – tal como no deserto – o melhor a fazer é manter o máximo de elementos que possam proteger o corpo, porque, no caso, a roupa retém o excesso de suor. Tirando a roupa, o líquido evapora mais rápido, e você desidrata mais rápido também, a roupa segura o líquido no corpo.

Lá nos banheiros, acabavam morrendo pessoas em grupos, e encontramos vários deles semicarbonizados, alguns ainda fritando. Já não eram mais corpos, eram caveiras com pedaços de carne grudados, cenas de horror absoluto. Os corpos eram levados para o IML e os vivos iam para o Hospital das Clínicas. O trabalho de reconhecimento levou muito tempo, porque naquela época ainda não tinha exame de DNA.

Tinha um rapaz, um oriental, que ficou ali na marquise fumando, esperando o desfecho. Ele viu que não dava para sair dali, estava no 21º andar, em um cantinho do lado de fora, e acabou ficando lá. Alguns que estavam com ele saltaram, e ele lá, firme. Até que foi resgatado.

Fui para casa umas sete horas da noite. A adrenalina ainda corria no sangue. Antes, passamos no quartel e fizemos uma prece em conjunto. Cheguei em casa, e minha mãe foi fazer um prato, mas, quando senti o cheiro do bife, enjoei total. Fiquei mais de mês sem comer carne. O cheiro da carne humana fritando é horrível! Bom, aí fica aquela coisa... No dia seguinte, no quartel, olhamos para o horizonte e vimos fumaça. Corremos para lá, era uma fábrica no Bom Retiro que havia se incendiado, até o Cassanica foi, com pé quebrado e tudo.

Depois disso, creio que fiquei sim um pouco traumatizado, não podia sentir cheiro de carne, imagens ficavam passando pela cabeça, principalmente na hora de dormir. Lembrava das pessoas que não consegui salvar, gente que morreu nos meus braços. Teve um rapaz que estava para saltar, acho que no 25º andar, e que já estava para fora da janela. A gente vinha por dentro do prédio jogando água com a mangueira, só que às vezes a água acabava, e ficávamos envoltos em fumaça. Mas esse rapaz estava lá, pendurado na janela e olhando para baixo. Aí nós gritamos para ele não fazer isso, para não desistir. **Aí ele olhou para a gente através do fogo e perguntou se dava para ir ao nosso encontro correndo por entre as** chamas. Não tinha jeito, ele tinha que arriscar... Nós dissemos para ele vir, mas o fogo o envolveu e ele acabou falecendo praticamente em nossos braços, não pudemos fazer nada para salvá-lo. Foi horrível, eu lembro do olhar dele, e essas coisas ficam marcadas na mente da gente.

Hoje em dia, não há mais desastres como aquele; os prédios são melhor preparados, e a legislação mudou. Quando eu vejo notícias de incêndio na cidade, volta tudo na cabeça: os gritos, o cheiro, os sons, o desespero, as pessoas... E olha que já faz mais de trinta anos!

O Andrauss foi um ano antes disso, eu tinha dezenove anos, e também trabalhei lá. Foi o primeiro incêndio em grandes proporções de São Paulo, mas não tão terrível como o Joelma. Ele teve menos vítimas porque já tinha heliponto e porta corta-fogo; muita gente conseguiu descer pelas escadas ou foi resgatada pela cobertura. Esse resgate foi bem mais tranquilo, só o pessoal que trabalhou lá em cima presenciou cenas fortes e impactantes. O que aconteceu no Joelma todo mundo viu!

Foi escandaloso porque os registros de fornecimento de água de reserva dos bombeiros estavam bloqueados lá em cima, então não tinha água! Não deu para realizar as primeiras providências lançando jatos de combate ao fogo naquela área. Eles devem ter feito alguma manutenção e acabaram não desbloqueando as mangueiras de incêndio. Depois, parece que a estrutura do prédio não foi abalada, ele foi todo reformado e rebatizado.

O pessoal conta que lá tem fantasmas, que há gemidos à noite. Pode ser impressão deles, pois sabem que ali morreu muita gente. Há também aquelas histórias de gente que por uma feliz coincidência não foi trabalhar naquele dia e se salvou; depois a gente fica ouvindo um monte desses comentários. Eu acredito que exista algum propósito maior, porque não é possível a gente levar uma vida como essa e não ter nada além. E acredito que as fatalidades estão predestinadas, marcadas para acontecer, mas você também tem o livre arbítrio e com isso, às vezes, pode ser que tudo mude de um momento para o outro, dependendo de suas ações.

Esse fato, o do Joelma, influenciou muito a minha vida e a minha carreira, porque, quando eu dei baixa da polícia, fui ser técnico em segurança do trabalho, justamente para tentar evitar acidentes como esse. E acho que isso tem tudo a ver com o que eu presenciei, porque simplesmente a tragédia poderia ter sido evitada ou, se não, pelo menos ter ocorrido em menores proporções. Então eu queria estar um passo adiante, e fui fazer prevenção de incêndios e acidentes de trabalho em indústrias. Certas máquinas, por exemplo, decepavam mãos com uma frequência incrível, então nós bolávamos equipamentos que evitassem essas ocorrências. Acontece que o ato de salvar vira vício, por exemplo, acabei socorrendo muitas pessoas nesses acidentes dentro das indústrias, então foi uma carreira que escolhi porque continuaria ajudando as pessoas. Até hoje, entro em um teatro ou em um cinema e verifico com os olhos todo o equipamento contra incêndio, portas antipânico, luzes de emergência, se está tudo lá.... Isso fica na gente.

Quando fez trinta anos do ocorrido no Joelma, acabei me encontrando com alguns companheiros de resgate, porque a imprensa fez várias matérias sobre o assunto, foi gratificante. Há outros que a gente não vê, mas sente saudades... Depois disso, eu fui fazer esse trabalho de segurança, e aí, quando tive oportunidade, fiz faculdade de Direito. Sou advogado criminalista há mais de dez anos, acho que não podia ser outra coisa...

A polícia daquela época, dos anos 1970, era idealista. A maioria dos policiais tinha como lema servir à população e levava isso a sério. Acho que o caráter das pessoas também era outro antigamente, elas eram melhores. Veja o meu caso: nasci em uma família pobre, mas não convivia com o crime abertamente como é hoje. A gente selecionava nossos companheiros, com quem a gente andava. Eu sempre fui muito seletivo, acredito no "diga-me com quem andas..." A família era valorizada, o sentimento de união era forte. Cresci jogando bola na rua, comendo bolo na casa dos amigos à tarde; hoje em dia, os pais saem para trabalhar fora e os filhos ficam à mercê de tudo o que é ruim, ou seja, a estrutura familiar também se modificou muito. Hoje é cada um por si.

Como advogado criminalista, eu não penso se o cara é culpado ou inocente como fator determinante para a minha atuação, ele merece uma defesa. Não acho que estou na contramão do que fazia antes, só atuo de forma diferente. Já vi casos de muita gente inocente incriminada, então é preciso cuidado nos prejulgamentos. As injustiças, às vezes, não podem ser reparadas; há gente inocente mofando na prisão, pessoas que morrem encarceradas sem ter culpa de nada, e isso dinheiro nenhum pode compensar. Por isso, eu acho que todo mundo tem direito à defesa e depois sim, se comprovada a culpa, tem que pagar. Mas se houver dúvida...

Bom, depois do Joelma, casei, tive filhos, naquela época minha mulher tinha catorze anos e já era minha namorava. Estou casado há trinta anos. Quando a minha sogra viu o incêndio pela TV, falou para a filha que eu estava lá e ia acabar morrendo. Foi aquele drama. Casei quando ela tinha dezoito anos, e eu já tinha dado baixa da polícia, exatamente porque eu não achava bom ter uma profissão de risco e a família em casa me esperando.

Eu tenho uma ótica diferente dos outros em relação à violência. As pessoas falam que ela está muito grande, mas, se você analisar bem, verá que isso é relativo. Nós somos aqui na cidade de São Paulo em 42 milhões; se você olha na janela aqui no meu bairro, por exemplo, quantas pessoas boas há na vizinhança? Se você abrir a porta de uma pessoa que mora na favela, quantas pessoas de bem há ali? Que trabalham, que estudam... É a maioria! Lá há muito mais trabalhadores do que bandidos. O que impera nas favelas é a lei do silêncio, os moradores são tão vítimas potenciais quanto nós, e, acredite, dentro das comunidades há solidariedade, união e amizade.

Eu acho que a violência aparece bastante também porque a própria mídia é sensacionalista e pega os casos mais escabrosos para divulgar. Essa aproximação é que faz a coisa ficar grandiosa. Claro que há uma inegável onda de criminalidade, mas o verdadeiro câncer hoje é a corrupção. Na PM, por exemplo, era difícil ter isso, pois havia uma palavra que para nós era importantíssima: honra. Nos orgulhávamos do nosso uniforme, da nossa profissão. A corregedoria era administrada com mão de ferro.

Se eu fiquei traumatizado? É, o que a gente fica é... Olha, até hoje eu lamento e me sinto impotente por não ter conseguido salvar todo mundo... Mas eu percebo, com o passar do tempo, que, naquela época, eu era muito jovem, não tinha a experiência de vida que tenho hoje. Eu era o que a gente chamava na polícia de o recruta "vibrador", aquele cara que chega trazendo uma energia muito grande para salvar os outros, para fazer o certo... Aquele cara de sangue novo que acha que vai fazer a diferença na sociedade, que vai resolver os problemas e ajudar o próximo. Tem muito também de idealismo, aquela ideia de super-homem...

Com o passar do tempo, vai caindo a ficha de que a gente não é invencível, que a gente não resolve todos os problemas... E no episódio do Joelma foi a mesma coisa, não deu pra salvar todo mundo... Somos apenas homens, temos nossas limitações. **Mas ficaram gravadas na mente as cenas mais chocante que realmente abalam o psicológico da gente...** Eu sonhava direto que o incêndio ocorria e que eu conseguia salvar todo mundo, acho que a mente procura uma forma de alívio e isso sai no sonho.

Há também a lembrança de pessoas com as quais convivíamos; por exemplo, havia uma moça que eu encontrava sempre na praia, ela era nossa vizinha. **Eu me encontrei com ela lá no incêndio, ela trabalhava no Crefisul dentro do Joelma e havia sido pisoteada. Ela tentou descer com a multidão, acabou caindo e passaram por cima dela, morreu esmagada. Eu desci com o corpo dela nos braços, coloquei na ambulância e me lembro que chorei...** Essas coisas marcam muito a gente porque eu a conheci viva, a gente brincava, sentava na mesma esteira. E aí eu a vi lá, naquelas condições, desfigurada. Até hoje, depois de tantos anos, sobra ainda um carinho pela pessoa, eu fui obrigado a vê-la morta, mas procuro me lembrar dela na praia, feliz. Ela ligou para a avó para se despedir, disse que havia o incêndio e que não sabia se ia escapar. Imagine o desespero deles...

Aliás, os familiares das vítimas sofreram muito, tinham que ir lá, não havia celular e nem muitas formas de contato. As pessoas iam para a frente do prédio e mais de uma viu o parente se jogar lá de cima. Havia filas no IML para reconhecimento, gente perdida, sem saber por onde começar a procurar. Deve ter sido horrível para eles também, você procurar o corpo de um filho, de uma filha... Isso contraria a ordem natural das coisas, pois os pais sempre acham que vão antes dos filhos, e quando isso acontece... No meu treinamento lá do COE, tinha muitas aulas de artes marciais e, com isso, tivemos como absorver a noção de equilíbrio emocional aliada às técnicas de tai-chi-chuan, karatê... Por exemplo, em situações de reféns, era muito necessário segurar esse aspecto para poder conseguir o melhor desfecho possível sem arriscar a integridade da vítima. Da mesma forma, ao lidar com eventos de impacto, como esse do Joelma, era necessário um certo equilíbrio porque, senão, teríamos sentado e chorado e acabaríamos não salvando ninguém.

Depois disso, trabalhei em mais alguns casos, como o sequestro do Electra II da Varig, no aeroporto de Congonhas, e o caso dos escoteiros que se perderam na Serra do Mar... Em função de o meu grupo ter sido criado para combate em selva, depois da guerrilha do Araguaia, a gente auxiliava todas as outras unidades. Então, a gente podia ser escalado para qualquer coisa em que a dificuldade de ação fosse expressiva e precisasse de gente especializada. No caso da aeronave, o comandante disse para não entrar, o sequestrador estava lá dentro ameaçando os passageiros. A torre, falando em código com o piloto, ficou sabendo ser só um homem, e nós havíamos feito o cálculo dos riscos, concluindo nesse estudo que seria viável uma invasão e que o custo-benefício era alto. Tínhamos que salvar mais de cem passageiros arriscando os dois pilotos. Acabamos invadindo a aeronave com o auxílio do gás, os pilotos saíram pela janela e o sequestrador acabou se suicidando na cabine de comando. Depois, o comandante disse que não sabia se elogiava ou se castigava a gente.

Alguns dias após o caso do Joelma, quando saíram as nossas fotos fazendo a manobra das cordas sem segurança nenhuma, o comandante pegou no nosso pé, dizendo que havia limite o arriscar a própria vida para salvar outras. Mas é aí que está o extremo entre o herói e o comum, a gente chega a um ponto em que ou você faz aquilo para salvar o outro com o possível sacrifício da própria vida ou então você não faz. E ali para nós a opção era muito clara: era tudo ou nada para tirar aquela gente toda do prédio em chamas.

Mas não foi só o Joelma que marcou minha carreira; há situações pelas quais a gente passa que são igualmente difíceis de esquecer. Uma coisa horrível é ver um colega morto em serviço, horrível. Teve um caso de um companheiro que estava com as duas pernas engessadas, de muletas, depois de uma descida de paraquedas. Ele estava afastado do grupo, em recuperação, e foi tomar um lanche em uma padaria que foi assaltada. Parece que, no meio da ação, ele não aguentou e reagiu ao assalto, baleando um dos bandidos, mas sendo morto pelos outros ladrões. Nós fizemos a diligência para localizar os bandidos enquanto ele estava na UTI; nós ficávamos vendo ele pela janelinha da UTI, só que ele não aguentou, vindo a falecer. No grupo, éramos só vinte elementos, sendo, então, muito chegados; a visão do corpo morto do nosso amigo foi um golpe.

Acho também que é por isso que na época o COE deu tão certo, nós éramos muito unidos. Mas aquela história da velhinha que foi atropelada também mexeu muito comigo, a gente tinha levado ela para a delegacia e ela cantando, rindo... Não sei como, mas criei um vínculo. Como já contei, quando cheguei para atender a ocorrência horas mais tarde e levantei o jornal, eu baqueei e olhei para meu companheiro, tão chocado quanto eu. Ele começou a chorar e eu também, ninguém entendeu nada. Mas o que ocorre é que eu não estava esperando vê-la ali, morta, com o corpo mutilado pelo atropelamento...

Eu considero o Joelma o marco divisor de uma época, o divisor de águas entre uma polícia e mesmo de uma corporação de bombeiros que antes não era aparelhada e, depois disso, passou a ser olhada com mais cuidado. **O incêndio teve uma importância muito grande, não só social, mas política também. Ele abriu os olhos das autoridades e eu me lembro de que estava lá no HC, na maca e já me preparando para voltar para o incêndio, quando o, na época, governador veio com o prefeito me dar os parabéns pelo trabalho. Eu olhei os dois nos olhos e disse que infelizmente não havia equipamento para salvar mais gente.**

Depois, houve uma reunião grande lá no comando geral da PM com ele presente e tudo o mais, e eu acho que daquele momento em diante muita coisa mudou, inclusive a legislação. Eu acho que isso mexeu com eles, os queimados ali nas macas, o fato de poder ter sido muito mais gente salva. Eles vieram ali pelo corredor e viram muita gente muito machucada, viram inclusive um soldado ali muito queimado... Para se ter uma ideia, se uma pequena queimadura no dedo dói, imagine uma pessoa com 60% do corpo queimado... nem dá para descrever a dor! Eles ouviram os gemidos, viram as feridas, ficaram impressionados.

Não tínhamos máscaras autônomas, não havia água nas mangueiras, nem luvas para todo mundo. Havia uma nuvem de gases tóxicos, e a gente pegava pedaços de pano dos lençóis de carregar os defuntos, molhava em água para cobrir o rosto. Só que aquilo só durava uns trinta, quarenta minutos no ambiente atingido; quando aquele quebra-galho de máscara perdia efeito, a gente tinha que parar com tudo e molhar de novo. Se tivéssemos as máscaras, poderíamos ter trabalhado com muito mais agilidade. O combate ao fogo era assim, a gente subia os andares e ia isolando um por um, tentando extinguir os focos de incêndio e resgatar as vítimas. E assim ia subindo, quando acabava um, podia subir para o outro...

Claro que é apavorante entrar em um lugar como esse, escuro e tomado por fumaça, tudo negro e vermelho, o barulho ensurdecedor do crepitar das coisas, uma temperatura que passava os setecentos graus centígrados, o cheiro da morte... É uma sensação estranha, de que você não vai sair daquilo com vida. Dá medo, principalmente da altura; você olha pra baixo e vê as chamas e sabe que tem que cruzar aquilo tudo e enfrentar, pois há vidas dependendo da sua pronta ação. Essa era a minha motivação para vencer o medo. Eu fugia do hospital pensando no que estava acontecendo ali, abandonava o tratamento, arrancava a sonda do soro e ia pra lá ajudar meus companheiros.

Realmente o Joelma foi, sem dúvida, uma das maiores tragédias da história da cidade, e o que eu presenciei lá dentro foram histórias de dor, medo, desespero, esperança e alívio dos que se salvaram. Lá embaixo, as pessoas gritavam, pediam calma, escreviam na calçada, erguiam cartazes. Muitos se atiravam e se espatifavam em cima de carros ou no chão, ali na calçada. Aliás, a calçada ficou forrada de corpos e, a certa altura, apareceu um padre que ficou ali benzendo eles. Também teve muita solidariedade, centenas de litros de leite eram trazidos pelas pessoas, naquela época achavam erroneamente que o leite curava intoxicação.

As padarias ao redor mandavam caixas e caixas de saquinhos de leite e, no final das contas, aquilo era bom, alimentava e refrescava tanto os acidentados quanto os agentes de resgate. É, foram 189 mortos e 345 feridos... Se pudesse, teria salvado muito mais gente, teria dado a minha vida pela de todos eles se isso tivesse sido possível. Sem dúvida, essas imagens vão ficar gravadas para sempre na memória, mesmo depois de trinta anos, mas com o tempo a gente aprende a conviver com elas...

PARTE III
Dicas para lidar com o Transtorno de Estresse Pós-Traumático

Capítulo 7

O Transtorno de Estresse Pós-Traumático tem cura?

Há grandes controvérsias científicas sobre se é possível ou não a resolução completa de um quadro de Transtorno de Estresse Pós-Traumático. O que se pode observar é que, na maioria das vezes, o quadro agudo perde sua intensidade, deixando cicatrizes que podem perdurar por um tempo indeterminado. O trabalho é efetivamente transformar a ferida de um trauma em uma cicatriz, assim como acontece com traumas físicos. Tal como cicatrizes físicas, essas cicatrizes emocionais não doem mais, porém estão lá presentes e podem trazer à tona lembranças indesejáveis, particularmente quando houver algum estímulo (gatilho) que o remeta à situação traumática.

Só podemos, sem o risco de mentir ou de enganar, mostrar não apenas que é necessário estar vivo e lidar com isso da melhor forma possível, mas também que há momentos que valem a pena ser vividos, que tem que haver alguma motivação nisso tudo e que muitas vezes a felicidade é apenas um estado (impermanente e intermitente) de espírito. Tal como os alcoolistas ou os usuários de drogas ilícitas, é preciso mostrar que é possível atravessar um dia de cada vez, porém, muitas vezes até mesmo um dia é demais para que eles possam suportar a dor das reminiscências que teimam em invadir-lhes a mente. É isso o que vivemos como terapeutas quase que diariamente e é com isso que precisamos lidar: a frustração de não poder ajudar ainda mais, e a alegria de ver alguém que chegou destroçado receber alta e tocar a vida adiante sem reservas.

Em tempos de um menino sendo arrastado pelas ruas até a morte por um carro roubado conduzido por bandidos, descobrimos horrorizados e atônitos que a humanidade está se perdendo. Se pensarmos que o termo humano não se refere apenas à sua raiz etimológica de gênero da espécie, mas que também pode servir de elogio àquele que é bondoso e piedoso, nos deparamos com um contrassenso, porque a perversidade parece ser, nos dias atuais, uma característica aceita como normal em algumas pessoas, principalmente nos que adotam comportamentos desviantes, como os bandidos.

Conforme vimos, após a experiência traumática, algumas dessas pessoas mudam radicalmente a vida, chegando a sair da cidade, do estado ou mesmo do país em busca de paz. Uma paz absolutamente relativa, uma vez que a lembrança as acompanhará para sempre, e os perigos estarão em toda a parte. Muitas das que ficam se dão conta, no desenvolvimento do trabalho psicoterápico, que esta ferida transcende os sintomas físicos e altera algo muito maior: a sua forma de ser e de estar no mundo, o seu relacionamento com as outras pessoas e consigo mesmas. Assim, podemos dizer que, em muitos casos, essas questões permeiam a trajetória do indivíduo na fase pós-evento traumático, fazendo com que ele experimente uma reflexão profundamente diferenciada, fruto de uma situação que o fez literalmente parar em meio à loucura do dia a dia e prestar atenção em si mesmo.

Por que desenvolvi o Transtorno de Estresse Pós-Traumático?

Uma questão intrigante para muitos pesquisadores é a razão pela qual, mesmo diante de situações muito parecidas, algumas vítimas desenvolvem o transtorno, e outras não. Uma possibilidade de explicação para essa variação pode ser as diferentes formas de pessoas distintas encararem a sua experiência, baseadas em tudo o que viveram até então, ou seja, seus valores, suas vivências, suas marcas, suas crenças e suas experiências. Como as pessoas são diferentes em sua essência, a reação de cada uma é imprevisível diante de fatos parecidos, dependendo da forma como os encaram. Por exemplo, há viúvas que reconstroem suas vidas, viajam, passeiam, saem com as amigas e conseguem ter uma vida relativamente alegre após a perda de seus companheiros. Há outras, no entanto, que vivem para aquelas memórias e se fecham em um mundo de lembranças do qual se recusam a sair.

Para tentar contornar a dor avassaladora, capaz de tomar conta de alguém que passou por uma experiência traumática, e seus efeitos, especialmente os acontecimentos que envolvam risco de morte, o apoio da família e dos amigos é absolutamente necessário para o processo de recuperação do indivíduo acometido pela experiência violenta. Nesse sentido, tanto o grande universo social quanto seu pequeno círculo composto de pessoas de sua confiança – e entre eles incluímos o terapeuta responsável pelo auxílio no processo de recuperação – podem formar a rede de apoio necessária para a reintegração desse indivíduo, tanto consigo mesmo quanto com a sociedade. Pode-se, dessa forma, organizar estratégias para ajudá-lo a reencontrar um sentido para a sua vida, de forma a propiciar-lhe alívio frente a uma condição tão incapacitante quanto o trauma decorrente de violência.

Como vimos, após a experiência traumática, algumas dessas pessoas mudam radicalmente a vida, chegando a sair da cidade, do estado ou mesmo do país em busca de paz.

Uma paz absolutamente relativa, uma vez que a lembrança as acompanhará para sempre; além disso, há perigo também em toda a parte. Muitas das que ficam se dão conta, no decorrer da terapia, que essa ferida passa dos limites dos sintomas físicos e altera algo muito maior: a sua forma de ser e de estar no mundo, o seu relacionamento com as outras pessoas e consigo mesmas. Assim, podemos dizer que, em muitos casos, essas questões fazem com que a vítima do trauma experimente uma reflexão profundamente diferenciada, fruto de uma situação que o fez literalmente parar em meio à loucura do dia a dia e prestar atenção em si mesmas.

O importante no processo de superação de um trauma é você entender que de fato vivenciou uma experiência de intensa carga emocional, capaz de desorganizar os mecanismos de defesa que nossa mente possui para enfrentar os pequenos incidentes do cotidiano. O trauma em si tem uma característica totalmente peculiar: o fato de ultrapassar a capacidade humana de suportar uma agressão. É algo como a diferença entre um corte causado por uma navalha, que faz a pele sangrar, e um desconforto sentido dentro de um metrô lotado.

Ou seja, o trauma em si não é um fato corriqueiro, inconsistente, mas algo que tem mesmo um efeito bombástico sobre nossa capacidade de adaptação e defesa frente às vicissitudes da vida. Portanto, o fato de você eventualmente apresentar os sintomas de um Transtorno de Estresse Agudo (TEA) ou de um Transtorno de Estresse Pós-Traumático (TEPT) não significa que você seja um fraco, mas sim que o incidente traumático é que foi muito forte.

O processo de tratamento e superação do trauma consiste basicamente em elaborar, isto é, entender e analisar o que o fato atingiu em seu psiquismo. Ou seja, o que ou quais outros "pequenos traumas" do cotidiano, que, até então, estavam, de forma saudável, protegidos em sua mente, foram liberados por semelhança, ainda que simbólica, a partir da vivência do incidente em si.

> Suzana, quando criança, tomou uma surra de seu pai porque havia quebrado um objeto valioso de sua casa. Essa surra, dada por um pai alcoolizado e violento, aplicada com a fivela de um cinto, deixou-lhe marcas no corpo e na mente, as quais foram superadas com o tempo, mas, em seu inconsciente, ficou guardada uma mágoa profunda e um sentimento de rejeição e abandono. Na sua vida adulta, isso repercutiu em suas escolhas afetivas. Suzana, por exemplo, criou em seu esquema de crenças e valores um conceito negativo em relação aos homens, levando-a a ser criteriosa na escolha de um parceiro. Isso em si não é um problema e nem constitui um transtorno, mas, quando ela se viu sequestrada, acorrentada às paredes de um cativeiro e ameaçada frequentemente de ser espancada, esse núcleo composto da agressão sofrida na infância eclodiu violentamente. O trauma em si é violento, mas, por associação, torna-se muito mais amplo por chegar às profundezas da sua mente, trazendo à tona um sofrimento insuportável.

No processo de superação, é preciso separar um fato do outro, quebrando a associação entre eles, embora, na realidade, haja uma similaridade emocional nas duas situações. A compreensão destas e das emoções nelas contidas pode trazer um amadurecimento da pessoa, pois as agressões e as frustrações que sofremos cotidianamente fazem parte da existência. Ou seja, para o desenvolvimento de uma personalidade saudável, é extremamente importante saber lidar com as frustrações, pois isso cria um tipo de "calo", fortalecendo o nosso eu.

Algumas pessoas conseguem realizar esse processo de assimilação, elaboração e integração do fato traumático de modo natural, utilizando-se de sua capacidade já desenvolvida para enfrentar situações críticas. Outras nem tanto, pois não conseguem sequer pensar no que lhes aconteceu. Estas se utilizam de um mecanismo psíquico de defesa chamado repressão, que faz com que a pessoa guarde tais fatos com tanta intensidade em seu íntimo que, aparentemente, a vida se desenrola sem incidentes, o que não é real. Portanto, é fundamental que saibamos encarar de frente os acontecimentos, sejam eles positivos ou negativos. Eles nos ajudam a construir um repertório estrutural que nos permite adquirir forças internas e enfrentar a vida com todas as suas dificuldades e suas inseguranças.

Uma prova disso é o que acontece com pessoas exaustivamente treinadas para a guerra. Pesquisas mostram que mercenários sofrem muito menos de Transtorno de Estresse Pós-Traumático do que recrutas, quando são enviados a um *front* de batalha. Assim, fica claro e óbvio que a experiência acumulada e assimilada fortalece o psiquismo, assim como a musculação fortalece o corpo para atividades que exijam esforço físico. Em outras palavras, um atleta corre cem metros sem perder o fôlego, e uma pessoa sedentária chega no meio do caminho com a língua de fora, esbaforida.

Na educação dos filhos, uma grande dúvida que assola os pais modernos é como proceder em relação às várias dificuldades consideradas "menores" enfrentadas por seus filhos no dia a dia. Pecando por um excesso de zelo e de proteção, muitos pais acabam evitando que seus filhos desenvolvam suas próprias capacidades de enfrentar situações difíceis, gerando neles a enganosa sensação de que tudo pode ser resolvido ou evitado como que por milagre, não exigindo deles esforço próprio para solucioná-las. Um exemplo banal de uma dessas situações é o que ocorreu com Guilherme.

> Guilherme, um rapaz de dezoito anos, foi passar o fim de semana prolongado em Campos do Jordão, com uma turma de amigos. Um dos rapazes iria voltar em seu próprio carro bem cedo no domingo e decidiu não sair à noite para a balada com a turma. Guilherme, então, lhe pediu o casaco emprestado, pois aquela noite estava particularmente fria. Voltou da balada quase na hora em que o amigo estaria retornando a São Paulo e, de forma distraída, deixou as chaves de seu próprio carro no bolso da jaqueta que colocou sobre a mala do amigo. Só bem mais tarde se deu conta de que estava a duzentos quilômetros de São Paulo com seu carro e sem a chave. O que fazer então? Sua primeira atitude foi ligar para casa, sugerindo que seu pai lhe levasse a chave de volta. Após o primeiro impulso de socorrer o filho que estava em dificuldade, o pai lhe perguntou se ele não via outra alternativa. Guilherme, então, lembrou que um terceiro amigo também estava de carro e decidiram enfrentar todo o trânsito do final de feriado, voltar a São Paulo, pegar a chave, retornar a Campos do Jordão para, finalmente e já bem tarde da noite, regressar.

Esse pequeno episódio pode demonstrar como, em uma situação relativamente protegida, deve-se estimular os jovens a se conscientizar de seus erros e de seus descuidos e a tomar suas próprias providências para solucioná-los sem esperar que a solução caia do céu. É claro que o pai de Guilherme ficou angustiado e preocupado com essas idas e vindas por uma estrada movimentada, porém optou por tomar uma atitude que outorgasse responsabilidade a seu filho, beneficiando-o em seu processo de aprendizado da vida.

Não é raro que, com o agravamento do Transtorno de Estresse Pós-Traumático, a vítima passe a ter a impressão de distanciamento da realidade e eventualmente perca a sensação de pertencer a uma estrutura social em comum e compartilhá-la com os que a cercam. Assim, a vítima passa a questionar a validade do que está sentindo – uma vez que não é compartilhado por seus pares – e, em virtude disso, pode experimentar uma sensação de loucura.

Dessa forma, as contradições e as dificuldades não são superadas, e o indivíduo vive um estado de mesmice sendo que, nesse contexto, pode haver a fixação na posição de acuado. É como se o personagem de vitimizado tomasse conta da sua identidade, fazendo com que ele viva permanentemente esse papel, ainda que a sua realidade tenha se modificado e que sua situação seja bem diferente de quando ocorreu o fato traumático.

Essa dinâmica pode ser incorporada de tal forma que, mesmo que a vida obrigue a pessoa a abandonar esse papel, o personagem permanece e é refletido constantemente em seu dia a dia, em uma espécie de fixação. Em se falando de um episódio de violência, o pavor experimentado durante a sua experiência poderia ser mantido indefinidamente e, dessa forma, ele não conseguiria 'desvestir' o papel de subjugado, vivendo essa dicotomia de modo intenso. Essa seria a configuração propícia para facilitar a instalação do TEPT, uma vez que involuntariamente participou desse estupro emocional que o obriga a viver com isso para sempre.

Os estágios do processo de recuperação

Voltando à questão de recuperação do trauma, podemos dizer que o processo não ocorre exatamente de forma linear. Porém, com base em nossa experiência clínica, ele pode obedecer a alguns estágios, com ou sem ajuda psicológica. São eles:

Estágio do reconhecimento

É muito comum ouvirmos dizer que não se deve pensar e muito menos falar sobre o que se passou para evitar sofrimento. Na verdade, esse procedimento – uma espécie de fuga – pode piorar o estado emocional, pois leva a um esforço enorme a fim de reprimir o trauma. Este, porém, não vai sumir e permanecerá no inconsciente, pronto para aflorar ao menor incidente do cotidiano. É, portanto, importantíssimo que a pessoa entre em contato com sentimentos e pensamentos relativos ao trauma, ainda que dolorosos.

O caminho então é, no primeiro estágio da superação, que a pessoa não tema encarar de frente o que lhe aconteceu e não deixe de falar sobre o assunto com as pessoas próximas. É claro que não estamos recomendando aqui uma atitude obsessiva de ruminação, em que a pessoa fica como que asfixiada, relembrando dia após dia o fato e deixando que isso chegue ao ponto de paralisá-la. Perceba que esse é apenas o primeiro passo de um longo processo.

> Luis Alfredo, quando caminhava voltando para casa após mais um dia de trabalho, foi abordado por dois desconhecidos que o obrigaram a entrar em um automóvel. Ameaçaram-no com revólveres, exigindo que ele lhes entregasse seus cartões de débito e respectivas senhas para que pudessem sacar o dinheiro em caixas automáticos. Passaram por vários bancos 24 horas e, a cada parada, gritavam que iam matá-lo e jogá-lo no rio. Foram horas de profundo desespero, mas Luis Alfredo não sofreu nenhum ferimento físico. Depois de passar por todos os caixas, rodaram ainda por muito tempo, abandonando-o em um local ermo, distante e desconhecido. Ainda atordoado, Luis Alfredo procurou por um telefone público e ligou para a sua casa, relatando rapidamente o ocorrido e pedindo socorro. Eufórico com o reencontro da família, ele insistia em contar com detalhes tudo o que lhe havia acontecido, embora ouvisse a famosa frase: "Fique calmo, já passou, não vamos mais falar sobre isso". Porém, por dias seguidos e sempre que possível, voltava a mencionar o assunto que, repetidamente, lhe vinha à cabeça (pensamento intrusivo).

Estágio de acolhimento

Esse estágio se refere ao que chamamos de "rede social", ou seja, pessoas próximas agem prestando apoio à vítima. Ao se abrir com os que o cercam, é fundamental que estes não se utilizem do famoso "complexo de Pollyanna" e lhe digam "podia ser pior", ou mesmo "tudo bem, já passou, esqueça isso". Ao contrário, é importante que as pessoas próximas escutem a vítima, dando-lhe apoio e respeitando seus sentimentos. Também é recomendável que não insistam para que não fale mais do assunto, como se nada houvesse acontecido.

Há, portanto, duas reações mais comuns entre as pessoas que cercam os traumatizados: uma é a tendência de minimizar o assunto, e a outra é a de insistir no total silêncio sobre o que aconteceu. Esses mecanismos, chamados de racionalização, em vez de facilitar o processo de recuperação, forçam uma situação de evitação que só faz adiar e ampliar a magnitude do trauma.

Pode ocorrer de as pessoas que cercam a vítima do trauma, com a máxima boa intenção, ressaltarem conceitos religiosos ou místicos na tentativa de explicar ou resolver o problema. São ações paliativas de pouca efetividade na prática, pois, ao propor rezas ou mandingas para afastar os sintomas, simplesmente se tenta manter essas sensações suprimidas o que, mais cedo ou mais tarde, irá se manifestar de alguma forma. Nesse estágio, é preciso prestar muita atenção às fontes de apoio, a fim de evitar falsos dogmas e soluções mágicas que podem complicar ainda mais a situação. Um exemplo disso é aquele que fala do acontecido como uma ação do destino ou um mandado de Deus: "Você está pagando algo que fez em outra vida"; "Deus lhe mandou isso para você provar a sua fé"; "Faça uma promessa para que isso tudo passe".

A sugestão às pessoas que acolhem a vítima é a de que estejam prontas a ouvir atenta e detalhadamente o que a ela tem a lhes dizer, mesmo que cite repetidamente os mesmos fatos. O ouvinte deve se utilizar de sua capacidade de empatia, isto é, colocar-se no lugar do outro e compartilhar emocionalmente a sua experiência sem, no entanto, deixar-se contaminar pelo conteúdo exposto, o que chamamos de identificação. Devem-se também evitar críticas, julgamentos, oposições e aquele velho "se" contido em chavões como "se você não tivesse ido lá..." ou "se fosse comigo"...

Enfim, para sermos bem claros, o acolhedor deve estar desprovido de juízos e críticas e ser um bom e carinhoso ouvinte.

> No caso de Luís Alfredo, embora seus parentes próximos agissem de forma a negar e racionalizar o que lhe ocorrera, ele insistia em comentar o sequestro-relâmpago, fato que lhe trazia tristeza, angústia e muito choro. Por não saber lidar com isso, os familiares passaram a se omitir e a mudar de assunto todas as vezes em que ele tentava desabafar. Em meio a essa situação, Luís Alfredo encontrou alívio ao conversar com dona Ruth, uma tia que passava alguns dias na cidade e ficara hospedada em sua casa. Ela ouvia tudo o que ele lhe dizia e mostrava-se solidária, dizendo imaginar o que ele tinha passado e como ele se sentia agora, depois de tudo, e, sobretudo, nunca criticava sua atitude durante o sequestro. Ele pôde, finalmente, falar sobre tudo até esgotar o assunto. Sentiu-se então aliviado, acolhido e compreendido e percebeu que podia, afinal, tentar seguir em frente.

Estágio das associações

É claro que é muito difícil para o sobrevivente do fato traumático não ficar remoendo imagens e pensamentos acerca do que sofreu. Nesse processo, é importante tentar associar o sentimento que aflora dessas lembranças a outras situações experimentadas ao longo da vida e que tenham gerado a mesma reposta, embora com uma intensidade diferente. Por exemplo: a vítima de um assalto à mão armada que não consegue parar de pensar nisso, pode tentar se lembrar de alguma outra situação em que hajam ocorrido sentimentos parecidos, ainda que menores – como ter sofrido um furto, ou ter andado numa rua escura e sentido medo. Dessa forma, a pessoa vai ampliando o leque de situações traumáticas experienciadas ao longo da vida, as quais foram e devem ser incorporadas ao repertório pessoal.

Existe a crença de que essa sistemática associação de sentimentos a outros acontecimentos traumáticos menores só faz aumentar o trauma. Porém, na verdade, ao ser associado aos outros pequenos traumas, o sentimento fica como que "diluído" no psiquismo, favorecendo o fortalecimento das capacidades de lidar com o que ocorreu. É necessário deixar claro que não se trata de uma "multiplicação de traumas", mas, sim, de uma homogeneização dos afetos negativos próprios de cada uma dessas experiências. É uma forma de unificar essas vivências e torná-las paralelamente semelhantes, a fim de encontrar o elemento nuclear de identificação do sentimento apresentado.

Voltemos à história de Luís Alfredo:

> Dona Ruth, enquanto deixava Luís Alfredo falar livremente sobre o ocorrido, fazia pequenas intervenções lhe perguntando se algo parecido já lhe havia ocorrido na vida. Por ter acompanhado todo o desenvolvimento infantil do sobrinho, sabia de algumas situações pelas quais ele havia passado que lhe causaram sofrimento. Isso o levou a perceber que, de fato, embora as experiências fossem completamente diferentes, o sentimento presente, ainda que não exatamente igual, era bem semelhante. Assim, em diversos bate-papos com sua tia, Luís Alfredo foi identificando e associando os sentimentos que o afligiam. Embora possa parecer estranho, essas correlações, que a princípio lhe provocavam longos períodos de choro, eram seguidas de um profundo sentimento de alívio.

Estágio de ressignificação do eu

Nesse estágio, há a transposição do papel de vítima para o de sobrevivente, o que se dá à custa de reconhecer, assimilar, integrar, vivenciar e – finalmente – ampliar a experiência de vida, de forma a ganhar uma nova condição existencial. Podemos estabelecer uma comparação entre a prática constante de exercícios físicos e os processos mentais. Da mesma forma que a atividade física cada vez mais intensa fortalece o corpo, as experiências vividas – quando elaboradas, e não reprimidas – promovem um fortalecimento emocional. Dessa forma, é possível ficar mais preparado para enfrentar as dificuldade da vida, sejam elas pequenas, médias, grandes ou até mesmo excepcionais.

Trata-se de dar um significado especial ao acontecimento traumático, aquele episódio da vida que foi vivido, gerou sofrimento e ao qual se sobreviveu. Em uma metáfora, podemos imaginar alguém que se tenha perdido em uma mata e enfrentado todos os obstáculos para dela sair. Com certeza, ao encontrar a saída, a pessoa se sentirá fortalecida por ter vencido mais uma prova da vida.

> Aos poucos, Luís Alfredo foi se dando conta de que, como qualquer pessoa, passara por inúmeras dificuldades ao longo de sua vida e, de certa forma, sempre aprendera alguma coisa com elas. Não seria dessa vez que isso não aconteceria. Refletindo e integrando todas as ideias, lembranças, sentimentos e emoções vividas, ele pôde perceber que, apesar de ferido na alma, havia aprendido mais uma grande lição. Deu-se conta do real significado de estar vivo e bem, apto a produzir e a estabelecer relações saudáveis e reparadoras. Pode parecer tolo, mas isso também o levou a rever alguns valores.

O sofrimento pode destruir uma pessoa ou torná-la mais poderosa. A vida exige que nos tornemos mais assertivos no lidar com as dificuldades. Isso significa saber enfrentar com coragem e de cabeça erguida tudo aquilo que se apresente à nossa frente, principalmente o inesperado. É algo que vale para coisas do dia a dia, como ir a uma entrevista de emprego ou receber a notícia de uma demissão. Para algumas pessoas, a falta de experiência de vida pode tornar situações corriqueiras profundamente desastrosas e com um potencial traumático maior.

A frase-mote deste livro "ninguém é mais o mesmo depois de passar por uma experiência traumática" pode ser vista de duas formas: não ser mais o mesmo porque se deixou abater e tornou-se permanentemente vítima da vida, ou, o que é melhor, perceber-se agora com muito mais maturidade, experiência, força, capacidade e até mesmo uma maior respeitabilidade perante os seus pares, enfim, mais apto para enfrentar as provas desta existência tão desafiante.

De vítima a sobrevivente

Na constelação de personagens de uma tragédia urbana, há o que chamamos de vítima. Mas há diversos tipos de vítimas, e convém aqui esclarecer quais são.

– Vítima primária: aquela que sofreu diretamente o incidente. Esse é o tipo mais claro de ser identificado em um caso, pois foi quem passou pela experiência traumática.

– Vítimas secundárias: aquelas pessoas que estão diretamente envolvidas com a vítima primária, porém participam de uma forma coadjuvante no processo traumático.

Alguns exemplos são bombeiros que atuam em resgates e famílias que precisam lidar com as consequências do que aconteceu com um de seus membros.

– <u>Vítimas eventuais</u>: pessoas que, de alguma forma, tomam conhecimento do fato, na maioria das vezes através da mídia, identificam-se com o ocorrido e, além de apresentar alguns dos sintomas de ansiedade, são capazes de manifestações aparentemente sem sentido. Tome-se como exemplo pessoas que se deslocaram por grandes distâncias para acompanhar de perto o clamoroso caso de assassinato de uma criança em São Paulo. Alguns visitavam o túmulo da menina e choravam copiosamente, clamando por justiça.

– <u>Vítima "factícia"</u>: sofre de Transtorno Factício, ou seja, pode provocar intencionalmente ou inventar sintomas das mais variadas doenças. Quando o transtorno é relacionado ao Transtorno de Estresse Pós-Traumático, a vítima pode apresentar o quadro por ser sugestionável ao extremo e, assim, criar inconscientemente esses sintomas sem visar a nenhuma vantagem, a não ser no plano psicológico. Nesse caso, há ganhos secundários ao ser identificada como "doente" e receber cuidados e atenções de familiares, amigos e até mesmo de profissionais da saúde. O que caracteriza esse tipo de paciente é a consistência dos relatos dos sintomas e as recordações aflitivas, além de ele ter, de fato, vivido uma experiência traumática (direta ou indiretamente).

– <u>Falsa vítima</u>: também consiste na invenção ou na indução intencional de sintomas ou de sinais de doenças, porém aqui a pessoa faz uso do mecanismo de simulação. Os pacientes simuladores, em geral, não conseguem explicar convincentemente seus padecimentos, apresentando um relato inconsistente, sem que este tenha correlação com seu histórico médico ou com os sintomas alegados. Pode ser diferenciado do Transtorno Factício porque, nesse caso, há claramente o objetivo de conseguir vantagens, como indenizações, benefícios econômicos (recebimento de aposentadoria por invalidez) ou mesmo tentativa de esquiva de responsabilidades legais (alegar insanidade após ter assinado um documento do qual se arrependeu).

É importante deixar claro que, nos três primeiros casos, de uma forma ou de outra, todos são vítimas de fato, e essa nomenclatura é apenas conceitual. Nos dois últimos, embora sejam quadros psiquiátricos, não há nenhuma correlação com o processo de vitimização.

Ao passar por uma situação traumática, é natural que a pessoa se veja em uma posição de vítima, o que, efetivamente, ela é. Essa posição, apesar de todos os desconfortos que pode trazer, tem como característica predominante certas passividade e impotência que impedem a pessoa de se reorganizar. Um outro aspecto ainda dentro desse conceito é o que chamamos de recompensa adicional. Para algumas pessoas, o fato de se tornar o centro das atenções e dos cuidados de familiares e amigos pode ser extremamente gratificante e recompensador. É difícil abandonar esse papel, embora se pague um preço alto por ele. Por quê?

> Durante o longo período em que esteve em cativeiro, Margareth ouviu dos sequestradores que sua família não queria pagar o resgate porque pouco se importava com ela. Os bandidos chegaram a lhe dizer que seu pai havia comentado que eles poderiam matá-la, cortá-la em pedaços e jogar seu corpo em um rio, pois ela não faria nenhuma falta. Na situação de extrema tensão em que se encontrava – amarrada, amordaçada, constantemente vigiada e ameaçada por armas de grosso calibre –, essa afirmação encontrou eco em um ponto de fragilidade em seu psiquismo, atingindo a sua mal-organizada autoestima, fazendo-a acreditar nisso como realmente sendo verdade, o que gerou nela um profundo sentimento de abandono e solidão, a ponto de fazê-la sentir raiva do pai, pois sabia que ele tinha condições financeiras suficientes para pagar o resgate. Por outro lado, a família de Margareth vivia dias de profunda angústia e desespero, pois não sabia como agir em uma situação como essa. Seu pai, desesperado, queria pagar de imediato a quantia exigida pelos sequestradores, mas foi demovido dessa ideia pela polícia especializada, que lhe apresentou os argumentos de que, uma vez pago de imediato o valor exigido, é bem possível haver um repique. Ao ser resgatada do cativeiro, em uma espetacular e cinematográfica operação policial, foi acolhida em casa com muita festa e alegria por seus pais, seus irmãos e seus parentes próximos. A princípio, retraiu-se, principalmente recusando o carinho do agora aliviado pai. Mesmo lhe sendo exaustivamente explicado todo o procedimento que, em geral, é adotado nos casos de sequestro, Margareth manteve-se na posição de coitadinha. Isso porque agora se via recompensada por tudo o que havia passado e, mais ainda, pela forma extremamente atenciosa com que – principalmente seu pai – as pessoas a tratavam e se aproximavam dela. Ao se manter nessa posição quase infantilizada de "a coitada que foi sequestrada", Margareth passou a obter exagerada atenção e cuidado, o que reforçava ainda mais esse comportamento, dificultando a sua recuperação.

Na realidade, o que houve com Margareth foi uma espécie de curto-circuito das fantasias passadas/presentes, o que é chamado pela psicanálise de transferência. Se esse processo não fosse tratado através de psicoterapia, ele se tornaria um exaustivo círculo vicioso que poderia vir até a agravar o quadro de um possível transtorno. Isso não quer dizer que a família não deva dar atenção e acolher o familiar vítima de um trauma com carinho e atenção, porém deve se estabelecer claramente os limites para tanto. Como já foi dito, há como fator agravante o fato de que, com o dia a dia corrido e até mesmo com as dificuldades em expressar seus sentimentos, pode surgir culpa em alguns membros da família por ter estado desatento às questões familiares cotidianamente. O caminho para se transformar uma **vítima** em **sobrevivente** consiste em trabalhar os aspectos profundos do desenvolvimento psicológico dessa pessoa, fazendo-a perceber a verdade e ajudando-a a reorganizar sua autoestima. Afinal, de fato passou por uma situação difícil e é importante que incorpore essa sua experiência em seu repertório de vivência e não encare o que aconteceu como algo absolutamente estranho a ela. Assim, o episódio traumático, embora extremamente doloroso, pode ser visto como mais uma etapa vencida pela pessoa, e que ela não só suportou, como também sobreviveu. Ao se ver como sobrevivente, a vítima sente-se fortalecida em sua estrutura de personalidade e pode ampliar sua visão sobre si mesma e sobre o mundo, tornando-se mais forte.

> José Américo, após ter ficado 52 dias em um cativeiro e pago uma quantia significativa como resgate, percebeu a situação acima em um processo terapêutico. Pôde, então, reformular toda uma maneira avarenta de levar a vida. Conscientizou-se de que a vida é frágil e de que, a qualquer momento, algo de nefasto pode ocorrer. Foram palavras suas durante a sessão de terapia em grupo: a partir daquele momento, passou a permitir-se usufruir tudo o que conquistou e que vinha até então guardando quase que obsessivamente com medo do futuro. Ele ainda ilustrou com um exemplo bem simples: amante de vinhos, antes do sequestro, comprava as garrafas de menor qualidade por causa de seu baixo preço, e agora podia permitir-se comprar um bom vinho, que realmente agradava ao seu gosto e não ao seu bolso.

Um sobrevivente tem sua autoestima ampliada pela experiência vivida e pode obter ganho com isso, uma vez que reconheça o que de fato é capaz de ser e de fazer.

Daí o sentimento de fragilidade pode se transformar em um verdadeiro orgulho de si mesmo. Essa é uma forma, ainda que muito dolorosa, de se evoluir emocional e psicologicamente, pois é sabido que as experiências de perda e de luto, quando bem elaboradas, levam a esse engrandecimento. Assim, a frase *"ninguém é mais o mesmo após passar por uma situação traumática"* pode ser encarada como de fato *"agora se é mais do que se era antes"*. O mais importante disso tudo é deixar para o leitor a mensagem de que da tragédia pode advir um ganho real na sua maneira de ser, desde que não se mantenha refém permanente da situação.

Exercício: De vítima a sobrevivente

Vamos, agora, transportar os conceitos deste capítulo para a sua experiência pessoal, a fim de ajudá-lo a localizar os pontos de apoio para trabalhar o seu processo de se transformar de **vítima** em **sobrevivente**. Pegue o seu diário ou use o próprio livro e responda às seguintes questões.

– Quais as três características mais marcantes de uma vítima?

1. _____
2. _____
3. _____

Com qual delas você mais de identifica: _____

– Quais as três características mais marcantes de um sobrevivente?

1. _____
2. _____
3. _____

Com qual delas você mais de identifica: _____

Tendo em mente a sua maior fraqueza (característica de vítima) e a sua maior fonte de poder (característica de um sobrevivente), leia o texto abaixo e deixe que o exemplo trazido da Mitologia Grega sirva-lhe de inspiração para ampliar a sua capacidade de garantir a sua integridade, mesmo nos momentos mais críticos.

Exercício: "O mito de Sísifo"

Por ter enganado Hades, o guardião dos infernos, Sísifo foi condenado a carregar uma enorme pedra montanha acima. Todas as vezes em que chegava ao cume, a pedra despencava morro abaixo devido ao seu peso. A sina de Sísifo, portanto, era fazer um trabalho sem objetivo concreto por toda a eternidade. Tal qual Sísifo, às vezes, temos a impressão de que o trauma – assim como a pedra – só faz nos empurrar ladeira abaixo. Agora, crie uma imagem mental em que você é quem empurra essa pedra montanha acima. Só que, ao chegar ao topo, essa pedra não irá cair em cima de você, mas à sua frente, rolando pelo outro lado da montanha e cumprindo uma parte de uma longa tarefa. Nesse intervalo, você poderá relaxar e descansar do esforço, reconhecendo que venceu um obstáculo, fortaleceu-se e que há, sim, um objetivo pois, logo a seguir, haverá uma nova montanha e outra, e outra, e outra, assim como ocorre na nossa vida, com os inúmeros desafios que temos de enfrentar a cada momento. Portanto, em vez de lamentar carregar a pedra, dê um significado positivo a essas dificuldades.

Agora, escreva aqui ao menos um ponto significativamente importante e positivo que você pôde extrair da sua experiência.

_____
_____
_____
_____
_____
_____

Todo esse processo de superação pode ocorrer naturalmente, sem ajuda externa, embora isso não seja comum. É importante você se conscientizar de que uma ajuda externa pode ser necessária, seja por meio de leituras, de aconselhamentos, de grupos de autoajuda, de medicação ou de psicoterapia. Isso certamente poderá acelerar o seu processo de recuperação.

No próximo capítulo, apresentaremos algumas abordagens psicoterapêuticas e procuraremos desmistificar ideias preconcebidas de que o tratamento em saúde mental se restringe a quadros de loucura em suas manifestações mais graves.

Exercício: O diagrama de trabalho da memória traumática

Caso você sinta necessidade de aprofundar a análise de uma lembrança traumática, esse material pode ser útil como guia. Trata-se de um diagrama adaptado por nós, dividido em seis partes, e que vai auxiliá-lo a ordenar seus pensamentos e tornar mais fácil o exame dessa lembrança.

Para realizar o exercício, lembre-se de procurar visualizar a cena como se ela estivesse acontecendo em uma tela de cinema, posicionando-se na plateia e não fazendo parte da ação. Isso porque você deve evitar reviver a experiência enquanto escreve a sua análise.

Caso perceba que começou a reviver a cena como se estivesse lá e sinta desconforto, interrompa imediatamente o exercício e retome mais tarde, quando conseguir relembrá-la SEM revivê-la.

O diagrama da lembrança traumática

Primeiro passo: escreva no espaço localizado no centro do diagrama a lembrança que deseja trabalhar. Em seguida, siga as etapas abaixo.

1º – EXPERIÊNCIA SENSORIAL: No primeiro balão, escreva qualquer sensação que se lembre de ter tido durante a ocorrência traumática, como algum som, cheiro, gosto na boca ou registro visual.

2º – SISTEMA DE CRENÇAS: No espaço seguinte, coloque seus pensamentos e suas crenças sobre o trauma. Relate quais as mensagens que você pode ter apreendido antes, durante e depois da ocorrência que, talvez, você possa ter incorporado e posteriormente estabelecido como crença. Exemplos: fui culpado do que aconteceu; nunca estarei seguro; não tenho controle algum sobre o que vai acontecer, etc.

3º – <u>REAÇÕES FÍSICAS</u>: Registre agora o que sentiu fisicamente naquele momento. Ficou paralisado? Suou, tremeu, sentiu o corpo adormecido ou teve taquicardia?

4º – <u>EMOÇÕES</u>: Descreva qualquer emoção que você lembre de ter tido, por exemplo, pavor, medo, vergonha, choque, etc.

5º – <u>DESEJOS</u>: Coloque nesse espaço qualquer desejo que tenha tido durante a ação. Você sentiu vontade de sumir? De atacar o agressor? De que nada disso estivesse acontecendo?

6º – <u>AÇÕES</u>: Documente qualquer atitude que tenha tido: chorou? Colaborou com o agressor? Reagiu? Preferiu fingir que nada daquilo estava acontecendo?

<u>Importante</u>: Se, ao tentar fazer esse exercício, você se der conta de que não consegue se lembrar de tudo isso com detalhes, escreva apenas o que (e se) conseguir. Caso não possua lembrança alguma, pode ser que tenha sofrido uma amnésia traumática. Sendo assim, não force e vá, aos poucos, colocando apenas fragmentos do que conseguir recordar.

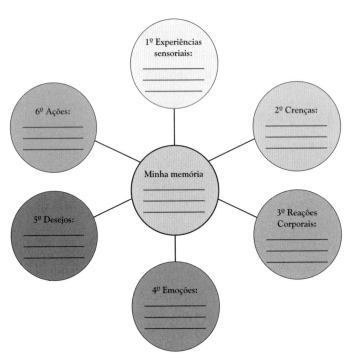

Depoimento: Mergulho para a morte

Rita Gasparin, 51 anos, sobrevivente da queda do voo 254 da Varig, em 1989.

Eu tinha trinta anos quando aconteceu. Morava com meu marido e meus filhos em Ligação do Pará, um lugarejo às margens da Belém-Brasília, a 170 km da cidade de Imperatriz. Cheguei a cursar Psicologia e Comunicação Visual, mas exerci a "filhosofia" porque, quando nos casamos, fomos morar em uma fazenda, tínhamos uma madeireira e éramos comerciantes.

Em 03 de setembro de 1989, um domingo, o voo partiu de Imperatriz em direção a Belém, onde faria conexão para Manaus. Fui com a minha irmã, e íamos ficar por quatro dias fazendo compras. Essa viagem era um misto de passeio e negócios, pois revendia produtos que trazia de Manaus. Nos despedimos da família, todos estavam aflitos para assistir ao jogo Brasil X Chile, eliminatória para a Copa do Mundo de 1990. Embarcamos eu e minha irmã, a Elza, e fizemos uma conexão em Marabá; eu estava louca para fumar, haviam baixado um decreto naqueles dias que, em viagens com menos de uma hora de duração, o fumo estava proibido, e eu, fumante inveterada, já estava nervosíssima. Estávamos sobre a asa esquerda do avião, eu na poltrona do meio, e ela, na da janela.

A nave era um Boeing 737-200, com capacidade para 130 passageiros, que saía de São Paulo com destino a Belém, passando por Uberaba, Uberlândia, Goiânia, Brasília, Araguaína, Imperatriz e Marabá, em um trajeto cansativo e demorado que apelidávamos de pinga-pinga. O voo parecia normal, porém depois ficamos sabendo que o piloto havia digitado a rota errada entre Marabá e Belém. Ele anunciou que íamos pousar em poucos minutos, mas olhávamos para baixo e não havia cidade, apenas mata e rios; havia algo terrivelmente errado e começamos a voar em círculos. Ninguém sabia o que estava acontecendo, e as comissárias nos informaram que havia muito tráfego no aeroporto e estaríamos esperando a nossa vez de descer. Tudo mentira.

Dentro da aeronave, começava a ficar muito quente e, quando tentaram regular a temperatura, ficou muito frio; a comissária foi até a cabine para reclamar, e os pilotos haviam trancado a porta. As pessoas começaram a ficar nervosas, o tumulto ia se formando. Finalmente o piloto, Comandante Garcez, se dirigiu a nós explicando que os instrumentos tinham entrado em pane e que tentaríamos um pouso de emergência em Carajás. Nesse momento, um rapaz que estava na poltrona da frente, Marcos Mutran, me deu um Evangelho Segundo o Espiritismo, nós abrimos em uma oração que confirmaria os nossos piores temores: "Oração por um perigo iminente – Deus Todo-Poderoso e tu, meu anjo guardião, socorrei-me! Se tenho que sucumbir, que a vontade de Deus se cumpra. Se devo ser salvo, que o restante da minha vida repare o mal que eu haja feito e do qual me arrependo". Começamos a chorar. A noite caiu e lá fora era só o breu absoluto.

Em um determinado momento, uma moça, chamada Ruth, começou a gritar que não queria morrer, que era muito nova e tinha um filho para criar. Um senhor que estava à nossa frente, chamado senhor Fidélis, a todo o momento se ajoelhava e nos perguntava o que ia acontecer. Infelizmente não tínhamos a menor ideia. As pessoas começaram a beber por puro desespero, e as comissárias não queriam servir mais; alguns foram até a parte de trás e invadiram a cozinha. A situação estava saindo do controle. Marcos ficou o tempo todo conosco, ríamos, conversávamos e rezávamos, em profunda sintonia. Ele tinha uma noiva e ia se casar em breve, falou de sua família, de seus sonhos, era como se nos conhecêssemos há muito tempo...

Eu e Elza combinávamos o que fazer caso uma de nós morresse, percebi que ela pegou seus documentos e colocou no bolso; quando perguntei por que, ela explicou que era para que reconhecessem o seu corpo com mais facilidade. Eu tinha certeza de que não ia morrer, não sei explicar por que, mas o fato é que eu sabia que ia escapar. Eu lembro que pensei: "Ai, meu Deus, outro susto em quinze dias?" Isso porque eu havia retirado um nódulo no seio esquerdo e ainda estava com o curativo, graças a Deus o resultado da biópsia havia confirmado que tudo não passara de um grande susto. As coisas ficavam cada vez mais agitadas; as pessoas nervosas, bebendo. O tempo passando e nada. Voamos por duas horas e meia a 700 km/h e não víamos nada, só a escuridão lá fora.

Finalmente, o comandante, com a voz embargada, disse pelo intercomunicador que íamos tentar um pouso forçado e que mantivéssemos a calma, ele acabou seu discurso dizendo: "Deixamos a todos com esperança de que isso não passe de apenas um susto para todos nós. Pela atenção, muito obrigado. Que tenhamos todos um bom final..." As comissárias começaram os procedimentos de emergência, levando toda a bagagem da cabine para o banheiro. Era para cruzar as mãos embaixo dos joelhos e permanecer debruçados sobre eles; eu estava entre Elza e Marcos, e nos debruçamos, sim, mas de mãos dadas. Esperamos.

O combustível acabou depois de duas horas e meia e, em um instante que nos pareceu uma eternidade, fez-se um silêncio tenebroso. Só ouvíamos a respiração ofegante das pessoas, sem gritos ou gemidos, e o barulho do vento. As turbinas pararam e o avião começou a perder velocidade, caímos em São Félix do Xingu, região Norte do Mato Grosso. O acidente ocorreu aproximadamente às oito e meia da noite; éramos 48 passageiros e seis tripulantes, doze pessoas morreram, alguns em meio a muita agonia, lentamente. Quando senti a aeronave despencando no vazio, me subiu um arrepio pela espinha, mas racionalizei: sabia que se eu escapasse na queda teria que ser rápida pois, quando a aeronave parasse, tinha que sair por causa do risco de explosão.

A aproximadamente 400 km/h, o avião se chocou com as árvores e foi sendo destruído por elas, perdeu as asas e as turbinas. Foram dois grandes impactos e o avião estancou. Apenas as luzes de emergência estavam acesas; lá fora, a mais profunda escuridão. Eu não desmaiei e fiz tudo exatamente como havia, em meio àquele momento de pavor, planejado. É claro que houve uma demora de alguns instantes para assimilar o que estava acontecendo mas, assim que caí em mim, resolvi agir. **Eu estava presa entre a minha poltrona e a da frente e não enxergava muito bem, porque só havia sobrado as luzes de rodapé. O silêncio era absoluto e aterrador.** Quando consegui escalar as poltronas para sair, deparei com uma autêntica cena de filme de terror. Vivos e mortos estavam sob meus pés e só havia restado a carcaça central do avião. Asas, trem de aterrissagem, cauda e tudo o mais havia sido

destruído com a queda. As poltronas sofreram um efeito dominó e se amontoaram na frente.

Acabei ficando bastante ferida, tive um buraco na boca, que foi transpassada por um ferro, fratura do arco costal e um imenso buraco no pé esquerdo. Meu seio direito foi furado, meu nariz estava quebrado e, por conta de um trauma na laringe, eu mal conseguia falar. Minha irmã teve duas vértebras fraturadas e deslocadas e muitos cortes na cabeça. Ela tinha uma placa, dessas de avisos, enfiada na cabeça e quando eu a retirei o sangue jorrou. Se pudesse tirar uma foto instantânea daquele momento, retrataria principalmente dor e medo em meio a uma cena dantesca. Mas a sensação de emergência era muito forte, e foi o tempo de sair, abraçar minha irmã, para ter certeza de que vivia, e tentar ajudar aquela gente que, desesperada, gritava.

Com muita dificuldade, fomos tentando sair; o medo de que o avião explodisse era muito grande, as ferragens estavam quentes e cediam ao menor toque. Chamava por Marcos, e ele não se mexia; subi no encosto do banco da frente e tive que fazer um verdadeiro malabarismo para sair sem pisar nas pessoas abaixo de mim, as quais começaram a gemer e gritar por socorro. Havia o corpo de um homem, que dera muito trabalho porque não queria ficar sentado e com o cinto afivelado, literalmente esmagado contra a porta do banheiro, tamanha a força do impacto. Reencontrei Elza próxima à saída e choramos abraçadas, perguntava a ela se estávamos mesmo ali ou se éramos apenas espíritos vagando pelo desastre; custava a crer que tínhamos sobrevivido.

No momento em que saí da aeronave e me vi em uma selva fechada, em meio a um breu que não nos deixava sequer tentar adivinhar onde estávamos, tive a sensação de que estava perdida e o sentimento que me veio mais forte – e que até hoje me impressiona – era o de inveja dos que já tinham morrido. Isso porque eu não fazia ideia do que ia me acontecer, eu só sabia que seria terrível. A mata era tão densa e escura, que nós não podíamos nos afastar do que havia restado do avião. Fiz um curativo improvisado na cabeça de Elza, que estava adormecida e sangrava muito e, após acomodá-la em um lugar que considerei minimamente seguro, fui ajudar no trabalho de resgate das vítimas. Sem ferramentas, usando as mãos, começamos a tirar os sobreviventes. Uma coisa que ficou muito marcada é que nessa hora a razão e o instinto se confundem, porém o instinto de sobrevivência impera. É como se a necessidade de sobreviver anulasse qualquer outro sentimento, e pude experimentar na pele que essa sensação é muito forte, pois, ainda que você não queira, ela impulsiona e obriga você a agir. Aquela noite, sem dúvida, foi a pior da minha vida.

O resgate foi difícil, tive que ir até a cabine de comando tentar conseguir uma machadinha para auxiliar a quebrar as janelas e ajudar os feridos. Entrei lá e dei de cara com o que achei que era o corpo do copiloto Nilson Zilli em seu banco, passei por cima dele para tentar alcançar a ferramenta e percebi que ele estava vivo, mas muito machucado e tinha estado sem sentidos por muito tempo. Fiquei feliz; na hora, nem pensei que ele poderia ser um dos responsáveis por aquela situação, apenas me prometi que faria de tudo para mantê-lo vivo.

A essa altura, o piloto dizia que estávamos em Carajás, talvez bem próximos do aeroporto, e a Regina, uma moça morena que estava entre os sobreviventes, fez uma coisa engraçada: ajoelhou-se, cheirou a terra e disse que, com certeza, não estávamos nem perto de Carajás. Ela tinha toda a razão. **Minha boca estava muito ferida, inchada, pingava sangue. A sede me consumia. O senhor Fidélis estava muito, mas muito machucado mesmo, aquilo até assustava de olhar. Ele tinha um buraco entre os olhos e eu podia ver o seu cérebro pulsar, mas, nessa hora, a solidariedade fala mais alto, a gente nem fica com medo de ver as cenas de filme de terror, quer mais é ajudar.** A Ruth começou a gritar que estava cega e, quando apontei a lanterna para checar, só vi hematomas enormes lhe cobrindo o olho e a acalmei.

Os sobreviventes foram se juntando do lado de fora do avião, muita gente absurdamente ferida, chorando e gemendo; parecia a antecâmara do inferno. Fui ajudando como podia, fazia torniquetes improvisados com cintos, peguei dentro da nave tudo o que poderia servir para cobrir os feridos que, pela enorme perda de sangue, tiritavam de frio. Na volta, passei pelo Siqueira e brinquei, perguntando se ele não tinha vergonha de sair com uma meia branca e outra vermelha, já que estava totalmente ensanguentada. Ele riu e me contou que vivia viajando, mas que estava indo para casa, em Belém, para se separar da esposa. Depois fiquei sabendo que não houve separação e pensei que, afinal, não se sobrevive à toa.

Enquanto ajudava, parava, às vezes, para cuidar da minha irmã e percebia, apavorada, que ela não parava de sangrar. César chamou a mim e ao Siqueira para ajudar a tirar um corpo que obstruía a passagem de saída da aeronave, o que foi uma experiência terrível; na hora, me pareceu falta de respeito ter que içar o cadáver e praticamente atirá-lo para fora, mas não havia alternativa, tínhamos que salvar os que ainda estavam dentro do avião. Apesar de bastante machucada, perto dos outros, eu estava até que muito bem e não descansei até conseguir fazer todo o possível para tirar o máximo de gente de lá de dentro; algumas pessoas nem conseguíamos ver, os gritos dos soterrados pela imensa quantidade de poltronas reviradas e empilhadas vinham abafados e cheios de desespero. Eu rezava muito. Aquela noite, a mais longa da minha vida, tinha catorze pessoas como companheiros: Siqueira, Zilli, Luciane, Solange, Cesar, Meiri, Odeane, Regina, Ariadne, Afonso, senhor Fidélis, Ruth, Gadelha e minha querida Elza. E a noite toda transcorreu assim, muito desespero, lágrimas, ferimentos, sede e mortos. Nunca um amanhecer foi tão esperado, tão pedido e tão implorado, eu pensava muito em Deus. Ocasionalmente, eu acordava Elza e ela tornava a dormir, quase transparente de tão branca; eu tinha medo de que ela me faltasse.

Ficamos naquele local por três dias até sermos encontrados. Estávamos sem comida, com pouca água, havia muitos feridos. Os insetos pioraram a situação e, além disso, fazia um calor insuportável durante o dia e muito frio à noite. Os prognósticos eram todos contra nós e, no fundo, a única coisa que tínhamos era uma enorme vontade de viver, mesmo quando a esperança já havia acabado. Um dos piores sentimentos que experimentei é o de impotência, eu estava ali e não podia fazer absolutamente nada pelos que sofriam. Em uma situação como essa, como a do momento imediatamente posterior à queda, a adrenalina é tanta que eu não sentia dor, sono ou fome. Os meus pensamentos estavam todos voltados para a sobrevivência; eu me lembro de que pensava não poder me entregar, que tinha de sair dali e carregar comigo a minha irmã, conforme disse, muito ferida.

Em determinado momento, chegaram mais doze pessoas que haviam saído pela porta traseira do avião e corrido para longe de mãos dadas, com medo de explosão. Mais doze sobreviventes, machucados, mas bem. Eles acharam que ninguém tinha sobrevivido na frente e, da mesma forma, nós pensávamos que eles estavam todos mortos porque, por trás do paredão de poltronas, não conseguimos ouvir nada, sequer um murmúrio.

O relacionamento entre todos os sobreviventes era ditado pelo companheirismo, os que estavam em melhores condições emocionais ajudavam os outros. Todos nós nos unimos muito e tínhamos conversas intermináveis durante a noite, para ajudar a aliviar um pouco o medo, uma vez que éramos obrigados a ficar deitados na escuridão. Estranhamente ninguém conversava muito sobre as causas da queda e nem perguntava ao comandante o que havia acontecido, era um pacto implícito de silêncio. Ele também não dizia nada, apenas insistia que devíamos estar muito perto de Carajás.

A segunda-feira clareou e nós podíamos agora ver que estávamos em plena selva, com árvores enormes, centenárias, que escureciam o chão com suas copas gigantescas. As pessoas começavam a reclamar de fome e sede, eu só fumava, o cigarro era meu alimento. Sede, pelo contrário, eu tinha muita, só que o pouco líquido que eu tentava tomar escorria por uma fenda que ficou aberta abaixo do meu lábio inferior. A minha boca inchou ainda mais e ficava sempre aberta, ressecando a todo o momento. O nosso maior problema agora era o enxame de insetos, todos os que você puder imaginar que, atraídos pelo cheiro dos corpos e do sangue, literalmente nos devorava vivos. Pernilongos, moscas, mosquitos, abelhas, vespas... Um pesadelo.

Mais tarde chegou um homem, o Sr. Wilson, e perguntou por mim. O César havia me chamado para ajudar a retirar os sobreviventes da parte traseira do avião. Havíamos colocado botes salva-vidas, coletes e muitas coisas na clareira para ajudar em uma possível sinalização. Usamos a porta do banheiro como maca para transportar os mais feridos para a clareira, tudo com muita dificuldade, e como ainda havia muita gente presa nos escombros, iniciamos os trabalho de retirada dessas pessoas. Um italiano chamado Giovanni, a serviço no Brasil, saiu de lá de dentro dizendo que não estava acostumado com aquilo. Quando indagamos com o que, ele prontamente respondeu: "Não estou acostumado a cair de avião". Desatamos a rir. Ele achou que isso era comum aqui no Brasil...

Os comissários vieram com um rádio sinalizador que, diziam, se fosse imerso em água, poderia funcionar por 48h para, talvez, mandar sinais de onde estávamos. Mas isso era um problema, onde conseguir água suficiente para ativá-lo? Essa idéia brilhante foi minha, peguei um balde de gelo na cozinha do avião e convoquei os mais chegados para fazer xixi lá dentro. Mergulhamos o radinho e pronto, funcionou!

Mais sobreviventes iam saindo, Régia, D. Josete, Licéia, um oftalmologista chamado Roberto Matos, um menino chamado Bruno... Todos eles eram obrigados a pular de quase dois metros, uma vez que o escorregador não funcionou. Evandro, o marido de Régia, gritava para ela não deixá-lo lá. **Ainda se ouvia muitos gritos de lá de dentro, mas só podíamos retirar os que estavam mais atrás se removêssemos os da frente, mortos ou não, e era, além de impossível fazer isso rapidamente, difícil para eles entender isso. Cada um que era liberado tinha que engatinhar por cima de tudo, o avião estava muito inclinado, com risco de cair, o carpete era escorregadio, não havia apoio onde se agarrar.** Chegar até a porta por si só já era uma aventura, uma vez que a maioria tinha algum osso quebrado, então cada um que surgia nós comemorávamos e ajudávamos a descer.

Eu me lembrava muito da minha família o tempo todo. Tinha um pai muito culto, que sempre me falava das coisas que aprendia com o avô e uma delas foi de como se encontrar água no meio da mata. Me lembrava que ele disse que havia água dentro das bananeiras e por lá havia muitas, fui tentar conseguir um pouco, já que a sede judiava muito de todos. Abri o caule e consegui uma gosma com gosto de nada, era refrescante e aplacava a sede, então distribuí para quem quis e depois vim a saber que essa substância têm poder antibiótico. Havia muito a fazer e poucas condições de atender a todos satisfatoriamente, isso gerava um sentimento de impotência quase que insuportável. Uma enorme frustração em não poder fazer mais.

Afonso e Siqueira saíram com outros dois rapazes para procurar água, mas voltaram sem nada, então Elza teve a idéia de pedir a Afonso que subisse em uma árvore bem alta para tentar ver alguma coisa. Era uma coisa extremamente perigosa, ficamos com medo dele cair, infelizmente desceu e disse que só via mata e mais mata, nada além disso. De repente um alarido, alguém havia encontrado água! Era muito longe, mas arrumamos todos os vasilhames que pudemos e um grupo saiu para pegar mais. Eu queria ir, mas me convenceram a ficar, era mais necessária ali no acampamento, cuidando dos sobreviventes.

Relutei muito, mas preciso contar; isso é uma coisa que me deixou engasgada por muito tempo. Quando o comandante César chegou da excursão para buscar água e viu que havíamos acomodado os mais feridos no acampamento que ELE tinha arrumado para a SUA tripulação, disse que, a partir dali, era cada um por si e Deus por todos, que estava cansado e que não podia fazer tudo para todo mundo. Ele disse ainda: "Quem puder, vai ao rio tomar água, e quem não puder, paciência, se outros quiserem trazer, muito bem, que o façam. Tudo que vocês quiserem fazer, façam". Ele tinha lavado as mãos. Eu olhei para Elza boquiaberta; ainda havia muita gente presa aos destroços, e o responsável por aquela desgraceira toda estava ali, bem vivo, sem ferimentos e reclamando de ter que fazer as coisas para os coitados que estavam em muito piores condições. Palmas para ele.

Resolvi que no dia seguinte, bem cedo, iria buscar água para a minha irmã e para quem mais precisasse. Elza não queria de jeito nenhum se separar de mim e só concordou se fosse junto. Terminamos a segunda-feira, organizamos os poucos recursos que conseguimos juntar, não havia quase remédios, só uma caixa pequena de primeiros socorros e as coisas que as pessoas levavam em suas bolsas. Encontramos um remédio gringo muito bom contra a dor; dividíamos e dávamos aos que estavam em estado mais grave. Em determinado momento, ouvimos o barulho de um avião, mas ele foi desaparecendo aos poucos. Esse dia nos trouxe esperança e a levou muitas vezes. O comandante, que havia escondido os sinalizadores para que não fossem desperdiçados, tinha ido buscar água e não estava lá nessa hora. Nós vimos o avião ao longe, por entre as copas das árvores, e gritávamos muito, quase como um reflexo de sobrevivência, sem pensar que o resgate não podia nos ouvir. Ele foi embora.

Macacos apareceram e ficamos imaginando se o cheiro do sangue não iria atrair outras espécie de animais, mais perigosos. Afonso resolveu que iria sair em expedição para buscar socorro, eu fui voluntária, mas, mais uma vez, não me deixaram ir. Aliás, nenhuma mulher pôde ir; eles achavam que os homens eram mais poderosos e que elas atrapalhariam. Marcionílio, Antonio Faria de Oliveira e Epaminondas Chaves resolveram ir junto com ele. Eles eram a nossa única esperança e iam precisar de toda a energia de que pudessem dispor; então reunimos toda a comida que havia no avião e demos a eles.

A noite chegou; a água era pouca e a sede, muito grande. Não havia fogo para espantar os mosquitos e nos aquecer. Eram dois grupos, um no acampamento da tripulação e outro mais próximo ao avião. O clima era de muita revolta, a situação começava a ficar delicada, os ânimos exaltados. Alguém gritou para o comandante que ele por certo deveria ter muitas almofadas, enquanto alguns não tinham nenhuma. As pessoas tentaram dormir, mas eram muitos os gemidos e gritos dos feridos. Novamente a minha boca, sempre aberta, secou e, sem querer, encostei os cantos dos lábios, colando tudo. Tive que abri-la com os dedos e rasgou ainda mais. O frio era intenso; só tínhamos isqueiros para iluminar e precisávamos economizar.

Não consegui dormir; fiquei em estado de alerta a noite toda. Saía do avião um cheiro pavoroso, e eu imaginava que horror seria, pela manhã, quando o sol começasse a esquentar, para os sobreviventes que ainda estavam lá, entre os cadáveres. Rezava muito em silêncio, quando, de repente, ouvimos três tiros, bem ao longe, e tive a certeza de que seríamos encontrados. Agradeci a Deus ali, naquela noite de um negro profundo, olhando para a lua brilhando lá em cima, tão distante de nós.

Quando amanheceu a terça-feira, a turma reunida para a expedição decidiu seguir com o plano de buscar ajuda e nos fizeram prometer que, se o socorro chegasse antes, não iríamos abandoná-los. Que iríamos ficar ali até que eles fossem encontrados. E eu segui com o plano de ir ao rio buscar água para os que não podiam fazer isso por si. Juntaram-se a mim mais sete pessoas: Fátima, Gadelha, Aquino, Siqueira, Meiri, Solange e minha irmã Elza. A caminhada seria longa, de cerca de duas horas, e Siqueira sabia o caminho. No início era só mato, mas depois caímos em uma picada e, mais à frente, chegamos a uma porteira feita por mãos humanas. Não podia acreditar que havia algo feito por uma pessoa tão perto da nossa tragédia. Até então, a sensação era a de estar a anos-luz da civilização.

Chegamos a um rio e, quando tirei a roupa para me banhar, vi assustada um enorme buraco em meu sutiã e não tive coragem de olhar mais. Elza viu e me disse que eu tinha dois ferimentos grandes, um no seio e outro na axila; estranhamente não havia sentido dor alguma até aquele momento. Tomamos banho e criamos uma alma nova depois de remover quilos de sangue e sujeira; ficamos por ali uns quarenta minutos e pegamos toda a água que pudemos carregar. A vontade de voltar ao acampamento era zero, mas tínhamos responsabilidade para com os que precisavam de nós e daquela preciosa carga. A volta foi longa e difícil; o peso da água atrapalhava os nossos movimentos, uma vez que já estávamos enfraquecidos por todas as privações que havíamos sofrido desde o acidente.

Chegamos ao acampamento e dividimos a água, que acabou rapidamente. Outro grupo saiu em busca de mais. Parece loucura, mas houve quem quisesse pagar por uma quota maior de água, em uma prova de que as situações extremas nos enlouquecem, então respeitamos aquilo, mas recusamos. **Retornei ao avião para tentar tirar mais pessoas; o cheiro lá dentro era uma coisa indescritível. As tragédias que se seguiram, envolvendo cada um, são duras demais para quem assiste a elas, pior ainda para cada um deles. Os que restaram lá dentro estavam em condições muito ruins, seja por conta de ferimentos muito graves, seja pela dificuldade de resgate em meio aos escombros.**

As pessoas reclamavam de fome; as crianças choravam e a situação ia se agravando. Siqueira me chamou para entrarmos no avião em busca de algo que pudesse servir de alimento; tivemos que andar em meio aos cadáveres, infelizmente sacrifício em vão: não encontramos nada. De vez em quando ouvíamos um barulho de avião, corríamos até a clareira e nada. Os sinalizadores, que deveriam subir trinta metros e soltar fumaça, pareciam estar vencidos, pois não funcionavam.

Eu pensava muito na minha família, em meus filhos, em meu marido, o George. O nosso amor, a nossa cumplicidade são tão grandes que eu tinha certeza de que ele não desistiria até saber do meu paradeiro. Ali, naquela situação, me preocupava também com minha irmã, que tinha ferimentos graves na cabeça, as feridas fervilhavam e eu tirava aquilo com uma pinça que havia encontrado. Limpava a todo o momento, mas percebia que ela estava cada vez mais fraca.

A nossa saga de tirar os sobreviventes terminou perto das 16h, quando o resgate chegou. A sensação de voltar à vida é muito louca. Quando eles nos encontraram, experimentei o choro mais convulso que já tive, pois finalmente tinha a certeza de que veria o mundo outra vez. **Corremos até a clareira e vimos um avião bem acima de nós; ele deu a volta e fez um rasante tão baixo que podíamos ver a tripulação. Era um Búfalo da FAB, um avião camuflado com uma buzina que é o berro de um búfalo. Gritávamos, agradecíamos a Deus e chorávamos. Pude ver que eles, lá em cima, dentro do avião do resgate, buzinavam freneticamente e também estavam chorando. Haviam nos encontrado!**

Jogaram cinco caixas com pequenos paraquedas, mas só conseguimos pegar duas, onde tinha leite em pó, água e maçãs. Festejamos e corremos para dar o leite às crianças. Agora, quase dez anos depois da tragédia que para mim foi uma verdadeira lição de vida, os sentimentos se misturam. Já não é tão fácil relembrar. A euforia que sentimos ao ser encontrados, que significava o reencontro com a família e a sobrevivência, dá hoje lugar a muitas tristezas, dúvidas e dor. Mas naquele momento estávamos exultantes.

Estávamos então cuidando dos feridos com outro espírito; havia esperança. Conversávamos sobre como eles tinham nos achado, se nossos companheiros que saíram em busca de ajuda alcançaram o objetivo, se o tal rádio mergulhado no xixi havia funcionado... Começou a anoitecer e nada; começamos a ficar ansiosos. Por volta das 19h, chegou um grupo de socorro a pé, que acompanhava Afonso, o nosso herói. Machucado, faminto, exausto, ele ainda se prontificou a guiar o grupo até nós, pois do contrário a demora para nos encontrar seria ainda maior. Ele merece um agradecimento público de todos nós e, por muito tempo, fiquei imaginando como poderia fazer para ele saber o quanto foi importante e ter consciência das vidas que ajudou a salvar. Espero que ele tenha oportunidade de tomar conhecimento disso, por meio deste depoimento.

Os nossos salvadores eram membros da "Operação Pelicano" da FAB de Goiânia. Eles perguntaram muitas coisas, entre elas se tínhamos visto alguma onça. Eu lembro que ri e disse que não, para sorte dela, porque, se a tivéssemos visto, teríamos comido. Bem, estávamos bem longe de Carajás, como Regina tinha nos prevenido ao cheirar a terra que, por conta do minério de ferro abundante naquela região, tinha o odor realmente bem diferente. Eles nos contaram que não imaginavam que havia tantos sobreviventes e que, ao nos ver, tinham ficado muito emocionados.

Um helicóptero sobrevoava agora o espaço onde estávamos, mas não podia pousar porque a clareira era pequena e não comportava a aeronave. Eles disseram que íamos ser içados de guincho, e eu, que tenho pavor de altura, comecei a passar mal só de imaginar. Que ironia! Eu tinha sido tão forte o tempo todo e agora, na hora de ir embora, me intimidava por causa da altura. Só rindo mesmo. Mas todo mundo teve medo, e nós pedimos por uma mula, burro, jegue, qualquer coisa que pudesse nos levar por terra mesmo.

Era noite fechada, e os cuidados com os feridos agora eram profissionais; pude finalmente ser cuidada e me permitir um pouco de fragilidade. Eles haviam trazido uma caixa enorme de remédios e material médico, uma beleza. Pude então me entregar à sensação de pensar um pouco em mim e no meu estado e comecei a sentir dores. **Tive a ideia de fazer uma lista de todos os que estavam ali, peguei a agenda e anotei seus nomes e endereços. Entreguei a lista dos sobreviventes a um dos rapazes** para ser divulgada no Jornal Nacional, fiquei imaginando a alegria de quem soubesse que um ente querido tinha sobrevivido. De propósito, deixei o meu nome e o da minha irmã para o final e coloquei nossos nomes de solteiras, assim nossa família saberia que estávamos bem e que nós é que tínhamos feito a lista.

Os que estavam em estado mais desesperador eram transportados antes e alguns, infelizmente, não resistiram. Nós rezávamos o tempo todo. Elza começou a se queixar de um comichão em seu ferimento da cabeça e chamei um dos rapazes para olhar; estava desconfiada de que vermes estavam infectando o local e várias pessoas se queixavam da mesma coisa. Armados de motosserras, os rapazes faziam um barulho ensurdecedor, aumentando a clareira para permitir o pouso do helicóptero. Naquela noite também não dormi, impregnada pela adrenalina da situação de sermos descobertos e estarmos muito próximos do reencontro com nossos familiares.

Aqueles três dias mudaram radicalmente a minha forma de ver o mundo e pesavam sobre mim como se fossem séculos. Três séculos de sofrimento, vendo coisas que eu nunca imaginei que ia ver em toda a minha vida, como bichos entrando e saindo pela boca, nariz, ouvidos daqueles que já tinham ido, eles sendo consumidos bem ali na minha frente. Cenas horríveis, que nunca mais vou esquecer. Hoje agradeço cada prato de comida, cada copo de água e a cada vez que me sinto aquecida. Sentir tudo isso, ver as pessoas sentindo isso e não poder fazer absolutamente nada para aliviar esse sofrimento é terrível; o sentimento de impotência, de incapacidade, acaba com você.

Foi fazendo essas reflexões que vi a quarta-feira, nosso quarto dia ali, amanhecer. Troquei de roupa; havia guardado para essa ocasião uma camisa branca que tinha sido do Marcos, meu amigo pelas duas horas e meia de desespero antes da queda. Era a minha homenagem a ele, que, infelizmente, havia perecido. Naqueles momentos cruciais ele havia me dado força e me feito crer que eu não morreria.

O helicóptero pôde finalmente descer e o resgate de fato foi iniciado; eles já haviam pesquisado quem estava em piores condições para seguir primeiro e organizavam os detalhes quando o comandante Garcez resolveu dar palpites. Muito educadamente, o capitão disse a ele que a equipe da "Operação Pelicano" é quem iria decidir o que seria feito e que a aeronave dele era aquela que jazia ali, destruída. Foi nesse momento que me dei conta do fardo que ele teria de carregar, afinal, se os nossos problemas haviam se acabado ali, os dele estavam só começando, pois deveria explicar como, de um trecho curto entre Marabá e Belém, nós havíamos parado em pleno Mato Grosso.

Não me lembro exatamente da ordem em que fomos embarcados, mas, quando íamos subir, deixei meus cigarros para o Manso. Peguei a minha bolsa e, ao embarcar com ela no colo, subitamente me lembrei de que estava cheia de dinheiro vivo, destinado às compras. Mais uma coisa boa, em meio a tanta tragédia. Lá de cima, notei que realmente não dava quase para ver o avião; a mata era muito fechada, nunca teríamos sido encontrados visualmente. Vinte minutos de voo e me encontrei com alguns de meus companheiros de infortúnio na sede da fazenda; estavam lá Bruno, Zilli, Flávia, Solange, Gadelha, Ruth, Régia, Siqueira, Régis, Regina e Ariadne. Conversamos animadamente e tomamos café; notei que Zilli, sempre muito quieto, falava muito pouco.

Embarcamos então em um helicóptero enorme, com espaço para umas trinta pessoas, e pedimos, pelo amor de Deus, para o piloto tomar cuidado, seria muita ironia não chegarmos à base vivos depois de tudo isso. Voamos por cerca de duas horas e, quando chegamos à base aérea, aquilo estava uma loucura. Repórteres por todos os lados, muitos flashes e uma balbúrdia imensa. Nós só queríamos comer, descansar, tomar banho e ver nossos familiares. Nós não pudemos simplesmente ir embora como queríamos; tivemos que ir para a sede da base, pois a balbúrdia era enorme, todos queriam falar conosco e saber o que tinha acontecido naqueles três dias. Isso nos deixou irritados.

Minha boca a essa altura doía muito; não conseguia sequer comer. Elza mordia um sanduíche, mastigava um pouco e me dava. Os repórteres, lá na porta, imploravam que alguém fosse falar com eles. Eu fui, respondi a algumas perguntas e pedi licença, voltei para o colchonete porque o cansaço bateu; minha irmã estava a salvo e agora não havia mais nada que pudesse me manter acordada.

Depois de alguma discussão, resolveram que iam nos mandar para Brasília, em um avião Búfalo da FAB, muito espaçoso, com macas para o transporte dos mais feridos. Quando descemos do avião, havia muitos flashes e um cordão de isolamento que nos impedia de correr para os braços dos nossos familiares. A Elza gritava: "Olha ali, Rita, o Jorge, o George, o tio Osni!" Eu achei que ela via coisas, afinal, estávamos em Brasília e não em Belém, mais perto de nossa casa. Enfiaram-nos em uma ambulância e então eu vi pela janela o meu amor ali, lutando para falar comigo. Que saudade! Esmurrei o vidro que dava para o motorista, mas ele não ouviu; seguíamos para o hospital. Ele corria muito, como se nós estivéssemos morrendo, e nós chacoalhávamos lá atrás; Elza caía da maca a todo o instante e eu mal conseguia me manter na cadeirinha ao lado.

Chegamos no Hospital de Base e queriam nos obrigar a deitar cada uma em sua maca, mas nós nos recusamos. Não nos separaríamos agora de jeito nenhum. Começaram o atendimento; um perguntou nossos nomes, outro deu injeção antitetânica, mais um veio pegar nossos documentos, e mais injeção, agora de analgésico. Estava ficando irritada; queria meu marido, já tinha visto que ele estava ali e queria desesperadamente vê-lo. A sala era uma confusão, parecia aquelas enfermarias que montam no meio da guerra que vemos nos filmes. Quando nos perguntaram pela enésima vez os nossos nomes, eu disse que, se alguém perguntasse isso mais uma vez, eu ia explodir.

Um rapaz veio e examinou a cabeça de Elza, coberta de ferimentos, abriu o curativo, raspou seus cabelos e suturou os cortes. Ele veio para o meu lado com a tesoura e vi que ia cortar meus cabelos; eu disse que era engano, que eu não tinha nenhum machucado na cabeça. Ele falou que tinha que raspar porque eu estava cheia de carrapatos! Fiquei brava e mandei que saísse de perto de mim. Minha mãe e George tirariam um por um se eu pedisse, não ia deixar meus longos cabelos ali mesmo; levantei-me e queria sair dali.

Nessa hora, um médico amigo do meu tio vinha entrando e perguntando por nós; ele queria informações sobre o nosso estado. Eles nos encaminharam para a radiografia, uma sala lotada de gente esperando a vez. Vimos um orelhão e, enquanto a Elza falava com nosso pai, vi entrarem correndo o meu marido, George, minha mãe, tio Ni e o Jorge. Eles haviam furado o cordão de isolamento da portaria quando meu tio encostou um cigarro aceso na mão de um dos policiais e entraram correndo.

Melhor não comentar muito a minha estada no Hospital de Base. Eles, que deveriam estar preparados para atender aos sobreviventes de um desastre aéreo, sequer tinham sabonete e toalhas no banheiro do quarto. Usei um sabão em barra que uma bondosa faxineira me arrumou e me sequei com dois lençóis roubados da rouparia. Não havia médicos; a hora de os acompanhantes deixarem o quarto chegava e ninguém ainda tinha passado. O George conseguiu trazer um ginecologista que fez a caridade de fazer o curativo em minha orelha que quase havia sido decepada. O jantar foi trazido pelo meu tio e, na falta de alguém da enfermagem que se preocupasse, minha amiga Regina ficou encarregada de tirar os milhares de carrapatos que eu tinha espalhados pelo corpo todo. Mas isso tudo foi muito pequeno perto da alegria de estar viva e bem. Estava agora ansiosa para ver meu pai e meus filhos.

A volta para casa foi só felicidade; fui encontrar Rafaella, na época com seis anos, e Júnior, com sete. Ela se recusava a falar comigo por telefone e pediu para avisar que preferia fazê-lo pessoalmente; ele queria saber todos os detalhes, sabe tudo de cor até hoje. O encontro com o meu pai foi comovente, as pessoas tentavam nos dar forças e é uma delícia, depois de tudo, se sentir tão amada. As sequelas foram maiores para ele, pois, diabético e hipertenso, quando soube do acidente, foi dormir enxergando e acordou cego, teve um derrame intraocular durante o sono.

Em seguida, convalescemos, e tudo mudou. Reciclei, voltei para o Sul, queria só amor. Fui examinada por vários médicos e tomei medicamentos para curar amebas adquiridas na mata e um transtorno hormonal, mas foi só isso. **Elza teve que fazer uma cirurgia perigosíssima, correndo o risco de ficar tetraplégica, o que, graças a Deus, não aconteceu. Foi confirmada a presença de bicheira em sua cabeça, como eu havia desconfiado, e o tratamento foi terrível. As larvas cavaram túneis por entre o seu couro cabeludo e, quando jogavam éter, caíam aos** montes. Fazíamos todo o ritual três vezes ao dia, de mãos dadas; ela sofreu bastante.

No tempo que se seguiu ao acidente, pude meditar. Mudei completamente, tornei-me mais doce, mais dura, mais corajosa, mais frouxa, mais sincera, mais sensível, mais insensível, mais gente... Não consigo mais ver sangue, passo mal, e eu era durona pra isso. Não tenho medo de viajar de avião, desde que o avião seja barulhento e que eu leve uma garrafa de água só pra mim. Avião não cai, derrubam. Não acho que tive um trauma de imediato, fiz questão de terminar a viagem de avião até Manaus. O acidente eu aceitei como algo meu e sei que, algum dia, vou ter respostas às minhas perguntas, como, por que, dentre tantos mortos, justo eu sobrevivi?

Quando me perguntam como me sinto por ter sobrevivido, eu respondo achar que simplesmente não era a minha hora, acredito que todos têm uma missão, e a minha ainda não deveria estar completa. Minha religião é o meu Deus, eu sou crente nele e é lógico que, após um episódio como esse, a fé aumenta, porque ela ajuda muito, tanto a ter passado pelo que passei como a superar o que houve, porque a fase pós-acidente também é de superação. Também mudei muito, como já disse, em relação à minha maneira de ser. Nunca fui arrogante, mas se intensificou em mim a percepção de que somos todos iguais, de que ninguém é mais do que ninguém e que nem cultura, dinheiro, credo ou cor mudam alguma coisa quando se fala em pessoas, em seres humanos.

Na época, nunca tinha havido um caso de sobreviventes em acidentes aéreos, então ninguém entendia muito bem assuntos referentes à indenização. **A Varig, quando ainda estávamos nos refazendo do choque, nos deu cinquenta mil dólares, dizendo que era do seguro, só que assinamos documentos em que o valor constava como indenização. Muito tempo depois, foi comprovado que o erro havia sido do piloto, e ele e o copiloto tiveram suas licenças cassadas. Mas isso não vai trazer de volta todas as vidas que se perderam, e nem apagar todo o trauma a que fomos submetidos, e que até hoje nos tira o sono.**

Só soube oito anos depois, por meio de uma reportagem na televisão, o que realmente houve. O comandante, César Augusto de Pádua Garcez, digitou a rota errada. Em vez de colocar 027 graus ao Norte, ele digitou 270 grau e saímos a Oeste. Após os cinquenta minutos que seria o tempo normal de voo entre Marabá e Belém, ele viu que não havia nada lá embaixo, mas não quis acreditar ou, pior, não quis assumir seu erro na digitação da rota. Ele, que poderia ter feito uma volta de 180º e voltado, de acordo com o copiloto Zilli, não concordou em regressar. Ele sabia que seria o fim de sua carreira e preferiu arriscar as nossas vidas por um orgulho tolo. Aliás, ele, que fazia voos internacionais, já havia sido rebaixado para o circuito doméstico por uma manobra errada no Suriname, algum tempo antes. Há rumores de que ele estava ouvindo o jogo da eliminatória da Copa do Mundo e, por isso, saiu da radiofrequência em que deveria ficar, mas isso nunca ficou comprovado.

As pessoas me perguntam se tenho raiva dele e eu respondo que é claro que não! Ele era muito jovem na época, tinha 32 anos, e contribuiu para que o acidente tenha sido de proporções não tão catastróficas, afinal, muitos sobreviveram. Tenho carinho por ele e sinto muito pelo que houve, pois ele acabou com a sua carreira. Durante algum tempo, mantivemos longas conversas telefônicas, eu tentava confortá-lo, aliviar um pouco a imensa dor que ele sentia e, com certeza, ainda deve sentir. A consciência, para os que a têm, pode ser a nossa maior inimiga. Ele sofreu muito pelas consequências do que fez e é óbvio que o perdoei, quem sou eu para não perdoar alguém sinceramente arrependido? Nunca mais nos falamos, mas eu gostaria muito que ele encontrasse paz, onde quer que ele esteja.

Torço muito pelo copiloto, Zilli, com quem consegui falar quando completávamos nove anos da tragédia. Ele mesmo atendeu ao telefone e reconheceu a minha voz; foi maravilhoso, demos risada de algumas partes da história como a do rádio no xixi e nos emocionamos com outras. Ele me agradeceu e fiquei muito tocada, amei. Conversar com ele, me deu uma paz enorme, principalmente porque ele me contou o porquê daquele seu silêncio, das coisas que o incomodavam, além de alguns detalhes do que aconteceu. Pude entender melhor as coisas.

Quando completou um ano do acidente, fizemos uma reunião com os sobreviventes. Não compareceram todos, mas muitos. Foi um dia de festa, de confraternização. Fizemos também uma linda missa em intenção daqueles que haviam perecido. Depois eu soube, por fontes não oficiais, que o radinho havia sim funcionado. Os sinais haviam chegado ao satélite e sido retransmitidos, mas, por entraves burocráticos ou por descaso, não foram sequer levados em conta, uma vez que o local era muito distante de onde havíamos partido.

Apesar de tudo, hoje levo uma vida tranquila. Casei-me com o homem certo, tenho dois filhos maravilhosos e não trabalho fora. Considero-me feliz e aproveito as coisas simples da vida, mas que me dão prazer, como dançar, ir à praia, ouvir música, ler e jogar buraco. Parece um pouco prosaico, não? Mas são coisas que me fazem bem. **Me propus a escrever um livro com a minha experiência e estou quase terminando-o; vou dedicá-lo a todos os que viveram comigo essa experiência. Escrever sobre isso foi uma vivência dolorosa e intensa, escrevi em meio a muito choro e levei muito tempo; empacava nas emoções. O que me motivou a escrever foi a vontade de que as pessoas soubessem a verdade sobre o que ocorreu, dividir o que passei para que pudessem saber o que é – contra todas as probabilidades – sobreviver.** Creio que há algo de positivo a se retirar dessa tragédia toda, acho que a minha história pode servir para transmitir aos outros fé, força e coragem... Apenas isso.

Capítulo 8

Buscando ajuda profissional

Grande parte das pessoas sente-se insegura ao imaginar uma consulta com um psiquiatra ou, até mesmo, um psicólogo. Estarei ficando louco? Esse tipo de profissional não é destinado aos que têm problemas graves como os esquizofrênicos? Como será o consultório dele? Ele irá me avaliar e decretar que não sou normal? Será que vai me internar? Ou ficarei ali, na sala de espera, junto com pessoas perturbadas e prestes a perder o controle?

Essas e muitas outras dúvidas persistem e acabam por afastar qualquer motivação que a pessoa tenha para procurar ajuda. A tendência é achar que, com o tempo, as coisas irão se ajeitar e que os sintomas e as sensações desagradáveis tendem a desaparecer naturalmente. Em alguns casos, isso realmente ocorre, mas nos casos em que o Transtorno de Estresse Pós-Traumático se instala, torna-se imprescindível a ajuda de um profissional da saúde mental capacitado, ou se corre o risco de que o quadro fique crônico, complicando ainda mais a situação.

Existem pessoas que vão ao psicólogo em busca de respostas relacionadas a si mesmas, desejando acelerar o próprio processo evolutivo, buscando mais autoconhecimento. Outras vão movidas pela curiosidade e, após algumas consultas, quando fica impossível não se expor, desistem. Outras ainda pensam em "consertar" situações muito concretas como a possibilidade de uma separação ou um relacionamento familiar problemático.

É comum também que alguém próximo assinale um problema, como excesso de agressividade, passividade, ansiedade... Em todos os outros e, especialmente, nesse último caso, o profissional da saúde mental irá atuar como uma espécie de facilitador, guiando um processo que conduzirá o paciente pelas veredas de suas próprias emoções, de seus pensamentos, de suas sensações e de seus sentimentos.

Antes de continuarmos, pedimos licença para apresentar a história de Regina. Ela é exemplar porque reúne diversos elementos comuns nas trajetórias de quem sofre de TEPT. É o relato de alguém que passou por uma experiência traumática, mas acreditou que estava tudo bem. Um tempo depois, contudo, desenvolveu sintomas de TEPT, mas ainda não conseguia aceitar sua condição nem a necessidade de auxílio profissional. Passou, então, por uma verdadeira peregrinação antes de encontrar alívio. No caso de Regina, ela aliou psicoterapia, medicação e hábitos saudáveis.

> Regina, uma secretária executiva de 34 anos de idade, aproveitou o horário de almoço para ir a um Shopping Center, onde pretendia tomar um lanche rápido e comprar um acessório para a roupa que usaria aquela noite em uma festa de aniversário de uma amiga. Estava a caminho, parada no sinal vermelho num cruzamento de uma das mais movimentadas avenidas de São Paulo e ansiosa para chegar ao Shopping a tempo de voltar para o trabalho. Olhava fixamente para o semáforo, enquanto fumava sofregamente um cigarro, motivo pelo qual deixara a janela de seu carro aberta. Ela não sabe relatar, de modo preciso, o que ocorreu, mas, subitamente, viu-se ameaçada pelo que parecia ser uma enorme arma de fogo portada por um sujeito que insistia que ela deveria lhe entregar o relógio e sua bolsa. Assustadíssima, fez o que o homem exigiu e saiu em alta velocidade, pois o semáforo agora estava verde. Parou no meio do quarteirão seguinte, porque suas pernas trêmulas impediam-na de controlar o automóvel. Recostou a cabeça no assento do carro, respirou fundo, esperou que as batidas de seu coração acelerado diminuíssem de ritmo, retomando o controle de si mesma em poucos minutos.
>
> Passado o susto, percebeu que aquela situação a faria mudar todos os seus planos para aquele dia. Tinha pouco dinheiro na carteira, mas o roubo de documentos, talões de cheques e cartões de crédito a obrigou a voltar para o escritório e enfrentar os primeiros passos de uma enorme tarefa burocrática que incluía ligar para o banco cancelando os cheques e os cartões, passar em uma delegacia para registrar um Boletim de Ocorrência e correr atrás de segundas vias de todos seus documentos roubados. Não conseguiu concentrar-se no trabalho e pediu ao seu chefe uns três dias de folga para poder providenciar tudo isso, embora se

sentisse com forças para, pelo menos, trabalhar meio expediente e não deixar seu chefe completamente "na mão". Embora a imagem da arma apontada para sua cabeça não lhe saísse do pensamento, ponderou que o dano poderia ter sido maior e deu andamento à sua vida normalmente.

Passados alguns meses, no entanto, Regina começou a apresentar estranhos sintomas quando entrava em um Shopping Center qualquer. A primeira vez que isso aconteceu, sentiu uma enorme pressão no peito, começou a suar copiosamente, teve vontade de vomitar e pressentiu que estava tendo um ataque cardíaco. De imediato, pediu ao namorado que a levasse ao Pronto-Socorro mais próximo. No hospital, feitos os exames necessários, verificou-se que não se tratava de um "ataque cardíaco", mas sim de uma poderosa liberação de adrenalina, provocando o que foi diagnosticado como um "Transtorno do Pânico". Medicada com calmantes, foi aconselhada pelo médico plantonista que procurasse um tratamento psiquiátrico. Regina, já se sentindo bem melhor, ficou revoltada com as recomendações. Como essas crises voltaram a se repetir algumas vezes, começou uma longa peregrinação por consultórios de cardiologistas, recebendo sempre o mesmo diagnóstico, sendo medicada apenas com ansiolíticos.

Por fim, convencida por amigos, procurou um psiquiatra, depois outro, mais um e nenhuma medicação prescrita trazia resultados satisfatórios. Foi, então, à procura de uma psicóloga, de outra, de mais uma e nada! Confusa com tudo isso, foi levada por amigos a "Centros Espíritas", Igrejas com nomes quilométricos, magos e afins... Mas, nada! Seu estado emocional não só continuava o mesmo, como já podia perceber outros sintomas que a estavam levando a se afastar das pessoas, a deixar de sair para compromissos sociais, a ficar irritada com tudo e com todos, apresentando dificuldades de concentração e de memória e, pior, seu sono tornara-se um inferno, pois havia noites que "não pregava os olhos" e outras em que tinha pesadelos com cenas de extrema violência, acordando assustada, empapada de suor. Foi novamente a um psiquiatra que, além de lhe receitar medicações antidepressivas e propor-lhe uma psicoterapia breve, recomendou que ela procurasse um destes "Grupos de Corrida" que se realizam no Parque do Ibirapuera e na Cidade Universitária.

> Regina, que também era resistente à prática de exercícios físicos, passou a correr diariamente, pela manhã. Em pouco tempo, ainda tomando a medicação, começou a se sentir bem melhor. Embora ainda apresentasse algumascrises de ansiedade, elas foram diminuindo de intensidade, com intervalos cada vez mais longos, até desaparecerem completamente. Passado mais de ano e meio do início dos sintomas que, na verdade, nada mais eram do que manifestações de um Transtorno de Estresse Pós-Traumático, Regina sente-se revigorada, não toma mais medicação, não teve mais crise e não deixa de fazer regularmente seus exercícios, chegando até mesmo a sentir falta deles quando vez ou outra, por preguiça, falta a um treinamento.

Abordagem Psicológica

O que é Psicoterapia?

O termo psicoterapia (psico = mente, terapia = tratamento) significa o que o próprio nome diz, o tratamento da mente. Isso implica lidar com as dificuldades que uma pessoa possa apresentar em relação ao seu comportamento, suas emoções, seu estado de ânimo e tudo aquilo que interfere em seu estado emocional, por meio de métodos que usam simplesmente a palavra ou outras formas de abordagem (psicodrama, jogos, exercícios de relaxamento, etc.). É um processo de descobrimento, em que o objetivo é eliminar ou dominar sintomas considerados inadequados ou que causam sofrimento. Pode também ser utilizada para ajudar a pessoa a superar problemas específicos ou estimular o crescimento e a cura emocional.

Tal trabalho geralmente ocorre em sessões regularmente agendadas, com duração de 45 a 50 minutos, em que a pessoa trabalha com um psicoterapeuta para identificar, aprender a manejar e, finalmente, superar seus problemas emocionais e mentais. As discussões entre psicoterapeuta e cliente revelam as bases dos problemas e permitem ao indivíduo melhorar o entendimento de si próprio, além de obter alívio em questões específicas. Esse processo ativo requer concentração, energia e comprometimento de ambas as partes, podendo ou não associar-se ao uso de métodos acessórios como medicações, exercícios físicos, técnicas de relaxamento, etc.

> **A psicoterapia deve ser capaz de...**
>
> - fazer com que você acredite em sua própria cura mediante uma relação confidencial e de confiança com o psicoterapeuta;
> - identificar a natureza e a origem dos problemas e dar sugestões de alternativas para tratá-los;
> - fazer com que você saiba lidar e aceite as suas reais dificuldades;
> - ampliar o conhecimento das emoções, permitindo modificações necessárias nas atitudes e no comportamento;
> - ajudar a lidar com os acontecimentos que tenham um potencial perturbador, auxiliando o paciente a superá-los;
> - propiciar um espaço em que você se sinta à vontade para falar sobre suas questões sem medo de críticas ou de julgamentos, podendo, assim, ter uma visão mais clara do contexto;
> - buscar uma explicação para o que lhe causa sofrimento e um método para aliviá-lo;
> - descobrir e desarticular os incidentes traumáticos de pequeno ou grande porte que possam estar interferindo em seu estado atual.

Qualquer que seja a forma, a linha ou a escola psicoterápica, há necessidade de se estabelecer entre o cliente/paciente e o terapeuta, e vice-versa, uma união de trabalho. Vários autores mostraram a importância de uma 'aliança terapêutica' para o sucesso de qualquer psicoterapia.

Existem várias abordagens, também chamadas de linhas de psicoterapia, que têm referenciais teóricos e práticos com características próprias. Várias pesquisas mostram que a repressão dos sentimentos e dos pensamentos relacionados a processos de angústia só piora a condição psíquica da pessoa, como afirma a psiquiatra americana Judith Herman, que dirige o programa Vítimas da Violência no Hospital Cambridge, nos Estados Unidos:

A resposta usual para atrocidades é bani-las da consciência. Mas as atrocidades recusam-se a ser enterradas. Tão poderosa quanto o desejo de negar atrocidades, é a convicção de que a negação não vai funcionar... lembrar dos acontecimentos terríveis e falar a verdade sobre eles são prerrequisitos tanto para a restauração da ordem social, quanto para cuidar das vítimas individuais.

Portanto, acreditamos que a melhor forma de tratar um problema psicológico é encará-lo de frente. A escolha da abordagem psicoterapêutica depende de vários fatores, sendo o principal a identificação que você terá com o método ao que vai se submeter e ao grau de empatia que conseguir estabelecer com o psicoterapeuta.

Modalidades de Psicoterapia

Existem várias formas de psicoterapia e citaremos a seguir algumas das mais praticadas para ter uma noção do que se trata.

Psicanálise

Em 1896, o médico vienense Sigmund Freud (1856-1939), especializado em "doenças nervosas", utilizou pela primeira vez o termo **psicanálise**, desenvolvendo a chamada cura pela palavra. Quando falamos dessa abordagem, a imagem clássica que vem à mente é a do paciente falando deitado no divã, de costas para o terapeuta. De fato, nesse método, o paciente fala livremente sobre o que lhe vem à cabeça por meio da "livre associação", e o terapeuta, mantendo uma postura neutra, analisa aquilo que é falado e o associa a outras falas, a sonhos, a lapsos de linguagem, a esquecimentos. Enfim, presta atenção a todo o material produzido pelo paciente com o intuito de descobrir o que está reprimido no seu inconsciente, podendo explicar as queixas apresentadas. É uma forma intensa de terapia. Em geral, requer mais de uma sessão por semana, por um tempo absolutamente variável. A psicanálise é considerada a metodologia-padrão para outras tantas modalidades de terapia[1] que surgiram nestes mais de cem anos desde que Freud a criou.

Psicoterapia Analítica

Também chamada de psicanálise junguiana, foi criada pelo discípulo predileto e depois dissidente de Freud, o psiquiatra suíço Carl Gustav Jung (1875-1961). Jung desenvolveu toda uma teoria cuja base é o conceito do "Inconsciente Coletivo", isto

---

[1] São mais de quatrocentas linhas de abordagens diferentes já reconhecidas, a maioria criada após a década de 1950, quando as pessoas passaram a dar mais importância ao autoconhecimento e ao domínio de suas emoções.

é, as imagens e as experiências (arquétipos) comuns a todos os seres humanos, seja um bem-sucedido homem de negócios da Bolsa de Valores, seja um aborígene australiano. Segundo Jung, portanto, todos teríamos gravado em nosso inconsciente coletivo o arquétipo de um herói – alguém como Perseu, por exemplo, na mitologia grega –, que seria a base que nos impulsiona para a realização de tarefas na vida e para a busca de ideais, por exemplo. É como se essa "propensão" a realizar tarefas de "herói" já estivesse de alguma forma gravada nas profundezas de nossa mente e pronta para fazer parte da nossa vida, determinando de alguma forma atitudes e formas de pensar.

O terapeuta que segue essa abordagem costuma ter uma postura bastante acolhedora e trabalha principalmente com os sonhos do paciente. Por meio de uma análise profunda, ele identifica o que esses sonhos simbolizam e relaciona-os com mitos e lendas que permeiam a humanidade através dos tempos.

Psicodinâmica

Baseia-se em conceitos tradicionais da psicanálise freudiana, porém com o terapeuta assumindo uma postura mais ativa, mais pessoal, na tentativa de engajar o paciente em um diálogo que o faça reconhecer e resolver velhos conceitos adormecidos em seu inconsciente, os quais determinam seu comportamento atual. Difere da psicanálise clássica por abolir o "divã" e colocar o terapeuta frente a frente com o paciente, deixando evidente que este está repetindo comportamentos aprendidos na infância como se estivessem ocorrendo agora.

Terapia Reichiana

Foi a precursora das terapias corporais. Seu fundador, Wilhelm Reich (1897-1957), lançou a ideia de unidade entre corpo e mente e de que os problemas podiam se estabelecer no nosso corpo por meio de tensões musculares crônicas, chamadas por ele de **couraça muscular.** Esse tipo de terapia envolve exercícios corporais – como alongamentos, exercícios respiratórios e posturais – e intervenções verbais do terapeuta, que interpreta sinais demonstrados pelo paciente em suas "atrofias corporais". Por meio dessas intervenções, o trabalho reichiano visa restabelecer o fluxo energético do corpo e permitir que o paciente liberte-se de disfunções caracterizadas como atrofias corporais. Essa terapia visa fazer aflorar emoções e conteúdos psíquicos capazes de restaurar o fluxo livre e natural de energia.

Psicodrama

Contemporâneo de Freud, o médico romeno Jacob Levy Moreno (1889-1974), teatrólogo, místico e estudioso das relações sociais, desenvolveu em 1921 um método de psicoterapia baseado na ação (**drama**, em grego) em que, mediante a representação cênica de situações atuais, a pessoa possa associar, cena após cena, fatos do presente com acontecimentos do passado, por meio da similaridade de sentimentos. Idealizado no início para ser um método de terapia de grupo, o psicodrama funciona assim: os participantes elegem um *protagonista* (*prota*: primeiro; *agon*: o que sofre) que, ao representar seu problema, manifesta um "núcleo disfuncional" presente em todos os participantes do grupo. Ao ser devassado em seu mundo interno, está, também, expondo particularidades dos outros membros do grupo, os quais, em consequência, são beneficiados por identificação e pela liberação de emoções reprimidas (catarse) ao longo da vida.

Psicoterapia Breve

Também chamada de Psicoterapia de Tempo Definido e Objetivos Determinados ou Psicoterapia Focal, sua história começa com o próprio Freud, em início de carreira, trabalhando com seus pacientes que, a partir de uma queixa objetiva, mergulhavam obstinadamente nos mecanismos encadeados entre si, os quais seriam a origem do transtorno. Mais tarde, fascinado pela evolução da Psicanálise, abandonou essa proposta de uma terapia focal, porém deixou seguidores. O termo "breve" pode ser aplicado a terapias de até um ano de duração, desde que esteja claro o seu término ao se atingir o objetivo determinado. O processo psicoterápico é desenvolvido com atenção a um problema específico, e não em toda a história de vida do paciente; no nosso caso, o trauma que desencadeou um quadro de Transtorno de Estresse Pós-Traumático. Habitualmente, desenvolve-se em processos de doze a quinze semanas de duração, com sessões semanais, tanto individuais quanto em grupo.

Gestalt-Terapia

Foi criada no início da década de 1950, a partir das reflexões de Friederich Perls (1893-1970), psicanalista nascido em Berlim. O princípio mais importante da abordagem gestáltica é a afirmação de que a análise das partes nunca pode proporcionar uma compreensão do todo, uma vez que o todo será definido pelas interações e pelas interdependências das partes. As técnicas utilizadas são muito semelhantes às do Psicodrama.

Terapia Centrada na Pessoa

O americano Carl Ranson Rogers (1902-1987) foi um dos principais responsáveis pelo reconhecimento dos psicólogos no universo clínico, antes dominado pela psiquiatria médica e pela psicanálise (que, nos Estados Unidos, era exercida exclusivamente por médicos). Rogers usa a palavra "cliente" em vez do termo tradicional "paciente". Um paciente é, em geral, alguém que está doente, precisa de ajuda e vai ser ajudado por profissionais formados. Um cliente é alguém que deseja um serviço e pensa não poder realizá-lo sozinho. O cliente, portanto, embora possa ter muitos problemas, é ainda visto como uma pessoa capaz de entender sua própria situação. Essa abordagem entende que a terapia atende a uma pessoa ao revelar seu próprio dilema com um mínimo de intrusão por parte do terapeuta. Rogers também define a psicoterapia como a liberação de capacidades já presentes em estado latente. Isto é, o cliente teria a competência necessária à solução de seus problemas. Em resumo, essa abordagem terapêutica tem com base: a) colocar um peso maior sobre o impulso individual em direção ao crescimento, à saúde e ao ajustamento; a terapia é uma questão de libertar o cliente para crescimento e desenvolvimento normais; b) dar muito mais ênfase ao aspecto afetivo de uma situação do que aos aspectos intelectuais; c) dar muito mais ênfase à situação imediata do que ao passado do indivíduo; e) enfatizar o relacionamento terapêutico em si mesmo como uma experiência de crescimento.

Terapia Interpessoal (TIP)

É um tratamento por tempo limitado, focado no diagnóstico. Foi desenvolvida por Gerald L. Klerman (1928-1992) e por Myrna Weissman e seus colaboradores, na Universidade de Harvard nos anos 1970, como um tratamento alternativo ao tratamento medicamentoso. A eficácia da TIP foi demonstrada em diversos estudos científicos para o tratamento da depressão e para outros transtornos psiquiátricos como bulimia, Transtorno de Estresse Pós-Traumático (TEPT), distimia, pânico e outros grupos especiais. Os terapeutas auxiliam os pacientes na resolução de tensões que podem desencadear, manter ou agravar o episódio crítico. A Terapia Interpessoal também foca as relações atuais, de modo a ajudar as pessoas a lidar com necessidades e sentimentos irreconhecíveis, além de melhorar suas habilidades interpessoais e de comunicação. É uma forma de Psicoterapia Breve, que se realiza habitualmente em doze a dezesseis sessões. As sessões de TIP obedecem a um protocolo de três fases para o tratamento. Nas três primeiras sessões (esse número pode variar), o terapeuta colhe a história de vida da pessoa e seu histórico psiquiátrico, aplicando também um *inventário das relações interpessoais*, que identificará quais os seus relacionamentos mais significativos e como eles funcionam, procurando estabelecer as *áreas-problema* do paciente (há quatro possibilidades: Luto, Conflitos Interpessoais, Mudanças de Papel e Déficit Interpessoal). Na chamada fase intermediária, o terapeuta segue as estratégias e os objetivos que constam do manual desenvolvido pelos criadores da TIP, procurando trabalhar as chamadas áreas-problema, uma a uma. Na fase final do tratamento, que dura em média entre três e quatro sessões, é hora de o paciente reconhecer e incorporar seus avanços, além de adquirir capacidade de detectar e lidar com os sintomas, caso estes ressurjam.

Terapia Integrativa

O principal elemento da Terapia Integrativa é o relacionamento interpessoal estabelecido entre cliente e o terapeuta, em uma verdadeira troca de experiências. A palavra "integrativa", nesse contexto, possui diversos significados, mas primariamente refere-se ao processo de integrar a personalidade em seus diversos aspectos, isto é, realizar o processo de tornar-se inteiro em suas funções psicológicas básicas: sentimento, pensamento e percepção. Em poucas palavras, é um método que se utiliza de um processo de conversa direcionada ao bem-estar do paciente, visando ampliar a sua capacidade de manter contato com o mundo, em uma espécie de "reeducação".

Terapia Comportamental (Behaviorismo)

Pavlov (1849-1936), ganhador do Prêmio Nobel, foi o precursor desse modelo, inaugurado por John Broadus Watson (1878-1958) em 1913 com o artigo "A Psicologia como um comportamentista a vê" e desenvolvido posteriormente por Burrhus Frederic Skinner (1904-1990) por meio do que ele denominou Behaviorismo Radical. A Terapia Comportamental tem como objetivo a modificação do comportamento e é uma linha terapêutica bem distante da freudiana, pois trabalha com o condicionamento ou o recondicionamento de comportamentos disfuncionais, sem se preocupar com as questões psicológicas que possam ter desencadeado o transtorno. Tem o propósito de substituir padrões de comportamento prejudiciais à pessoa por maneiras mais saudáveis de comportamento.

Nessa abordagem, o terapeuta primeiro analisa os comportamentos que causam estresse, limitam a satisfação e afetam áreas importantes da vida do paciente. O tratamento poderá incluir diversas técnicas destinadas a melhorar a qualidade de vida da pessoa. Uma delas é a dessensibilização sistemática, por meio da qual o terapeuta vai aproximando o paciente da situação ou do foco da sua ansiedade. Aos pouco, o terapeuta ensina o paciente a lidar com seu medo, por meio de exercícios de relaxamento e respiração, entre outros.

Terapia Cognitiva

Desenvolvida por Aaron Beck, no início da década de 1960, está voltada ao alívio de sintomas em vez de resolver conflitos de base. É usada para o tratamento de depressão, transtornos ansiosos (principalmente pânico e fobias), controle de iras, transtornos de personalidade e terapia de casal. Os esforços terapêuticos estão centrados em diminuir percepções distorcidas e atitudes negativas. Isso é feito identificando como os pacientes reagem a situações da vida e ajudando o indivíduo a testar a validade dessas reações. Por exemplo, alguém que assume que coisas ruins nunca acontecem para pessoas boas pode se sentir intensamente desprezível na presença de um evento adverso. O terapeuta tenta modificar essa tendência, persuadindo o paciente que eventos adversos ocorrem por muitas razões e que a maioria não tem relação com o valor da pessoa.

Terapia Racional Emotiva Comportamental (TREC)

Foi criada por Albert Ellis (1913-2007) por volta de 1955 e rompeu com a psicanálise ao experimentar um novo método de reformulação de crenças irracionais por meio da persuasão, ensinando aos clientes a substituí-las por crenças racionais. O que ocorre na sessão é um verdadeiro debate entre a pessoa atendida e o terapeuta, em que este interpreta e lança um olhar externo sobre cada uma das situações apresentadas pelo cliente e, ao longo da conversa, vai eliminando os falsos conceitos, os possíveis radicalismos e os julgamentos (preconceitos) expressos sobre os acontecimentos. O modelo A → B → C, em que A significa o evento ativador, B (de *belief*), as crenças, e C, as consequências (ambientais ou emocionais) serve como um fio condutor do processo. Com o tempo e com treinamento, a pessoa poderá se autoaplicar a técnica com resultados surpreendentes.

Terapia Cognitivo-Comportamental (TCC)

As primeiras terapias cognitivo-comportamentais surgiram na década de 1960 e tem por fundamento características tanto da Terapia Comportamental quanto da Cognitiva, apresentadas anteriormente. A ideia básica da TCC é avaliar e corrigir as chamadas "**distorções cognitivas**", conceitos erroneamente formulados ao longo da vida, os quais acabam por determinar nosso comportamento no dia a dia. Há três premissas básicas[2] que todas as TCCs compartilham: a) a cognição afeta o comportamento; b) a cognição pode ser monitorada e alterada; c) a mudança comportamental desejada pode ser efetuada por meio da mudança cognitiva. Segue um exemplo bastante simplificado, mas que ajuda a visualizar essa abordagem. Uma pessoa, durante uma aula, faz uma pergunta e é ridicularizada pelo professor e pelos colegas. A partir dessa experiência, desenvolve a crença de que é incompetente e passa a sentir-se e a agir assim em várias situações. O terapeuta, nesse caso, mostrará que essa crença é falsa por meio de exemplos de experiências bem-sucedidas na vida do paciente. Algumas das principais distorções cognitivas aparecem na forma de pensamentos como "se eu não me sair sempre bem, significa que sou um fracasso"; "não sou atraente para as outras pessoas, ninguém tem prazer com minha companhia"; "se eu sentir medo diante disso, sempre vou sentir de novo"; "nunca vou conseguir fazer um regime".

EMDR

Sigla em inglês para Eye Movement Desensitization and Reprocessing. Criada pela psicóloga americana Francine Shapiro nos anos 1980, é uma técnica de reprocessamento de traumas por meio da estimulação bilateral dos hemisférios cerebrais, propiciando a dessensibilização da lembrança traumática. Essa estimulação pode ser mediante movimentos oculares, táteis ou auditivos, dependendo de como a pessoas reage e absorve cada um dos estímulos. Francine constatou nela mesma, por acaso,

---

[2] Essas três premissas constam do livro de Keith Dobson, Manual de terapias cognitivo-comportamentais (Porto Alegre: Artmed, 2006).

que, quando olhava rapidamente de um lado para o outro sem mover a cabeça, em movimento de olhos parecido com os que ocorrem durante o sono, isso ajudava a diminuir o sofrimento provocado por lembranças perturbadoras. Ela, então, desenvolveu a técnica do EMDR e a experimentou em 22 voluntários, entre veteranos da Guerra do Vietnã e vítimas de estupro ou abuso sexual. O método envolve exercícios aparentemente inócuos, como pedir ao paciente que acompanhe o movimento dos dedos do terapeuta de um lado para outro ou alternar tapinhas nos dois joelhos. Enquanto isso, o terapeuta pede que ele recorde a cena mais traumática do episódio de violência e procure descrever que emoção está sentindo, além de localizá-la sob a forma de sensação corporal. Com isso, são dados novos significados àquela experiência, e a própria pessoa faz associações com outras situações que vivenciou. Acredita-se que os estímulos corporais provocam reações neurológicas e ajudam na cura, despertando recursos internos que a pessoa tem e reprocessando a experiência traumática até que ela perca o caráter perturbador. O EMDR é fundamentado na premissa de que cada pessoa apresenta uma tendência inata para a saúde e a integração, possuindo a capacidade interna para alcançá-las. Como uma abordagem sempre em evolução, é baseada e aprimorada a partir de estudos consagrados e de pesquisas que vão surgindo sobre a forma com que o cérebro processa e armazena as informações.

Programação Neurolinguística (PNL)

Explora como os pensamentos (neuro) são influenciados por palavras (linguística), levando à ação (programação). A PNL foi proposta em 1973 por Richard Bandler e John Grinder como um conjunto de modelos e princípios que descrevem a relação entre a mente (neuro) e a linguagem (linguística – verbal e não verbal) e como a sua interação pode ser organizada (programação) para afetar a mente, o corpo ou o comportamento do indivíduo. A PNL é extremamente pragmática, aproximando-se de um método de treinamento comportamental: utiliza o termo "programação" baseado em uma analogia computacional para a mente humana. Isto é, encara o cérebro como um *hardware* (o computador) e a mente e os pensamentos como um *software* (os programas), considerando a hipótese de que podemos "reprogramar" a mente, retirando *bugs*, ou seja, erros de programação gerados no passado.

Nessa abordagem, é privilegiado desde o início aquilo que a pessoa já sabe fazer e aquilo que ela pode melhorar. São experimentados modelos novos, mudanças de pontos de vista, sejam cognitivos ou comportamentais, e se motiva o indivíduo – agora encarado como um aluno, e não como um paciente – a experimentar estratégias novas de pensar, sentir e agir (comportamento). Nos dias atuais, essa linha é muito mais empregada na esfera empresarial (desenvolvimento de *coaching*) do que como psicoterapia propriamente dita, porém muitos psicoterapeutas utilizam-se de suas variadas técnicas no tratamento de seus pacientes.

Bioenergética

Trata-se do estudo da personalidade humana em termos dos processos energéticos do corpo. Alexander Lowen e John Pierrakos, alunos de Reich, ampliaram o método reichiano, transformando-o no que se conhece hoje como Análise Bioenergética. Juntos, começaram a explorar possibilidades diferentes de trabalhos envolvendo o corpo no processo terapêutico. A Bioenergética acredita que a energia está envolvida no movimento de todas as coisas vivas e que, apesar de não estarmos acostumados a pensar a personalidade em termos de energia, ambas não podem existir isoladamente. Trabalha com intervenções corporais e trabalhos de expressão emocional.

Biodinâmica

Fundada por Gerda Boyesen (1922-2005) na década de 1950. Foi discípula de Reich e Lowen, evoluiu da psicanálise e da vegetoterapia reichiana (espécie de tratamento baseado nos movimentos do corpo, os quais desbloqueiam o fluxo saudável de energia dos sistema nervoso autônomo, isto é, aquele que não é controlado pela nossa mente), passando pela fisioterapia, para a Psicologia Biodinâmica. Procura trabalhar harmonicamente com a Força Vital e seus princípios. Fala do corpo energético e da pulsação, pois postula que a fórmula de vida é o ritmo expansão-contração, acumulação-liberação, tensão-repouso, carga-descarga, inspiração-expiração. O terapeuta pode atuar tanto pela via da palavra quanto pelo corpo, por meio de toques sutis, acolhedores, visando diluir a tensão nervosa.

Análise Transacional (AT)

Técnica criada pelo psiquiatra norte-americano Erick Berne (1910-1970) no início dos anos 1960. É baseada em uma filosofia positiva e de confiança no ser humano, uma vez que preconiza que todos nós temos capacidade plena para obter sucesso e satisfação de nossas necessidades. Não é à toa que Berne costumava dizer: "Todos nós nascemos príncipes e princesas, mas às vezes nossa infância nos transforma em sapos". O diferencial da AT é o seu enfoque prático, e os seus pressupostos básicos são: 1. Todos nascemos OK, isto é, com potencial para viver, pensar, desfrutar; 2. Todas as doenças são curáveis, desde que se encontre a abordagem adequada. A Análise Transacional enfatiza o papel do paciente e a sua capacidade de mudar, desde que seja orientado para isso. A ideia é que, a partir da história pessoal e da utilização de dez instrumentos para análise do contexto total e intervenção, o indivíduo consiga recuperar três capacidades inatas que foram perdidas ou limitadas – consciência, espontaneidade e intimidade – por experiências traumáticas ou de estresse na infância. Os instrumentos são: Estados do Ego (estrutura e funcionamento), Análise das Transações (comunicação com os outros), Carícias (como são direcionadas e em que consistem), Estruturação do Tempo (como utilizamos as horas, os dias, os meses e os anos para construir nossa existência), Emoções (como influenciam e interferem no significado que damos à vida), Posição Existencial (posturas diante da vida, de nós mesmos e dos outros), Jogos Psicológicos, Script de Vida (quais as nossas expectativas em relação ao futuro), Mini-Script (concretização dessas expectativas ou não).

Psicologia Transpessoal

Essa abordagem foi criada por um pequeno grupo de estudiosos em 1967, nos Estados Unidos. A principal característica desse tipo de pscicoterapia é que ela incorpora a espiritualidade do paciente à terapia, por reconhecer que a espiritualidade é um aspecto importante e legítimo da psique humana. A Psicologia Transpessoal traz uma radical diferença em relação à psicologia acadêmica, que destituiu a espiritualidade de alguma forma e de algum nível de sofisticação e caracteriza-a como superstição, pensamento mágico primitivo, imaturidade emocional ou patologia. Um outro importante aspecto da Psicologia Transpessoal é que ela estuda o espectro inteiro da experiência humana, incluindo os estados incomuns de consciência, particularmente, várias formas de experiências místicas.

Psicoterapia de Grupo

O marco inaugural do trabalho grupal, sem dúvida alguma, deve-se ao trabalho pioneiro que Joseph H. Pratt desenvolveu, nos idos de 1905, com pacientes vítimas de tuberculose, os quais, semanalmente, reuniam-se para discutir as mais diversas questões relacionadas à sua doença. No percurso do início do século XX aos primórdios do século XXI, o mundo mudou substancialmente, a sociedade sofreu um processo de transformação vertiginoso e a grupoterapia se disseminou pelos recantos do planeta, consolidando um campo de saber psicológico com vasta aplicação nos mais diversos contextos e abordagens. Independente da técnica utilizada, a base da psicoterapia de grupo é sempre a mesma: o efeito terapêutico das relações humanas em um ambiente protegido e controlado. Observar o próprio comportamento e entender o seu impacto sobre os outros e sobre si mesmo é uma oportunidade única para experienciar a sua própria responsabilidade. Além disso, sua principal função é a oportunidade de compartilhamento de experiências íntimas, que habitualmente não encontra espaço para ser praticado no ambiente social.

Hipnose[3]

Trata-se de uma técnica de indução ao transe que leva a pessoa a um estado de relaxamento semi-inconsciente. Ao contrário do que se pensa, o paciente não fica totalmente entregue ao terapeuta, mas mantém não apenas o contato sensorial com o ambiente, como também, segundo os últimos estudos, o senso crítico. O transe é induzido gradualmente pelo terapeuta por meio de um discurso monotônico, persistente e rítmico com comandos de relaxamento, fazendo com que o paciente esteja mais sujeito a ser sugestionado. É reconhecida pelo Conselho Federal de Medicina como um complemento ao tratamento convencional. No Brasil, vem ganhando bastante espaço a chamada Hipnose Condicionativa. Criada pelo professor Luiz Carlos Crozera e ainda em busca de reconhecimento científico, trata-se de uma técnica que visa não ao resgate dos traumas do passado, mas sim à identificação e ao bloqueio dos chamados registros mentais negativos.

Terapia de Vidas Passadas (TVP)

Esse tema ganhou, ultimamente, grande espaço nos meios de comunicação em geral, em particular após a publicação do livro *Muitas vidas, muitos mestres* (1998), de

---

[3] Não se trata exatamente de uma modalidade psicoterápica, mas sim de uma técnica compatível com todas elas. No entanto, optamos por inseri-la nesse contexto para melhor entendimento.

autoria do Dr. Brian Weiss. Como todo tema polêmico, tem gerado muitos debates e opiniões contraditórias. Mas por que uma proposta terapêutica como essa pode gerar tanta polêmica? Porque a Terapia de Vidas Passadas tem como ponto central a ideia da reencarnação, o que, especialmente para a ciência ocidental, é um tema religioso ou místico, que não pode ser considerado como objeto de estudo. Nessa abordagem, são realizadas sessões de regressão no tempo, com a proposta de se chegar ao passado ou a vivências passadas em outras vidas, onde supostamente estaria a origem desse problema. Costuma-se dizer que um dos objetivos básicos dessa abordagem é tratar os traumas do passado, capazes de repercutir ainda hoje em nossas vidas.

O dia da primeira consulta

Se já é complicado nos abrirmos com pessoas íntimas, o que dirá começar a falar sobre nós mesmos com um estranho? Pois é justamente esse fator que poderá deixar-nos mais tranquilos, pois o psicólogo ou o psiquiatra estará atuando de forma profissional e, provavelmente, lançará um olhar mais neutro, sem julgamentos, e menos "contaminado" sobre a situação. As pessoas podem ter vivências muito diferentes quando pensam em fazer uma terapia ou quando, de fato, já estão no consultório. Algumas podem se sentir aliviadas pela perspectiva de receber ajuda e esperançosas com o resultado. Outras, contudo, podem achar que não deveriam estar ali, pois ficam pensando que terapia é coisa para loucos, desequilibrados ou fracos, isto quer dizer, pessoas que não conseguem resolver seus problemas sozinhas. O mais importante é não deixar que esses pensamentos/sentimentos interfiram na sua busca por ajuda. E mais: que você possa dividir suas ideias e seus sentimentos com o terapeuta.

Normalmente, um psicoterapeuta fará uma entrevista preliminar, perguntando-lhe o que o levou a procurá-lo e colhendo informações básicas sobre o que ele considerar importante comentar da sua história. Dados como o seu estilo de vida, sua família e todos os aspectos relacionados com o problema. Isso se chama anamnese. Após esse primeiro passo, dependendo da linha de trabalho[4] do profissional escolhido, é chegada a hora de dar início ao processo terapêutico.

---

[4] Na psicologia, essa linha de trabalho é comumente chamada de abordagem terapêutica que, por sua vez, é composta de alguns tipos, quase todos eles baseados, seja contra ou a favor, na psicanálise criada por Sigmund Freud, no final do século XIX.

Modelo de atendimento

A seguir, vamos apresentar os princípios básicos de um modelo de atendimento baseado na psicoterapia breve integrada. Esse tipo de psicoterapia foi aplicado, durante oito anos, no Serviço de Psicoterapia do Instituto de Psiquiatria do Hospital das Clínicas da Faculdade de Medicina da Universidade de São Paulo, por uma equipe especializada em atendimento de vítimas da violência urbana, chamado Grupo Operativo de Resgate à Integridade Psíquica (GORIP). Lembre-se de que, dependendo do tipo de psicoterapia escolhida, o atendimento pode variar.

A postura do psicoterapeuta

O método da Psicoterapia Breve, seja qual for a abordagem escolhida, é o que melhor se adequa para o tratamento de quadros críticos como é o do Transtorno de Estresse Pós-Traumático. Uma pessoa que convive com TEPT, como já foi dito, geralmente enfrenta dificuldades para se relacionar com os outros, para dormir, para manter suas atividades rotineiras, etc. Portanto, é necessária uma intervenção rápida e pontual do terapeuta, com o objetivo de melhorar a qualidade de vida. Se nos processos prolongados de terapia exige-se muita experiência e disposição do terapeuta, na Psicoterapia Breve, essa exigência é duplicada pela pressão do tempo. A Psicoterapia Breve exige muito do terapeuta, pois, além de simplesmente observar o paciente em sua "viagem através de si mesmo", deve viajar junto com ele, cedendo-lhe a nossa "parte sadia" como referencial.

Por outro lado, deve-se exigir que o paciente também tenha muita vontade de se tratar e colabore também ativamente para o sucesso de seu tratamento. Na Psicoterapia Breve, terapeuta e cliente embarcarão juntos nessa experiência, impedindo que a crise se prolongue, transformando-se em um problema crônico.

Acreditamos que, para o bom desempenho do papel do psicoterapeuta, os prerrequisitos seguintes cabem em sua formação.

Humanidade

É inegável que, para exercer uma função de ajuda, o terapeuta deverá em primeiríssimo lugar identificar a *quem* está querendo ajudar. Para tanto, é fundamental ter a capacidade empática bem desenvolvida a fim de, realmente, poder perceber quem é o outro e reconhecê-lo em todas suas carências, suas angústias, seus limites, suas potencialidades, sem julgamentos.

Capacidade

Quando contratamos alguém para qualquer serviço, levamos em conta o conhecimento que ela possui na área em que atua. Dessa forma, um psicoterapeuta precisa ter domínio sobre o processo terapêutico e demonstrar essa capacidade.

Controle

A relação terapeuta-cliente deve ser encarada como uma troca entre duas *pessoas*, em que cada uma delas assumirá um papel definido: terapeuta no de *ajudador* e o paciente no de *ajudado*. Embora a participação ativa do paciente seja fundamental, como já foi dito, é de responsabilidade do terapeuta deixar esses papéis sempre bem definidos. Isso nos dá a dimensão da importância do efetivo sentido da responsabilidade devida ao terapeuta, pelos caminhos e descaminhos em que conduz seu paciente, notadamente os que têm menos recursos próprios para lidar com suas questões.

Comprometimento

Como último prerrequisito a ser mencionado, citamos o comprometimento, caracterizado pelo contínuo envolvimento e pela aceitação de responsabilidades assumidas que dão sentido ao papel de terapeuta. Isso implica, na realidade, a aceitação do desafio existencial de lutar pela qualidade de vida, acreditando firmemente que assim é possível exercer função marcante nesse sentido.

É o sentimento mais profundo que motiva o terapeuta quando da escolha de tão árdua tarefa, a de acompanhar outro ser humano em meio às suas aflições, esbarrando e resvalando em obstáculos, desabando em emoções incontidas, tendo sempre a mão estendida, o ombro firme, os sentidos sempre alerta, os olhos sempre abertos, emprestando a esse outro ser – VOCÊ – uma parte de si.

Reforçando esse aspecto, há notícias de que várias pesquisas foram realizadas nos Estados Unidos para se avaliar o grau de satisfação de pacientes em relação a seus médicos, nas quais ficou evidenciada a importância que o paciente dá ao médico quando percebe que ele está *realmente* interessado em ajudá-lo. O sentimento de *segurança* referido por esses pacientes é devido não só à percepção da competência técnica do profissional (condição *sine qua non*) mas, principalmente, da atitude de solidariedade e comprometimento (*commitment*) do profissional.

Diagnóstico e estabelecimento de regras

Nas entrevistas iniciais, é necessário que o terapeuta estabeleça um diagnóstico e, no caso de TEPT, verifique a predominância de sintomas devidos a um trauma recente ou não e outros eventuais transtornos associados. Ressaltamos a importância de se levar em conta o diagnóstico e as condições gerais do paciente. Tudo isso é fundamental para que o profissional avalie se a Psicoterapia Breve é, de fato, a mais indicada e se há necessidade de complementar o tratamento com medicamentos.

A partir daí, serão estabelecidas as regras gerais que vão nortear o processo terapêutico (enquadramento). Tais regras, que podem ser flexíveis dependendo do caso, consistem em: estipular o número de sessões e a duração (em geral, cinquenta minutos); definir a frequência das sessões (quantas vezes por semana); estabelecer honorários e formas de pagamento, caso o serviço seja particular; explicar as consequências de faltas não justificadas; estipular retornos periódicos de reavaliação. O número de *sessões* deve ser calculado a partir da entrevista inicial, na qual se levará em conta a gravidade da queixa apresentada. Na Psicoterapia Breve, podemos pensar em doze a quinze semanas como referência básica, aumentando ou diminuindo esse número de acordo com a evolução do processo.

Um fator importante na Psicoterapia Breve consiste em determinar a data do término do trabalho e, após a última sessão, previamente estabelecida, serão discutidas as seguintes alternativas, de acordo com a evolução do processo:

a) *Alta do paciente,* propondo que sejam feitas reavaliações periódicas, com um intervalo mensal no início e, posteriormente, semestral, até *a Alta Definitiva;*

b) *Prolongamento da Psicoterapia Breve,* com um recontrato para mais um bloco de sessões (que poderá ser em menor número);

c) indicação de um processo de *Psicoterapia Prolongada,* individual ou grupal.

Passos da Psicoterapia

O trabalho terapêutico será dividido didaticamente, no entanto, as etapas poderão ocorrer de forma simultânea, sobrepondo-se umas às outras no desenrolar do processo.

Acolhimento (o início do processo terapêutico)

Essa primeira etapa é de extrema importância, pois é nesse ponto que será estabelecido o vínculo emocional e de confiança entre o terapeuta e o paciente.

Para você, que se acha só, confuso e perdido no labirinto da crise, a abordagem franca e o reconhecimento de sua angústia pelo terapeuta podem ser comparados com a mão que se estende do alto do abismo para impedir a sua queda definitiva. O objetivo dessa fase é, portanto, despertar em você a sensação de que não está sozinho neste mundo e que será compreendido e ajudado naquilo que precisar.

Resolução

Essa etapa é a "espinha dorsal" de todo o tratamento. Trata-se do momento em que o trabalho abordará o "foco" da situação crítica, que deriva diretamente do trauma.

Cabe ao processo de Psicoterapia Breve manter o indivíduo no caminho de sua meta, fazendo-o parar em cada barreira para tentar solucioná-la ou, se isso não for possível devido à amplitude e às ramificações, ao menos, fazê-lo contorná-la sem perder o rumo da solução.

O ponto de partida é o sintoma que você apresenta e o sentimento que o acompanha – raiva, medo, ódio, angústia, etc. Seguindo por este caminho, a partir do momento em que foi detectado o "pico máximo" de emoção, você poderá relatar a situação conflitante inicial, que é a desencadeadora do transtorno e de todas as suas manifestações. Com o desenrolar da sessão, a partir da cena que representa a situação atual, você será levado a mergulhar em seu mundo interno. Então, revivendo o passado, poderá lembrar-se de outras possíveis situações traumáticas (até mesmo as mais comuns) e liberar as emoções até então reprimidas.

Isso é quase como um nascer de novo em que, na verdade, devolvemos à pessoa a direção de sua própria vida, facilitando a reparação, ou seja, o resgate terapêutico de cargas positivas. Livre da carga de emoção negativa, é liberado para o indivíduo viver o nunca vivido, ou viver de forma diferente o já vivido, libertando-se do papel de **vítima** para assumir o de **sobrevivente**.

Acontece, muitas vezes, que uma nova marca libera a anterior de tal maneira que um novo registro se estabelece, evitando a "repetição compulsiva", isto é, a manutenção do papel de vítima que talvez a pessoa tenha, inconscientemente, assumido, ao longo da vida. Cabe ainda ressaltar também a validade da situação vivida no contexto terapêutico como uma verdadeira "Experiência Emocional Corretiva" (EEC), tal qual a denominou Franz Alexander (1891– 1964), um dos precursores da "psicoterapia ativa".

Assim, o viver de novo as situações traumáticas que geraram tensões do passado pode ocorrer agora em um contexto mais protegido. A solução do quadro não se realizará em apenas uma sessão de terapia. Muitas vezes, será proposto que o assunto seja retomado como tema na sessão seguinte. Tal atitude tem por finalidade fazer com que não se perca o eixo central do "foco". Um recurso auxiliar que o terapeuta pode propor é deixar ao paciente uma "lição de casa", isto é, uma tarefa que o ajude a aprofundar-se no foco em questão sozinho. Nos processos grupais, pode-se valer da mesma técnica, solicitando ao grupo que relembre o que ocorreu na sessão passada, o que ficou retido e foi pensado durante a semana e de onde devemos reiniciar a sessão agora.

(Re)projetação

Essa é a última etapa do processo de Psicoterapia Breve e aqui é preciso que o terapeuta saiba realmente "trocar de papel" com o cliente e, como no poema do psicodramatista romeno Jacob Levy Moreno, "vê-lo com seus próprios olhos"[5], pois é nessa fase final do processo terapêutico que será elaborado e encaminhado um novo projeto de vida para o paciente.

A partir daqui, em uma continuação da fase anterior, o papel de vítima será pouco a pouco transformado e aprimorado para o de sobrevivente, facilitando a elaboração de um novo projeto, em que são fundamentais a análise crítica e o questionamento que se segue, a fim de nos assegurarmos da solidez das soluções propostas.

Trata-se de uma etapa em que, ao lado de um contínuo questionamento quanto ao seu futuro, você também esperará do terapeuta alguma informação prática, simples e objetiva quanto ao caminho que percorrerá sozinho daqui para a frente. O objetivo final é que, tendo recuperado seu papel social que fora comprometido, você saiba até como desempenhá-lo melhor em seu proveito.

---

[5] Um encontro de dois, frente a frente, cara a cara. E, quando estiveres perto, eu arrancarei teus olhos e os colocarei no lugar dos meus. E tu arrancarás meus olhos e colocarás no lugar dos teus. Então, eu te verei com teus olhos, e tu me verás com os meus.

Abordagem Psiquiátrica

Também na área de medicamentos psiquiátricos, o preconceito é, como na psicoterapia, também bastante forte, pois, em geral, os pacientes pensam que esse tipo de remédio, sem dúvida, causará dependência e, uma vez que se tenha entrado nesse processo, dificilmente será possível sair dele. Além disso, os efeitos adversos também podem ser bastante incômodos e fazer com que o paciente desista rapidamente da medicação. É fundamental, contudo, saber que, além da psicoterapia, o uso de medicamentos também pode ser bastante eficaz no tratamento do TEPT.

Com frequência, o profissional de saúde inicia um tratamento medicamentoso junto com a psicoterapia, principalmente no início, quanto os sintomas apresentados pelo paciente são severos o bastante para impedir o transcurso normal da vida da pessoa. Aqui, vamos comentar o método clássico da Medicina Alopática – a medicina convencional, de bases científicas – de administração de medicamentos.

> **ATENÇÃO**
> O profissional mais indicado para receitar medicamentos da área da saúde mental é o médico psiquiatra. Em nenhuma hipótese se automedique, ou seja, nunca compre e tome remédios sem a indicação de um médico. Isso pode ser muito perigoso para sua saúde.

Na área da Psiquiatria, especialmente, é fundamental que cada paciente e sua situação sejam avaliados caso a caso. Isso porque as características individuais são determinantes no efeito que cada medicamento terá no paciente – tanto os terapêuticos como os colaterais e adversos. Além disso, os médicos também podem divergir, muitas vezes, em relação à etiologia (causa), ao tratamento ou ao prognóstico (expectativa de evolução) de uma doença, dependendo do caso.

Houve um tempo em que se acreditava que a resposta do paciente a determinadas medicações era atribuída exclusivamente a fatores psicológicos. Hoje sabe-se que, devido a fatores genéticos particulares, certas pessoas podem ter ou não no fígado (a grande "usina" metabolizadora do organismo) alguns elementos (enzimas e receptores) que favorecem ou não o metabolismo do medicamento ingerido. Por isso, o medicamento pode ter efeito terapêutico pleno ou parcial ou, ainda, apresentar apenas os indesejáveis efeitos colaterais.

Após viver um fato traumático, os indivíduos frequentemente apresentam sintomas de Transtorno de Estresse Pós-Traumático (TEPT) e também de outros transtornos psiquiátricos. As associações mais frequentes são com Transtorno Depressivo, Abuso de substâncias, Transtorno do Pânico, Transtorno de Ansiedade Generalizada (TAG), Transtorno Obsessivo-Compulsivo (TOC) e Transtornos Fóbicos. É importante que o médico leve isso em conta ao prescrever um tratamento farmacológico, pois os transtornos periféricos influenciam a escolha das medicações mais adequadas para cada paciente.

As medicações podem ter diferentes papéis no tratamento: baixar os níveis de estresse e permitir ao indivíduo um retorno às suas atividades de vida normal; em conjunto com a psicoterapia, permitir uma melhor resolução da experiência traumática; controlar sintomas de ansiedade generalizada, agitação, irritabilidade, psicoses breves, descontrole de impulsos e insônia.

Um alerta fundamental que não se deve deixar de levar em conta é a importância de o médico psiquiatra avaliar se há ou não alguma lesão cerebral orgânica (ou seja, física) no paciente, podendo ou não derivar de trauma físico, e que talvez motive o surgimento de sintomas semelhantes ao Transtorno de Estresse Pós-Traumático (TEPT). O médico também precisa identificar se o paciente faz uso habitual de álcool e drogas ilícitas, o que requer tratamento especializado prévio.

Enfim, apresentaremos a seguir os medicamentos que, de maneira geral e na maioria dos pacientes com Transtorno de Estresse Pós-Traumático (TEPT), costumam apresentar eficácia.

Medicamentos tradicionais

Aqui, descrevemos, de forma breve, os medicamentos que podem eventualmente ser indicados para o seu caso, mas lembramos que uma avaliação médica, bem como a prescrição de um profissional habilitado, é fundamental, pois a automedicação é extremamente perigosa e pode levar à morte. Em linhas gerais, temos:

- ansiolíticos; antidepressivos; anticonvulsivantes estabilizadores do humor; neurolépticos atípicos; outros.

Ansiolíticos

Existem medicamentos que têm a propriedade de atuar quase que exclusivamente sobre a ansiedade e a tensão e que podem ser usados no início do tratamento e por um tempo determinado. Essas drogas foram chamadas de tranquilizantes, por efetivamente tranquilizar a pessoa estressada, tensa e ansiosa. Nos dias atuais, prefere-se designar esses tipos de medicamentos pelo nome de ansiolíticos, ou seja, que "destroem' (o "lítico" do nome vem de *"lise"* = destruir) a ansiedade. De fato, esse é o principal efeito terapêutico desses medicamentos: diminuir ou abolir a ansiedade das pessoas, sem afetar em demasia as funções psíquicas e motoras.

As principais drogas pertencentes à classificação de ansiolíticos são os benzodiazepínicos, estando entre os mais utilizados no mundo todo, inclusive no Brasil. Eles têm nomes químicos que terminam, em geral, pelo sufixo *pam*. Sendo assim, é relativamente fácil, quando uma pessoa toma um remédio para acalmar-se, saber o que, de fato, está tomando: tendo na fórmula uma palavra terminada em *pam*, é um benzodiazepínico. Exemplos: diazepam, bromazepam, clobazam, clorazepam, estazolam, flurazepam, flunitrazepam, lorazepam, nitrazepam, etc. A única exceção é a substância chamada clordizepóxido que também é um benzodiazepínico. Alguns desses benzodiazepínicos também são utilizados no tratamento de insônia e, nesse caso, também recebem o nome de drogas hipnóticas, isto é, que induzem sono. A grande preocupação com o uso continuado desses medicamentos é que pessoas os utilizem sem necessidade médica, a fim de se sentirem mais calmas, menos tensas, mais relaxadas e algumas vezes para dormir.

Nos quadros de Transtorno de Estresse Pós-Traumático (TEPT), sua utilização deve ser feita com muito cuidado e apenas logo no início do tratamento para aliviar os sintomas relacionados à ansiedade. Assim que a psicoterapia e/ou outras medicações começarem seus efeitos, os ansiolíticos devem ser retirados paulatinamente.

Antidepressivos

Os antidepressivos têm sido, até agora, as drogas mais utilizadas para o tratamento do Transtorno de Estresse Pós-Traumático (TEPT), porque melhoram o humor e, consequentemente, aumentam a capacidade de ação de maneira global. Como são vários os fatores biológicos que contribuem para o desenvolvimento do Transtorno de Estresse Pós-Traumático (TEPT), destaca-se cada vez mais a importância da bioquímica cerebral.

Anticonvulsivantes Estabilizadores do Humor

A partir das últimas décadas, deu-se muita atenção ao uso de anticonvulsivantes clássicos em psiquiatria em função das observações de sintomas psiquiátricos em pacientes com epilepsia temporal. Essas observações levaram, nos anos 1950, ao uso do Gardenal em pacientes psiquiátricos, com resultados duvidosos. A partir da década de 1960, o uso de uma gama variada de drogas antiepiléticas com mecanismos de ação completamente diferentes entre si contribuíram para os primeiros relatos acerca de sua eficácia no tratamento do TEPT, particularmente em pacientes com predominância de sintomas de hiperestimulação e agitação. As evidências do efeito psicotrópico benéfico em pacientes com epilepsia vêm motivando a pesquisa de outros anticonvulsivantes, mas nem todos mostraram eficácia em todos os casos.

Os estabilizadores de humor do grupo dos anticonvulsivantes podem ser utilizados para comportamentos agitados a partir dos resultados de estudos abertos e controlados. Em geral, são bem tolerados e produzem pouca toxicidade, sendo utilizados de modo crescente no tratamento do TEPT, pelo menos junto com outras medicações. Se usados isoladamente, seus efeitos são desapontadores.

Neurolépticos Atípicos

Desde a década de 1950, época em que foi comprovada a ação antipsicótica da clorpromazina, os neurolépticos vêm sendo um recurso terapêutico importante para o tratamento de pacientes com episódios psicóticos agudos e, no final da década de 1960, passaram a ser empregados também como medicação de manutenção para evitar recaídas.

Neuroléptico Atípico foi o nome atribuído a uma categoria de medicamentos com possibilidade de ter eficiente ação antipsicótica sem produzir, ou produzindo o mínimo de efeitos colaterais semelhantes aos apresentados por pacientes com Mal de Parkinson. O uso desses neurolépticos atípicos tem sido prescrito nos quadros de Transtorno de Estresse Pós-Traumático em que os sintomas de irritabilidade e agressividade são mais evidentes e refratários às medicações anteriormente descritas.

Outros

Medicamentos de uso originalmente cardiológico, com indicação para o tratamento da Hipertensão Arterial (Pressão Alta), têm sido apresentados, principalmente por publicações leigas, como verdadeiras e milagrosas drogas "antimedo".

De fato, o uso de fármacos conhecidos como betabloqueadores (Propranolol) e agonistas alfa-adrenérgicos (Prozosina), aplicados após seis horas após o trauma, pode reduzir, de certa forma, o grau de ansiedade do paciente e facilitar as ações de apoio psicossocial dadas pela família, pelos amigos e por agentes terapêuticos, o que teria um efeito profilático em relação ao desenvolvimento de um quadro de Transtorno de Estresse Agudo ou Transtorno de Estresse Pós-Traumático.

Embora tenham inúmeros efeitos colaterais no Sistema Cardiocirculatório, há quem prefira a prescrição desses medicamentos no lugar de calmantes (ansiolíticos), devido principalmente à dependência (dificuldade de interromper a utilização) e à tolerância (necessidade de doses cada vez mais elevadas para se obter o mesmo efeito) que estes costumam causar.

Tratamentos não medicamentosos

Acupuntura

Há 5 mil anos, os chineses afirmam que o corpo humano é atravessado por canais de energia chamados meridianos. Cada ponto desse caminho se relaciona a um órgão. No início, espetavam-se lascas de pedra ou espinhas de peixe para reequilibrar energias opostas, que causariam as doenças. Hoje, é cientificamente provado que a acupuntura libera endorfina e outros neurotransmissores que atuam no sistema nervoso, ajudando a aliviar a dor e a curar algumas doenças. Recentemente, foi reconhecida como um tratamento médico oficial.

Estimulação Magnética Transcraniana

Ainda em estudos, porém mostrando resultados positivos nos casos mais graves resistentes às outras abordagens, a Estimulação Magnética Transcraniana é o que há de mais moderno para o tratamento de TEPT.

A grande inovação é o surgimento de um aparelho capaz de produzir ondas magnéticas que estimulam determinadas áreas cerebrais, queé conhecido como **Estimulação Magnética Transcraniana de Repetição** (EMTr). Os estudos que comparam a EMTr com medicações sugerem uma boa eficácia no tratamento da depressão, com as vantagens de ter rápido início de ação, ser muito bem tolerada e praticamente isenta de efeitos colaterais. Mostra-se, assim, um tratamento seguro. Bickford e Fremming (1965), conseguiram contrair um músculo, utilizando um campo magnético. O interesse desses pesquisadores era de produzir um aparelho de estimulação magnética capaz de induzir correntes que estimulassem estruturas corticais através de um crânio intacto. O primeiro estimulador magnético com utilidade prática surgiu em 1975. Em 1990, a técnica foi introduzida nos Estados Unidos da América. A partir de então, foram realizadas muitas pesquisas clínicas, e houve o desenvolvimento de novos aparelhos. Na psiquiatria, vem sendo usada desde 1992 com resultados clínicos surpreendentes, mostrando, na maioria dos estudos realizados, boa eficácia no tratamento da depressão e também possível efeito positivo em outros transtornos. Na atualidade, mais de 3 mil estimuladores estão em uso em todo o mundo para diagnóstico, pesquisa e com fins terapêuticos. Esse método vem, de forma gradual, substituindo a **Eletroconvulsoterapia** (ECT), conhecida como eletrochoque e preconceituosamente rejeitada por ser, de modo errado, vista como um método desumano e cruel, utilizado para controlar o comportamento e para a tortura.

Eletroconvulsoterapia (ECT)

O ECT, popularmente conhecido como eletrochoque, foi introduzido na psiquiatria em 1937 pelos neuropsiquiatras italianos Ugo Cerletti e Lucio Bini, e ainda hoje é aplicado em casos excepcionais, com o uso de aparelhos sofisticados, anestesia, oxigenação, relaxamento muscular, monitorização eletroencefalográfica, etc. A grande discussão sobre esse método, além do preconceito que o cerca, é o fato de talvez produzir pequenas hemorragias cerebrais que, com o tempo, poderiam causar quadros demenciais. De qualquer forma, não deixa de ser mais uma alternativa de tratamento para aqueles pacientes altamente refratários aos métodos descritos anteriormente, pois sua eficácia é, de fato, real e comprovada.

Tratamentos Alternativos

Florais de Bach

O doutor Edward Bach nasceu em 1886, no povoado de Moseley, perto de Birmingham, na Inglaterra. Aos vinte anos, ingressou na Faculdade de Medicina de Birmingham e, após a conclusão do curso, especializou-se em bacteriologia, imunologia e saúde pública. Em 1919, passou a trabalhar como patologista e bacteriologista do Hospital Homeopático de Londres, onde pôde desenvolver suas próprias ideias sobre homeopatia. Em 1929, o doutor Bach era respeitado na área médica em toda Europa, mas, obedecendo a um chamado interior, abandonou todas as suas atividades e partiu para o campo, em busca de novos remédios. Entre 1930 e 1934, descobriu os 38 remédios florais e escreveu os fundamentos de sua nova medicina. De volta à cidade, pôde verificar a eficácia das suas essências florais, assim como a ajuda que elas poderiam proporcionar a doenças de origem emocional. É muito conhecido o floral chamado *Rescue*, utilizado em situações de emergência e estresse como Transtorno de Estresse Agudo e Transtorno de Estresse Pós-Traumático.

Fitoterapia

O princípio curativo de alguns chás e de algumas plantas é inegável, já que muitos dos remédios usados pela medicina convencional são feitos a partir de substâncias extraídas de vegetais. Há, hoje em dia, disponíveis no mercado esses tipos de medicação na forma industrializada dada sua enorme procura, seus efeitos terapêuticos perceptíveis (ainda que brandos) e seus pouquíssimos efeitos colaterais. Um grande exemplo disso é a chamada Erva de São João, bastante utilizada para quadros em que predominam sintomas depressivos.

Homeopatia

Apesar de muito difundida, seu mecanismo de ação ainda é um mistério para a ciência. O termo homeopatia (do grego *homoios* = semelhante + *pathos* = doença) foi criado por Christian Hahnemann (1755-1843), baseado no princípio de que os semelhantes curam-se pelos semelhantes (*similia similibus curantur*). Grosso modo, pode-se comparar ao princípio da vacina, em que a injeção do próprio agente enfraquecido causador de uma doença provoca uma reação do organismo com a finalidade de destruí-lo. Vários médicos tradicionais admitem sua utilização em doenças crônicas, como alergias, e, sobretudo, nas de fundo emocional, como a depressão.

Medicina Antroposófica

É a medicina inspirada nos ensinamentos de Rudolf Steiner (1861-1925). O principal desses ensinamentos é o de que o corpo não é um organismo material independente e que a boa saúde depende de uma relação harmoniosa entre o corpo físico, o espírito ou a força vital, a alma e o ego. Um dos tipos de remédios frequentemente oferecidos pela MA é o homeopático, o que não é surpresa já que a homeopatia clássica, como a filosofia de Steiner, tem raízes no vitalismo[6]. Assim como a homeopatia, a MA também propõe um tratamento altamente individualizado para cada paciente.

Ortomolecular

Teoria desenvolvida por Linus Pauling (1901-1994), ganhador de dois Prêmios Nobel, um deles de Química (por seu trabalho relativo à natureza das ligações químicas) e outro da Paz (por sua campanha contra os testes nucleares), a qual emprega vitaminas, minerais e aminoácidos para criar um equilíbrio nutricional no corpo. O diagnóstico dos elementos que estão faltando no organismo pode ser feito a partir do exame do fio de cabelo, o qual foi proibido pelo Conselho Federal de Medicina por não ter uma comprovação científica. Uma de suas teses é a de que ingerir grandes doses de vitamina C pode evitar para sempre gripes e resfriados. Não há nenhuma evidência sobre isso, embora sua morte aos 93 anos de idade não seja nada desabonadora em relação às suas teorias de vida e longevidade.

Hábitos saudáveis

Pode parecer óbvio, mas sempre é bom enfatizar o quanto os hábitos saudáveis contribuem para uma vida plena e maior capacidade de equilíbrio emocional. Assim,

---

[6] Vitalismo é a doutrina metafísica segundo a qual as funções e os processos da vida se devem a um princípio vital distinto das forças fisicoquímicas e das leis da física e da química. Esse princípio vital tem muitos nomes: *chi* ou *qui* (China), *prana* (India), *ki* (Japão), *orgone* (de Wilhelm Reich), magnetismo animal (de Mesmer), *élan vital* (de Berson), entre outros.

selecionamos algumas boas ideias nesse sentido, uma vez que observamos em nossa prática clínica o quanto são relevantes na obtenção de bons resultados terapêuticos. Vamos a elas.

Exercício físico

Acredita-se que a origem mais remota do "exercício físico" na história é de 3000 a.C. na China, quando o imperador guerreiro Hoang Ti, pensando no progresso do seu povo, pregava os exercícios físicos com finalidades higiênicas e terapêuticas além, obviamente, de caráter guerreiro.

Pesquisadores da Universidade de Duke, na Carolina do Norte, EUA, realizaram um interessante estudo, comparando a ação de um dos mais poderosos e conhecidos antidepressivos com a prática regular e intensa de atividade física. Após quatro meses, pacientes tratados com as duas abordagens estavam se sentindo igualmente bem, independente de estarem ou não tomando a medicação em conjunto com o exercício. O mais inacreditável dessa pesquisa foi que, após um ano, mais de um terço dos pacientes tratados com o antidepressivo tiveram recaídas, ao lado de 92% daqueles que seguiram o programa de exercícios físicos e estavam se sentindo muito bem.

O que provoca, então, esses efeitos tão salutares resultantes da prática constante desses exercícios? Acredita-se que esses efeitos, tão semelhantes aos provocados pela ingestão de ópio ou morfina, devem provocar a liberação de alguma substância natural semelhante a essas substâncias analgésicas.

Na década de 1970, enquanto um grupo de cientistas estudava os efeitos analgésicos dos peptídeos opiáceos (como a morfina) sobre a função cerebral, descobriram que nosso cérebro apresenta áreas receptoras que reconhecem essas substâncias como neurotransmissores, concluindo que nosso próprio cérebro produzia substâncias semelhantes aos opiáceos, capazes de realizar alterações comportamentais.

Em março de 1973, um artigo da bioquímica Candace Pert e Snyder sobre suas descobertas apareceram na revista *Science*. Em 1975, os pesquisadores Hans Kosterlitz e John Hughes proclamaram a descoberta da primeira substância semelhante ao opiato no cérebro e, a partir de 1979, descobriram-se mais doze opioides que, coletivamente, ficaram conhecidos como **endorfinas**, contração de "endógeno" (interno) e "morfina".

A descoberta das endorfinas revolucionou as pesquisas sobre mente-corpo, ratificando a famosa citação *mens sana in corpore sano*[7]. Ficou evidente que o cérebro, por si só, é capaz de fabricar substâncias químicas que podem causar mudanças no corpo em termos de "modulação" e "sentimento" – como o alívio de dores e da fadiga, além de uma sensação de energia.

Principais efeitos atribuídos às endorfinas:
- melhoram a memória;
- melhoram o estado de espírito (bom humor);
- aumentam a resistência;
- aumentam as disposições física e mental;
- melhoram o nosso sistema imunológico;
- bloqueiam as lesões dos vasos sanguíneos;
- têm efeito antienvelhecimento, pois removem superóxidos (radicais livres);
- aliviam as dores.

Meditação

Também considerada antigamente como uma forma mística de se obter a "elevação", a meditação, nos dias atuais, ganhou o *status* de recurso clínico no tratamento de diversas psicopatologias e, de forma muito efetiva, no controle da ansiedade. Diversos estudos científicos são realizados nessa área e comprovam que a meditação, antes considerada apenas ferramenta para o bem-estar e a evolução espiritual, tem de fato grande influência na fisiologia humana e nos sistemas nervoso, imunológico e endócrino, entre outros.

Um dos preceitos da meditação é despertar e/ou ampliar a capacidade pessoal de percepção em relação às sensações, uma vez que, na maior parte do tempo, pouco nos damos conta de nossos estados internos. No início, é difícil conseguir um estado de total relaxamento – proposta da meditação –, mantendo-se alerta às suas sensações sem sentir sonolência e torpor. Mas, com o treino, é possível atingir o objetivo de ficar

---

[7] "Mente saudável em um corpo saudável": citação de um poema do poeta satírico romano Juvenal, autor de numerosas "máximas" filosóficas.

no momento presente e deixar os pensamentos fluírem sem julgamentos ou preocupações em um processo de simples aceitação. Os iniciantes costumam utilizar âncoras que ajudam no desenvolvimento da prática como prestar atenção na respiração, acompanhando a inspiração e a expiração, procurando não pensar em nada específico.

Especialista em Transtorno de Estresse Pós-Traumático, Glen R. Schiraldi chama a atenção em seu livro[8] para alguns pontos a considerar quando o assunto é meditação. Vamos falar dos quatro principais.

1) O objetivo da meditação é vivenciar o seu EU verdadeiro e a natureza, e isso só será possível se você conseguir deixar de lado por alguns momentos suas angústias, seus problemas e suas preocupações;

2) Quando os pensamentos intrusivos invadirem a sua mente, utilize as seguintes imagens:

   a) Se for pensamento positivo → imagine que você está contemplando toras de madeira flutuando em um rio. Olhe para elas, observe quando elas vêm, passam por você e seguem rio abaixo. No momento em que elas finalmente saem de suas vistas, volte-se para si mesmo e para suas sensações;

   b) Se for pensamento negativo → imagine que um convidado indesejado acaba de entrar na sua casa. Você se dá conta de sua presença, pode cumprimentá-lo, mas deixe-o um pouco por ali e, em seguida, faça com que ele vá embora pela porta dos fundos.

Isso quer dizer que você poderá, durante a sua meditação, praticar deixar qualquer tipo de preocupação ou pensamento (inclusive os bons) de lado, simplesmente percebendo-os e deixando-os ir. Com o tempo, essa prática irá como que se automatizar e ficará bem mais fácil manter-se conectado consigo mesmo.

3) Diga a si mesmo que o mundo não se acabará se você parar com suas atividades por vinte minutos. Permita-se aproveitar esse momento sem deixar que as preocupações invadam sua mente e atrapalhem seu processo;

---

[8] *The post-traumatic stress disorder sourcebook*, Editora Lowell House (Los Angeles).

4) Calmamente, espere ser invadido por uma sensação de paz, sem euforia ou dramas. Essa quietude irá lhe propiciar bem-estar e a capacidade de entrar em contato com a essência do seu ser.

Atividades prazerosas

Tenha em mente que, quando uma pessoa está deprimida ou ansiosa, tende a não ter paciência com nada e a achar que as coisas de que gostava antes hoje já não lhe agradam mais, como se tivessem perdido o brilho e o encanto. Se você tentou fazer algo que lhe desse prazer na fase aguda de sua depressão ou ansiedade e não conseguiu, está semeado o jardim da dúvida, ou seja, você vai pensar que perdeu a capacidade de se alegrar para sempre. Mas isso não funciona assim. Trata-se de uma fase que, como tudo na vida, vai passar.

Esse exercício irá desafiar a sua crença irracional de que você não sente prazer com nada e, se realizado com seriedade, irá auxiliá-lo a retomar suas atividades prazerosas aos poucos. Também é fundamental que você se conscientize da importância dessas atividades para a sua vida. Certos bloqueios (por exemplo, pensamentos negativos, culpa de se divertir, sensação de que não merece ter prazer) podem interferir na sua capacidade de desfrutar esses momentos. Mas você já sabe lidar com essas distorções em seu pensamento.

A culpa não serve para nada e só irá atrapalhar. você precisa desses momentos de alegria para poder retomar suas obrigações mais disposto e com mais energia.

Glenn R. Schiraldi, Ph.D. especialista em estresse e responsável por vários trabalhos sobre o assunto, propõe em seu livro um exercício de programação de atividades prazerosas, argumentando que a alegria e o bom humor não são medicamentos ou psicoterapia, mas, certamente, podem ser de grande ajuda na recuperação de alguém que desenvolveu o Transtorno de Estresse Pós-Traumático. Ele diz, inclusive, que, quando eles começam a ressurgir após a vivência de uma situação traumática, é sinal de que se está iniciando o processo de cura.

Concordamos com isso e cremos que, de fato, a positividade e o otimismo podem ser ingredientes importantes no dia a dia de alguém que viveu momentos traumáticos, ou seja, tentar tirar algo de bom do ruim pode ser uma grande arma para voltar a ter uma vida minimamente prazerosa.

Assim, de acordo com Schiraldi, o equilíbrio das obrigações e das atividades que geram prazer deve estar sempre presente para manter as saúdes física e mental, uma vez que uma pode contrabalançar a outra. Porém, em tempos de estresse, podemos tender a priorizar apenas o que é preciso fazer, deixando de lado as atividades que nos propiciam prazer, por conta dos mais variados motivos que criamos, tais como falta de tempo, de energia ou de vontade.

Agora diga: você está nesse momento? Esqueceu-se do que gosta de fazer? Investe a sua energia apenas no trabalho ou nas obrigações? Tem medo ou "preguiça" de experimentar o novo? Reflita sobre a pergunta seguinte e responda a ela.

Quando foi a última vez que você fez algo pela primeira vez?

Bem, o poder de inverter esse círculo vicioso está em suas mãos e você pode, a partir dessa consciência, sentir-se mais feliz e bem-disposto para realizar as tarefas cotidianas se fizer TAMBÉM coisas que lhe proporcionem prazer.

Outra vantagem em se permitir ter momentos de diversão é que isso pode contribuir para evitar os altos e baixos de humor e tornar-se, inclusive, uma pessoa de quem todos querem a companhia. Então, vamos lá? Apresentamos a seguir uma adaptação do exercício apresentado por Schiraldi em seu livro. Caso não se sinta pronto ainda para "remexer" esse assunto e, principalmente, transformar a leitura em ação, aguarde algumas semanas, volte a esta seção e tente novamente.

Exercício: Identificando e mensurando a realização de atividades prazerosas

Parte I

Vamos listar um grande número de atividades, divididas em categorias, com espaços ao lado para que você assinale com um "X" o que gostava de fazer no passado na coluna 1. Ao lado, entre parênteses, você completará o quanto você gostava de realizar cada atividade assinalada em uma escala de 1 a 10. Deixe a coluna 2 em branco por enquanto; mais tarde, voltaremos a ela. Veja o exemplo:

_____X_____ (8) _____ – 01. Andar de bicicleta

Agora que você já sabe como preencher, verifique se está sentado confortavelmente, respire fundo, procure relaxar e leia cada uma das questões a seguir. Vamos começar.

Lista de Atividades

I – Categoria: interações sociais

Essa categoria engloba tudo o que se faz em conjunto, ou seja, em companhia de outras pessoas. Se o seu relacionamento com seus pares for de boa qualidade, este poderá fazê-lo sentir-se aceito, querido e compreendido. Vamos, então, verificar como está esse aspecto de sua vida:

COL 1	1-10	COL 2	Nº	ATIVIDADE
	( )		01.	Estar com pessoas felizes e alegres.
	( )		02.	Estar com amigos e parentes.
	( )		03.	Pensar nas pessoas de que gosta.
	( )		04	Planejar uma atividade com pessoas importantes para você.
	( )		05.	Fazer uma nova amizade com alguém do mesmo sexo.
	( )		06.	Fazer uma nova amizade com alguém do sexo oposto.
	( )		07.	Ir a um clube, a um bar ou a um restaurante.
	( )		08.	Comparecer a comemorações (aniversários, casamentos).
	( )		09.	Encontrar-se com amigo para almoço ou *happy-hour*.
	( )		10.	Falar aberta e honestamente com alguém sobre seus medos, interesses, o que o faz rir, do que não gosta, etc.
	( )		11.	Expressar afeição verdadeira (verbal ou fisicamente).
	( )		12.	Mostrar interesse pelos outros.

	( )		13.	Identificar e falar sobre as potencialidades e as realizações de amigos ou familiares.
	( )		14.	Paquerar alguém ou "namorar" o cônjuge.
	( )		15.	Ter uma conversa animada com alguém.
	( )		16.	Convidar amigos para ir à sua casa.
	( )		17.	Visitar amigos na casa deles.
	( )		18.	Telefonar para alguém que você aprecia.
	( )		19.	Pedir desculpas por alguma coisa que tenha feito.
	( )		20.	Sorrir para as pessoas.
	( )		21.	Conversar calmamente sobre problemas dos outros.
	( )		22.	Elogiar alguém.
	( )		23.	Brincar, fazer e ouvir piadas.
	( )		24.	Distrair as pessoas ou fazê-las rir.
	( )		25.	Brincar com crianças.
	( )		26.	Outros:

II – Categoria: *atividades construtivas*

Essa categoria elenca atividades que nos fazem sentir capazes, fortes, amorosos, úteis e adequados. Faça o exercício e verifique como está essa área de sua vida.

COL 1	1-10	COL 2	Nº	ATIVIDADE
	( )		01.	Começar uma tarefa desafiadora ou fazê-la bem.
	( )		02.	Aprender algo novo (marcenaria, línguas, artesanato, etc.).
	( )		03.	Ajudar alguém (aconselhar, ouvir, orientar, ensinar).
	( )		04	Contribuir de algum jeito com grupos religiosos/de caridade.
	( )		05.	Dirigir com habilidade.
	( )		06.	Expressar-se claramente em voz alta ou escondendo.
	( )		07.	Consertar algo quebrado (costurando, arrumando, etc.).
	( )		08.	Resolver problemas ou quebra-cabeças.
	( )		09.	Fazer exercício físico.
	( )		10.	Pensar sobre algum aspecto agradável de sua vida.

	( )		11.	Ir a reuniões de bem comum (ex: reuniões de condomínio).
	( )		12.	Visitar doentes ou pessoas incapacitadas de sair de casa.
	( )		13.	Contar uma história para uma criança.
	( )		14.	Escrever um cartão ou carta uma para alguém querido.
	( )		15.	Melhorar a sua aparência (cabeleireiro, massagem, etc.).
	( )		16.	Planejar seu tempo.
	( )		17.	Discutir assuntos de interesse global (economia, cinema).
	( )		18.	Fazer serviço voluntário ou comunitário.
	( )		19.	Planejar o seu orçamento.
	( )		20.	Lutar por seus direitos (ex: reclamar de conta errada).
	( )		21.	Ser honesto, ter caráter.
	( )		22.	Corrigir seus erros.
	( )		23.	Organizar uma festa.
	( )		24.	Outros:

III – Categoria: *atividades agradáveis em si*

Essas são aquelas atividades que, por si só, já propiciam relaxamento e bem-estar. Focam na diversão e na capacidade de manter-se entretido:

COL 1	1-10	COL 2	Nº	ATIVIDADE
	( )		01.	Rir.
	( )		02.	Relaxar (ter momentos de sossego e calma).
	( )		03.	Ter uma boa refeição.
	( )		04	Praticar um hobby (pesca, fotografia, jardinagem, etc.).
	( )		05.	Ouvir boa música.
	( )		06.	Desfrutar belas paisagens.
	( )		07.	Ir cedo para a cama, dormir profundamente e acordar cedo muito bem-disposto.
	( )		08.	Vestir roupas atraentes, com as quais se sinta bonito.
	( )		09.	Vestir roupas confortáveis, com as quais se sinta bem.

	( )		10.	Ir a um espetáculo (concerto, ópera, teatro, cinema, etc.).
	( )		11.	Praticar esportes.
	( )		12.	Viajar ou tirar férias.
	( )		13.	Comprar algo de que goste para você mesmo.
	( )		14.	Ficar ao ar livre (ir à praia, ao campo, curtir a natureza).
	( )		15.	Fazer arte (pintura, escultura, desenho, etc.).
	( )		16.	Ler biografias de sucesso.
	( )		17.	Embelezar a sua casa (redecorar, pintar, arrumar).
	( )		18.	Ir a um evento esportivo (jóquei, jogo de tênis, etc.).
	( )		19.	Ler romances ou contos de que goste.
	( )		20.	Ir a uma palestra interessante.
	( )		21.	Dar uma volta de carro em horário sem trânsito.
	( )		22.	Sentar-se ao sol.
	( )		23.	Visitar um museu.
	( )		24.	Tocar ou cantar, fazer música.
	( )		25.	Andar de barco.
	( )		26.	Agradar aos familiares, aos amigos, aos colegas de trabalho.
	( )		27.	Pensar algo de bom para o futuro.
	( )		28.	Ver televisão.
	( )		29.	Acampar.
	( )		30.	Produzir-se (pentear-se, vestir-se bem, maquiar-se, etc.).
	( )		31.	Escrever em um diário.
	( )		32.	Andar de bicicleta ou passear a pé.
	( )		33.	Passar algum tempo com bichos de estimação (cães, etc.).
	( )		34.	Sentar-se em uma praça e olhar as pessoas.
	( )		35.	Tirar uma soneca.
	( )		36.	Ouvir os sons da natureza (vento nas árvores, pássaros).
	( )		37.	Dar ou receber uma "coçadinha" nas costas.
	( )		38.	Observar a tempestade, o céu, as nuvens.
	( )		39.	Ter tempo livre para fazer "nada".
	( )		40.	Sonhar acordado.
	( )		41.	Sentir a presença de uma força maior em sua vida (meditar, rezar, conectar-se com o universo, etc.).
	( )		42.	Cheirar uma flor.

			43.	Falar sobre os tempos antigos ou sobre época de seu interesse.
	( )		44.	Levar o que não quer mais a um brechó, ir a um leilão.
	( )		45.	Viajar.
	( )		46.	Outros:

Parte II

Volte ao início das listas e verifique se você realizou as atividades que assinalou nos últimos trinta dias. Marque com um "X" na coluna 2.

Parte III

Volte novamente ao início das listas e circule o número do item que você gostaria muito de fazer no dia em que se sentir bem para tanto. Use uma cor viva, como rosa ou vermelho, para destacar os itens do resto.

Parte IV

Volte novamente ao início das listas e veja se há muitas coisas que você gostava de fazer no passado, mas não faz no momento (basta comparar a 1ª e a 2ª colunas). Transcreva abaixo pelo menos cinco (se houver) em ordem de preferência.

1ª _____
2ª _____
3ª _____
4ª _____
5ª _____

Parte V

Utilizando a lista completa de atividades para se inspirar, faça uma lista personalizada abaixo com as atividades que pensa que gostaria de fazer, colocando a preferida em primeiro lugar, seguida das outras em ordem de importância.

1ª _____
2ª _____
3ª _____
4ª _____
5ª _____
6ª _____
7ª _____
8ª _____
9ª _____
10ª _____
11ª _____
12ª _____
13ª _____
14ª _____
15ª _____
16ª _____
17ª _____
18ª _____
19ª _____
20ª _____
21ª _____
22ª _____
23ª _____
24ª _____
25ª _____

Parte VI

Faça um planejamento pessoal para começar devagarzinho a realizar mais atividades de que goste. Comece pelas mais simples e fáceis e vá, gradualmente, experimentando as de que você mais gostava quando estava melhor. Sugerimos que você se comprometa a fazer pelo menos uma por dia, podendo aumentar para cinco por dia no fim de semana. Faça um diário de atividades e mantenha-o em uso ao menos por duas semanas, classificando em uma escala de 1 a 5 o quanto foi agradável realizar cada uma das atividades. Se preferir, você pode usar o modelo abaixo.

1ª Semana

Dia	Data	Descrição da(s) atividade(s)	Escala (1-10)
2ª			
3ª			
4ª			
5ª			
6ª			
Sáb			
Sáb			
Sáb			
Sáb			
Sáb			
Dom			
Dom			
Dom			
Dom			
Dom			

1 = Muito desagradável 2 = Desagradável 3 = Neutro 4 = Agradável 5 = Muito agradável

2ª Semana

Dia	Data	Descrição da(s) atividade(s)	Escala (1-10)
2ª			
3ª			
4ª			
5ª			
6ª			
Sáb			
Sáb			
Sáb			
Sáb			
Sáb			
Dom			
Dom			
Dom			
Dom			
Dom			

1 = Muito desagradável 2 = Desagradável 3 = Neutro 4 = Agradável 5 = Muito agradável

Exercício: Revendo seus valores e descobrindo a sua missão na vida

As pessoas normalmente estabelecem metas na vida, com objetivos bem definidos e imaginam formas de alcançá-los. Isso é muito positivo, mas é também muito diferente de algo maior, que é pensar e sentir-se inteiro, completo e realizado, indo muito além de suas necessidades, bens materiais e interesses. Trata-se da missão que você veio realizar neste mundo. Escreva abaixo qual você acha que é sua missão de vida.

_____
_____
_____
_____
_____

Exercício: Identificando as bênçãos em sua vida

Quais são as bênçãos que você possui em sua vida? Você é capaz de identificar alguma? Você pode ter mais do que imagina, por exemplo: Você tem saúde para realizar tudo o que deseja? Tem paz de espírito? Comida suficiente em seu prato? Um emprego? Reconhece suas dificuldades? Sente-se seguro? É próspero? Possui dons? As pessoas o respeitam? Sente-se conectado ao universo? Você tem crianças ao seu redor? É consciente do aspecto espiritual da vida? Consegue relaxar após um dia difícil? Pode se considerar alguém que está livre do medo? Tem um relacionamento amoroso satisfatório?

Todas essas coisas e algumas mais são bênçãos. No espaço abaixo, escreva qualquer bênção que você possa dizer que tenha.

_____
_____
_____
_____
_____
_____

Depoimento: A onda do terror

Angela Hering, brasileira, 47 anos, administradora de empresas, sobrevivente do tsunami em 2004, na Ásia.

> Hoje, alguns anos depois da tragédia do tsunami na Ásia, não posso deixar de notar que, apesar do longo tempo que se passou, não há um só dia em que eu não me lembre do grande milagre de Deus na nossa vida pelo fato de ter sobrevivido à tamanha calamidade. Todavia, tenho também um grande sentimento de impotência por ter "abandonado" as vítimas, os feridos, aqueles que perderam familiares.
>
> Tudo começou em 26 de dezembro de 2004, na Tailândia. Meu marido e eu chegamos a Phuket de avião no dia anterior, vindos de Koh

Samui, uma ilha em que havíamos passado uma semana. Em Phuket, pegamos um táxi e viajamos durante uma hora em direção ao norte até Khao Lak, uma província de Phang Nga. Nosso quarto do hotel ainda não estava pronto, o calor era insuportável, e eu estava bem impaciente. Recebemos a chave de um quarto próximo à recepção, longe da praia, e naquele momento fiquei decepcionada. Mal sabia eu que esse fato ajudou a preservar as nossas vidas, uma vez que nosso quarto não foi atingido pela onda, pois estava localizado longe da praia e no alto. Com certeza, a maioria hospedada à beira-mar foi tragada pelo tsunami.

À tarde, fomos andar pela praia separadamente e jantamos juntos em um restaurante com mesas sobre a areia, com muitos jovens tailandeses vestidos de branco, alegres, se divertindo. Até hoje fico pensando o que terá acontecido com todos eles. O restaurante onde jantamos, o Sharkey, não existia mais no dia seguinte, sugado pela grande onda.

No dia seguinte de manhã, 26 dezembro, tomamos café às sete horas da manhã no terraço do hotel e, em seguida, vieram nos buscar para jogar golfe. Levamos nossas mochilas com roupas de banho, pois planejávamos andar na praia e nadar depois do jogo. O campo de golfe ficava em uma área militar administrada por soldados da marinha e, portanto, era todo protegido por um muro de dois a três metros de altura, o que seria decisivo mais tarde. Começamos a jogar às oito e vinte e, por motivos que só depois viemos a entender, não iniciamos a partida no primeiro buraco, como usualmente se faz, mas, sim, no terceiro. A vista era maravilhosa, o campo à beira-mar deixava ver aquela água azul-turquesa e os coqueiros enormes, ao longo da praia coberta de fina areia branca. Mais paradisíaco impossível!

O primeiro sinal de que me lembro foi um zumbido forte e diferente às dez e quinze. Logo depois, inúmeros pássaros começaram a piar desesperadamente. Ouvimos então gente gritando, vimos uma parede cinzenta vindo em nossa direção e as pessoas em frente a ela correndo. Todos entraram em alvoroço! Se tivéssemos iniciado nosso jogo no primeiro buraco, teríamos estado bem próximos à praia nesse momento e, provavelmente, sem possibilidade de fugir da enorme onda.

No início da pista doze, a 450 metros de distância de nós, o rolo de água escura estava se aproximando rapidamente.

Corremos muito... Em nosso encalço vinham outros golfistas e seus auxiliares, até que chegamos a um lugar em que a água fechou completamente o nosso caminho; ela vinha também bem em nossa frente, a menos de cem metros! As pessoas gritavam para que subíssemos nas árvores, e eu gritava para o meu marido, Andreas, que não dava, que eu não ia conseguir. As pessoas que tentavam caíam, os galhos eram muito finos e se quebravam com o peso. Ele então teve uma luz divina e correu em direção oposta à da onda, pelo meio do mato. Por um segundo tive a sensação de que ele havia me abandonado. Corri atrás dele, larguei minha sombrinha e a garrafa de água. Os arbustos batiam em nossos rostos, mas nem sentíamos; o instinto de sobrevivência nos fazia correr como nunca em nossas vidas havíamos corrido. Estávamos como que impulsionados pelo barulho atrás de nós, que, aliás, era ensurdecedor. Andreas, desesperado, subiu em um muro de 1,80m e me ajudou a pulá-lo. A onda, então com aproximadamente dois metros de altura, estava a cerca de vinte ou trinta metros de nós e chegava cada vez mais perto.

Do outro lado do muro, continuamos a correr, pensando que estaríamos então a salvo. Foi quando ouvimos um estrondo e vimos que o muro havia sido destruído pela onda. Na nossa frente, havia um outro muro, ainda mais alto. **Não posso hoje dizer o que sentia ou pensava naquele momento, foi tudo muito rápido e a única preocupação era fugir da onda. Andreas me ajudou a subir no muro e por sobre ele havia ainda três carreiras de arame farpado. Machuquei minhas mãos e canelas, gritava que tinha medo de pular do outro lado, pois o muro tinha 2,50 m de altura. Só ouvia ele gritar em alemão: "Pule, pule!"**

Quando caí no chão, vi que ele estava enroscado com a barriga no arame farpado, sangrando. Levantei-me para ajudá-lo, mas ele conseguiu se livrar e caiu. À nossa frente, havia uma rua asfaltada, que dava para a entrada da área militar; estávamos já a dois quilômetros do mar, como soubemos mais tarde. Quando íamos correr em direção oposta à onda, que já vinha pela estrada do nosso lado direito, apareceu um tailandês de lambreta vindo da esquerda. Para onde ele ia? Visitar a mãe? Buscar a namorada para comemorar alguma coisa? Para o trabalho? Nunca fiquei sabendo e, não sei por que, mas até hoje gostaria de ter reencontrado esse moço e conversado com ele.

De qualquer maneira, esse primeiro 'anjo' viu a onda, nós em desespero, o Andreas ensanguentado e parou. Nenhum de nós disse nada, nós dois subimos na lambreta dele, eu no meio e o Andreas atrás. Ele partiu rapidamente em direção oposta e nos deixou em um tipo de ambulatório, a dois quilômetros dali e bem no alto, onde as feridas do Andreas foram desinfetadas. Ele teve boa parte da pele rasgada pelo arame-farpado que estava enferrujado, aumentando ainda mais o nosso temor de infecção. Ele sangrava muito. Tentei ligar para nosso hotel com o celular da enfermeira em busca de um intérprete que pudesse explicar a ela a situação, mas o PABX só dava ocupado. Nesse momento, achamos que algo maior havia acontecido, porém ficou claro que deveríamos procurar um hospital para que Andreas pudesse tomar uma injeção antitetânica.

Um táxi nos levou ao hospital mais próximo, onde vimos então feridos e mortos chegando a cada minuto. Era uma construção térrea, aberta na frente e atrás; lá na Tailândia, os estabelecimentos quase não têm paredes. **Quando entramos, pudemos ver por todos os lados pessoas gemendo, machucadas, gritando, algumas em estado de choque, outras chamando por seus familiares. Eram crianças, jovens, estrangeiros, turistas, tailandeses. O espaço de tempo entre as "entregas" por carros particulares ia diminuindo, o hospital foi ficando mais cheio, nada de médicos. Começaram a separar os mortos dos feridos, e nós ali, presenciando tudo.** Eu não tenho condições emocionais de entrar em mais detalhes sobre esse episódio, só posso afirmar que, enquanto eu viver, não vou conseguir esquecer tudo o que vi e ouvi lá, naquele local de desespero e angústia.

Ficamos esperando e, enquanto isso, ouvimos relatos inacreditáveis de sobreviventes. Por exemplo, soubemos que antes da onda o mar ficou seco por algumas centenas de metros e, nesse espaço, pulavam peixes que as crianças ficavam tentando salvar, levando de volta para a água lá na frente. Depois de alguns minutos, a imensa onda de dez metros veio em altíssima velocidade em direção ao continente, arrastando com a sua força tudo o que havia pela frente. Enfim, desistimos de esperar por atendimento e fomos para a rua principal, quando um carro parou e um tailandês com um olhar muito meigo nos perguntou para onde íamos. Ele sugeriu que seguíssemos com ele para o outro hospital, com a esperança de que fôssemos atendidos. A situação lá era pior ainda. Eu me sentia totalmente inútil sem poder ajudar ninguém, vendo as pessoas gemendo, morrendo, chorando, em desespero.

Depois de muitas horas entre um hospital e outro, fomos com Somporn, nosso segundo 'anjo', para o hotel dele, localizado no alto de um monte, onde não havia perigo de sermos atingidos por uma segunda onda, caso ela acontecesse. Esse homem, Somporn, me deu uma lição de vida, um exemplo de caridade, algo incomum. Ao longo do caminho para seu hotel, vimos toda a destruição causada pelo tsunami. E ele, com toda a calma, parava no caminho, seja para cobrir um cadáver com um cobertor que ele tinha no carro ou mesmo para levar um ferido e comprar água, comida e yakult para os sobreviventes. Até o último dia da minha vida, não poderei me esquecer da feição de Somporn e dos seus atos.

Após chegarmos ao resort às quatro e meia da tarde, comemos e trocamos informações com outros refugiados. Mais uma vez, o nosso maravilhoso anfitrião nos ajudou sem pestanejar, pois nos transportou até o nosso hotel quando percebemos que precisávamos voltar para tentar reaver passaportes, celular, dinheiro, cartões, enfim, o que fosse possível para ajudar a planejar nossos próximos passos. Ao chegar, quanta destruição! O hotel estava abandonado e lá apenas permanecia o proprietário, que nos contou que os bangalôs à beira-mar haviam sido arrasados e que muitos hóspedes haviam morrido. Isso tudo enquanto carregava, com a ajuda de dois funcionários, um caminhão com mantimentos. A parte superior, onde o nosso quarto ficava, não havia sido tocada e ele nos autorizou a ir até lá rapidamente para resgatar nossos pertences. Que alívio encontrar tudo intacto.

Voltamos ao resort de Somporn e ocupamos o chalé de número 22. Senti-me mal por termos o privilégio de uma cabana só para nós, enquanto os sobreviventes iam chegando e se amontoando. As feridas de Andreas sangravam e tivemos que ir à cabana central trocar os curativos. Mais uma vez, os céus nos acudiram, encontramos uma enfermeira alemã que refez os curativos e lhe aplicou a tão necessária antitetânica, já que o risco de epidemia na região crescia proporcionalmente ao número de mortos insepultos, aguardando identificação.

No dia seguinte, conseguimos uma carona até o aeroporto de Phuket, e meu único pensamento era voltar para a Alemanha, rever e abraçar nossos familiares. O aeroporto estava um caos, uma multidão tentava embarcar para onde quer que fosse e as listas de espera eram muito longas. Como todos os voos estavam reservados para as vítimas gravemente feridas e para os mortos, o Andreas – que é mais objetivo – procurou uma outra alternativa para nós. Não sei se esta foi baseada na tentativa de evitar o confronto com as emoções dos familiares e dos amigos ou, talvez, por vergonha de mostrar as próprias emoções que naquele momento estavam absolutamente fora do controle. Lágrimas com certeza não faltariam!

Enfim, mais um milagre aconteceu na nossa vida. Conseguimos alugar o último carro disponível, um jeep, e partimos de volta a Koh Samui, atravessando de balsa. Inicialmente havíamos pensado em dirigir os mil quilômetros até Bangkok, mas depois nos lembramos desse local no qual passamos a primeira semana de férias e que parecia ter uma boa infraestrutura. Da balsa, liguei para a casa do meu pai no Brasil e percebi que a Olga, sua governanta na época, ficou bem surpresa e aliviada por ouvir a minha voz. Depois liguei para a Selma, minha querida prima, e ela chorava. Minha família ainda não sabia se havíamos sobrevivido ou não, embora nós tivéssemos contatado os pais do Andreas no dia anterior com o celular do Somporn.

Em Koh Samui, ficamos hospedados no Hotel Paradise Resort, gerenciado por suíços. Descobrimos que éramos os únicos sobreviventes do tsunami alojados ali. Nessa ilha, havíamos visto na semana anterior um hospital muito moderno. Andreas foi bem atendido e medicado por um médico tailandês que morou na Alemanha. Ele demonstrou interesse pela catástrofe e nos perguntou como se escrevia a palavra "tsunami". Ele também nunca havia ouvido falar nesse fenômeno. Aliás, quem havia?

Quando saímos do hospital, Andreas quis ir a um supermercado comprar um bloco de papel. Nao entendi o porquê na hora, mas, logo que chegamos ao hotel, ele se sentou no restaurante e começou a escrever um relato que, para ele, foi uma terapia. Todas as manhãs, às cinco horas, eu ia à recepção digitar o texto que o Andreas escrevia à mão. Foi decepcionante a indiferenca do diretor do hotel quando contei a ele o que tínhamos acabado de vivenciar. O Reveillón no hotel aconteceu em um clima festivo, o que para mim até hoje é difícil de entender. Não foi possível dividir a alegria da passagem do ano com os outros hóspedes que se comportavam como se os 300 mil mortos não fizessem a mínima diferença.

As notícias começavam a chegar e soubemos que o local onde estávamos, a província de Phang Nga, foi um dos mais atingidos e já contabilizavam 3.950 mortos até o dia 31 de dezembro e, desses, 2.210 eram estrangeiros. Estavam desaparecidos 958 turistas e a identificação dos mortos levaria meses, sendo que mais de 80% das edificações da ilha, entre casas dos ilhéus e hotéis, havia sido destruído pela catástrofe.

Depois de uns dias em Koh Samui, também precisei de ajuda hospitalar, pois minha falta de ar piorou. Desde pequena, sofro de bronquite, boa parte de fundo emocional. Não é difícil entender que nossa experiência me afetou de alguma forma, também fisicamente. Permanecemos em Koh Samui até o dia 08 de janeiro. Eu teria ido embora mais cedo para casa, mas respeitei a vontade do Andreas, pois acho que, para ele, a responsabilidade foi bem maior, assim como o peso que ele carrega. Sou muito grata a ele por ter salvo a minha vida, mas mais ainda a Deus.

No dia 31, liguei para a casa da minha mãe e do meu padrasto, em Pittsburgh. Eles acabavam de chegar de viagem da Flórida. Senti enorme desejo de mostrar à minha mãe que estávamos bem, salvos e com saúde. Ela não merece mais sofrimentos, depois de ter perdido um filho. Fiquei bem aliviada quando soube que meu irmão estava indo fazer companhia a ela em Pittsburgh. Meu pai ligava diariamente para a Tailândia, com grande interesse para saber como estávamos, o que me deixou muito feliz. Quando estive em São Paulo, em março do ano seguinte, contei detalhes da experiência, e meu pai começou a chorar como uma criança. Foi marcante o reencontro com pessoas próximas ou nem tanto quando voltamos à Alemanha. O motorista do Andreas foi nos buscar no aeroporto de Frankfurt e não posso deixar de me lembrar do olhar dele quando nos viu.

Em fevereiro de 2005, viajei para São Paulo. Como é tradição desde 1991, época em que me mudei para a Alemanha, minha prima Selma foi me buscar no aeroporto de Guarulhos. Mas, logicamente, dessa vez, nosso abraço foi muito diferente, especial, um alívio pelo reencontro. Foi igualmente emocionante chegar à casa da minha tia Anna, onde minha mãe e meu irmão também me esperavam. No meu lugar à mesa, mamãe colocou uma sombrinha de papel, dessas de festinhas de aniversários. Detalhes importantes e inesquecíveis. Símbolo da sombrinha que eu deixei de lembrança para o tsunami.

Para mim, muita coisa mudou depois do tsunami. Fiquei mais espiritual, sinto que há anjos à minha volta, que existe um Deus que nos ouve. As besteirinhas do dia a dia não são mais tão importantes, as brigas conjugais foram reduzidas a quase zero. Não dá para ficar indiferente depois de ter visto o tsunami de perto, de ter respirado o ar dos hospitais, pulado entre os que pereceram, sentido o cheiro da morte. Sou evangélica e, perante a irmandade e a maioria da minha família, senti na alma a vontade de agradecer publicamente a Deus por esse grande milagre de sobrevivência. Não posso nem imaginar ter perdido meu marido no mar, ter voltado para casa sem ele.

Em 2005, logo que retornamos à nossa rotina, desejei retribuir pela nova vida de alguma maneira. Então, comecei a fazer um trabalho voluntário em um asilo de idosos com Alzheimer. As pessoas me perguntavam por que eu ia lá e fazia aquele trabalho, levava os velhinhos para passear no jardim, conversava com eles, ajudava-os a comer e a beber, etc. Eu respondia que havia ganhado um presente imenso e, mesmo passando o resto da vida fazendo isso, nunca iria poder retribuir. Também fiz psicoterapia, uma modalidade chamada "constelações familiares", para reviver a experiência e reduzir os traumas, o que me ajudou bastante!

Ao longo dos dias em que fui escrevendo esse depoimento, sinto mais insônia do que o normal. Quando vejo o mar, não sinto medo, mas penso que tudo é possível, que de repente pode acontecer novamente. Andreas e eu moramos na Alemanha, em uma aldeia ao norte de Stuttgart, no meio dos vinhedos e à beira do rio Neckar. Sempre que caminho na beira do Neckar e um navio cargueiro provoca ondas, levo um grande susto ao ver a água amarronzada subindo, e as lembranças da grande onda voltam. Mas dessa vez o medo é substituído por uma enorme gratidão a Deus pelo amor ao meu marido e pela vida! Ele, aliás, leu este depoimento e não pôde deixar de derramar lágrimas...

Quando acontecem tragédias da natureza, como agora em Myanmar e na China, tenho uma noção mais realista das consequências para as vítimas. Nós fomos abençoados por podermos ter ido embora, mas e os habitantes desses países vitimados que não têm meios financeiros e nem apoio? E os que, ainda por cima, estão sob controle de governantes tiranos que recusam a ajuda externa? Se esse curto e simples relato, escrito depois de tanto tempo, mas ainda inteiramente vivo em minha memória, puder ajudar outras pessoas, mostrando que não importa o quanto está ruim, pois poderia ser bem pior, para mim já é um pequeno retorno da grande bênção que aconteceu na minha vida: estar viva e ter meu marido vivo também.

Capítulo 9

A resiliência: por que algumas pessoas não desenvolvem Transtorno de Estresse Pós-Traumático

Não se tem ainda claramente dados estatísticos sobre qual o percentual de pessoas que passam por um trauma e desenvolvem o TEPT. As estatísticas variam muito, dependendo do tipo de metodologia utilizada nas pesquisas, do perfil populacional, do tipo de trauma sofrido, etc. Mesmo em situações semelhantes, os dados são contraditórios. Há um número significativo de pessoas que desenvolvem o Transtorno de Estresse Pós-Traumático ou Transtorno de Estresse Agudo, mas, por outro lado, sabe-se que certas pessoas não só têm a capacidade de superar as piores situações, como também de aprender com elas. Essas últimas são chamadas de resilientes. Resumindo: a predisposição à afetação (**vulnerabilidade**) e a capacidade de recuperação (**resiliência**) têm um papel fundamental nessa discussão.

O conceito de resiliência, adaptado ao estudo da mente humana, foi trazido da física para a psicologia. Para entender a etimologia da palavra, vamos recorrer ao dicionário. Resiliência é, segundo o dicionário Aurélio, a *propriedade pela qual a energia armazenada em um corpo deformado é devolvida quando cessa a tensão causadora de uma deformação elástica; resistência ao choque*. Mas a explicação mais simples para isso é a de que a resiliência é a capacidade que algumas pessoas têm de sobreviver e de superar um trauma, conseguindo reconstruir sua vida com uma visão positiva sobre o conjunto de acontecimentos de sua existência.

Assim como a ciência tem tentado explicar o Transtorno de Estresse Pós-Traumático, há também um enorme esforço para tentar deixar claro o mecanismo dessa capacidade de superação chamada resiliência. Como o homem é um ser biopsicossocial (junção de aspectos biológicos, psicológicos e sociais), as teorias recaem sobre cada um desses vértices, enfatizando mais um do que o outro ou, ainda, integrando-os.

Há também quem integre nesses três componentes o elemento espiritual, próprio dos que conseguem pensar além do que é material.

O ponto de vista biológico baseia-se nos conhecimentos genéticos que determinam claras diferenças entre as pessoas, não só físicas como também psíquicas. Esse campo de investigação tem feito grandes avanços nos últimos anos, graças à evolução de equipamentos tecnológicos e métodos de pesquisa.

No viés psicológico, a importância recai sobre a forma como uma criança é educada, aprendendo a lidar com situações de dificuldade e frustração, recebendo o apoio parental adequado no desenvolvimento de uma personalidade que a capacita a enfrentar as adversidades.

O meio social em que vivemos, no entanto, não é dos mais favoráveis. Estamos sujeitos a diversas possibilidades de agressão, que vão desde o imenso problema no Brasil que é a violência urbana, até algo que bem pouco tempo atrás não nos atingia, os tremores de terra recentemente observados em algumas regiões do país.

Cicatrizes do trauma: o que fazer?

Apesar de tudo, de todo o potencial que temos de reagir e superar os traumas, há marcas de umas que permanecerão para sempre. É preciso aceitar esse fato e saber lidar com isso. O grande problema do trauma é a ferida que fica aberta e que, de vez em quando, sangra, o que caracteriza o Transtorno de Estresse Pós-Traumático, mesmo na sua forma mais branda. Quando devidamente trabalhada, essa ferida poderá se transformar em uma cicatriz que até mesmo coçará de vez em quando, mas que não mais sangrará, embora remeta à lembrança do fato traumático. O autor deste livro viveu uma experiência que o marcou profundamente, além de despertar seu interesse para o problema que afeta a tanta gente.

> Há alguns anos, Eduardo recebeu um telefonema, relatando que seu irmão, que morava sozinho, estava passando mal e precisava de sua ajuda. Ele, médico, sem imaginar a gravidade do quadro, imediatamente pensou que de fato poderia ajudar e dirigiu-se à casa do irmão. Lá o encontrou em agonia de morte. Embora não conseguisse identificar os sinais vitais (pulso, batimentos cardíacos), pensou que pudesse reanimá-lo e tentou desesperadamente utilizar os mecanismos básicos de primeiros-socorros

> e ressuscitação aprendidos na faculdade, enquanto, simultaneamente, pedia socorro ao resgate. Como a ambulância não chegava, o socorro veio de uma radiopatrulha comunitária que estava nas imediações e que recebeu o corpo desfalecido para o transporte até o hospital. Eduardo estava junto com o irmão dentro do veículo e lembra-se nitidamente da pressa, do barulho da sirene, do sacolejo e da aflição até chegar ao Hospital da Clínicas onde, por quase uma hora, seu irmão foi submetido sem sucesso às tentativas mais sofisticadas de reanimação. Após ter acompanhado todo o procedimento realizado no hospital, ouviu – atônito – o médico-chefe do plantão anunciar que nada mais poderia ser feito. Lembra-se de olhar para o corpo do seu irmão estendido na maca e socar a parede do pronto-socorro. O mecanismo de defesa adotado foi o de tomar todas as providências burocráticas que acompanham o "cerimonial da morte": agência funerária, escolha do caixão, papelada do cemitério. No velório, lembra-se de seu sentimento de perplexidade perante aquela situação que lhe parecia inusitada. Passados tantos anos, ainda guarda a sensação de taquicardia que teve ao perceber seu irmão já desfalecido e o profundo desânimo ao receber a notícia do falecimento.

Esse exemplo serve para ilustrar uma cicatriz que permanecerá presente na memória, embora não cause prejuízo algum. Um fato que pode ter colaborado para a evolução satisfatória do quadro foi que ela não se desencadeou por uma violência externa, mas, sim, por uma fatalidade: seu irmão sofreu um infarto agudo do miocárdio aos 43 anos de idade. O trauma foi trabalhado como uma motivação para se aprender a lidar com situações de trauma e perda. Esse mecanismo psicológico, chamado de **sublimação**, representa a transformação de um sentimento negativo em uma ação construtiva e socialmente útil.

Ou seja, toda essa defesa não impediu a vivência do luto e do pesar, mas não gerou transtornos que poderiam surgir dessa situação traumática. Na verdade, ampliou o seu potencial resiliente ao fazê-lo encarar de frente uma situação profundamente angustiante e marcada pela impotência, pois deu-se conta mais uma vez da imprevisibilidade da vida. Acordou feliz, tendo todo o seu dia planejado, e no momento seguinte vivia um dos momentos mais trágicos e dolorosos de toda a sua existência.

Essa experiência foi incorporada à sua história de vida, criando como que uma força a mais para ajudá-lo a enfrentar as eventuais dificuldades que fazem parte de se estar nesse mundo.

Exercício: Identificando cicatrizes

Você percebe que há alguma cicatriz em sua história de vida? Ou seja, algum fato que o tenha abalado emocionalmente e que hoje já não dói, tratando-se apenas de uma lembrança? Descreva-o abaixo:

_____
_____
_____
_____

Quando você traz isso à sua memória, o que sente? Escreva abaixo. Se for necessário, consulte o Quadro de Sentimentos na página 367.

_____
_____
_____
_____

Em que isso contribuiu para a sua vida como um todo, no que diz respeito ao enfrentamento de dificuldades que vieram a ocorrer depois?

_____
_____
_____
_____

Ferida ou Cicatriz?

Se este pequeno exercício trouxe à tona um sentimento simplesmente reprimido e ainda não trabalhado de modo adequado é porque, de alguma forma, ainda há algum traço de transtorno presente. Sendo assim, não o despreze e procure entender por que isso surgiu neste momento, sendo trazido à tona quando a referência era a de uma cicatriz, e não a de uma ferida, como parece ser este o caso.

Exercício: Tornando-se resiliente

Como já foi dito, a resiliência é um processo por meio do qual a pessoa consegue enfrentar as adversidades, adaptar-se e sair fortalecido. Para tanto, é preciso reconhecer os recursos pessoais e ter relações de afeto e de apoio, dentro e fora da família, e mesmo na comunidade em que a pessoa está inserida.

Vamos avaliar se você possui características que favoreceriam a sua capacidade de resiliência? Assinale com um X os itens que você acredita serem traços de sua personalidade.

☐ Possuo metas e expectativas realistas.

☐ Tenho capacidade de empatia (colocar-me no lugar do outro e entender como se sente).

☐ Posso tolerar frustrações.

☐ Capacidade de aprendizagem.

☐ Consigo me comunicar adequadamente com as pessoas.

☐ Posso me fazer entender quanto aos meus desejos, às minhas aversões e às minhas aspirações.

☐ Tenho a capacidade de estabelecer e manter relações interpessoais de qualidade.

☐ Consigo fazer avaliações realistas dos problemas.

☐ Possuo recursos para enfrentar problemas e tomar decisões.

Agora vamos trabalhar as suas respostas.

1) Avaliando as suas respostas, qual (ou quais) das características assinaladas você considera o seu ponto forte?

_____
_____
_____
_____

2) Escreva brevemente um exemplo de situação em que essa(s) característica(s) tenha(m) se manifestado.

_____
_____
_____
_____

3) E qual é o seu maior ponto fraco?

_____
_____
_____
_____

4) Escreva um exemplo de situação em que esse ponto fraco tenha lhe impedido de agir adequadamente.

_____
_____
_____
_____

5) Reescreva a situação acima imaginando como você poderia ter agido se tivesse, em vez desse ponto fraco, o oposto positivo dele.

_____
_____
_____
_____

6) Descreva três providências que você poderia tomar para agregar esse item ao seu repertório de capacidades.

    1ª _____
    2ª _____
    3ª _____

Obs.: Você pode trabalhar mais de um item que considera necessário adquirir para se tornar resiliente.

Em resumo, os fatores resilientes das pessoas relacionam-se com sua capacidade para enfrentar, sobrepor-se, fortalecer-se e transformar-se, apesar de atravessar experiências potencialmente traumáticas. A participação da comunidade (amigos, parentes, grupos de apoio, etc.) é fundamental para melhorar a capacidade de resistir, responder e se recuperar. Destacamos essa última ideia porque a solidariedade está cada vez menos desenvolvida entre nós que, por conta do medo generalizado e da falta de confiança que tem caracterizado as relações nos tempos atuais, acabamos nos isolando da desgraça.

Depoimento: Infância roubada

Ruth Roberta Rocha Rios[1], 37 anos, vendedora e estudante universitária, vítima de violência doméstica.

> Tranquei a faculdade no terceiro semestre porque na volta às aulas, quando entrei na sala, me dei conta de que estava plantando algo que, na verdade, já deveria estar colhendo faz tempo. E não digo isso por causa da idade, mas sim pelos motivos que me levaram a começar isso tão tarde.
>
> Minha avó, por parte de mãe, era branca de família portuguesa e todos chamavam muito a atenção por serem de olhos infinitamente azuis. Meu avô era negro; eles se amigaram contra a vontade da família dela, que foi radicalmente contra, pois tinha muito preconceito. Isso tudo em uma cidade do interior. Quando nasceu a minha mãe, a minha avó a deu para a irmã do meu avô, tia dela, porque ela não aceitava o fato de ser mãe, não conseguia se ver nesse papel. Essas pessoas que criaram a minha mãe eram alcoólatras e, quando ela era um bebê, eles davam pinga para que ela dormisse e ficasse quieta. Aí com nove anos ela foi trabalhar em uma casa de família e lá comeu o pão que o diabo amassou. A minha avó

---

[1] Nome trocado para preservar a identidade do participante.

ia muito nessa casa conversar com ela, tinha a minha mãe como uma amiga, e não como filha, elas trocavam sutiã, minha avó adorava sutiã...

Aí um dia minha avó ficou doente, teve leucemia, começou a ir a muitos médicos. Alguns dias antes de ela morrer foi até a casa em que minha mãe trabalhava e pediu um sutiã do qual ela gostava muito, e minha mãe, com raiva dela por algum motivo que nunca soubemos, negou. Aí uns dias depois ela foi piorando, piorando e a minha mãe levou ela para o hospital e a internou; minha mãe era uma criança, mas já tinha corpo de mulher e enganou todo mundo, conseguindo fazer a internação. Deixou ela lá, foi para casa e no dia seguinte levou o sutiã que a minha avó tanto queria em uma bolsinha. Só que, quando chegou lá, a minha avó tinha morrido.

A minha mãe sofreu muito, mamando pinga em vez de leite, trabalhando de doméstica desde os nove anos... Foi aí que ela conheceu meu pai e foi estuprada por ele; ela estava bêbada e não queria, ele forçou... Tinha dezoito anos, ficou grávida e entrou em desespero, aí uma amiga deu um remédio e ela abortou o primeiro filho. Só que aí meu pai trouxe ela para a cidade escondido do meu avô que, em pouco tempo, veio também com meus tios e toda a família. Eles até pintaram o cabelo e alteraram a idade na certidão para conseguir trabalho.

Foi quando eu nasci. O orgulho do meu pai era o nome que me deu, com quatro erres e ele morreu falando isso, só que eu não conheci ele pessoalmente. Nós morávamos em uma favela; um dia ele chamou a minha mãe para sair e nos levou até uma avenida movimentada. Ela, grávida de sete meses de minha irmã, nos levava pela mão, eu com dois anos, meu irmão com um aninho apenas. Ele nos levou até lá e carregava uma bolsa a tiracolo. Quando ela perguntou para que a bolsa, ele disse que estava indo embora, se despediu e nunca mais o vi. Meu irmão tinha nascido branco, e ele não aceitava. Ela ficou ali naquela avenida, com dois filhos pela mão e um na barriga, certamente se perguntando o que ia fazer da vida.

Por isso que às vezes eu penso em tudo o que aconteceu na minha infância; até que ponto eu posso cobrar isso da minha mãe se ela

mesma nunca teve nada que prestasse? Como eu posso cobrar dela diálogo, carinho, afeto? É como chegar a um poço seco e querer que ele lhe dê água, não dá! Às vezes, a gente precisa mesmo é esperar pela chuva que, talvez, nunca venha. Desde que me conheço por gente, a minha mãe diz que as mulheres resolvem tudo, que o homem não consegue, mas a mulher sim.

Mas eu não me lembro de nada do meu pai, nada, nada. Eu só soube que, quando ele estava morrendo, falou de meu nome porque uma irmã que tenho só por parte de pai contou. Ele já tinha outra família, parece que veio para cá já com três filhos; eles são bem mais velhos que a gente, e essa minha irmã só aceitou o fato de ter outros irmãos muito recentemente. Quando ele foi embora, levou esses filhos com ele, depois fiquei sabendo que a minha mãe bateu muito nessas crianças, muito, muito, muito... É por isso que minha irmã nunca aceitou a gente; além disso,, depois soube também, eu era muito parecida com meu pai, e ele tinha um zelo especial por mim. Somos então quatro irmãos por parte de mãe e três por parte de pai.

No começo, morava toda a família junta, todos na casa do meu avô. A única coisa de que me lembro lá é que uma noite eu estava com uma dor de ouvido insuportável e chorava muito. Chorei tanto que o dono dessa casa jogou um pote de água quente em mim; isso marcou, eu devia ter uns três ou quatro anos. Depois, com muito esforço, minha mãe conseguiu comprar um barraco na favela e fomos para lá. Toda a minha família bebia, meu avô, meus tios e minha mãe, então nós convivíamos em uma casa em que todos bebiam.

Eu apanhei todos os dias da minha infância. Todos. Eram os mais variados motivos, eu tinha que fazer as coisas, tinha que sair tudo certo. Eu tinha que cuidar dos meus irmãos... Não sei se você já observou, mas todos os filhos que apanham muito quando pequenos são os mais agarrados com os pais. Aí, quando a criança cresce e faz alguma coisa de errado, os pais dizem que não sabem o que foi que aconteceu. Outro motivo para esse agarramento com os pais que agridem é que a gente pensa assim: se essa que é a minha mãe faz tudo isso comigo, o que vou esperar desse que nem meu parente é? A gente tem medo de todo mundo. Até que a gente cresce e percebe que não é bem assim, vê o outro lado.

Então eu sempre era muito apegada com minha mãe, muito. E na época eu achava que ela me batia porque eu tinha feito alguma coisa errada, porque talvez eu não soubesse cuidar direito dos meus irmãos. Mas eu percebia que ela estava bêbada porque, quando ela não estava – o que era muito raro –, ela conversava muito comigo e dizia que queria ser como eu... Que o sonho dela era ser como eu! E eu não entendia aquilo, só depois percebi que ela me via como uma rival. E sempre me viu assim.

Aos seis anos, eu já tomava conta da casa sozinha, cozinhava, limpava, fazia compras no mercado, cuidava das crianças e guardava o dinheiro da minha mãe. Ela separava o dinheiro, me dava e dizia que era para a comida do mês, que, mesmo se ela me pedisse, não era pra eu dar. Ela já sabia que ia gastar tudo em bebida, então me pedia isso. Eu escondia e não dava. Minha mãe tinha mania de comprar tudo picadinho e meu pai, que tinha pavor disso, ensinou ela a fazer a compra de mês, a deixar o suficiente para um mês estocado, e ela passou a fazer desse jeito.

Então minha mãe conseguiu comprar um barraco na favela e nós fomos morar lá, eu tinha oito anos porque foi quando eu entrei na primeira série; entrei um ano atrasada porque não havia quem olhasse meus irmãos. Antes disso, eu ficava no pré, eu e meu irmão, e ela tinha uma mulher que cuidava da minha irmã menor. Só que essa mulher era perturbada, ela não conseguia ter filhos e a menina que ela cuidava junto com minha irmã era do marido com outra mulher. Então ela batia muito na minha irmã e não dava o leite dela, dava maisena amassada com água. O leite, ela dava para essa outra menina que ficava lá e era como filha para ela.

As casas eram próximas e, quando eu chegava do pré, ia dar uma olhada na minha irmã. Um dia, eu estava mal e o médico disse que eu estava com princípio de paralisia, eu ficava sentada no chão do banheiro da casa dessa mulher a tarde toda, imóvel, porque ela não queria que eu chegasse de repente e visse o que ela fazia com minha irmã. Um dia, o marido dela não aguentou mais presenciar os espancamentos de uma criança tão pequena e foi esperar minha mãe no ponto do ônibus, disse que ela pelo amor de Deus tirasse a filha de lá, senão ela ia acabar morta de tanta pancada.

Minha mãe trabalhava das seis da manhã às duas da tarde, então nós acordávamos às quatro, e ela nos deixava na escola um pouco antes das cinco. Ela me botava sentada no murinho baixo da entrada e acomodava meu irmão no meu colo para ele dormir. Eu ficava ali, imóvel, esperando a escola abrir para nós podermos entrar. Um dia, a diretora ficou sabendo disso e colocou um funcionário para chegar antes e abrir o portão para a gente, aí passamos a esperar lá dentro. Mas aí eu tive que sair do pré, pois tinha que tomar conta da minha irmã.

Essa foi uma fase boa porque tínhamos uma casa, mas ruim porque tive que ficar cuidando deles e não pude estudar. Ficávamos trancados no barraco que não tinha banheiro, então a gente ficava usando um pinico no canto até minha mãe chegar e soltar a gente. Foi nessa época que ela, de todas as surras que me deu, aplicou uma que nunca pude perdoar. Logo na primeira semana que eu havia saído da escola, eu tinha que esquentar a comida, cozinhava em cima de um caixote, pois, aos seis anos, ainda não tinha altura para alcançar o fogão. Então estava em cima do caixote e usava uma panela de ferro, quando fui tirar peguei no cabo que havia esquentado. Aquilo queimava a minha mão e eu pedi para a minha irmã pegar um pano qualquer, uma blusa, para pegar a panela. Ela era muito pequena, pegou uma blusa e, em vez de me dar, colocou no chão pedindo para eu colocar a panela em cima. Eu desci do caixote e coloquei a panela em cima daquilo que, em contato com o calor, encolheu e grudou nela. Depois percebi que era uma batinha branca que minha mãe tinha, uma com fitinhas de seda azuis e vermelhas na frente. E aquilo derreteu...

Mas a minha preocupação naquela hora era a panela. E eu lavei, raspei, areei, esfreguei aquela panela, deixei limpinha, mostrei para os meus irmãos e nós três ficamos todos felizes achando que ela estava ainda mais limpa do que antes. Até brilhava! Quando minha mãe chegou, eu contei a ela e pedi para ver como a panela tinha ficado limpa, parecia nova.

Ela pegou a panela de ferro e começou a me bater com ela: cabeça, costas, braços, pernas, ela batia onde pudesse me alcançar, e tudo por causa da batinha; ela queria mesmo era a batinha.

Mas eu apanhei muito naquele dia... Não satisfeita, ela pegou a cinta e me arrastou para umas manilhas de esgoto quebradas que ficavam em frente à minha casa. Ela me jogou dentro de uma delas. Aquilo estava cheio de esgoto e, enquanto eu tomava aquela água, ela me batia sem parar e depois começou a me morder. Essa foi a pior surra da minha vida, entre tantas que tenho para me lembrar. Os vizinhos gritavam para ela parar, que ela ia me matar, e ela respondia que era isso mesmo que ela queria: me matar. No fim, os vizinhos me socorreram, me tiraram de lá de dentro e eu estava muito machucada; disseram que tinham medo que eu não aguentasse. Eu acho que essa mágoa ficou porque nesse dia ela tinha acabado de chegar e ainda não tinha bebido, portanto não tinha essa desculpa. Ela fez tudo isso, essa barbaridade toda, completamente sã. Acho que é por isso que eu não consigo perdoar...

Quando minha mãe bebia, ela me via como rival. Até hoje vejo a batinha no chão e me lembro de cada detalhe dessa surra. No dia seguinte, foi como se nada tivesse acontecido. Nem sei se as marcas do meu corpo foram dessa surra ou de outras, mas as marcas na alma são muitas e muito fundas. Eu só tinha seis anos! Ela dizia que aquela era uma bata cara, uma coisa tão importante para ela, e eu ouvia aquilo e não conseguia entender como é que aquela coisinha era mais importante do que a panela ou a possibilidade de que eu me queimasse com ela.

Muitos anos depois, já adulta, disse para minha mãe que essa surra é a única que eu não consigo perdoar, não tem jeito. Ela fica muito nervosa, não gosta de ouvir, talvez se arrependa... Mas ela não aceita o fato de ser alcoólatra, ela fala que "tomava uma pinguinha". Meus irmãos jogam muito na cara dela todas as barbaridades que ela fazia, menos eu. Eu não falo nada, não, vou falar pra quê? Pra machucar ainda mais? Não tenho coragem de feri-la como ela me feriu.

Minha mãe hoje tem quase sessenta anos, mas ainda é nova, é muito forte. Pode-se dizer que ela seja uma pessoa moderna, ela é aposentada, mas não aceita muito isso, tudo o que ela não fez antes quer fazer agora, ela gosta de comprar. Mas, depois dessa surra, eu fiquei com muito medo, tinha que fazer tudo certo para não apanhar daquele jeito de novo. Isso teve reflexos na minha vida atual, em qualquer empresa em que eu trabalho, tenho que ser perfeita, tudo tem que sair certinho.

Um dia, um padre me falou que eu tenho muitos problemas com isso, se meu chefe for homem, tenho uma dificuldade enorme em lidar com ele, vejo meu pai ali. É difícil até mesmo lidar com meu marido porque a minha mãe sempre me ensinou que a mulher aguenta tudo. Que se um dia estiverem um homem e uma mulher em casa, e o diabo em pessoa bater na porta e cuspir, é a mulher quem tem que abrir e resolver. O que ela queria dizer é que, aconteça o que acontecer, nós mulheres é que suportávamos tudo, qualquer coisa. Tem coisas que acontecem com nós que nós superamos, e eles, não.

Aos sete anos, eu consegui o direito de ter uma chave de casa, antes disso ficávamos trancados lá dentro. Consegui isso porque, depois dessa surra, passei a fazer tudo certinho. Na porta da minha casa, havia um tanque e minha mãe tinha mania de limpeza e eu herdei isso, mas hoje consegui controlar. Eu tinha uma doença que, se eu fritasse um ovo na cozinha, depois tinha que tirar tudo dos armários e lavar. Lavar tudo, pratos, copos, travessas. Até quando eu casei eu era assim, tudo tinha que estar completamente limpo.

Bom, então tinha o tanque. Quando ela chegava, podia estar chuva, sol, de dia ou de noite, ela limpava de novo a casa, tudinho o que eu tinha feito ela refazia. Tinha que estar brilhando. Aí a gente ia tomar o banho. Não tinha água quente, chuveiro, essas coisas. Era no tanque, e a água era gelada. Então ela fazia uma fileira, eu, que era a mais velha, ia primeiro, depois a minha irmã, que era mais nova, e, por último, o meu irmão porque ela achava que ele era branquinho e encardia mais, ela achava que ele era sempre o mais sujo, demorava mais para limpar. **Aí ela tirava a nossa roupa e ficávamos os três ali no quintal, nus, de frente para a rua. Eu morria de vergonha porque quem passava podia nos ver ali, expostos. Ela esfregava as nossas unhas com escova de roupa. Doía muito, mas na cabeça dela era a melhor coisa que ela** fazia por nós. A essa altura, ela nunca estava sóbria, machucava mais o meu irmão porque ele era branquinho e ela esfregava bem forte, ele ficava com a pele vermelha. Eu tinha que ficar nua esperando os outros dois terminarem o banho e, depois que todos terminavam, a gente ainda ficava mais cinco minutos enquanto secava o corpo. E até tinha toalha, mas ela não usava.

Como dizia antes, aos sete anos ganhei o direito de ter a chave de casa. Naquela época, tinha muito maconheiro na favela, a maconha era o que é o crack hoje. Cada vez que chovia, as telhas das casas voavam, e as pessoas iam descer a ladeira para pegar de volta, senão tinham que comprar e muitos não tinham condições. Só que tinha que ser rápido, ou os ladrõezinhos pegavam as telhas para vender e comprar droga. Quando ficávamos trancados em casa, os vizinhos traziam para a gente. Sempre faltava uma e aí era aquele inferno, tinha que colocar um plástico, formava goteira, tinha que ficar no molhado até minha mãe conseguir comprar outra.

Um dia caiu uma chuvarada, eu já tinha a chave, e, quando parou, fui apanhar as minhas telhas. Só que o chefe do tráfico, ele já está morto, tinha pegado todas elas e os vizinhos me disseram que não fosse enfrentá-lo, que era melhor deixar pra lá. Mas eu não podia ficar sem as telhas, minha mãe sempre dizia que, se eu deixasse acontecer algo com as telha, ia apanhar, e eu tinha medo. Não consigo me lembrar do que disse a ele, mas o fato é que voltei com minhas telhas e, sempre que chovia, ele as juntava e vinha me entregar. Na minha cabeça, pelo fato de eu ser mulher, eu ia conseguir as coisas e podia brigar por elas. De alguma forma, isso conquistou o respeito dele, sei lá, talvez por ver tanta coragem em um catatau de sete anos.

Até hoje os vizinhos falam que, quando tem confusão, é difícil ver eu me alterar, é mais fácil eu xingar alguém quando estou calma, pois, se eu fizer isso quando estou nervosa, me sinto burra. Acho que a gente tem que saber resolver as coisas, não é? **Uma vez veio uma tia morar um tempo com a gente e ela saiu depressa, foi morar de favor na casa de uma pessoa que nem conhecia direito porque não aguentava**

presenciar as minhas surras diárias. Sempre depois de me bater, ela me mordia os pés e a cabeça. Chegava a sangrar.

Eu tinha muita pena do meu irmão, ele era fraquinho, anêmico, então como eu era a mais velha eu dizia pra minha mãe bater em mim a surra dele, então apanhava pelo menos duas vezes por dia, apanhava dobrado! E minha mãe não me xingava dessas coisas que as mães xingam os filhos, de boba, chata... Ela me chamava de prostituta. E eu nem sabia ainda o que era isso, afinal, só tinha sete anos. Nós passamos muita fome, porque ela conseguia os empregos, mas não mantinha, perdia por causa da bebida. Ela fazia de tudo, foi copeira, arrumadeira, e nos lugares em que trabalhou sempre foi muito querida, se não fosse a bebida... Chegou a trabalhar em um hospital, e eles lá adoravam a minha mãe, disseram que, se ela parasse de beber, eles iam colocar ela no curso de enfermagem, iam até pagar o curso.

Uma vez ela chegou em casa e não tinha nada para comer... Ela trouxe um saco de laranjas. Aí a gente chupou uma laranja e eu deixei as cascas e o bagaço em um saquinho para jogar fora. Foi a sorte. **No outro dia, nós comemos aquele bagaço da laranja, não havia mais nada para comer. E depois comemos as cascas da laranja... Meu irmão dizia: "Ai, Beta, tá ardendo, tá ardendo" e eu falava: "É porque você não sabe comer, tem que fazer assim: morde, viu? Tem gosto de macarronada, sentiu? Olha que gostoso". Eu fazia eles imaginarem os sabores das comidas preferidas e, assim, eles iam comendo as cascas de laranja que, graças a Deus, eu não tinha jogado fora.**

Mas aí no quarto dia não tinha mais nada mesmo e eu não podia ir lá fora pedir, minha mãe proibia. E as vizinhas, eu não sei... Acho que tinha aquele pensamento, aquela dúvida se minha mãe saía com o marido delas, então não tinha uma ajuda efetiva. Só que nós não tínhamos nada a ver com isso, éramos crianças e estávamos com fome. Mas eu não pedia nada. De uma certa forma, os vizinhos respeitavam ela, porque sempre foi muito batalhadora, trabalhava muito para tentar manter a gente, era caprichosa e não tinha preguiça e, se não fosse a bebida, certamente teria tido muito sucesso na vida.

Mas aí no quarto dia acabou tudo mesmo, e as crianças choravam de fome, eu queria chorar também, mas não podia, era a mais velha e precisava cuidar deles. Chovia muito e tinha goteira em casa, nós dormíamos os três em uma cama de solteiro, e eu deitei as crianças lá, a salvo das goteiras. Eu ficava pensando e pensando: "O que fazer para alimentar essas crianças?" Eu também tinha fome, mas nem sentia, só me preocupava com elas.

Aí me lembrei de uma senhora que ia lá na favela e fazia um trabalho assistencial e, no final das palestras, ela falava o telefone dela e dizia que, em caso de emergência, a gente poderia ligar. Ela era um anjo, conversava com a gente de igual para igual, os poucos momentos em que me senti gente foram os que estava conversando com ela. Bom, eu tinha decorado o prefixo do telefone dela e pensei: "É uma emergência, vou ligar". Aí desci para a vila e fui ligar do orelhão. Na inocência de uma criança de sete anos, eu apertava o prefixo e inventava os outros números, achando que uma hora ia dar certo. Acho que ligava a cobrar.

Eu tinha a crença de que ela era de outro mundo, que tinha uma escada bem alta e eu imaginava que ali era o outro lado do mundo, o lado das pessoas que pertencem a um mundo diferente. Isso literalmente, mas, quando cresci, descobri que isso não deixa de ser verdade, ainda que de forma figurada. Eu era muito novinha quando conheci essa senhora, e eu via o jeito dela, o modo de falar, a segurança... Eu a admirava muito.

Mas esse dia eu ficava ligando, ligando, algumas pessoas desligavam, algumas ligações não se completavam. Até que, em determinado momento, atendeu um homem, e eu comecei a conversar com ele, achando que falava com uma pessoa do outro mundo. Aí comecei a contar, contei toda a minha história e acho que ele achou engraçado uma criança falar tanta coisa. Quando me lembrei do motivo da ligação, comecei a chorar e disse que meus irmãos estavam com fome e que não tinha nada para dar a eles. Aí ele começou a conversar comigo e perguntou qual era a coisa que eu mais gostava de comer. Eu não tive dúvidas e respondi: "Banana!" Eu adorava banana mesmo.

Aí desligamos e eu fui para casa, encarar a dura realidade de ver meus irmãos chorando de fome. Mas estava mais aliviada de poder ao menos ter desabafado com alguém do outro mundo. Mais tarde, escutei um alarido, chegou um carrão todo chique lá na rua, desceu um moço e começou a me chamar "Ruth Roberta, quem é a Ruth Roberta?" Aí eu saí lá na rua. Os vizinhos começaram a perguntar o que era aquele carro, eu falei que era o carro do outro mundo. Aí ele me chamou, perguntou quem era a família; ele devia ser muito rico porque estava bem vestido; tinha trazido uma compra que dava para uns três meses, mas tinha tanta coisa, tanta coisa que até parecia o dia do Natal. Aí, depois que tirou tudo aquilo, ele disse: "Olha o que eu trouxe para você", e tirou um caixote cheio de bananas do carro. Aí eu fiquei tão alegre que corria de um lado para o outro; fui guardar tudo, meu irmão estava fraco, e eu dei banana pra ele.

Eu fiquei tão alegre com a caixa de bananas que ele conversava comigo e eu não dava atenção, só dava atenção para as bananas porque, de repente, eu me dei conta de que estava com muita fome, muita fome mesmo. Eu não me lembro do nome dele, não sei nada dele, até hoje não sei quem é esse homem, mas eu lembro que ele chorou muito quando entrou em casa e viu as condições do lugar, acho até que por isso ele nunca mais voltou. Deve dar uma sensação de impotência ver que, como nós, havia milhares de crianças na mesma situação e que não tinha jeito de ajudar todo mundo. Só sei que ele devia ficar lá para os lados da Avenida Paulista, o prefixo era de lá.

Mas eu gostaria muito que ele soubesse que naquele dia ele foi um anjo e representou tudo para nós. Ele foi um ser humano de verdade, que se deu ao trabalho de sair do seu conforto e ir para o outro lado do mundo mudar a vida de três crianças que tinham fome. Quantas pessoas fariam isso? Ele, naquele dia, me levou mais do que comida. Me levou socorro, esperança, alento. E, sobretudo, me fez acreditar que existem coisas muito boas no mundo, que existem pessoas que realmente fazem a diferença. Se Deus me conceder a graça de saber que ele leu este livro e encontrou aqui o meu depoimento, eu espero que ele saiba, esteja onde estiver, que está presente em minhas orações e que sempre esteve, desde aquela época. Mesmo depois de mais de vinte anos, eu quero que ele saiba que eu me lembro do que ele fez como se fosse hoje e agradeço.

Bom, quando ele foi embora, eu cozinhei macarrão. **Só que eu não comi porque, na hora em que eu ia comer, eu me lembrei da minha mãe. O que eu ia falar pra ela? Eu fiquei triste, chorando, desesperada...** Quando a minha mãe chegou, ela estava com fome também porque, na hora do almoço, lá no emprego, ela pegou a comida dela, enrolou em um saquinho e botou na bolsa para trazer. Ela não comeu. **Quando ela viu tudo aquilo, ficou tão feliz que não me bateu.** Mas ela quis saber de tudo tim-tim por tim-tim, aliás, ela sempre queria saber das coisas, uma caixa de balas que aparecia ela queria saber de onde foi, quem foi que deu, quem chupou e quantas. Só que ela não perguntava, ela me batia antes, queria ir lá no local para checar e dizia: "O que é esse papel de bala aqui? Onde você achou a bala?"

Meu pavor era tanto que, antes de ela chegar, eu chamei as vizinhas, Antonia e Etelvina pra ficarem lá em casa comigo esperando. Mas elas encontraram a minha mãe no meio do caminho e vieram contando... Etelvina disse a ela para ter calma e explicou para ela direitinho, mas minha mãe ficou brava e brigou comigo porque tinha medo de eu ir sozinha lá embaixo, pois o telefone ficava longe.

Nossa, onde eu morava tinha muito rato, e eu tinha pavor de rato. Não é medo ou nojo, é pavor mesmo. Mas, que eu me lembre, na minha casa não entrava rato, ela era um barraco de madeira e todo dia eu a lavava, todo o santo dia eu lavava o chão, com essa mania de limpeza, esfregava aquilo e fazia espuma, eu adorava aquela espuma. Até hoje eu tenho mania de ficar lavando as coisas, só que mais controlado. Só que era muito difícil comprar o sabão, e eu gastava muito. A vizinha perguntava: "Mas por que você não joga uma água e passa um pano?" Pra mim não servia só assim, eu tinha feito um pacto e não podia contar o porquê, então espumava, espumava, espumava, deixava os meus irmãos sentados na cama e fazia aquele montão de espuma. Se tem uma coisa gostosa da qual eu me lembro da minha infância é isso. E, quando o chão ficava com bastante espuma, eu pegava o rodo e falava: "Deus, estou fazendo a minha parte, vou fazer a sua barba e você não vai deixar entrar rato na minha casa". Era esse o meu segredo e eu não podia contar para ninguém.

E a minha mãe me batia porque eu lavava muito a casa, o chão era de cimento, mas era um barraco de madeira e estava ficando tudo podre. Mas o fato é que nunca entrou rato na minha casa e todos os dias eu fazia a barba de Deus. Não tinha um dia que faltasse, cada dia, eu fazia de um jeito diferente e ficava pensando "como é gostoso fazer a barba de Deus". Quem me apresentou para Deus e falava dele às vezes foi a minha mãe, mas foram muito poucas as vezes em que eu vi minha mãe sóbria naquela época.

Eu entrei na escola um pouco mais tarde, com oito anos, foi assim: meu irmão cuidava da minha irmã, e aí, depois, quando eu chegava, era a minha vez de cuidar. Só que não estava dando certo, pois meu irmão ficava muito mal na escola; aí mudamos pra ficar no mesmo horário. Depois, minha irmã ficou com uma mulher, uma vizinha, que cuidava dela e a levava para um outro colégio bem mais longe, porque a gente não conseguiu matrícula na mesma escola.

Eu repeti as três primeiras séries, porque era aquele negócio, eu me preocupava muito com muitas coisas, tinha fome, não conseguia me concentrar e tinha que aguentar as surras diárias. Não tinha cabeça para tudo isso. E não tinha saída, eu ia apanhar de qualquer jeito, minha mãe me batia muito quando eu repetia. Quando eu comecei a estudar, aquela senhora ajudou muito, ela dava material escolar para todo mundo e me deu também. Era tudo tão lindo, caderno, lápis, canetas... Mas não adiantava, eu não conseguia ir bem na escola. Eu adorava o dia que ela ia lá, mas não tinha coragem de olhar muito nos olhos dela; eu vi aquela vida, aquela alegria, e me perguntava como podia haver uma pessoa tão inteligente, instruída. Tinha que ser de outro mundo mesmo, porque aquele, em que eu vivia, era muito diferente.

Eu não conseguia ir bem na escola porque, como já disse, tinha preocupações de gente grande na cabeça. Eu me preocupava com a minha irmãzinha e principalmente com o meu irmão, porque ele era anêmico e dormia o tempo todo. Eu não assistia a todas as aulas porque ia muitas vezes lá no pré vigiar meu irmão, pois ele era lento e dormia sempre, não conseguia se manter acordado. Aí, lá nos fundos, tinha um tanque de areia, e os meninos enterravam ele, eu tinha que ir lá buscar e desenterrar ele todinho. E a diretora – eu tinha uma raiva dela – ficava indignada comigo porque eu saía da aula e me batia muito, a gente passava assim naquela palmatória, ela batia na mão, no bumbum. Eu não me lembro de muita coisa da minha infância, eu só tenho um sentimento ruim, acho que se apagou de tão dolorido que foi. Por exemplo, eu não gosto muito de músicas que me lembrem a minha infância, na verdade, não gosto de nada que me lembre disso. Aí, se de repente eu encontro uma pessoa daquela época, eu não faço questão de falar com ela, eu não gosto.

Quando tinha nove anos, a minha mãe ficou grávida! Aí, eu já estava estudando, meus irmãos crescendo, eu relativamente independente e respirava fundo, aliviada. Minha irmãzinha já falava, e isso era um alívio para mim porque eu sabia que, se acontecesse alguma coisa com ela, eu ficaria sabendo, ela poderia me falar. Quando ela era menor, o meu maior medo era que acontecesse alguma coisa, pois ela não ia ter como me dizer, como se comunicar; era muita responsabilidade. E agora o trabalho ia começar todinho de novo, mais um bebê para cuidar.

A minha mãe tinha um namorado que ela amava muito, ele era da classe média e queria ficar com ela a todo custo. Queria demais, ele era louco por ela. Só que, para viver com ele na classe média, ela tinha que largar os filhos em algum lugar, porque ele não queria os filhos. Ela abriu mão dele, do grande amor da vida dela, por nossa causa. Só que depois vivia jogando isso na nossa cara o tempo todo, dizendo: "Se não fossem vocês, agora eu seria alguém". Eles se separaram, minha mãe arranjou outro namorado, o pai da minha irmã caçula, o qual também sumiu. Não cuidou, não deu pensão, não fez nada, simplesmente foi embora. E ela não conhece o pai dela.

O meu pai, que eu também nunca vi, quem conheceu foi o meu irmão. Uma vez, ele saiu com meu tio e ficaram conversando a noite toda em uma roda de amigos, aí quando ele ia embora com meu irmão, disse: "Olha, peça a bênção para esse homem porque esse homem aí é seu pai". Ele era menino de tudo, mas disse que não ia pedir bênção coisa nenhuma, que ele não tinha pai. Sabe o que meu pai fez? Obrigou ele e disse que ele tinha que pedir a bênção porque era filho dele! Mas a maior tristeza de meu pai foi não ter me visto, na verdade, eu sei que ele não me viu porque não quis, mas me recuso a pensar desse jeito porque dói demais.

Muitas vezes uma pessoa que é alcoólatra, que passa por uma situação difícil e não aceita um monte de coisas, tenta se justificar, e era isso o que a minha mãe fazia. Ela dizia que há um monte de mães solteiras por aí que largam o filho; no fórum, está cheio de casos assim, mas ela não. **Porém, a pior coisa que uma mãe pode fazer com os filhos é isso: acabar com a imagem do pai, por pior que ele seja.** Ela dizia: "Ele não quis vocês, eu é que me sacrifiquei para criar cada um de vocês, ele não presta". **Isso dilacera a gente por dentro porque a gente pensa assim: se o nosso próprio pai não quer a gente, quem vai querer? Se ele não gosta de mim, quem vai gostar?** E isso mexe com a gente pro resto da vida porque, quando você vai a uma seleção de emprego, é seu pai quem está lá sentado. Quando você está na empresa e seu chefe vem falar com você, quem é que você vê? Seu pai. E se seu pai não aceitou você, porque aqueles ali vão aceitar?

Eu percebo isso claramente na empresa em que eu trabalho, porque o meu setor é o carro-chefe de faturamento e, quando eu vou falar com meus gerentes, eu converso com eles e vejo neles o meu pai, já pensando que eles não vão me aceitar. Aí para me defender eu deixo bem clara a minha posição: é preciso ter respeito e sempre há dois lados para uma questão, assim, é preciso achar um consenso. Meus chefes falam que eu não tenho noção de hierarquia. Mas como eu trabalho bem e tento fazer tudo perfeito, bem em ordem e organizado, eles dizem que podem mexer em tudo, menos no meu setor. Os gerentes homens não conseguem me dar ordens, eu não deixo. Antes de eles pensarem em mandar, eu já fiz.

Eu tenho uma gerente nova que, se pudesse, me daria o chão. Ela vive querendo fazer amizade comigo, mas eu não quero, eu não consigo porque ela é superior a mim. Eu me sinto muito mal, é como se ela fosse ver o meu lado frágil, e isso eu não posso aceitar. Hoje ele fica bem escondido, ninguém tem acesso. Se eu falar isso pra ela, tenho certeza de que vai vir me abraçar e aí eu não vou aguentar, melhor deixar quieto. Outro dia ela me deu um presente e eu fui bem grosseira, falei que ali não era importante ficar de presentinho, que ali as pessoas tinham que ser profissionais, trabalhar e pronto. Eu quero afastar ela, entende? E falei isso para ela entender que eu não quero que ela chegue perto de mim.

Puro medo, eu tenho medo de tudo, muito medo. Essa coisa que a minha mãe passou pra gente, que mulher é corajosa e aguenta tudo, se infiltrou e criou uma casca. Mas por dentro só eu sei quanto medo eu tenho guardado e o quanto eu sofro com isso.

Mas minha mãe colocava isso, a rejeição do meu pai, muito forte. Ela vivia dizendo que ele não prestava e um dia, sem querer, eu falei que queria conhecer meu pai. Nesse dia, eu quase morri de apanhar, e já tinha catorze anos. Até meus vinte anos a minha mãe continuava me chamando de puta, prostituta... **Aí um dia ela fez isso, veio no meio da rua me xingando, gritando aqueles nomes. Eu desci a escada pensando que essa seria a última vez que ela fazia isso comigo. Cheguei perto, olhei bem dentro dos olhos dela e disse: "Puta é você, prostituta é você". De tudo o que ela me chamou a vida inteira eu falei de volta.**

Ela ficou tão chocada... Porque eu nunca afrontei a minha mãe, nunca. Ela me fazia de gato e sapato e eu nunca pensei em revidar. E eu disse que aquilo que eu estava fazendo naquele momento estava doendo mais em mim do que nela, mas que eu estava fazendo aquilo para ela saber o que eu sentia cada vez que eu falava isso. E isso desde que eu me entendo por gente, anos e anos de dor. Ela ficou arrasada, nem falou nada. Eu perguntei a ela se ela sabia qual era a diferença entre essas duas situações e expliquei que a diferença é que ela sabia muito bem do que eu a estava chamando e eu, quando tinha sete anos, não tinha ideia do que era isso. Eu disse que hoje ela podia revidar, mas que eu, com sete anos, não podia. E também que nem isso ela me deu o direito de fazer, de responder à altura. Ela nunca mais me chamou assim.

Eu tinha nove ou dez anos quando consegui passar para a segunda série; minha mãe estava grávida. Os meus professores sabiam dos meus problemas porque as pessoas comentam, mas eu nunca falei sobre o fato da minha mãe ser alcoólatra. Nós sofremos muito por causa disso na comunidade, quando saíamos de casa, os moleques batiam na gente no meio da rua, jogavam excrementos em nós, era muita humilhação.

Desde muito pequena, via os meninos nos xingando de ladrões, falando que éramos filhos de uma bêbada, que viam ela de noite na rua pelada, caindo pela sarjeta. Eu passei a minha infância me limpando do cocô que jogavam em mim, foram muitas as vezes em que isso aconteceu.

Meu primeiro namorado foi o meu marido, eu o conheci com 21 anos. Demorei muito para namorar, sinto vergonha do meu lado mulher. Minhas duas filhas, de onze e sete anos, não falam palavrão e eu não conto a elas o que se passou comigo. Eu nunca bati nelas até a idade de dois anos, depois eu não sei o que aconteceu comigo que comecei a bater nelas, principalmente na mais velha. E minha mãe me provocava para bater nelas, talvez querendo perpetuar essa herança maldita. Minha mãe continua me vendo como uma rival até hoje, se eu comprar qualquer coisa, ela vai lá e compra igual ou melhor. Quando eu pergunto a ela por que ela faz isso, ela responde que é porque ela quer ser como eu.

Mas eu consegui estudar; cuidava do bebê que nasceu muito pequeno, uma menininha mirrada de 1,7kg e com sopro no coração. Quando ela nasceu, o médico falou que ela não passaria dos seis meses. Ela tinha o cabelo bem lisinho e, para você ver como é a pessoa quando está fora de si, a preocupação da minha mãe era ficar comparando o cabelo da gente com o do bebê, tentando criar uma situação de raiva. Mas eu acho que Deus sabe o que faz e, pelo fato de a neném ser tão pequena e tão magrinha, nós não queríamos que ela passasse pelo que nós passamos e começamos a defendê-la com unhas e dentes.

Uma vez eu tive muita raiva da minha mãe porque eu guardava o dinheiro da comida e ela me mandava ir comprar cachaça. **Eu disse que, se ela quisesse, que fosse com as suas duas pernas porque eu não ia de jeito nenhum. E ela me obrigou, dizendo: "Você vai comprar a pinga, você tem que ir e eu quero que isso venha para mim pelas suas mãos. E vai ser com o dinheiro que você guardou". Eu me recusei e ela me bateu muito, eu não tive remédio senão ir.** Era o nosso último dinheiro e eu comprei a pinga e um pacote das minhas balas preferidas. Eu pensei que ia comprar as balas porque era desaforo ela gastar o último dinheiro da comida com bebida e, então, resolvi também me dar a esse luxo, só que com as balas que, aliás, eu estava morrendo de vontade de chupar há muito tempo. E depois eu fiquei com trauma dessa bala porque via minha mãe bêbada, caindo de bêbada sem sequer ouvir eu contar que tinha comprado as tais balas.

Eu fugi de casa algumas vezes, uma delas com treze anos. Nessa época, nós já tínhamos mudado para uma casa construída de blocos bem ali ao lado, que a construtora daquela senhora que ajudava todo mundo ia fazendo para as pessoas da favela, mas foi um sufoco para mim porque, apesar de ter banheiro, era cheia de ratos e, como já disse, eu tenho pavor de ratos. Mas, no dia em que eu fugi, foi porque eu fiquei o dia todo sentada conversando com a minha tia, eu adorava quando essa minha tia vinha, e não tinha lavado a louça. Minha mãe saiu com minha tia e disse que, quando voltasse, ia me dar uma surra.

Eu esperei ela sair, arrumei a minha bolsa e ia saindo também. Só que o meu irmão pediu para ir junto e eu disse que não, que, por eu ser mulher, eu podia resolver tudo, mas ele era homem, não ia saber se virar. Aí ele falou que não ia ficar sem mim, e foi comigo. Eu, então, peguei um dinheiro na bolsa dela e nós fomos, ficamos rodando, rodando... Eu tinha pegado para vender uns pratos pintados de louça, lindos, que a nossa benfeitora tinha trazido do exterior. Comprei pão com mortadela e comemos, pegamos o ônibus e fomos parar no Itaim, aí um homem disse que nós não parecíamos crianças de rua e perguntou o que tinha acontecido. Eu disse que saí de lá porque apanhava, e ele falou que, no dia seguinte, nós deveríamos estar lá às cinco horas da tarde sem falta e nós pensamos que ele fosse dar um presente pra gente. Depois ficamos pensando... E se ele chamar a polícia? Mas quando foi ficando tarde o meu irmão começou a chorar e pediu pra eu levar ele de volta, que estava tarde, que ele estava cansado. Aí eu falei que ia levar ele em casa e ia voltar, quando chegamos perto de casa, vimos a minha mãe do outro lado da avenida. Ela me abraçou e me pediu perdão por tudo, me chamou para voltar pra casa, e eu fui.

Eu tive minha primeira menstruação aos dezesseis anos, muito tarde, e minha mãe só descobriu uns dois anos depois. **Eu acho que não gosto de aceitar o meu lado mulher e morro de medo de pedófilos, fico de olho nas minhas filhas o tempo todo. Não sei se fui abusada ou não** quando criança, não me lembro de muita coisa da minha vida. Mas eu acho que só o fato de deixar as crianças verem certas coisas já é uma forma de molestá-las, não é? Sequer me lembro da primeira vez em que fiz amor, devo ter apagado isso da memória. Quando eu quero lembrar e fico pensando muito em uma coisa, me dá uma sensação muito ruim e tenho que parar. Acho que é uma forma de proteção das lembranças de coisas horríveis que devem ter acontecido comigo. Nós, quando éramos crianças, ficamos muito vulneráveis a tudo e a todos. Isso foi determinante para o nosso futuro.

De infância mesmo eu tive poucos momentos, de resto foi muita responsabilidade, muito trabalho e muito castigo físico, por conta das surras que eu tomava. Mas quando eu era pequena, me lembro de que tinha umas miçanguinhas que eu era louca para ter e minha mãe nunca me dava; eu via ela gastando dinheiro com bebida e não entendia por que não podia ter as miçanguinhas que eu queria tanto. Mas eu dava jeito para tudo e inventei um clubinho; a gente ficava dentro de casa brincando e rindo muito. Colocamos umas fitas coloridas de cabelo na janela, e as crianças da rua queriam saber o que era aquilo. A gente disse que era um clubinho particular e que, para pode entrar e se divertir, tinha que ficar sócio e o ingresso seria pago em miçanga. Eu nunca vi tanta miçanga na vida, no final, estava até dando miçanga para o povo na rua, de tanta que tinha. Minha mãe não precisou comprar, eu consegui sozinha.

Por outro lado, eu me lembro do dia em que ela comprou a nossa primeira geladeira; tinha uma mulher vendendo e a gente foi lá na casa dela para ver. Minha mãe já ia levando o dinheiro e estava muito alegre, porque havia comprado a geladeira. Ela, antes de deixar a gente ver, limpou toda a casa, deu banho na gente e esperou secar. Ela deixou a gente entrar e disse que, como eu era a mais velha, ia poder abrir a geladeira.

Aquele momento foi tão emocionante que, quando eu abri, a primeira coisa que eu vi foi um queijinho desenhado no compartimento próprio pra isso. Me deu algum tipo de curto-circuito que, por muito tempo depois disso, eu tinha que ficar escrevendo sistematicamente queijo, queijo, queijo... Centenas de vezes até o final de inúmeras folhas de caderno. Cada vez que eu fazia isso, me sentia confortável, voltava àquele momento fugaz de perfeição com tudo limpinho, minha mãe sóbria, a geladeira ali, o cheiro gostoso da comida cozinhando no fogão.

Desenvolvi um TOC e meu irmão também tinha isso. Eu descobri recentemente, quando vi ele fazendo uma coisa repetitiva que eu também fazia. Aí ele me contou que desde pequeno tem isso, que às vezes passa por alguém na rua e tem que esperar essa pessoa passar por ele de novo. Mas depois que eu descobri que ele tinha isso e vice-versa, nós ficamos com vergonha de fazer isso um na frente do outro e fomos parando. Ainda bem que com o tempo isso passou e não precisei mais escrever aquilo tudo.

Eu tenho carinho por ela quando lembro dessa fase, ela tinha tentado parar de beber, estava bem. **A vida para ela também foi difícil, pois ela nunca teve nada. Eu pelo menos tive mãe, ela, nem isso. O que ela teve? Foi trabalhar em casa de família aos nove anos e aguentava todo o tipo de abuso, depois veio o meu pai e o abandono dele... Como ela ia ensinar para a gente o que ela nunca aprendeu? Amor, apego, carinho, ela nem sabia o que era isso. Ela só descontava em mim a sua raiva da vida, do mundo, de toda uma conjuntura que a impediu de ser feliz.**

Quando eu tinha por volta de nove anos, aquela senhora que nos ajudava chegou a internar ela duas vezes em uma clínica; ela ficava lá, saía muito bem e prometia que nunca mais ia beber. Na primeira vez foi assim, aí o meu avô foi visitar a gente e ela mandou comprar cachaça para ele. Recaiu. Na segunda vez, ela voltou da clínica e estava tudo bem até o comportamento dela começar a mudar, aí eu a segui e a vi entrar no bar e beber. Então eu pensei que, se eu a confrontasse, ela ia saber que eu tinha descoberto e ia perder a censura, ia beber mais ainda, ia recomeçar a beber à noite, em casa. Então, eu deixei ela pensar que eu não sabia e ficava dizendo: "Lembra, mãe, quando a senhora bebia, como era ruim? Agora, que está tudo bem, nós estamos tão felizes". Um dia ela se encheu e assumiu que tinha voltado a beber, ainda bem que eu já tinha falado para os meus irmãos, evitando mais uma decepção.

Minha mãe parou de beber quando estava pesando só quarenta quilos, estava no fundo do poço, muito fraca, quase morta. A gente só chorava e implorava para ela não beber mais, que ela ia se matar e não ia ter mais ninguém para olhar pela gente. **Aí ela mandava a gente quebrar todas as garrafas e no outro dia, quando ela acordava, dava uma surra bem dada para eu ir arrumar outra em algum lugar, não importava onde. Eu tinha que bater a comida em um liquidificador e dar para ela em uma mamadeira, pois, de tão fraca que ela estava, não conseguia comer sozinha. A situação era desesperadora, ela estava morrendo...** Ela percebia que estava mal.

E eu dando conta de meu fracasso escolar, tinha repetido a 5ª e a 8ª séries duas vezes e tentava, como um equilibrista, dar conta de tudo. Um dia, logo depois que eu tinha limpado o chão e ele estava brilhando de tão limpo, ela vomitou e sujou tudo. Ela tomava a mamadeira de alimento deitada no chão, não tinha forças nem para se levantar. Aí ela olhou para aquilo e falou: "Ai, minha filha, olha o que eu fiz". Eu peguei ela, coloquei na cama e saí. Chamei o meu irmão que estava ali brincando na rua e disse: "A mãe vai morrer". Eu fiquei ali, sentada na soleira, e ele entrou. Estava muito abatido, sentou na beira da cama em que ela estava e, chorando, pediu que ela não deixasse ele. Ele disse: "Mãe, a senhora bate tanto na gente, faz tantas coisas horríveis, mas mesmo assim eu não quero que a senhora morra. E tem mais, se a senhora morrer, já imaginou o que vão fazer com a gente? Se a senhora, que é nossa mãe, trata a gente desse jeito, já imaginou como os outros vão nos tratar quando a senhora não estiver mais aqui? Mas o mais importante é que, apesar de tudo o que a senhora faz, a gente ama você".

Depois ela falou que, quando ouviu ele dizendo essa frase, que se ela batia desse jeito na gente imagine o que os outros iam fazer, tomou consciência de que essa tinha sido a pior coisa que ela ouviu na vida de alguém. Ela sentiu um enorme mal-estar e disse que viu a vida dela todinha passando pela frente, lembrou-se de quantas vezes tinha espancado a gente, de cada uma das atrocidades que havia cometido. Como todas as vezes em que batia o arrependimento, ela mandou a gente quebrar a garrafa e disse que nunca mais ia beber. Nós tínhamos medo de repetir a história, de quebrar e depois ela vir, louca, batendo e exigindo mais bebida. Eu mostrei as marcas no meu corpo e disse: "Olha aqui, olha o que você faz comigo!" Ela mesma pegou a primeira garrafa de cachaça e quebrou. Aí nós pegamos todas e quebramos uma por uma. Ela sofreu demais com isso, mas nunca mais bebeu.

Hoje eu me dou muito bem com minha irmã caçula, mas sei que ela tem trauma de mim. Eu morria de medo de alguém mexer com ela e acabava batendo muito nela, acho que acabei transferindo o que minha mãe fez comigo, mas não de forma tão violenta. Hoje ela tem 24 anos e nós nos damos bem, ela faz faculdade e pôde ter uma infância diferente da nossa, mas acho que ficou uma mágoa de mim por parte dela. Com a minha outra irmã, eu não me dou, ela sempre foi a protegida de minha mãe e inventava muita coisa sobre mim, apanhei muito por causa dela. Hoje ela briga demais com a minha mãe, elas moram lá e o prazer dela é ver acusar a minha mãe por tudo o que ela fez. E olha que ela nem apanhou muito, imagina se tivesse apanhado como eu... Meu irmão se casou, trabalha como segurança, também mora lá com a minha mãe e tem dois filhos; ele está bem.

Ficamos vivendo da caridade daquela senhora durante o tempo em que a minha mãe não conseguia trabalhar e, muitas vezes, ela me batia e me obrigava a dar o dinheiro da comida para a bebida. Mas, depois que minha mãe realmente parou de beber, o inferno acabou. Mas não completamente. As consequências de tudo o que passamos ficaram. Um dia, minha mãe foi conversar com aquela senhora e disse que tinha parado de beber, buscava um estímulo para continuar, eu acho. Ela não havia contado para ninguém ainda, não queria que soubessem. Mas, naquela hora em que estava contando, ela caiu pra trás e teve um ataque, uma coisa horrível de se ver, um ataque epilético. E a senhora dizia para não mexer nela, mas minha mãe ali, toda torta e se contorcendo, como é que eu não ia ajudar? Então ela disse para eu confiar nela e deixar, para segurar só a língua dela, que ia passar em poucos minutos.

Ela teve que começar um tratamento e tomar remédios tarja preta, os quais não podiam ser misturado de jeito nenhum com a bebida; até hoje ela toma esse remédio apesar de o médico ter suspenso. Acho que é medo de voltar a beber. E ela teve algumas situações difíceis que foram verdadeiros testes. Por exemplo, algum tempo depois, ela deixou uma amiga dela ficar em casa enquanto íamos passar o dia fora e, quando voltamos, não tinha mais nada em casa, ela tinha roubado tudo! Era uma fase em que tínhamos algumas coisas boas, como televisão, um enxoval completo que aquela senhora tinha trazido do exterior, coisas muito chiques, um cobertor que eu adorava... A casa estava vazia.

Ela chamou os vizinhos, disse que foi roubada, perguntou se ninguém tinha visto nada... Só que eles não acreditaram nela, acharam que ela tinha escondido tudo para conseguir mais coisas da nossa benfeitora. E, quando a minha mãe percebeu isso, ficou muito mal, decepcionada. E ela não fez nada para reaver as coisas porque ficou com muita vergonha de tudo isso, ela tinha ódio das pessoas que não confiavam nela e me bateu muito por isso. Era como se eu tivesse roubado ela. Fomos atrás do taxista que levou as coisas, e ele disse que havia levado tudo para uma bocada e que ele tinha certeza que, se a gente tentasse entrar ali, íamos ser mortas. Minha mãe achou melhor deixar pra lá.

Mas o que quebrou o coração da minha mãe foi saber que aquela senhora que nos ajudou a vida inteira tinha acreditado nas histórias dos vizinhos, que tinham conseguido destruir a confiança que ela tinha na minha mãe. Mas depois eu acho que as coisas se acomodaram e tudo ficou bem entre elas. Pouco tempo depois, ela conheceu meu padrasto e se casou. Ele era muito ciumento e não gostava de mim, apesar do carinho que eu tinha por ele. Ele era aposentado, escondia a comida de mim, me tratava mal mesmo. Mas eu era grata a ele porque minha mãe, finalmente, pôde encontrar algum sossego. Eu sabia que, em algum momento, eu ia sair de casa e ele ia cuidar dela.

Mas mesmo nessa época eu ainda apanhava da minha mãe e, mesmo assim, eu nunca bati nela, nunca revidei. Existe uma história de que eu gosto muito e acho que tem tudo a ver com toda esta minha trajetória: a da cruz. Havia um grupo de pessoas carregando uma cruz, mas, como ela estava muito pesada, começaram a cortar pedaços dela que, obviamente, foi ficando bem mais leve e fácil de carregar. Porém, eles chegaram a um abismo e perceberam que iam precisar da cruz inteira, só que já não tinha como encaixá-la nas bordas para passar para o outro lado, e eles tiveram que voltar tudo.

Dar este depoimento para mim é como carregar essa cruz pesada, só que é uma história com final feliz, porque eu não vou ter que voltar pelo caminho de vinda. Para mim, isso representa ir em frente e deixar tudo pra trás, uma espécie de libertação. Eu não quero levar o peso da situação, mas o que eu aprendi com ela. Quem diria que um dia alguém ia se interessar em ouvir o que eu tenho a dizer? Eu, que nunca fui nada, a quem nunca ninguém prestou atenção? Com certeza vocês não têm noção do que isso representa para mim, ou mesmo para alguém que veio daquele lado do mundo, o que não é o de vocês.

Uma vez, aquela senhora tão bondosa me chamou lá em casa, me colocou nos joelhos, olhou no fundo dos meus olhos, e disse que eu poderia pedir a ela o que eu quisesse, que ela me daria. Qualquer coisa. Eu era bem novinha, olhei nos olhos dela e senti que era verdade, que eu poderia pedir qualquer coisa, até a alma dela, que ela me daria. E eu senti a expectativa dela em ver o que eu ia pedir. Eu queria mesmo pedir a ela um telefone, mas aí eu fiquei pensando "quem sou eu pra ter um telefone?" e fiquei sem jeito. E também pensei que, quem pede isso, podia pedir um curso de inglês, de balé, de piano, qualquer coisa assim. Fiquei em um dilema enorme e, quando pedi uma calça jeans, vi a decepção nos olhos dela. Eu até queria falar a verdade, que eu queria um telefone e tinha medo de ouvir um não, mas fiquei quieta. Aí veio a calça, muito maior que eu, levou um tempão até eu juntar dinheiro para mandar arrumar e, quando finalmente consegui todo o dinheiro e fui buscar a calça, ela tinha ficado pequena demais. Nunca usei a tal calça. Mas eu fiquei chateada com ela porque eu achava que eu não tinha competência para escolher aquilo, que ela devia ter me dado opções. Eu pensei que uma pessoa de outro mundo não podia esperar que eu fosse pedir algo certo e, ainda por cima, eu vi a decepção nos olhos dela quando eu sabia que ela queria me dar o mundo, e eu pedi uma calça. Eu chorei tanto, mas tanto, porque eu tinha a sensação de que ela me via dez vezes maior do que eu era, e eu provei que eu era um pigmeuzinho.

Quero contar uma última história, um exemplo que tive de como acabar com a autoestima de uma criança. Havia uma professora de português que uma vez pediu uma redação como lição de casa. Eu estava inspirada, adorava o português, achava lindo quem falava corretamente e era frustrada porque não conseguia ir muito bem na escola. Mas eu coloquei todo o meu sentimento naquela redação e fiz um poema. Ela brigou comigo e disse que ia me dar zero, para eu aprender a não copiar as coisas. Ela disse que eu jamais poderia ter escrito um poema daqueles, que era tão bom que, com certeza, eu tinha tirado de algum livro. Essa foi a quinta série que eu repeti, por causa do zero que ela me deu; fiquei totalmente desestimulada depois disso, e comecei a acreditar que realmente eu não deveria estar ali, que meu destino não era aquele. Foi esse o pensamento que me fez trancar a faculdade recentemente. Depois de muitos anos, eu estava lendo um livro e deparei com uma passagem parecida com aquele meu velho poema. Era assim: "O ensino que me deram, eu desci por ele como um degrau", de Fernando Pessoa. O pior é que meu português, um dos meus pontos forte, nunca mais foi o mesmo. Fiquei insegura e não consigo mais falar corretamente, pois tenho vergonha.

Parei de bater nas minhas filhas no dia em que olhei para elas e pude perceber que estavam começando a me olhar como eu olhava para a minha mãe, aí eu me toquei que não queria que elas passassem pelo que eu passei. Mas tive que fazer um esforço para mudar essa história, para quebrar essa herança maldita. Por isso, eu costumo dizer: Cuidem de suas crianças, fiquem atentos ao que acontece com elas, amem-nas, protejam-nas, preservem-nas. Tem coisas que podem prejudicá-las para sempre, que mudam um futuro que poderia ter sido bom. Quando você não zela pela sua criança, trata-se de um abandono mascarado, o qual pode deixar marcas que vão mudar toda a vida dela. E pode ser que seja para muito pior. Eu nunca fui feliz, eu tenho um vazio dentro de mim e o que me falta para ser feliz eu sinto que só depende de mim. E agora estou correndo atrás disso.

Como mensagem final, gostaria de dizer que pude descobrir que, apesar de passar por tantas crises e ter sobrevivido em um cenário que não era dos melhores, consegui descobrir o prazer de sonhar. Sempre digo que devemos buscar mais do que um mero sonho como o da casa própria. Até porque o máximo que isso nos proporciona é a concessão de uso do terreno, como aqueles da prefeitura, e isso limita você, significa que você chegou até ali e acabou, não precisa de mais nada.

Às vezes, para se curar uma garganta inflamada, uma injeção é, apesar de mais dolorida, mais eficaz do que semanas e semanas de comprimidos. Muitos preferem ficar dia após dia, com muito custo, engolindo essas pílulas, ou seja, aceitando as limitações, as cicatrizes e as dores que os ataques do passado deixaram. Creio que uma atitude mais positiva é, sem dúvida, encará-los e buscar conhecer as circunstâncias que levaram os envolvidos a tomar certas atitudes. Eu considero isso o princípio para uma melhora, uma alternativa para as várias outras que assomam quando essas marcas tentam lhe fazer crer que você não tem direitos, que deve ficar na posição de pobre vítima e que não vai conseguir nada. Para mim, essa garra e essa vontade de vencer são mais do que uma simples concessão de uso, são o principio de posse, ou seja, nos tornamos proprietários de nós mesmos e, com isso, poderemos estender essa conquista à nossa vida, cuidando melhor de nós e de nossa história para que ela possa, um dia, ser contada pelos nossos filhos com orgulho.

Considerações Finais

> "A dor é inevitável. O sofrimento é opcional."
> Carlos Drummond de Andrade

Você já se deu conta de que agora, momento em que tudo finalmente acabou, você está vivo? Parece óbvia essa afirmação? Pode ser, mas as pessoas geralmente, após uma reflexão séria sobre tudo o que houve, se surpreendem: como consegui sair disso vivo e continuar vivendo? É claro que há problemas ainda a superar, mas o essencial para fazê-lo você tem: está vivo!

Você talvez se surpreenda com a sua própria força, pois temos certeza de que ainda vai descobrir (se é que ainda não descobriu) que adquiriu novos conhecimentos, *insights* e sabedoria, todos provenientes dessa sua trágica experiência.

Você poderá, após o trabalho com este livro, perceber a existência de um mundo que está lá fora pronto para ser redescoberto. Viaje, saia mais, curta momentos especiais, perceba como são especiais! Redescubra o sabor das coisas gostosas, de um bom bate-papo, de uma xícara de chocolate quente.

Não se esqueça de que as circunstâncias de sua vida mudam e continuarão mudando sempre, assim, você vai se encontrar em novas situações que vão exigir muito de você. Mas não se esqueça de que você poderá voltar a se utilizar das estratégias que aprendeu, aquelas que foram mais úteis e que mais lhe serviram com apoio, sejam elas deste livro ou de qualquer outra fonte.

Não caia na armadilha de, em função do seu trauma e do seu sofrimento, deixar que todos façam tudo por você, impedindo-o de atuar sobre sua própria vida e de reconhecer que você tem ideias, opiniões, capacidades e sentimentos próprios. Ao tentar reassumir as funções que antes exercia em qualquer setor de sua vida, você gradualmente ficará mais confiante e gostará dessa sensação.

Tome decisões, por mais simples que sejam, e sinta o seu poder. Perceba-se mais forte a cada dia e, se necessário, refaça os exercícios que tem a ver com os pontos a serem aprimorados. Você vai descobrir em seu íntimo uma força que nem sabia que tinha e, provavelmente, descobrir também habilidades novinhas em folha.

Por outro lado, lembre-se de que você não pode controlar tudo e, se tentar ir mais depressa do que pode aguentar, no final a superação se dará de forma mais lenta. Saiba como "se dar um tempo" e tenha consciência de que você tem o direito DIREITO de fazer isso. Queremos dizer que você precisa de tempo para reconstruir sua vida, e isso requer períodos de reflexão em um espaço interno só seu. Se você ouvir o que as suas sensações, suas reações e seus sentimentos estão lhe dizendo e respeitá-los, chegará aos seus objetivos de uma forma mais efetiva.

Quando se sentir forte o suficiente, fale sobre o que lhe aconteceu e tente passar a sua força a outras pessoas na sua situação. Difundir a sua "fórmula de superação" ajudará o próximo, e você se sentirá melhor ainda. Nessa fase, a que lhe permite externar seus sentimentos com serenidade, será possível também perceber que agora você já pode tomar conta de si, se conhecer intimamente e estabelecer relacionamentos mais próximos e ricos.

Veja bem, talvez antes do trauma você nem tivesse essas capacidades ou – pior – talvez nem pensasse nisso. Ou seja, o trauma pôde lhe trazer, em meio à tragédia, algo de muito bom. Agora você é um ser mais inteiro e consciente de si mesmo.

Nós reconhecemos que nada apagará as lembranças e a dor de seu trauma; a cicatriz ficará em você para sempre. Mas essa experiência em seu todo poderá lhe trazer mudanças muito positivas, brilho ao seu repertório vivencial e, sobretudo, contribuir para o seu crescimento pessoal.

Para encerrar, vale a pena citar uma velha lenda árabe:

"Um viajante encontra no deserto a Peste a caminho de Bagdá.

Assustado, pergunta-lhe:

— Onde vais, ó Peste?

— Vou a Bagdá matar 5 mil pessoas –, responde-lhe a Peste com ar sombrio.

Passados alguns dias, um novo encontro entre ambos e, algo revoltado, pergunta o peregrino à Peste:

— Por que me disseste que irias matar 5 mil pessoas, ó Peste? Morreram mais de 50 mil criaturas em Bagdá!

— O que disse, isso fiz. Só matei 5 mil. O resto morreu de medo! – respondeu a peste com um gesto significativo".

Esperamos que este livro tenha, de alguma forma, ajudado você a pensar um pouco sobre tudo isso, contribuindo para a superação de seu trauma e para o seu crescimento pessoal. Agora, ouça a "música da esperança", durma e acorde com ela, faça-a presente em sua vida. Os dias melhores chegaram. Aproveite-os!

Com nossos melhores votos de sucesso, alegria e bem-estar,

Eduardo Ferreira-Santos e Marisa Fortes.

Sobre os Autores

EDUARDO FERREIRA-SANTOS é psiquiatra e psicoterapeuta de adultos e adolescentes. Formou-se em Medicina pela USP, em 1977, especializando-se em Psiquiatria no Hospital das Clínicas da Faculdade de Medicina da Universidade de São Paulo, onde trabalhou por trinta anos como médico supervisor no Serviço de Psicoterapia do Instituto de Psiquiatria, no qual criou e coordenou uma equipe especializada no atendimento de vítimas da violência urbana (GORIP), além de ser professor convidado em vários cursos de graduação na área de Saúde da USP. Fez formação em Psicoterapia Psicodramática no Instituto Sedes Sapientiae, sendo terapeuta didata e professor supervisor pela Federação Brasileira de Psicodrama.

É mestre em Psicologia Clínica pela PUC-SP e doutor em Ciências Médicas pela FMUSP.

Idealizador e atual Presidente do INSTITUTO GORIP (ONG especializada no atendimento de vítimas da violência urbana) e Diretor da Associação Brasileira de Especialistas em Situações Traumáticas (ABREST), Membro da Associação Paulista de Medicina (APM), Associação Brasileira de Psiquiatria (ABP), International Assotiation of EMDR (EMDRia), Associação Brasileira de Psicoterapia (ABRAP), Federação Brasileira de Psicodrama (FEBRAP), Sociedade Paulistana de Psicodrama (SOVAP), Centro Brasileiro de Estudo, Pesquisa e Intervenção em Desastres e Catástrofes Naturais e Antropogênicos e da Sociedad Argentina de Psicotrauma (SAPsi).

Com vários trabalhos publicados em revistas leigas e especializadas sobre temas de Psicologia, Psiquiatria e Psicoterapia, é frequentemente convidado pela imprensa para comentar assuntos da área e já participou de diversos programas de rádio e televisão. Escreveu capítulos para vários livros e tem outros seis publicados de sua autoria.

E-mail: efsantos@uol.com.br

Home Page Pessoal: http://www.ferreira-santos.med.br

MARISA FORTES é jornalista e psicóloga clínica, atuando como psicoterapeuta especializada no atendimento de transtornos de ansiedade, especialmente TEPT (Transtorno de Estresse Pós-Traumático), com ampla atuação no atendimento de casos de Extorsão Mediante Sequestro e outros ligados à violência urbana.

É mestre em Psicologia Social pela Universidade São Marcos (UNIMARCO), especialista em Terapias Cognitivo-Comportamentais e Medicina Comportamental pela Universidade Federal de São Paulo (UNIFESP) e especialista em Psicologia Hospitalar pela Universidade de Santo Amaro (UNISA). Realizou a formação para terapeuta em EMDR© (Eye Movement Desensitization and Reprocessing), certificada pelo EMDR Institute da Califórnia, Estados Unidos, e possui o título de Advanced Training in Rational-Emotive & Cognitive-Behavioral Theory and Techniques pelo Albert Ellis Institute de New York, Estados Unidos.

Em sua atividade docente, é professora convidada do Núcleo de Estudos de Criminologia (NECRIM) da Academia de Polícia Civil Dr. Coriolano Nogueira Cobra (Acadepol) e professora de Teorias e Técnicas Cognitivo-Comportamentais da UniAnchieta (Jundiaí, São Paulo).

É membro do Grupo Operativo de Resgate à Integridade Psíquica (Instituto GORIP), equipe especializada no atendimento de vítimas da violência urbana, com ampla experiência no manejo do TEPT (Transtorno de Estresse Pós-Traumático).

Como jornalista, escreveu diversos contos, crônicas, reportagens e artigos de interesse geral e, na área da psicologia, é autora de vários artigos e capítulos de livros, a maioria ligada ao espectro dos Transtornos de Ansiedade.

E-mail: marisa.fortes@mindkeepers.com.br

Site: www.mindkeepers.com.br

Epílogo

Quando uma pessoa experimenta o terror de uma vivência violenta, pode ocorrer uma avassaladora mudança em seu jeito de ser. Essa metamorfose, ocasionada a partir de um ferimento que podemos interpretar como sendo na alma, talvez cause uma enorme revolução em todas as instâncias de nossas vidas.

A situação de violência é carregada de significado emocional para todos os envolvidos e, inevitavelmente, também para a população que toma contato com essa realidade por meio da mídia.

Ao passar por um momento de violência, a pessoa recebe o impacto da perda de autonomia e do controle – ainda que ilusório – sobre a própria vida. Mesmo que pelo espaço de alguns minutos, ela é totalmente submetida à vontade de outros e sofre a perda de qualquer possibilidade de agir de acordo com seus desejos, mesmo os mais simples. Não pode reagir e, sobretudo, deve agir sempre de acordo com as ordens recebidas pelo seu algoz. O impacto dessa experiência certamente a fará sentir a diferença entre uma vida em liberdade e a situação de ser privada dela, ainda que momentaneamente. Com o decorrer do tempo sob a custódia de seus agressores, cai por terra a segurança que julgava desfrutar.

De qualquer forma, diante da sua nova realidade de vítima da violência urbana, pode ser que a pessoa experimente essa percepção da insegurança que a vida em sociedade representa como mais um fator estressor. Ainda que saia ilesa dessa experiência, quem lhe garante que não passará por isso de novo? E, diante de tantos riscos, vale a pena continuar vivendo em sociedade? Como estabelecer novamente a confiança neste mundo tão cheio de perigos?

A pessoa passa, então, a reunir recursos internos que possam ajudá-la a reagir favoravelmente à situação, com o objetivo de manter-se viva, com os menores danos físico e emocional possíveis e, ainda, capaz de ajudar a si mesma diante de um possível agravamento do risco. A forma como isso será feito está, certamente, ligada à sua história de vida, a tudo o que lhe foi ensinado, ao repertório de experiências acumuladas que, nesse momento, servirão de referência e, sobretudo, à relação que se desenvolveu com o mundo ao longo de seu processo de desenvolvimento.

ANEXOS

Anexo 1

Quadro de sentimentos — capítulo 4

Quadro de sentimentos

• Abandono	• Desprezo	• Pânico
• Acolhimento	• Devoção	• Pavor
• Admiração	• Dó	• Pena
• Afeição	• Egoísmo	• Perdão
• Aflição	• Empatia	• Pertencença
• Agonia	• Enamoramento	• Pesar
• Alegria	• Encontro	• Piedade
• Alteridade	• Esperança	• Possessividade
• Ambição	• Espontaneidade	• Prazer
• Amizade	• Euforia	• Preguiça
• Amor	• Equanimidade	• Preocupação
• Amor-próprio	• Êxtase	• Proteção
• Angústia	• Fascinação	• Pusilanimidade
• Ansiedade	• Fé	• Raiva
• Antipatia	• Felicidade	• Rancor
• Apreensão	• Fidelidade	• Realização
• Arrependimento	• Fraternidade	• Remorso
• Arrogância	• Frustração	• Renúncia
• Atração	• Ganância	• Resignação
• Autoestima	• Generosidade	• Responsabilidade
• Bondade	• Gratidão	• Ressentimento
• Brio	• Gula	• Revelação
• Carinho	• Identificação	• Satisfação
• Ciúme	• Impermanência	• Saudade
• Cobiça	• Individualidade	• Segurança
• Comiseração	• Insegurança	• Serenidade

• Compaixão	• Inquietação	• Simpatia
• Competição	• Inveja	• Solidão
• Contrição	• Justiça	• Solidariedade
• Culpa	• Lascívia	• Solitude
• Curiosidade	• Liberdade	• Submissão
• Decepção	• Luto	• Teimosia
• Dependência	• Mágoa	• Traição
• Desamparo	• Medo	• Tristeza
• Desconfiança	• Nojo	• Vaidade
• Desejo	• Ódio	• Vergonha
• Desespero	• Ofensa	• Vingança
• Desgosto	• Orgulho	• Vontade
• Despeito	• Paixão	• Zelo

Anexo 2

Lista de fobias – capítulo 4

LISTA DAS FOBIAS MAIS COMUNS	
Acluofobia	medo de escuro ou escuridão
Acrofobia	medo de altura
Acusticofobia	medo de barulho
Agorafobia[1]	medo de lugares abertos, de estar na multidão, de lugares públicos (mercados, shopping, supermercados) ou de deixar lugar seguro
Algifobia	medo de dor
Amaxofobia	medo de dirigir carros
Apifobia	medo de abelhas
Aracnefobia ou aracnofobia	medo de aranhas
Astenofobia	medo de desmaiar ou ter fraqueza
Astrafobia ou astrapofobia	medo de trovões e relâmpagos
Aviofobia ou aviatofobia	medo de voar de avião
Bacilofobia	medo de micróbios
Batracnofobia	medo de anfíbios (sapos, salamandras, rãs, etc.)
Cancerofobia	medo de câncer
Ciclofobia	medo de bicicleta
Cinofobia	medo de cães
Claustrofobia	medo de espaços confinados
Cleitrofobia ou cleisiofobia	medo de ficar trancado em lugares fechados
Cleptofobia	medo de ser roubado

[1] Atualmente esse termo tem sido usado, particularmente no Transtorno do Pânico, para designar ansiedade de estar em locais (ou situações) de onde possa ser difícil (ou embaraçoso) escapar ou sair, ou, ainda, onde não haja auxílio em caso de uma crise inesperada.

Climacofobia	medo de degraus (subir ou cair de degraus)
Coitofobia	medo do ato sexual
Coprofobia	medo de fezes
Corofobia	medo de dançar
Coulrofobia	medo de palhaços
Criofobia	medo de frio intenso, gelo ou congelamento
Dementofobia	medo de insanidade
Demonofobia ou demonofobia	medo de demônios
Dentofobia	medo de dentistas
Dermatofobia	medo de lesões de pele
Dipsofobia	medo de beber
Dromofobia	medo de cruzar ruas
Eisoptrofobia	medo de espelhos ou de se ver no espelho
Eremofobia	medo de ficar só
Esciofobia ou esciafobia	medo de sombras
Escriptofobia	medo de escrever em público
Espectrofobia	medo de fantasmas ou espectros
Farmacofobia	medo de tomar remédios
Felinofobia	medo de gatos
Fobia Social	medo de ser avaliado negativamente
Fotofobia	medo de luz
Gamofobia	medo de casar
Gerontofobia	medo de pessoas idosas
Glossofobia	medo de falar ou tentar falar em público
Heliofobia	medo do sol
Helmintofobia	medo de estar infestado com vermes
Hemofobia, hemafobia ou hematofobia	medo de sangue
Hidrofobia	medo de água
Hierofobia	medo de padres ou de coisas sacras
Hipengiofobia ou hipegiafobia	medo de responsabilidade
Hipnofobia	medo de dormir ou ser hipnotizado
Hipsifobia	medo de altura
Iatrofobia	medo de ir ao médico ou ao doutor

Logizomecanofobia	medo de computadores
Macrofobia	medo de esperar muito
Mageirocofobia	medo de cozinhar
Mecanofobia	medo de máquinas
Melanofobia	medo de cor preta
Melofobia	medo ou ódio de música
Mirmecofobia	medo de formigas
Misofobia	medo de gérmens, contaminação ou sujeira
Mitofobia	medo de mitos, histórias ou declarações falsas
Mnemofobia	medo de memórias
Motorfobia	medo de automóveis
Musofobia ou murofobia	medo de camundongos (ratos)
Necrofobia	medo de morte ou coisas mortas
Neofobia	medo de qualquer coisa nova
Noctifobia	medo da noite
Nosocomefobia	medo de hospital
Odontofobia	medo de dentista ou cirurgia odontológica
Ofidiofobia	medo de cobras
Ornitofobia	medo de pássaros
Parasquavedequatriafobia	medo da sexta-feira 13
Pediofobia	medo de bonecas
Pedofobia	medo de crianças
Pirofobia	medo de fogo
Pocrescofobia	medo de ganhar peso (obesofobia)
Pogonofobia	medo de barbas
Quenofobia	medo de espaços vazios
Quiraptofobia	medo de ser tocado
Radiofobia	medo de radiação, raio-x
Selafobia	medo de flashes (luzes)
Soteriofobia	medo de dependência dos outros
Tacofobia	medo de velocidade
Talassofobia	medo do mar

Telefonofobia	medo de telefone
Teofobia	medo de Deus ou de religião
Testofobia	medo de fazer provas (escolares)
Toxifobia, toxofobia ou toxicofobia	medo de envenenar-se
Tripanofobia	medo de injeções
Vacinofobia	medo de vacinação
Xenofobia	medo de estrangeiros ou de estranhos
Zelofobia	medo de ter ciúmes
Zoofobia	medo de animais em geral

Anexo 3

Exercício de relaxamento – capítulo 6

Além dos tratamentos específicos para cada um desses desdobramentos do Transtorno de Estresse Pós-Traumático, sugerimos uma atividade que o leitor poderá facilmente realizar em casa. Refugie-se em um local escuro ou à meia-luz e, sem interrupções, coloque uma música calma e relaxante para tocar (por exemplo, músicas *new age*). Após ler atentamente o roteiro abaixo, procure proceder como descrito.

Vivência Cósmica

Deitado e relaxado, sempre com os olhos fechados, comece respirando fundo, sentindo que o ar penetra profundamente em seus pulmões. Inspire mais forte e imagine que o ar vai além dos pulmões, penetrando por todos os espaços do seu corpo. Imagine também que seu corpo fica leve como um balão e começa a flutuar.

Deixe-o flutuar pelo espaço afora e permita que seu corpo se desintegre na imensidão cósmica. Sinta-se como uma parte do universo, você, os planetas, as estrelas... São todos uma única unidade. Permita-se ficar algum tempo livre, leve e solto vagando pelo espaço.

Subitamente, como que ouvindo um chamado interno, as suas partes voltam a se integrar, porém reenergizadas por toda essa força que existe nos céus. Tente se ver agora em um local agradável, confortável, levemente aquecido e bastante acolhedor. Permaneça aí por alguns momentos até que aquela mesma voz interna lhe diga que é hora de voltar.

Lentamente comece a rastejar pelo chão; lentamente comece a se espreguiçar com intensidade (como um gato faz, por exemplo, você já viu?) e passe, com carinho, as mãos espalmadas por todo o seu corpo, percebendo cada detalhe de sua anatomia.

Vagarosamente vire-se de lado, apoie-se de joelhos e vá se levantando até ficar ereto. Abra os braços, as pernas, respire fundo e, à medida que você volta à posição normal, abra os olhos e olhe ao seu redor.

Agora você estará mais relaxado e apto a escrever, logo abaixo, o que sentiu. Descreva toda essa experiência, incluindo pensamentos que lhe passaram pela mente e emoções que experimentou durante o processo.

Anexo 4

Capítulo 8 – Exercícios para ajudar a lidar com o Transtorno de Estresse Pós-Traumático

Relaxamento Muscular Progressivo (RMP)

O Relaxamento Muscular Progressivo, ou simplesmente RMP, criado pelo médico fisiologista Edmond Jacobson em 1908, baseia-se na contração e no relaxamento de grupos musculares e é considerado um aliado poderoso no tratamento do TEPT. Uma de suas características principais é a possibilidade de autoaplicação, sendo possível que você execute o roteiro quantas vezes julgar necessário e de forma independente, estimulando, inclusive, seu senso de responsabilidade quanto ao próprio bem-estar.

A técnica é composta basicamente de duas ações, contração e relaxamento, e os movimentos descritos são encadeados e devem ser aplicados sucessivamente nos grupos musculares citados na tabela seguinte aos dois passos explicados abaixo.

1) <u>Fase de Contração</u>: tem como objetivo torná-lo apto a identificar e reconhecer as contrações involuntárias no cotidiano.

2) <u>Fase de Relaxamento</u>: demonstra como produzir, por conta própria, o relaxamento muscular sempre que necessário.

Observação: Por meio do treinamento do RMP, com o tempo você irá perceber as contrações involuntárias e automaticamente relaxar as áreas afetadas, sendo reforçado pela sensação de bem-estar que essa prática proporciona.

GRUPOS MUSCULARES	
CONTRAÇÃO → IDENTIFICAÇÃO → RELAXAMENTO	
Mão e antebraço dominantes	aperte o punho, identifique os músculos acionados e, em seguida, relaxe. Repita esse procedimento nos grupos seguintes.
Bíceps dominante	empurre o cotovelo contra o braço da poltrona.
Mão, antebraço e bíceps não dominantes	procedimento igual ao do membro dominante.
Testa e couro cabeludo	levante as sobrancelhas o mais alto possível.
Olhos e nariz	aperte os olhos e, ao mesmo tempo, enrugue o nariz.
Boca e mandíbula	aperte os dentes enquanto leva os cantos da boca em direção às orelhas.
Pescoço	dobre para a direita e esquerda, para frente e para trás.
Ombros, peito e costas	inspire profundamente, mantendo a respiração e, ao mesmo tempo, leve os ombros para trás, tentando juntar as omoplatas.
Estômago	encolha, contendo a respiração.
Perna e músculo direito	tente subir a perna com força, sem tirar o pé do assento (ou do chão).
Panturrilha	dobre o pé para cima, estirando os dedos sem tirar o calcanhar do assento (ou do chão).
Pé direito	estire a ponta do pé e dobre os dedos para dentro.
Perna, panturrilha e pé esquerdos	procedimento igual ao dos membros do lado direito.
Sequência completa de músculos	somente relaxamento.

Instruções para a aplicação

Para proceder à aplicação, siga a instrução abaixo, sempre lembrando que, após a instrução para a contração, segue-se a instrução do relaxamento. Preste atenção no tempo de contração e no de relaxamento, sendo que, para cada feixe do grupo muscular exercitado, sugere-se uma contração muscular durante cinco a dez segundos e, posteriormente, um período de relaxamento entre vinte e trinta segundos. Repita a instrução sucessivamente para cada região a ser trabalhada conforme demonstrado a seguir (utilizamos como exemplo o primeiro elemento do primeiro grupo da tabela, em negrito abaixo).

Encontre uma posição confortável e tente se sentir o mais relaxado que conseguir. Feche a **mão direita**, tensionando o máximo que puder. Identifique como seus músculos estão contraídos. Agora identifique a tensão que sentiu, e, aos poucos, **abra a sua mão** e preste atenção na sensação de relaxamento.

Lembre-se de que o ambiente para a aplicação do RMP deve ser calmo e, se possível, livre de interferências externas. Você não deve realizar a contração de músculos tensos ao sentir dor. Retire os calçados, fique em posição confortável, afrouxe roupas apertadas em demasia e mantenha-se o mais relaxado possível. Cada sessão completa leva aproximadamente trinta minutos.

Respiração diafragmática: técnica de controle da respiração

A respiração acompanha o estado emocional dos indivíduos. Não é raro que alguém ansioso perceba que está respirando entrecortadamente ou em intervalos muito curtos, ou, ainda, que alguém profundamente desanimado ou melancólico apresente suspiros frequentes. A respiração tem sido alvo de interesse de estudiosos dos transtornos de ansiedade, pois, além de representar um termômetro para sinalizar ocasionais estados ansiosos, configura-se uma importante ferramenta no controle da ansiedade. O curioso é que, em nosso cotidiano, poucas vezes nos damos conta do nosso ritmo respiratório, a não ser quando já estamos em uma situação de desconforto. No caso do TEPT, é óbvio o benefício, uma vez que este está classificado dentro do espectro dos Transtornos de Ansiedade.

Existem várias formas de trabalhar a respiração, mas vamos aqui descrever a chamada Respiração Diafragmática. Trata-se de uma técnica simples, porém, se praticada corretamente, será bastante eficaz como um recurso para o controle da respiração e a promoção do relaxamento. Com o tempo, ela se tornará praticamente automática e aumentará a sensação geral de bem-estar. São quatro as etapas que devem ser seguidas.

1) Sentado confortavelmente em uma cadeira; com a coluna ereta e ambos os pés apoiados no chão, coloque a mão direita sobre o peito e a esquerda sobre a barriga.

2) Preste atenção na respiração e no movimento das mãos, acompanhando-as naturalmente por alguns segundos.

3) Realize o seguinte procedimento, fazendo a contagem dos segundos mentalmente: a) inspire procurando inflar o abdômen sem mexer a mão do peito por quatro segundos; b) pare e segure a respiração por dois segundos; c) expire procurando movimentar apenas a barriga por cinco segundos; d) pare e mantenha o pulmão vazio por dois segundos.

4) Repita o procedimento completo por três vezes e faça uma avaliação comparativa de seu estado de ansiedade antes e após o exercício, como no exemplo abaixo.

ESCALA: de 1 a 10 (sendo 1 equivalente a inexistente e 10 equivalente a extrema)
→ Grau de ansiedade antes do exercício: _____
→ Grau de ansiedade depois do exercício: _____

Reestruturação cognitiva

A reestruturação cognitiva é uma das técnicas mais utilizadas, além de bastante eficaz, para o tratamento de transtornos de ansiedade. Ao trabalhar uma percepção mais próxima da realidade, bem como ao perceber que há uma força interna que você pode acionar para enfrentar o trauma, é provocado um processo de reestruturação cognitiva, ou seja, uma mudança de crenças, percepções e pensamentos disfuncionais.

Existem três recursos para a reestruturação cognitiva especialmente efetivos. Colocamos após cada um deles casos clínicos que podem ajudá-lo a compreender como aplicar as técnicas propostas:

a) Modificação do componente afetivo – esse tópico trata do medo que os estados ansiosos podem provocar e de quanto isso pode perturbá-lo e envergonhá-lo, principalmente por temer a reação das pessoas que o cercam frente ao seu descontrole. Porém, ao aceitar a ansiedade como um eventual elemento adaptativo de seu funcionamento e parar de tentar controlá-la, você poderá se sentir mais confortável e tranquilo. Trata-se, portanto, de retirar o afeto impregnado no tema e olhá-lo de forma mais racional e menos emocional.

> Vânia estava na fila do cinema há mais de quarenta minutos; havia chegado cedo para escolher um bom lugar e conseguira ficar entre os dez primeiros. Subitamente, um grupo de quinze pessoas se postou em frente à entrada causando grande confusão e praticamente dispersando a fila. Imediatamente Vânia, que estava sozinha, ficou muito nervosa e sentiu que ia entrar em crise uma vez que, nos últimos tempos, quando se sentia ansiosa temia perder o controle e passar vergonha em púbico, por se sentir mal e ter de precisar da assistência de estranhos. Sentiu uma vertigem, as pernas bambearem, seu coração disparou e o terror tomou conta dela: seu pior temor ia se concretizar, podia ter certeza disso agora. De repente, veio à sua mente a ideia de que tinha todos os motivos para ficar nervosa e que, caso alguma coisa de fato ocorresse, não iria se importar com o que as pessoas estavam pensando, mas, sim, com seu bem-estar, que, aliás, deveria vir em primeiro lugar em seu rol de preocupações. Imediatamente as sensações ruins cederam, e ela pôde, surpresa, constatar que, quando tinha desistido de controlar as suas reações, elas haviam simplesmente desaparecido. Sentiu-se ótima e ponderou que tinha direitos, e estes iriam ser respeitados a qualquer custo. Decididamente, caminhou até a muvuca causada pelo grupo, pediu licença e postou-se em seu lugar, bem na frente da fila. Moral da história: a mera sensação de que as coisas estão fugindo ao controle é capaz de fazer com que alguém de fato o perca apenas pela sugestão de que isso pode acontecer .

b) <u>Descatastrofização</u> – como o próprio nome diz, é uma busca por uma forma menos dramática de encarar seus próprios medos, sobretudo quando estes parecem absolutamente improváveis. Uma vez identificada a cena catastrófica imaginada, pode ser proposta uma série de perguntas a fim de ajudar você a refletir sobre o assunto e, quem sabe, desmitificá-lo. Após essa reflexão profunda, você poderá perceber que as coisas não são tão terríveis e irremediáveis quanto pareciam em um primeiro momento. Além do mais, se a coisa for mesmo inevitável, não há nada que possa fazer. E não adianta preocupar-se. Alguns exemplos de questões que você pode trabalhar são:

– O que pode acontecer de mais terrível?

– Quais são as imagens e os pensamentos que passam por sua cabeça quando você se imagina nessa situação?

– Quais as sensações corporais que você experimenta enquanto imagina tal coisa?

– Caso isso ocorresse, o que aconteceria? Como você lidaria com isso?

– Quais seriam as medidas mais eficazes que você proporia para resolver a situação, caso ocorresse?

> Júlio tinha uma importante reunião de trabalho às nove e meia daquela manhã e havia ficado até bem tarde preparando uma apresentação para essa ocasião. O chefe já havia dito que a promoção de Júlio estava dependendo de seu desempenho nessa reunião, que contaria com a presença da diretoria da empresa. Ansioso, passava e repassava todos os detalhes de sua exposição, e só conseguiu pegar no sono às quatro horas da madrugada. Um pouco depois de Júlio ter ido para a cama, um transformador de sua rua estourou e a rede elétrica caiu. Eram nove e quinze da manhã quando acordou assustado e se deu conta de que o despertador não havia funcionado. Desesperado, sentiu uma onda de pânico invadi-lo por inteiro. Seu escritório ficava a mais de vinte minutos dali e, com o trânsito caótico da cidade grande, jamais chegaria a tempo. Pensou em todas as desculpas possíveis, desde a clássica do pneu furado até uma internação de emergência por conta de um infarto. Aliás, sentia-se bem perto disso, dado o estado emocional em que se encontrava. Suando frio, com o coração acelerado e trêmulo, estava à beira de um ataque quando conseguiu parar por um segundo, respirar fundo e pensar. O que de pior poderia ocorrer? Sem contar a perda da promoção, ser despedido? Com seu currículo, não demoraria a conseguir outra coisa, inclusive, o concorrente já lhe havia feito uma proposta na semana passada. Ao imaginar-se sendo despedido, o que sentia? Vergonha dos colegas e de seus pais. Mas isso não fazia sentido, uma vez que praticamente todos eles já passaram por isso alguma vez na vida. Ao imaginar a cena da demissão, os sintomas físicos voltaram, e ele rapidamente aplicou um exercício de respiração que havia aprendido em uma palestra de controle da ansiedade. Quando se acalmou, pensou ainda que, se isso ocorresse, certamente saberia o que fazer e não ficaria

> desamparado. Imediatamente resolveu agir, ligou para o chefe e disse que precisaria se atrasar, contou que ficara até tarde preparando o trabalho e que havia uma pane elétrica no bairro. O chefe lhe respondeu que a pane não era só no seu bairro, que havia atingido toda a zona sul e, portanto, a reunião havia sido adiada para o período da tarde. Disse a Júlio que descansasse mais um pouco e viesse quando estivesse pronto e em forma para a apresentação. Moral da história: há muita sabedoria no velho ditado que nossos avós adoravam: "O que não tem remédio remediado está". Tendemos a catastrofizar algumas situações que podem até ser graves, mas que, certamente, não são o fim do mundo. Não é produtivo encarar as coisas com negatividade, pois o desperdício de energias física e mental que experimentamos ao ficar nesse estado não compensa e serve apenas para nos confundir na busca por uma solução racional e objetiva.

c) Estratégia de enfrentamento – há um mecanismo denominado imaginação dirigida, que consiste em utilizar imagens mentais para conduzir-se através da imaginação de uma situação temida, na qual você se vê enfrentando seus medos como se não estivesse ansioso. No princípio, pode ser difícil imaginar-se na cena. Porém, você pode começar imaginando outra pessoa passando por isso e, aos poucos, transferir essa imagem para si mesmo. Quanto mais detalhes você conseguir colocar na cena, mais vívida e rica será a experiência, e, portanto, mais efetiva.

> Cassandra estava em frente a uma loja de ferragens, tentando se lembrar de todo o material que o marido havia pedido para realizar reparos em sua casa no dia seguinte, uma vez que havia esquecido a lista caprichosamente feita por ele e dada a ela na noite anterior. Como se considerava uma pessoa muito esquecida e era constantemente repreendida por isso por todos os que a cercavam, começou a ficar ansiosa, tentando encontrar uma solução para o seu problema. A loja ia fechar dentro de alguns minutos, e ela precisava desesperadamente desse material. Sendo assim, cada vez mais nervosa, entrou na loja, embora não conseguisse de maneira nenhuma lembrar-se dos itens que compunham a lista. Quanto mais tentava se lembrar, menos conseguia, e aquilo foi se avolumando dentro dela, tomando-a de forma avassaladora. Estava dividida entre ligar ou

> não para o marido, antevendo a enorme bronca que certamente iria levar. Felizmente, lembrou-se das orientações de seu terapeuta e interrompeu o processo, parando de tentar controlar uma eventual crise. Serviu-se de um copo com água, sentou-se em um banco da loja e se deixou levar pelas ondas de ansiedade que tomavam conta dela, se dando conta de que tinha todos os motivos para sentir-se assim, uma vez que o medo das repreensões do marido havia feito com que ela extrapolasse a sua capacidade de controle. Desenvolveu o pensamento imaginando o que aconteceria se o evento tivesse se dado ao contrário (ou seja, se o marido tivesse esquecido a lista, e não ela). Imaginou a loja, o marido entrando, apalpando os bolsos e descobrindo, surpreso, que havia esquecido a lista. Visualizou-o pegando o telefone e ligando para ela, a fim de não perder a viagem e, então, chegou à conclusão de que as coisas não eram assim tão graves e que ela estava dando muita importância a isso tudo, antevendo a tragédia. Percebeu ainda que talvez até mesmo precisasse de uma crise de ansiedade para justificar o fato de não ter conseguido comprar o material e então, resoluta, ligou para o marido. Bem-humorada, assim que ele atendeu lhe perguntou se ele a conhecia bem. Rindo, ele disse que sim e pediu o número do fax da loja para lhe passar a lista, disse que a amava e a convidou para jantar fora. Moral da história: às vezes, a nossa própria conduta e a forma como encaramos as nossas deficiências geram respostas coerentes daqueles que nos cercam. Quando conseguimos olhar a cena de fora, de uma forma neutra e desprovida de afeto, podemos então enfrentar o que temos pela frente de um modo muito mais fácil e confortável para nós.

Parada de pensamento

Parte teórica: explicando o funcionamento dos pensamentos

A parada de pensamento é uma técnica bastante simples, que envolve um treino de autocontrole e consiste na interrupção de um pensamento desconfortável, intrusivo e recorrente quando ele invade o seu pensamento. A questão é que, muitas vezes, você não se dá conta de que está tendo tais pensamentos até experimentar as emoções negativas e desagradáveis decorrentes dele, ou até mesmo a concretização do pensamento por meio de um comportamento tão disfuncional quanto ele. É como se você vivesse anestesiado para suas próprias reações, sem uma percepção muito profunda do que está ocorrendo com você.

Conceituados por Judith Beck, em 1997, os pensamentos automáticos são o resultado da interpretação que fazemos de uma situação e não da situação em si, real e concreta. Um exemplo corriqueiro disso é quando, ao começar a fazer uma prova sem nem ao menos ter terminado de ler todas as perguntas, nos pegamos pensando: "Meu Deus, eu não sei nada!" Essa não é a realidade porque você, de fato, sabe ao menos alguma coisa, uma vez que assistiu às aulas e, além disso, sequer sabe o que consta na prova toda, uma vez que não terminou a leitura das questões. Esse é um pensamento automático produzido pelo seu sistema de crenças, adquirido ao longo da vida, que lhe faz interpretar as coisas dessa forma. Nesse momento, alguém treinado com as técnicas cognitivas (veja o trecho sobre Reestruturação Cognitiva, na página 378) provavelmente conseguirá utilizar seu sentimento negativo para identificar, avaliar e questionar a veracidade de seu pensamento.

Parte prática: a técnica da parada de pensamento

Voltando às paradas de pensamento, a ideia aqui é que você consiga identificar um pensamento disfuncional assim que ele se manifeste e, rapidamente, possa afastá-lo. Ou seja, ao perceber que um pensamento incômodo o está perturbando, relate-o a si mesmo de forma clara e consciente e repentinamente bata palmas e diga "PARE!", a fim de associar o barulho das palmas ao momento da interrupção. Você perceberá que, com o tempo e a prática, a cada vez terá mais dificuldade em retomar o pensamento negativo ou disfuncional. Você poderá incorporar essa técnica a seu dia a dia, realizando o exercício sempre que identificar um pensamento desagradável em curso.

Como praticar a meditação

O ideal é que a prática da meditação, com duração mínima de vinte minutos, seja realizada duas vezes ao dia, logo pela manhã e no fim da tarde. Mas, se você está iniciando, pode fazer aos poucos, começando com apenas cinco minutos duas vezes ao dia por, pelo menos, uma semana. Vá aumentando o tempo gradualmente até conseguir alcançar os vinte minutos. Você verá que, cada vez que tentar, conseguirá com mais facilidade se envolver na prática, até ficar quase que automático meditar. Em seu cotidiano, quando sentir que está ansioso, poderá usar essa técnica – nem que seja por cinco minutos – para obter o reequilíbrio.

Há alguns aspectos a se observar para a obtenção de melhores resultados: escolha um local calmo e claro, não medite com o estômago muito cheio, livre-se de roupas muito apertadas, tire os sapatos, sente-se em postura ereta e alerta, levante o pescoço e mantenha a cabeça firme, sem recostar, além de manter os olhos fechados. Elaboramos este guia com os passos que você pode seguir, explicados de maneira bem simples, para meditar:

1º) Vá a um local fresco e quieto, se possível livre de estímulos que possam distraí-lo. Por exemplo, tranque-se em seu quarto e desligue o celular e outras fontes de som que possam interrompê-lo. Vista-se confortavelmente, sem que nada fique apertando-o ou incomodando, e tire os sapatos.

2º) Você precisa sentar-se com conforto, mantendo a espinha totalmente ereta. Imagine um fio que liga a sua cabeça ao seu cóccix e deixe-o esticado; as tensões vão escorregar por ele e se dispersar lá embaixo.

Não tensione os músculos na tentativa de se manter assim; você precisa estar relaxado.

Deixe a planta dos pés toda no chão e repouse as mãos sobre o colo; relaxe os ombros, o pescoço e o peito. Sinta-se como uma grande e imponente árvore no meio de um lago plácido como um espelho.

3º) Quando conseguir relaxar o corpo todo (se tiver dificuldades, consulte o Relaxamento Muscular Progressivo, na página 375), feche seus olhos suavemente e sinta cada parte de seu corpo, especialmente os músculos relaxados.

4º) Vamos agora criar a sua âncora pessoal, o instrumento que irá ajudá-lo a conduzir-se novamente para o estado de meditação a cada vez que você se distrair com algum estímulo externo. Pense em uma palavra de que você goste, pode ser PAZ, OM, uma parte de um mantra ou qualquer elemento gráfico que lhe transmita calma e confiança. Agora, imagine-a flutuando na sua frente, preenchida com a sua cor (ou cores) preferida. Observe-a por alguns momentos e incorpore-a dentro de si.

5º) Comece a prestar atenção na sua respiração. Inspire e expire ritmadamente e devagar, sentindo o ar entrar e sair de seus pulmões, em uma respiração diafragmática (consulte o treino de respiração diafragmática, na página XX). Imagine o ar entrando em seu corpo, oxigenando, limpando e alimentando cada célula, percorrendo seus membros, envolvendo a sua totalidade e provocando um relaxamento ainda maior ao ser expelido. Sinta o prazer de ter o ar saindo de seu corpo e levando com ele todas as suas preocupações, até não restar mais nenhuma.

6º) Gradualmente, os sons vão se tornando imperceptíveis e você se dá conta de que a sua respiração vai ficando cada vez mais lenta e regular. Uma imagem que você pode usar como exemplo é a de que, quando começa a chover, nós ficamos atentos por algum tempo ao som dos pingos na janela, batendo contra o vidro, mas, depois, já não mais percebemos o barulho, pois ele foi integrado ao ambiente e tornou-se imperceptível. Assim ocorrerá com os sons externos que o perturbam: eles começam a desaparecer e perdem o seu poder de distraí--lo do que está fazendo.

7º) Sua respiração irá se autorregular; acompanhe-a e não force nada; evite tentar controlá-la, afinal, o corpo é sábio, entende que você está buscando repouso e se encarregará de proporcioná-lo a você.

8º) Imagine agora que a sua respiração é uma nuvem que vai e volta ao sabor dos ventos. Você está incorporado a essa nuvem, totalmente relaxado, e vai voando deliciosamente no ritmo de sua respiração, inspirando e expirando livremente.

9º) Sempre que algo o distrair (um ruído, um pensamento, etc.), evoque a sua âncora como um símbolo de sua volta à concentração na respiração. Quando você perceber que o estímulo externo vai atrapalhá-lo, não lute contra ele; simplesmente olhe-o, aceite-o e deixe-o flutuar para longe, visualizando a sua âncora como um instrumento para repeli-lo.

10º) A sua palavra-âncora agora preencherá todo o seu ser e irá reverberar em sua mente, misturando-se à sua respiração, tornando-as uma coisa só. Com o tempo, você poderá se focar nas duas como um único elemento, descansando a sua mente e sentindo-se bem.

11º) Quando sentir que é hora de parar (interessante que as pessoas que já têm bastante prática possuem como que um "relógio interno" que as avisa exatamente ao final dos vinte minutos), vá terminando a sua meditação devagar, permitindo que essa sensação de paz que está dentro de você extrapole os limites do seu corpo e da sua mente e invada toda a sua vida. Abra os olhos devagar e perceba todo o relaxamento corporal e o mental que obteve. Levante-se lentamente e retorne às suas atividades com muito mais disposição.

Anexo 5

Exercício: Sono – capítulo 8

Sono

É muito comum que sobreviventes do trauma tenham dificuldades em conciliar e manter o sono. As consequências disso são as piores possíveis, pois sem dormir fica muito difícil encontrar o descanso necessário para enfrentar um novo dia. Com o passar do tempo, o corpo começa a reclamar (tensão muscular, cansaço generalizado, fadiga, desânimo, etc.) e a mente também, afinal, a vigília ou mesmo a péssima qualidade de sono produzem estragos até mesmo em médio prazo.

Mary Beth Williams e Soili Pojula, especialistas em TEPT, adaptaram de Matsakis técnicas para aumentar as chances de conseguir uma noite bem-dormida. Escolhemos algumas sugestões do livro *The PTSD workbook* e as transcrevemos abaixo.

1) Faça exercícios físicos durante o dia, mas nunca imediatamente antes de ir para a cama.
2) Ouça uma música relaxante, no estilo New Age.
3) Pratique técnicas de relaxamento antes de ir para a cama (veja o Relaxamento Muscular Progressivo na página 375).
4) Se é religioso, faça orações.
5) Procure evitar brigas ou discussões próximas ao seu horário de ir para a cama.
6) Escreva um diário ou grave uma fita com uma descrição dos fatos agradáveis do seu dia (não mencione nada de desagradável ou angustiante).
7) À noite, faça refeições leves e evite cafeína.
8) Tente não beber nada nas duas horas que antecedem o seu horário de ir para a cama (isso evita que você tenha de acordar e se levantar para ir ao banheiro).
9) Faça alguma tarefa aborrecida ou repetitiva, como ler um livro longo e chato. Levante-se sempre no mesmo horário, sem levar em conta a que horas consegue dormir. Tente dormir sempre que possível no mesmo lugar, de preferência na sua cama, e não no sofá da sala.

10) Procure deixar seu quarto com uma temperatura agradável, nem muito quente e nem muito frio.

11) Se necessário, deixe uma luz fraca acesa.

12) Faça uma caminhada no fim da tarde ou no começo da noite (isso, além de produzir cansaço, irá elevar a sua temperatura corporal e, mais tarde, quando ela começar a cair, provocará o sono).

13) Se você acha que não consegue dormir porque tem muitas preocupações, escolha um horário do dia como "o momento das preocupações" e pense sobre elas, podendo, se necessário, até fazer uma lista de problemas a solucionar. Depois disso, pare e não pense mais nisso, principalmente por duas horas antes de ir para a cama.

14) Mantenha um bloco de anotações ao lado da cama para registrar diariamente seu período de sono. Marque quantas horas você dormiu, se acordou e quantas vezes isso aconteceu e, ainda, como se sentia antes de dormir e assim que acordou. Dessa forma, você tomará conhecimento do seu padrão de sono.

15) Verifique com seu médico se alguma medicação que você está ingerindo tem o potencial de interferir no sono.

16) Tente tomar um banho quente quatro horas antes de dormir (seu corpo ficará aquecido e, quando começar a esfriar, irá estimular o sono).

17) Estabeleça uma rotina para dormir, por exemplo:
- escolha um horário regular, o que mais funcionar para você, e respeite-o por ao menos uma semana;
- duas horas antes de ir para a cama, procure utilizar a sua habilidade para controlar, amortecer e evitar lembranças traumáticas;
- faça algo relaxante;
- uma hora antes de ir para a cama, inicie o ritual do sono: escove os dentes, guarde sua roupa e prepare a do dia seguinte, execute seus cuidados pessoais rotineiros, prepare uma xícara de chá, etc.
- ponha de lado ou elimine qualquer estímulo que possa trazer-lhe o desconforto de lembranças ou de sensações traumáticas;
- se julgar positivo, pegue um objeto querido que irá acompanhá-lo por toda a noite, como uma manta especial;

- use uma técnica de relaxamento;
- se gosta de música, ligue o som;
- deite-se e conscientize-se de que tudo está em ordem e você pode finalmente dormir.

O plano para o sono

Use o espaço abaixo para desenhar o seu *plano para o sono* personalizado. Seja bem específico e escreva passo a passo como você acha que deve ser a sua rotina.

Meu plano para o sono

1) _____
2) _____
3) _____
4) _____
5) _____
6) _____
7) _____
8) _____

Tente manter essa rotina por dez noites e, depois disso, retorne e escreva abaixo o que aconteceu com seu padrão de sono. Você dormiu melhor?

_____
_____
_____
_____
_____
_____

Além disso, notou que algum passo poderia ser modificado (tanto na ordem como no conteúdo) para o seu maior conforto? Se sim, refaça a lista no espaço abaixo e experimente-a por mais dez noites.

Meu plano para o sono

1) _____
2) _____
3) _____
4) _____
5) _____
6) _____
7) _____
8) _____

Impresso por :

Graphium
gráfica e editora

Tel.:11 2769-9056